KB122894

그 길의 그 상수리나무

시인 고형렬의 장자 「인간세」

그 길의 그 상수리나무

도서출판 b

머리말

인간은 소통과 매개이기보다 장벽과 불통에 가깝다. 현대 사회는 인간의 본질적 불통의 고유성을 소통이라는 위장된 상표로 사용한다. 과도한 소통의 광고 속에 불통은 삭제되고 있다.

만물은 실용적 친화보다 존재론적 소원(疎遠)의 편에 서 있다. 대상들은 쉽게 소통하지 않는다. 거대한 사회조직 속의 무소불위한 소통의 허구는 우리를 더 고독한 세계 속에 가둔다.

고양이와 개가 소통하더라도 본질적인 소통을 강요할 수는 없다. 번역할 수 없는 것을 번역하는 것과 같다. 소통의 명분과 남용이 정치적 기제로 이용되는 현대는 자신을 잘못 들여다볼 수 있다.

문명의 맹점 밖에 비켜 서 있는 곳에 존재와 언어들이 있다. 「인간세」는 안회와 중니, 섭공자고와 안합, 거백옥 등의 전반부 인물과 장석, 남곽자기, 지리소, 광접여 등의 후반부 인물로 구분된다.

역사수(櫟社樹)와 대목(大木), 사리귤유과라(楂梨橘柚果蓏), 추백상(楸柏桑), 산목, 계수나무, 옻나무 등의 나무가 인간 못지않은 존재로 등장한다. 그 외 지, 덕, 명, 경쟁과 마음, 기(氣), 심재(心齋), 허실생백,

탁부득이(託不得已), 양중(養中), 무용의 용, 고화가 나타난다.

읽는 순간 유용은 뒷전으로 사라진다. 무한의 무용만이 앞에 나타나 놀고 있는 것 같은 착각을 불러일으킨다. 그것이 환상이 아니라 너무나 분명한 실재에 가깝다.

사용하고 버린 것들, 몸이 의탁했던 것들, 손이 만든 것들만 위안이 되고 기억 속에 남는 것이 아니다. 심장이 폐에 의지하고 나무가 바람에 의지한 것을 어떻게 알 수 있을까.

내가 의지한 실사들이 나를 해치고 유용으로 이동한다. 나그네는 무용과 유용의 양극 사이 어디에 서 있는 것일까. 도대체 이 모든 것들은 무엇이며 무엇을 암시하는 것일까. 이 의문이 소요를 낳는다.

나그네는 어느새 자신과 무관해졌다. 본래부터 가치 없는 존재들에게 사로잡혀왔다. 나그네는 천변만화 속으로 사라진 것을 상상하려 한다.

만물과 인간이 만드는 세상과 언어의 환상이 있다.

「인간세」는 답을 제시한 글이 아니다. 무하유지향(無何有之鄕)의 끝없는 소요의 길 그 자체이다. 머물지 않고 한없이 흘러가는 무애(无涯)이며 무극(無郤)이다.

그들에게 몸을 싣는다.

'그 상수리나무'는 자신을 끝까지 찾지 않을 것이다. 자신을 찾는다는 것은 유쾌하지만도 않을 뿐더러 가능한 일도 아니다. 그 상수리나무 앞에 도착할 수 있을지 의문이다.

생각해보면 자신의 시간을 제대로 쓰지 못한 것이 나그네였다. 아니 시간을 쓴 적이 없다. 어디 한곳 쓴 적 없는 마음이 있다면 그가 상수리나무가 아닐까.

무용은 세상 만물 중 그 어느 것도 사용하지 않았다. 그 한 번도 쓰지 않음 쪽으로 탈주하는 것이 만물과 인간을 찾는 길인지 모른다. 지리소(支離疏)도 쓴 적이 없는 그 무엇의 이름일 것이다.

유한한 존재의 숙명 앞에 던져진 선물은 무엇일까. 책무만 강화된 불행한 사회적 존재로부터의 과분한 내적 초월과 탁부득이를 확인하기 전에 어쨌든 나그네의 지체는 자신에게만 있다.

장자는 대목(大木)이 정말 아무 일도 하지 않았다는 것을 말해준다. 누가 인간과 사회를 위한다고 말해도, 어느 나무가 새잎을 피운다고 말해도 무용만 못할 것 같다.

소통은 양적으로 줄어들고 불통은 질적으로 늘어날 것이다. 인간은 너무 용이하고 과도하게 소통했기 때문에 지배되고 이용되어 왔다. 그것이 역사와 문명, 삶의 모습일지 모른다.

나그네가 찾아가는 장자는 쓸 수 없는 재목 같다. 그는 산목의 철인이었다. 역시 장자의 나그네에겐 그 어찌할 수 없는 불통과 모름을 간직할 수밖에 없다.

무용한 것들의 양해와 희생, 천진, 사랑스러움과 자유로움을 찾아가길 바란다. 나그네는 이 글의 꿈이 불가능한 것이 아니라고 생각한다. 언어의 꿈은 억압할 수 없는 인간의 자유이고 선택이다.

모든 것을 다 사용하여 없어진 것과 아무것도 쓴 적이 없는 무용이 같은 것이길 꿈꾸면서 '그 상수리나무' 쪽으로 아침 해가 저무는 저녁을 맞이하고 싶다.

곳곳의 작은 구멍에서 물줄기가 흘러나오는 소리가 들리고 이쪽에서 계속 작은 꿈을 꾸고 있어서 그쪽으로 갈 수 있다. 그 작은 구멍과 상실(橡實)을 쓰다듬는다.

2017년 1월 산의(山衣) 고형렬

| 차 례 |

1. 안회의 꿈

안회(顔回)가, 중니(仲尼)를 뵙고, 떠나겠다고 여쭈었다. "어디로?" 하고 말했다. "장차 위(衛)나라로요" 하고 말했다. "무슨 일로?" 하고 말했다. 안회가 말했다. "제가 들으니, 위나라 군주가, 그 나이가 어림에도, 그 행동이 독단적입니다. 그 나라를, 경솔하게 다룹니다. 그 허물을 알지 못하고, 백성의 죽음을 가볍게 여깁니다. 죽은 사람이, 나라에 넘쳐나, 소택(沼澤)의 쓰레기 같고, 백성들은 갈 곳이 없습니다. 저는 일찍이, 선생님의 말을 들었습니다. '다스려진 나라는 떠나고, 어지러운 나라로 들어가라. 의원 문전엔, 병자들이 많이 모인다.' 들은 대로 되길, 바랍니다. 그 천리(天理)를 생각하고 실행하면, 그 나라의 병이, 낫지 않겠습니까."

❏ 원문(原文)

顔回見仲尼 請行 曰奚之 曰將之衛 曰奚爲焉 曰回聞衛君 其年壯 其行獨 輕用其國 而不見其過 輕用民死 死者以國量乎澤

若蕉 民其無如矣 回嘗聞之夫子曰 治國去之 亂國就之 醫門多
疾 願以所聞 思其則 庶幾其國有瘳乎

▌ 안회[顔回, 기원전 521-490] 노나라 현인. │ 뵐 현見. │ 여쭐 청請. │ 길을
떠날 행行. │ 해지奚之 해(奚)는 어찌, 어디, 무엇의 뜻이고 지(之)는 가다(往)이
다. │ 연장年壯 나이가 어림. │ 독獨 독단. │ 한도를 벗어날 과過. │ 민民 뭇사람.
│ 살육할 사死. │ 파초, 섶, 쓰레기(진개) 초蕉 『남화경직해』에선 초(焦)와 통용
으로 봄. │ 국량國量 온 나라에 넘쳐. │ 갈 여如. │ (단정, 결정, 의문 등의)
어조사 의矣. │ 일찍이 상嘗. │ 부자夫子 선생님. │ 바랄, 빌 원願. │ 모일
질疾. │ 천리 칙則. │ 서기庶幾 그렇게 하면, 실행하면, 바라건대. │ 병이 나을
추瘳 개선의 의미. │ (감탄의 반어) 그런가 호乎.

첫 문장, 첫 출발

첫 대화가 긴박하다. 사제 간에 서로 인사도 제대로 나누지 않았다.
대개는 건강과 가족, 날씨 이야기 등을 꺼내기 마련인데 여기선 그런
것이 전혀 보이지 않는다.

안회의 말 "청행(請行)" 다음에 나온 중니(仲尼)의 말은 "어디로[해
지(奚之)]" 단 한마디이다. 그러자 안회(顔回)가 "장차 위나라로요[장
지위(將之衛)]" 한다. 이어 중니가 "무슨 일로?[해위언(奚爲焉)]" 하였
다.

대화가 사무적이고 대치적이다.

어디로 누구에게 향하느냐에 따라 각자의 길도 목적도 현실도 달라
진다. 인정하고 수정하고 보정하고 극복하지 않을 수 없는 일들이

수없이 일어날 것이다.

실로 광막한 인간 세상에서 어딘가로 향하지 않는 인생도 바뀌지 않는 길도 있을 수가 없다. 길이 바뀌는데 인생의 길이 바뀌지 않을 리 없다.

이 문장의 '行(행)'은 무엇일까.

안회는 스승 곁을 떠나기 위해 이 말을 하려고 고심했을 것이다. 인생은 매 순간순간 길을 떠난다. 수많은 사물과 약속, 갈등, 고민, 책무, 기억, 희망. 그 속에서 만나고 떠나면서 길을 가는 존재가 인간이다.

그 어디에서나 한 시대와 하루 낮과 밤은 간다. 그 속에서 얼마나 수많은 일이 일어나는지 그것을 완전히 아는 사람은 없다.

인간의 첫 발자국, 첫 출발, 첫 길만큼 신성한 것은 없다. 살아가면서 늘 그 처음의 출발을 기억하게 되는 것도 그것이 설렜고 아련했고 미정(未定)이었기 때문이다. 그 길을 안회는 가고 싶었다.

안회의 이 '행'은 머물지 않고 떠난다, 이제 생각을 멈추고 움직이겠다는 뜻이다. 어딘가로 향하거나 무엇을 위해 움직이려 한다는 의지의 말이다. '행'은 미래와 인생에 대한 독자적 출발의 발언이고 헤어짐의 선언이다.

안회는 가장 어려운 목적을 정하고 길을 가겠다고 했다. 이 '행'은 단순한 유람이나 여행이 아니다. 목숨을 걸고 가야 하는 험로(險路)이다.

안회는 타국의 비극적 상황에 대해 한 인간으로서 윤리적 기로에 서 있다. 그것은 인간적이고 정치적인 것이다. 안회는 왜 불행한 나라로 들어가려 하는 것일까.

때론 인간은 낯설고 높고 깊은 산과 같다. 이해할 수 없는 존재로 나타날 때가 있다. 우리는 과연 그 능선에서 그 산 전체를 조망할 수 있을까. 산과 인간은 복잡하고 위험하고 두려운 대상이다.

안회는 너무 오래 머물렀고 너무 오래 생각한 것이 아니었을까. 스승의 집일지라도 자기 공간이 아닌 이상 떠나야 했다. 한없이 의탁하고 귀속된 자가 아니라면 떠나야 한다.

그러니 그 어떤 출발도 늦은 것은 아니다. 출발 자체가 중요하다. 언제나 떠나면 그것이 곧 시작이다. 시간은 항상 처음에 있고 인생은 늘 다시 시작하는 곳에서 눈을 뜬다.

안회의 그 행(行)은 도를 얻기 위해서가 아니라 위나라 사람들을 구하기 위해서 가는 일이다. 그 행의 선언은 실천을 목적으로 삼는다. 그는 자신의 독자적인 사유로 자신의 생을 살고 싶었을 것이다.

안회의 '행'은 안회가 가야 하는 길이다.

떠나야 하는 길은 지체해선 안 된다. 사람이 길을, 길이 사람을 마음대로 할 수는 없다. 사람은 길을 떠나는 존재이다. 길은 사람이 있으므로 존재하고 방향을 가리킨다. 그곳엔 한계선처럼 지평선이 있다.

돌아보면 항상 나그네는 길을 떠나왔고 지금도 여전히 길을 떠나고 있다. 머물러 있는 사람과 길은 없다. 그 길에서 무슨 일이 일어날지 아무도 모르기에 언제나 출행(出行)엔 불안과 기대가 교차한다.

이제 떠나겠다는, 움직이겠다는 이 '행'의 첫 고백과 울림은 오래오래 음미되고 두고두고 생각될 「인간세」 첫 문장이다.

중니는 안회의 청행(請行)에 깜짝 놀란다. 여기에서 모종의 계획이 조율되지 않았음을 알 수 있다. 물론 이때 용의주도한 중니가 안회의 심중과 계획을 이미 알고 있었는지도 모른다.

그런데 이곳의 나그네에게 불편한 장애가 나타나기 시작했다.

정말 죽은 중니와 안회의 대화로 읽어야 하는 것일까, 아니면 글을 쓴 장자의 마음으로 읽어야 하는 것일까. 생몰 연대가 다른 세 사람은 복잡한 인물들이다.

죽음으로선 안회가 제일 먼저이고 다음이 중니이고 그 다음이 장자이기 때문이다. 당연한 것이겠지만 장자가 혼자 살아 있을 때 이 글을 썼다는 것을 함께 생각해야 했다.

사람의 마음이 하나의 문장 속에서 싸운다. 장자의 문장을 단면적으로 읽을 수가 없는 이유이기도 하다.

그러나 죽은 자는 변명할 수 없다. 집필 당시의 그 현재 속에 존재하지 않았던 공자의 의견을 들을 수는 없다. 이 내막엔 중니에 대한 장자의 우월성이 있다. 후대인으로서 그가 글을 쓰고 있기 때문이다.

문장은 대의, 명분, 정치, 명예, 국가, 인의보다 더 중요한 것을 찾아가고 있는 것 같은데 그것이 무엇일까. 장자의 나그네는 의외로 아주 먼 길을 에돌아가게 될지도 모른다.

하나의 땅 위에 수많은 나라가 건국되고 멸망한 것을 보면 한 국가에 목숨을 바치는 것보다 어리석은 일은 없을 것이다. 장자에게 국가는 허구지만 인간은 실존이었을 것이다.

무언가 은유하지 않은 것으로 이 「인간세」를 읽을 수는 없다. 장자가 글로 쓰고 있지만 최고의 지식인인 두 사제(師弟)가 나누는 말을 듣고 읽는다.

나그네는 책 밖의 그 두 사람 곁에서 그들이 말하는 장자의 글을 들여다보며 다른 인간과 시대의 풍경을 엿본다. 하지만 장자는 글을 쓰면서 자신이 그들 곁에 있다는 것을 드러내지 않고 있다. 이런 생각이 나그네로서는 기이했다.

안회에 대한 기억

「인간세」서두는 특이한 인물 배치로 시작되고 있다.

공자는 어린 안회를 자주 보았을 것이다. 예가 바르고 효가 지극한 안회는 영민하고 침착했다. 중니는 죽은 안회의 안빈낙도를 거론하며 안회를 기억했지만 죽은 수제자의 장례를 인색하게 치렀다.

제사(祭祀)를 중시하는 공자의 사상 안에서 살았을 안회는 살아서도 고독했지만 죽어서도 고독했을 것 같다. 공자는 안회에 대해 경계심과 거리감을 두고 있었던 것 같다. 안회 역시 어렸을 때부터 공자를 자주 보았을 터이나 그리 가까이 지낸 것 같진 않다.

사람만큼이나 산천을 중시했을 안(顔) 씨 집안의 내력으로 보아 안회가 자연히 먼 하늘을 올려다보고 낮고 높은 산의 능선을 유심히 바라보며 자랐을 것은 의심할 여지가 없다.

무엇에 의지하고 무엇을 좇아 살 것인가.

안회는 공자보다 더 근원적이었던 것 같다. 중니는 모친 안징재(顔徵在)가 속해 있던 안씨 집안으로 넘어온 사람이다. 원유(原儒)의 의식은 중니의 친가 쪽의 것이 아니고 외가 쪽의 것이기 때문이다.

그렇다면 안회는 공자보다 더 먼 근원과 높은 사유를 가지고 있었는지도 모른다. 더구나 안씨 집안은 전욱(顓頊)의 후손으로서 노나라의 대족(大族)이었다.

무려 삼십 년이 위인 공자는 어렸을 때의 안회를 보고 저 아이가 훗날 자신의 수제자가 되리라곤 생각하지 못했을 것이다. 그러나 안회가 성인(成人)이 되면서 남달리 빨리 늙어갔을 것이고 그러면서 성스러운 모습을 보이기 시작했을 것이다.

안회는 늘 혼자 산책하며 한 인간으로서 자기 당대에 걸어야 할 새로운 길을 찾으려 했던 사람이었다. 그가 국경 너머 저쪽의 어떤 고통의 대상을 느낀 것은 새로운 발견이었다.

그 안회는 어느 날 기이하게도 불행한 나라로 가고 싶어졌다.

그런데 이 청행은 사실 장자가 안회에게 선물한 하나의 언어가 아니었을까. 아니면 그런 일이 있었던 것을 장자가 실제로 알고 있었던 것일까.

이것은 장자의 불가능한 꿈이고 상상이었다. 전국시대 송나라의 몽[蒙, 지금의 허난성(河南省) 상추현(商邱縣)]지방에서 안회 시대의 과거인 위나라로 갈 수는 없기 때문이다.

그래서 이 글이 의문투성이이다.

어디로 움직여가야만 하겠다는 말은 사실 돌연한 말이 아니다. 나그네는 그의 몸과 영혼에서 애인(愛人)의 마음이 발동했다고 본다. 이 '행(行)의 꿈'이 멈춘 적이 없었을 것이다.

한편으로 마치 이 글은 백육십여 년 전에 죽은 안회의 사장된 일화를 장자가 전하는 것 같은 느낌을 준다.

안공(安孔)의 이 대화 자리가 파한 후, 안회는 위행의 꿈을 묻거나 버렸을까. 한 나그네가 되어 위나라로 들어갔을까. 그때가 가을이었는지 강물이 다시 흐르는 새봄이었는지 아는 사람은 없다.

「인간세」에서 나그네는 권력을 찾아 주유하던 공자와는 다른 사상을 말하고 있는 한 아름다운 인간에 대한 의문을 품게 된다. 그것은 장자가 문장 이면에 숨긴 다른 줄기의 상상일지 모른다.

그러나 어떤 경우에라도 오래전에 약속한 장자로 떠나는 이 나그네 여행에 소요를 잊는 일이 있어선 안 될 것이다.

안회에 대한 아름다운 일화가 있다.

소리를 잘 듣다

안회는 새의 울음소리를 사람의 울음소리와 다르지 않게 들었다. 인간의 마음뿐 아니라 미물들의 마음까지 읽었던 사람이었다.

어느 날 두 사람이 여행을 떠났다.

그 나라도 위나라였다. 새벽 일찍 일어나 안회가 공자 곁에 앉아 있었다. 그때 몹시 슬픈 곡성(哭聲)이 들렸다. 공자가 물었다.

"회(回)야, 이 울음이 어째서 우는 울음인지 알겠느냐?"

"제가 듣기에 이 울음은 다만 죽은 사람을 위해 우는 것이 아니라 생이별 때문인 것 같습니다."

"네가 그걸 어떻게 아느냐?"

안회가 지난날을 되새기며 이야기를 했다.

"제가 환산(桓山)에서 새 울음소리를 들은 적이 있습니다. 새가 새끼를 네 마리 낳았는데 날개가 다 자라서 각각 사방으로 헤어지게 되었습니다. 그 어미가 슬퍼 울며 새끼들을 보내는 소리가 저 울음소리와 같았습니다. 그것은 사람이나 새나 곧 떠나가면 다시 돌아오지 못하는 것을 뜻하는 소리가 서로 같기 때문에 알 수 있습니다."

공자는 사람을 시켜 그들이 우는 연유를 물어보았더니 과연 "아비가 죽고 집이 가난해서 자식을 팔아 장사를 지내고 이제 영영 헤어지게 되었다"고 했다.

그 말을 듣고 공자는 "안회는 소리를 잘 듣는다"고 했다.

이것으로 보아 안회는 주로 자연 속에서 산책과 사색을 즐긴 사람이었다. 혼자 조용한 곳에서 마음을 닦으며 지냈던 것 같다.

어느 시대나 그렇지만 사람을 많이 만나고 다니는 사람 치고 아름다운 사람은 드물다. 많은 말은 사람을 잡다하게 만들고 자연에서 멀어지게 한다.

안회는 말할 수 없는 그 무엇을 가지고 있었던 것 같다. 어쩌면 중니가 그를 소외시키고 가로막았는지도 모른다. 그래서 공자의 말보다 안회의 말을 듣고 싶은 때가 더 많다.

공자 역시 안회의 말을 듣고 옷자락을 여민 적이 있지만 그가 죽자 통곡을 해서 제자들로부터 빈축을 사고 의혹을 불러일으키기도 했다.

죽을 때 공자 곁엔 아무도 없었다. 삼천 제자가 있었으니 가는 곳마다 제자가 있었을 것이다. 하지만 종당엔 육예(六藝)에 통달한 72인도 사과(四科)의 십철(十哲)도 수제자도 그의 곁엔 없었다.

털끝 하나 쓸 수 없는 세계로 돌아가지 않는 것은 없다. 나를 붙잡아서 나를 자유롭게 한 말이 있는가 하면 나를 붙잡아서 나를 불편하게 만드는 말도 있을 것이다.

불가능한 역산(逆算)

장자는 특이한 구상을 하고 있다. 공자와 안회를 여기서 만나게 한 것 자체가 그렇다.

'여기'는 현실이 아니고 상상의 글 속이다. 이곳의 중니가 왜 공자인지 또 중니가 왜 장자인지를 말해야 하지만 정리하기가 어렵다.

기원전 497년 개혁에 실패하고 실각해서 14년간 제자들을 데리고 각국을 떠돌았던 그가 68세에 고국으로 돌아왔을 때 그의 모든 것은 끝나가고 있었다.

그는 성인의 권력 체제를 만들려 했지만 성인보다 더 오래된 인과 예를 간과하고 그것을 사유화한 것 같다. 무위를 모두 유위로 만들려 했다.

그에겐 권력 주변의 일화가 많다. 공자는 군주와 국가를 중시하는 체제주의자였다. 그는 가난하고 고통 받는 사람들 곁에 있지 않았다. 그는 늘 좋은 술과 음식을 들고 좋은 옷을 입고 다녔다.

공자의 주량은 무량(無量)으로 기록되어 있다. 생강을 좋아해서 늘 먹었고[불철강식(不撤薑食)] 밥을 먹으면서 말을 하지 않았으며[식불어(食不語)] 잠을 자면서 말을 하지 않았다[침불언(寢不言)]. 밥과 나물은 과제(瓜祭, 고수레의 일종)를 하고 먹었다.

제사용 옷과 초상용 옷, 더울 때 겉에 입는 갈포 홑옷이 있었고 검은 염소가죽옷, 흰 사슴가죽옷, 누런 여우가죽옷 등등도 있었다.

평상가죽옷은 길게 만들어서 오른 소매는 짧게 했다. 반드시 잠옷을 입고 잤으며 그 길이가 한 몸 반이었다.

공자의 말년은 파산이었다. 공자가 67세 때 아내 견관씨(丌官氏) 여주(麗珠)가 죽지만 그 임종을 보지 못했다. 69세에 아들 이(鯉, 50세)가 죽고 71세 때 "하늘이 나를 망쳐버렸다"고 한탄한 청빈의 고제자 안회가 아사(餓死)했다.

71세 되던 해 봄에 서쪽에서 서상(鉏商)이란 자가 기린을 잡아 다리를 꺾어 죽여 그 고기를 사람들에게 나누어주었다. 그 후 공자는 두려운 마음으로 식추[息聊, 산동성 추현(鄒縣)의 서북쪽, 공자의 고향이라고도 함]에서 『춘추(春秋)』를 집필하기 시작하지만 재아(宰我)가 죽자 절필했다.

또 72세에 위나라에서 벼슬을 하다가 내란에 휘말려 후계자로 거명되던 자로(子路)가 죽는다. 73세가 되던 해 양력(陽曆) 4월에 공자가 숨을 거두기 직전 자공이 찾아왔다.

그때 공자는 지팡이를 짚고 문 앞을 서성이다가 자공(子貢)을 보고 반색을 하며

"자공아, 네가 이렇게 늦게 오느냐"

하고 한탄을 하고 이 노래를 불렀다.

"태산이 그 무너지는구나[태산기퇴호(泰山其頹乎)] 대들보가 그 쓰러지는구나[양주기괴호(梁柱其壞乎)] 철인이 그 시드는구나[철인기위호(哲人其萎乎)]."

노래를 마치고 방에 들어가 문을 향해 앉았다. 이것이 죽음을 맞는 그의 마지막 모습이었다.

삼천 여든두 명의 제자들 중에서 자공만이 6년 심상[心喪, 혈연이 아니더라도 사자에 대한 애모, 스승에 대한 추모 등을 위해 지내는 3년상]을 치렀다고 한다.

『예기(禮記)』엔 이런 기록이 전해진다. 그는 죽을 때 "대저 명왕이 일어나지 않으니[부명왕불흥(夫明王不興)]" "천하에 그 누가 나를 존경하겠는가[이천하기숙능종여(而天下其孰能宗予)]" 하고 자기를 부정했다.

공자의 임종시(臨終詩)는 자기연민과 천하에 대한 불만으로 가득 차 있다.

게다가 노애공의 조사(弔詞)를 보고 "왜 선생을 등용하지 않았느냐"고 자공이 분노했지만 어리석은 말이었다.

자공은 정치적 수완이 좋아 위나라 재상까지 지낸 사람이었다. 공자에게 경제적 도움을 많이 준 후원자로 알려져 있다.

이것이 한 은유민(殷遺民)의 종언이었다. 그 정도의 슬픔과 한이 누구에겐들 없을까.

공자는 병들어 누운 지 이레 만에 죽었다.

고희 무렵에 이런 일화가 있다.

사실 『논어』도 유가의 내부 권력 투쟁에서 승리한 자들의 기록이다. 무조건 받아들이기보다는 조심해서 읽어야 할 책이기도 하다.

예컨대 십철(十哲)의 한 사람인 자아[子我, 재여(宰予), 재아(宰我)]에 대해선 주로 부정적인 것들을 기록해 놓았다. 강직하고 소박한 그가 누구인지는 알 수 없는 일이지만 그 집필자는 "교언영색하는 자로서 진실한 애정이 적다"고 써놓았다.

1년상을 주장한 재아가 밖으로 나가자 그 뒤를 향해 공자가 "인(仁)하지 못함이여" 하고 개탄하고 이어 "재여도 그 부모로부터 3년의 사랑은 받았을 텐데" 하고 비난을 했다.

제자들이 죽은 공자의 말을 왜곡했는지도 모른다. 이런 구절도 있다.

"재여가 낮잠을 자자 공자가 썩은 나무는 조각할 수 없다, 똥과 같은 흙을 가지고 찰기가 없는 담장을 흙손질하지 못한다, 재여를 어떻게 책망하겠는가."

제자가 낮잠 잔 것을 지적한 공자와 함께 그것을 책에 기록한 편집자는 엉뚱하고 지나치다.

서경(書痙)에 '편히 놀기만 하지 말라[무일(無逸)]'는 말이 있는데 여기서 무왕의 동생인 주공[(周公, 희단(姬旦), 대봉건제를 실시함)]이 섭정을 마치고 정권을 무왕의 아들인 희송[姬誦, 성왕(成王)]에게 넘기면서 이렇게 말했다.

"무려 75년 동안 통치한 은나라 중종(中宗)은 엄숙하고 삼갔다. 백성을 다스리는 것을 공경하고 두려워했다. 감히 편히 놀이에 빠지지 않았다. 또 고종(高宗)은 상을 입고 삼년 동안 말하지 않았다[삼년무언

(三年無言)])."

　장자는 말하자면 이런 엄숙과 경계, 황녕(荒寧)과 무일을 거부하고 바람과 소요를 노래한 사람이었다. 고대의 부정과 억압을 폭로하고 인간을 중심에 세운 최초의 철인이었다.

　『논어』에 자로[子路, 계로(季路)]는 50여 회 거론된다. 말과 외교술, 상술에 능했던 유상(儒商) 자공[子貢, 공자가 죽은 뒤 위나라로 가서 벼슬을 했고 제나라에서 죽었다]은 외교 정치적 수단이 공자보다 뛰어났다고 전한다.

　그에 비해 말솜씨도 재력도 수완도 없는 안회는 논어에서 12회 정도 이름이 나오지만 왠지 제자들 사이에서 그는 잘 보이지가 않는 것 같다.

　그는 늘 한쪽에 소외되어 있거나 스스로를 소외시킨 사람처럼 느껴진다. 장자가 『논어』를 읽었다면 그러한 안회를 몰랐을 리가 없었을 것이다.

　공자는 죽기 직전인 71세에도 권력에 의지하는 버릇을 버리지 못하고 제나라 정변에 관여하여 힘을 행사하려 했지만 실패했다.

　제나라 전씨(田氏)가 군주인 간공(簡公)을 죽였는데 이때 공자가 목욕재개까지 하고 노나라 애공(哀公)에게 시역(弑逆)을 토벌하자고 건의했지만 거절당했다.

　이러니 노애공이 공자를 믿지 않았던 것이 아닐까 싶다.

　이때 제자 재여가 전씨 일당과 싸우다 가족 모두가 살해되었는데 이를 공자는 수치라고 여겼다. 장자의 일생에선 감히 찾아볼 수 없는 무서운 이야기들이다.

　재아는 누구였을까. 안회처럼 의문의 인물이다.

왜 안회를 등장시켰을까

춘추시대를 거치면서 공전제(公田制)가 무너진다. 대신 사유제가 발달하기 시작하는 전국시대는 200여 년 동안 200여 회의 전쟁을 치렀다.

「인간세」 서두에 나오듯 그 당시 나라마다 전사자를 비롯해 전염병과 굶주림, 추위 등으로 죽은 사람들이 들판에 널려 있었다고 한다. 『남화경직해』에선 택약초(澤若蕉)를 나라 안에 시신이 널려 있는 것이 못 한가운데 쌓여 있는 쓰레기 같다[초온(蕉蘊), 초간(草菅, 사초로 엮은 거적)]고 했다.

이런 기록은 맹자를 비롯한 당대의 여러 사상가들의 저서에 나타나 있다. 지혜가 많을수록 세상은 더 혼란스러워졌다. 여러 지혜는 전간기의 모든 군주를 광적이고 불안한 인간들로 전락시켰다.

그 당대의 인민과 국가, 사상은 그 제국(諸國)이 멸망하지 않고선 다른 역사의 저쪽으로 건너갈 수 없는 함정에 빠져 있었다.

잠시 제국을 통일한 진(秦)도 환관이 황제를 살해하면서 3세에 멸망하고 말았다. 강력한 철옹성 같은 국가처럼 덧없는 체제도 없었다. 국가는 강할수록 위험했다.

국가란 믿고 우거(寓居)할 수 있는 형문도 되지 못했다.

거대한 구유(槽)처럼 생긴 함곡관(函谷關)은 진의 요새 같았다. 이 관문은 과거에 주나라 벼슬을 버리고 노자가 동에서 서로 넘어간 곳이기도 했다.

가의[賈誼, 장자가 죽고 나서 백여 년 뒤의 인물로서 상업을 없애고 농업을 중시해야 한다고 주장한 사람으로 자신의 운명을 굴원과 견주었다]가 훗날 「과진론(過秦論)」에서 이렇게 말했다.

열 배가 되는 땅[상이십배지지(嘗以什倍之地)]과 백만 대군으로 함곡관을 쳐다보고[백만지군(百萬之軍) 앙관(仰關)] 진을 쳤지만[이공진(而攻秦)] 진의 군사들은 화살을 잃는 낭비가 없었다[무망실유족(無亡失遺鏃)]고 했다.

그러나 함곡관이 진을 지키는 것이 아니었다. 진은 한 사내의 난[일부작란(一夫作難)]으로 멸망해서 천하의 웃음거리가 되었다.

그 사내가 진섭[陳涉, 이름 승(勝)]이었다.

그는 깨진 옹기로 창문을 삼고 새끼줄로 문을 달고[옹유승추(甕牖繩樞)] 살았던 집의 자식으로, 종살이하는 천한 사람[맹례(氓隸)]이었다.

또 수비병으로 유배된 떠돌이였고[천사지도(遷徙之徒)], 죄를 짓고 국경지대에 가서 수자리를 사는 무리 속에 있었다[적수지중(適戍之衆)].

산동(山東) 지방의 호걸들이 그를 중심으로 들고 일어나 나무를 베어 병기를 만들고[참목위병(斬木爲兵)] 대나무를 들고 깃발을 세우자[게간위기(揭竿爲旗)] 천하가 구름처럼 모여들어[천하운회(天下雲會)] 진족을 멸망시켰다.

가의는 진섭에게 중니의 어짊[현(賢)] 같은 것이 없었다고 한마디로 일축했다. 그러니 '한 사람이 막아서면 만 사람이 지나갈 수 없다'는 함곡관이 무슨 소용이 됐겠는가.

굴원이 "어이 또 고향을 그리워하는가[우하회호고향(又何懷乎故鄉)]" 하고 노래한 「이소경」의 마지막 꿈의 '미정(美政)'은 그 어디에도 없었다.

굴원의 말이 그 시대의 모든 사람의 마음을 대변했다. "때가 어지러이 바뀌니[시빈분이변역혜(時繽粉以變易兮)] 또 어찌 오래 머물 수 있겠는가[우하가이엄류(又何可以淹留)]."

장자는 도피하지도 은둔하지도 출세하지도 않았다. 전란 속에서도
그는 본질적 유물론자이며 현실주의자였다. 우주론자이고 인간주의
자였다. 자연주의자였고 무용주의자였다.

「인간세」의 핵심 주제는 바로 우주 만물의 무용에 있다. 그러나
그 우주 만물의 무용은 바로 소요의 대상이 된다. 그러니까 저 「소요
유」에서부터 「응제왕」까지 장자의 세계 소외와 유희는 멈춘 적이
없었다.

이예상존(以隸相尊), 천예(天倪) 등으로 우주의 중심에 인간을 세우
면서 모든 인간을 정치·경제·사회적 존재로 국한시키는 것을 거부
했다. 사회적 존재보다는 박을 타고 강물에 들어가 유리된 천진한
존재가 되길 꿈꾸었다.

즉 장자는 공자와 반대쪽으로 놀랍고도 새로운 길을 냈다. 나그네는
공자의 길을 버리고 장자의 길을 선택한 여행길에서 쓸데없는 비판이
나 하고 있는 것이 아닌지 모를 일이다.

나그네는 공자가 장자에 비견할 인물이 아니라는 생각을 오래전부
터 가지고 있었다는 것을 고백하면서 잠시 본문의 한 시절로 들어간
다.

이 글에 등장하는 전국시대의 전형적 독재자인 위군은 영공[靈公,
기원전 534-493, 41년 집권, 공자 17세]의 손자인 출공 첩(出公 輒)이다.
첩의 조부인 영공은 자기 아내의 부정을 의심하는 아들 장공[莊公,
괴외(蒯聵), 3년 집권]을 내쫓고 자신의 손자인 첩[輒, 출공(出公), 12년
집권]을 내세운다.

아버지 영공이 죽자 장공이 입국해서 복권하여 아들인 첩을 축출한

다. 살벌한 혈육의 권력투쟁이다. 장공이 집권하고 삼 년 뒤 위나라는 멸망한다. 수많은 목숨을 앗아간 국가는 하루아침에 무너진다.

영공의 아들 장공은 어머니 남자(男子)가 이웃나라의 송조(宋朝)와 내통하는 것을 알고 있었다. 이웃나라 송에서 '암퇘지가 종자를 취했다면 / 늙은 돼지는 돌려보내야지' 하는 노래가 퍼져 있었다.

사람들은 괴외가 영공의 아들인지 송조의 아들인지 모른다고 했다. 그 간특한 어머니에 대한 아들의 수치는 이루 말할 수 없는 분노와 절망을 자아냈을 것이다.

장공의 귀에 암퇘지는 어머니로 늙은 돼지는 송조로 들렸다. 자식으로서 참을 수가 없었던 그는 어머니를 살해하려 하지만 그 어머니의 정부(情夫)가 그를 죽이려고 돌아다녔다.

이 남자가 공자를 유혹해 단 둘이 만난 적도 있었다. 남자를 만난 공자를 제자들이 비난했다. 당시 50대 중후반의 공자는 제자들에게 변명을 했고 남자는 아무 말을 하지 않았다.

기이하게 공자의 제자 자로가 이 괴외의 측근에 편들어 전투를 하다가 전사한다. 자로의 시신은 소금 절임 혹은 젓갈로 만들어졌다고 한다. 자로가 받은 해(醢)는 인체를 소금에 절이는 형벌이었다.

자로의 죽음은 진리를 위한 순교가 아니라 난잡한 권력 투쟁의 희생물이었다.

공자는 늘 살벌한 정치, 군사, 외교의 한가운데 있으면서 각각의 제자들을 신하처럼 이용했다. 그러나 그는 모든 제자들이 자신 곁에 있지 않고 떠나게 될 줄은 몰랐을 것이다.

공안(孔顔)의 이 이야기는 기원전 497년 공자[54세, 노정공(魯定公) 13년 정월]가 자로, 자공, 안회 세 제자와 함께 위나라로 향해 가던 그 후의 사건으로 보인다.

그해는 영공이 위를 38년간 통치하던 해였다. 4년 뒤 출공이 권력을 잡는데 「인간세」의 이 이야기는 그 무렵을 시점으로 잡아 장자가 집필한 것으로 보인다.

이때 제자들과 함께 위나라로 가면서 공자는 기대에 부풀어 있었다. 공자의 수레를 모는 염유(冉有)에게 공자가 말했다. "사람이 많구나." 염유가 말했다. "이미 인구가 많으면 또 무엇을 더해야 합니까?"

"부자 되게 해야지."

"이미 부하게 되었으면 또 무엇을 더 해야 합니까?"

"교육할 것이다."

그는 노나라와 위나라는 형제[노위지정형제(魯衛之政兄弟), 노는 문왕의 넷째 아들을 주공으로 봉한 나라이고 위는 일곱째 아들 강숙(康叔)을 봉한 나라로, 노와 위는 형제국이다]라고 했지만 당시의 두 나라는 난형난제(難兄難弟)에 처해 있었다.

그 당시 노에선 계손씨 맹손씨 숙손씨 삼환이 싸우고 위에선 부자간의 다툼이 한창이었다.

공자가 초에서 위로 돌아와 장공을 아버지로 여기지 않는 위출공에게 '군군신신(郡君臣臣) 부부자자(父父子子)'의 정명(正名)을 주장하려 한 적이 있었다.

그러나 군사에 대해 묻는 영공으로부터 위협을 느낀 공자는 "제사 의식은 배웠지만 전쟁은 아직 배우지 못했다"고 변명하고 나서 즉시 위나라를 떠난 적도 있었다.

실제로 죽기 7년 전 공자와 함께 안회(기원전 521-490)는 위행을 했으며, 출공이 집권한 지 3년이 되던 해 안회는 죽는다. 그해가 497년 이면 안회가 24세 무렵이 된다.

안회가 만나려 했던 위군 첩(輒)은 폭군이었다. 첩은 교활한 조부와 어리석은 아버지 사이에서 권력을 장악한 뒤 혼란에 빠진 인물이었다.

안회가 중니에게 보고하는 말 즉 문장 이면에는 삼대에 걸친 권력투쟁에 의해 시신이 널려 있을 위나라가 보이는 듯하다.

그런데 이 정치적 배경을 끌어와 장자가 중니와 안회를 「인간세」맨 앞에 등장시킨 참 까닭은 무엇일까. 이것을 찾아가는 길이 「인간세」 여행의 출발이 되었다.

주눅이 든 듯 중니 앞에 조아리고 있는 안회를 떠올려본다. 그가 너무 작아서 잘 보이지 않는 듯하다. 마치 죄를 지은 사람처럼 안쓰럽다. 너무나 먼 과거이기 때문일까. 안회는 중니에게 영혼을 저당 잡힌 사람처럼 보이기까지 한다.

물론 현자는 글을 쓸 필요가 없지만 여기서 뜻밖에 안회에게 저서가 없다는 생각이 들었다. 사실 그 스승과 친구들이 죽은 안회의 문집 하나를 정리하지 않은 것도 의심스런 일이다.

중니가 안회에게 글을 쓰지 말라고 했을까. 책을 내면 시기심의 재앙이 되고 분열의 주인공이 되는 걸까. 안회가 죽었을 때 문인(門人)들이 후하게 장례를 치르려 하자 공자가 나서서 '불가(不可, 안 된다)'라고 했다.

죽은 아들의 평계를 댔지만 공자는 허무한 대의를 앞세웠던 것 같다. 그 장례를 허례허식이라고도 할 수 없고 인의라고도 할 수는 없는 일이었을 것이다.

안회의 아버지가 공자를 찾아가 아들의 관을 만들어주길 바랐지만 중니는 단호하게 거절했다.

그러니 수제자의 문집 하나가 있을 리 없는 일이었다. 고제자를 거느리고 경황없이 여러 나라로 동분서주했을 뿐이다. 공자는 무적(無適, 나아가기를 멈추거나 일을 중단함)할 수가 없는 사람이었다.

그러면서도 중니는 죽은 안회를 거론하곤 했다. 청빈했던 제자의 죽음을 이용한 것일까. 실로 공사가 허무하고 다망한 중니였다.

알 길 없는 분명한 한 가지는 장자가 안회를 「인간세」 맨 앞에 등장시켰다는 점이다. 나그네는 이 사실을 눈여겨보면서 여행을 계속해 간다.

이는 장자가 앞 세대의 안회를 잊지 않고 있다는 것을 간접적으로 말해주는 증거이다. 이는 한 세월 뒤 한 후인(後人)이 앞 시대의 한 인물을 추모하는 일이기도 했을 것이다.

이는 장자가 중니의 제자 안회를 자신의 세계로 이끄는 과정으로 느껴진다.

한 소쿠리의 밥과 한 표주박의 물[일단사(一簞食), 일표음(一瓢飲)]은 안회의 것이었다. 장자는 그 구절을 자주 읽고 안회를 회상했을 것이 분명하다.

새로운 발견

공자 연보를 따라 상상하면 장자의 글은 시대와 나이, 죽음의 시간을 초월한다. 공자가 37세 무렵(안회 5~6세 무렵) 위나라에서 모종의 사건으로 추방된 삭적[削迹, 공덕, 발자취를 지움, 「어부(漁父)」] 사건도 장자가 취하는 혼돈의 역사 시간표 속에서는 별 도움이 되지 않는다.

안회는 공자(기원전 552-479)보다 서른한 살 아래였다. 이 안공 대화의 배경이 69세 때 공자가 위나라에서 노나라로 돌아온 그 뒤라면 안회가 이십대 후반이 된다. 안회가 29세에 벌써 머리가 백발이었다고 하니 그때는 아닐 것이다.

더구나 29세라면 죽기 직전이니 위행(衛行)의 제안은 불가하다. 그러나 여기선 무엇이 가하다 불가하다는 생각조차 버리고 장자를 읽어야 한다.

장자는 그런 시대 구분과 나이와 죽음 등과 관계없이 두 사람을 만나게 하고 있다. 이 두 사람을 한 자리에 불러다놓은 이유와 목적은 풀어야 할 「인간세」의 수수께끼이다.

여기서 발견한 것은 인생과 세월, 권력의 무상이 아니라 소요와 바람, 글의 허무이다. 장자는 이루어질 수 없는 것을 가능하게 하고 그들로 하여금 상상할 수 없는 말을 하게 한다.

사실 장자의 의지는 공자가 실패하고 쫓겨난 위나라로 제자가 들어가서 난을 해결하고 평화를 이루겠다는 것을 허락하려 한 것이었다. 그러나 글의 현실은 반대쪽으로 가고 있다.

이는 중니의 아집을 드러내기 위함이었을 것이다.

위나라에서 아무것도 하지 못한 스승을 대신해서 안회가 가고 싶었던 것일까. 이것이 안회의 포부였을까. 그러나 그 마음을 증명할 길은 없다.

동시에 지나친 상상일지 모르지만 위나라로 가려는 뜻을 지나치다 할 정도로 제지하고 걱정하는 공자의 말 속엔 어쩔 수 없이 위나라에 대한 불만이 작용하고 있는 것 같다.

한 인물이 이웃나라를 방문하는 것은 다른 나라에선 경계의 대상일 것이고 어느 나라에는 이익이 되는 것이 다른 나라에는 해가 될 수도 있다. 공자는 자신의 포부만 생각하고 그것을 몰랐던 것일까.

그럼 안회는 자신의 어떤 생각을 펼치려 했던 것일까.

그러나 상상이 되지 않는 까마득한 일이 있었다. 기원전 497년 정월.

1. 안회의 꿈 31

산엔 아직 눈이 가득 쌓여 있었다. 공자는 자로, 자공, 안연과 함께 위나라를 향해 길을 떠났다.

그들이 떠나던 날은 날이 좋았을까. 그때가 가장 행복한 순간이 아니었을까. 산천을 바라보는 그 세 사람의 눈은 선했을 것 같다.

그 무렵이 공자의 절정기였다. 아직 희망이 있고 든든한 제자들도 있고 할 일도 많았을 것 같았다. 나그네는 여기서 문득 수년 전 공자와 안회 사이에 「인간세」의 이 장면 같은 밀실 대화가 있지 않았을까 하고 상상을 했다.

장자가 바로 그것을 상상한 것이 아닐까. 다시 말해 안회가 다시 마음의 도를 얻고 나서 이렇게 공자와 자로와 자공과 함께 위나라로 가게 된 것이 이 497년 이른 봄이 아니었을까.

그렇다면 이 삽화의 시기는 공자가 54세, 안회가 23세 때 어름의 일이었을 것이다.

그 네 사람이 떨어지지 않고 위나라로 가는 모습이 멀리 보이는 듯하다. 그 넷은 새해의 추운 바람을 뚫고 천천히 의(義) 지방 쪽으로 다가갔을 것이다.

그러나 그 시절이 기원전이 아닌가. 어떻게 나그네가 기원전 그때를 상상할 수 있단 말인가. 아련하기만 하다.

그러나 장자는 이제 열국 주유의 실패를 거울삼아 안회가 다른 것을 찾아갈 것을 예상했던 것 같다. 난국취지(亂國就之)보다 중한 일이 인간에게 있었던 것일까.

장자가 두 사람을 자신의 시대 속으로 불러내 자신들이 걸어온 길과 모습을 돌아보게 하는 거울로 이 장면을 읽을 수도 있다.

여기 나오는 위출공에 대한 중니의 감정은 대단히 부정적이다. 벌써 위나라의 위기를 알고 있었기 때문이다. 그렇다면 이 대화는 기원전

497년(출공의 조부인 영공의 집권 시기, 5년 뒤에 출공이 집권한다) 이전에 한 것이 아니다.

조부 영공이 아들을 버리고 손자에게 권력을 넘겨준 것은 492년이다. 그들이 위나라로 떠나던 해로부터 7년 후이다.

14년간의 주유 속에서 중니에게 위나라는 중요한 거점이었다.

그러나 이런저런 것들을 짜맞추어보는 것보다 중요한 독법은 장자가 중니의 입으로 과거 자신의 열국 주유를 반성하는 것으로 이 글을 읽는 일이다.

장자는 그러나 종신무성(終身無成)한 중니를 결코 지문으로 변호하거나 비판하지 않는다. 이 점도 나그네가 눈여겨 들여다본 부분이기도 하다.

이웃나라 사람들의 불행을 자신의 불행으로 여기는 안회의 마음은 진실하고 아파 보이지만 과거를 복기해도 서사와 시간은 다른 곳으로 흘러간다.

정상적인 시간의 흐름을 이탈한 기이한 「인간세」이다.

망한 나라는 찾아갈 수 없다. 안회가 찾아 돌아가야 할 이유가 없다. 그 어떤 생의 길도 국가도 미완의 길 위에 있을 뿐이다. 어쩌면 저 무용한 그 무엇들만이 우리를 내다보고 있는 건지도 모른다.

「인간세」 도입의 본의는 결국 장자가 공자를 인정하는 것이 아니라 자신의 사상을 수정하는 자백의 자리에 앉힌 것으로 보인다. 그곳에 먼저 죽은 안회를 동석시켰다는 것은 실로 해괴한 일이 아닐 수 없다.

2. 덕과 명예, 지식과 경쟁

　중니가 말했다. "쳇, 네가 가봤자, 기껏 형(刑)이나 받을걸. 대저 도는, 잡(雜)하지 않길 바란다. 잡은 많음을 본받고, 많음은 어지러움을 본받고, 어지러움은 환난을 본받는다. 환난은, 구제할 수가 없다. 옛 지인(至人)은, 먼저 자신을 보존한 뒤에, 남을 보존케 했다. 자신을 보존하는 것도, 미정인데 무슨 겨를에, 폭인의 소행(所行)에 관여하려는가. 또 너는 저 덕이, 방탕에 다다르는 곳을 모두 알고, 너는 지혜가 나와서, 다다르는 곳을 아느냐. 덕은 명예에서 흐려지고, 지혜는 경쟁에서 나타난다. 명예라는 것은, 서로 비걱거림이고, 지혜란 것은, 다툼의 도구이다. 이 둘은, 흉기이다. 진력하여, 행할 것이 못된다."

　❑ 원문(原文)
　仲尼曰 譆 若殆往而刑耳 夫道不欲雜 雜則多 多則擾 擾則憂 憂而不救 古之至人 先存諸己而後存諸人 所存於己者未定 何暇 至於暴人之所行 且若亦知 夫德之所蕩 而知之所爲出乎哉 德蕩

乎名 知出乎爭 名也者 相軋也 知也者 爭之器也 二者凶器 非所
以盡行也.

희(譆)!

중니의 말은 비웃음으로 시작한다. 그 첫마디가 '희(譆)'이다.

염함(厭縅)과 노혁(老洫)으로 가득 찬 듯한 그의 말은 견고하고 빈틈
이 없다. 늘 자유로움과 여지를 가지는 장자의 말이라고 생각되지가
않는다. 그는 촉박하고 두려움에 갇혀 있는 것 같다.

안회가 무참한 것은 말할 것도 없지만 언제 장자가 이렇게 구차하게
처세를 가르쳤던가, 이런 의문이 「인간세」를 읽어가는 가운데 문득문
득 가로막았다.

어느 틈새에선가 자신의 소견을 밝혀가지만 안회의 말이 중니가
말을 하게 유도해가는 점이 눈에 띈다. 이것도 장자의 의도일 것이지
만 그래서 오히려 중니는 안회의 말에 귀를 기울이는 것 같기도 하다.

장자는 이곳에서 중니의 입을 통해 덕과 지혜를 부정하면서 장자의 글이 아닌 것 같은 모습을 간접적으로 취하고 있는 것 같다.

덕과 지혜를 파괴하는 다른 덕과 지혜를 내세우고 있는 것으로 보인다. 이 기묘한 간극을 읽어내야 지나갈 수 있는 길목이 이곳이다.

그런데 문제는 이 말들이 전부 장자의 말이 아니라는 것을 어떻게 알 수 있느냐는 점이다. 또 그 말들의 어떤 부분이 중니의 말인지를 구분하는 것은 쉬운 일이 아니다.

왜냐하면 장자가 쓴 글이기에 그 말들을 모두 중니의 말로 받아들일 수도 없기 때문이다. 기묘한 장자의 함정에 빠지는 기분이 든다.

"쳇, 네가 가봤자, 기껏 형(刑)이나 받을걸" 하고 무시하는 말에서 이 사람이 공자인 중니인가 아닌가 하는 의문을 떠올릴 수밖에 없기도 하다.

이런 혼란이 일어나는 것은 중니가 작품 속의 한 등장인물이고 이 글을 쓴 사람이 바로 장자이기 때문이다. 인물과 작가라는 불평등한 생사의 위상이 혼란을 야기하는 요인이기도 할 것이다.

그렇다면 어떤 비밀과 의도가 없지 않고서야 이렇게 말해지는 이유가 없을 수 없고 또 다른 무언가가 감추어져 있다는 것을 생각하지 않을 수 없는 일이다.

그러니 나그네가 중니와 장자 사이에서 일으키는 혼란은 당연한 것이고 장자도 이것을 읽어내길 바라지 않았을까 하는 의심을 가져본다.

결국 장자의 이 글을 몇 개의 눈으로 읽어야 할 것 같다. 장자로도 읽어야 하고 중니로도 읽어야 하고 또 반장자로도 읽어야 하고 반중니로도 읽어야 한다.

장자가 없는 그곳

안회의 포부가 개인적인 문제가 아니라 공문(孔門) 전체의 문제가 될 수 있기 때문에 중니는 대단히 긴장되어 있는 것 같다. 이 감정을 읽을 수 있다면 이 글의 다른 내막을 발견할 수 있을 것이다.

뇌리를 스쳐 지나가는 것은 이것이다. 만약에 안회가 위나라에 붙잡혀 있게 되면 중니는 어떻게 해야 하는가. 외교적인 문제가 불거질 수 있는 것이 아닌가.

이렇게 된다면 중니가 볼모로 잡혀갈지도 모른다. 미래의 불확실성을 정작 걱정했다면 중니가 화를 낼 만도 하다. 그렇다 치더라도 중니의 말은 조급하고 범속하고 소극적이다.

은밀하고 폭로적인 이 면담 자리는 장자적인 사람들의 대화 풍경은 아니다. 그러나 이 밀담 풍경은 왠지 풍자적이다. 중니가 무언가 스스로 뒤집어쓰고 자백하는 듯한 인상을 준다. 그렇다면 다시 확인해야 할 장자가 묻어둔 당대의 놀라운 기획이 아닐까.

중니가 걱정하는 것은 다른 곳에 있는 것일까. 사실 이 글은 지문이 없는 대화로 이루어져 있지만 장황하게 말을 하는 중니와 그렇게 만든 장자의 인식이 충돌하고 있어 어떤 목적이 숨어 있는 것 같다.

사상적으로나 정치적으로나 안회가 함정에 빠질 수도 있다. 또 위나라에서도 구제하러 들어온 자를 꼭 반기라는 법도 없다. 안팎으로 간자로 오해를 받을 수도 있다.

출입국은 자국과 당사국의 동의를 받거나 통지를 해야 할 일이기도 하다.

자신과 타자, 그들, 우리를 하나로 생각하는 것은 너무 단순한 발상이고 위험하다. 인간과 인간 사이는 일방적이지도 않고 동질적이지도 않다. 안회는 자신이 재앙이 될 수 있다는 것을 몰랐을까.

인간은 알 수 없는 존재이다. 위나라에서 그대는 어디서 왔는가 하고 물을 때 그는 중니로부터 왔다고 할 것인가. 무슨 까닭으로 왔느냐는 질문으로부터 자유로울 수 없을 것이다.

아무리 안회가 선한 목적을 가지고 있다 하더라도 죽음으로 뒤덮인 자국을 타국의 한 인물에게 보여주려 할 리는 없을 것이다.

장자가 쓰고 있는 이 중니의 말을 달리 보면 열국을 주유하면서 정적과 제왕들로부터 받은 불신과 자책, 실패가 낳은 마음의 상처를 알게 모르게 반영시킨 것으로 보인다.

하지만 워낙에 잘 감추어져 있어서 그 복선의 심리를 잡아낼 수가 없다. 천의무봉 속의 진실은 무엇일까.

중니가 위장하고 장자가 은유한 그 무엇을 알아내 보라고 장자는 나그네에게 풀 길 없는 문장을 쓰고 있는 것 같기도 하다.

중니가 자신의 열국 주유의 실패에 대한 반성을 제자 앞에서 숨기고 있는 것으로 볼 수도 있다. 반면 안회가 중니의 열국 주유의 정치적 실패를 알아차린 것이 아닐까 싶기도 하다.

그래서 이렇게까지 중니가 과민 반응하는 것이 아닐까. 안회를 비웃고 강압함으로써 자신의 잘못을 감추려 한 것으로 볼 수도 있다. 결국 그로 인해 중니는 잡다해지는 것 같다.

이천 수백 년이 지난 지금 장자는 자기 말의 함정에 빠져 있는 중니의 그 모습을 누가 읽어내 주길 바라는 것 같은 느낌을 나그네는 지울 수가 없다.

중니가 열국 주유에 실패한 것을 안회가 알고 있다는 것을 중니가 알고 있다면 이 대화는 두 사람이 서로 진실을 기만하고 있는 것이 된다.

지나가면 그만일 나그네가 그들을 왜곡하는 것일까. 아니면 장자가 오해한 것일까.

이 오해와 왜곡은 정말 새로운 발견이고 해석일까. 장자가 그러길 바란 것은 아니었을까. 장자가 내막을 너무 깊이 숨긴 것일까.

그러나 이 모든 의혹은 자기들의 사상과 꿈을 은폐시킨 공모에서 비롯된 것이기도 할 것이다. 또 다른 입장에서 이러저러해야 하는 준칙들은 어찌 보면 사상과 이념을 대거 수정하거나 부정하는 일이기도 하다.

정작 해야 할 말을 하지 않고 있는 두 사람, 이들이 서로 마음을 숨기고 다른 말을 장황하게 늘어놓고 있는 것이라면 실로 「인간세」의 기이한 풍경이 아닐 수 없다.

지혜보다 논리보다 말보다 감각보다 마음보다 더 빠른 무엇으로 보아내는 것이 있을 수 있을까.

장자가 아주 비밀을 찾을 수 없도록 구성한 것 같다는 생각이 스칠 뿐이다. 단순한 대화의 문장으로 보이지만 비결(秘訣)을 숨긴 문장 같다.

안회는 수많은 제자들의 치열한 경쟁 속에서 희생을 감수하려 한 것일까. 여러 연장자들 속에서 안회처럼 조용한 사람이 수제자로 있는 것도 용이한 일이 아니었을 것이다.

장자는 그 시대 상황 속에서 한 인간을 건지고 있는 것 같다. 전쟁과 죽음, 지혜, 명예 등에 둘러싸인 한 사람 속에서 다른 인간을 발견하고 있다.

난국취지가 틀린 말은 아니다. 하지만 남의 나라 난세에 뛰어들어 쓸데없이 자기 생명을 잃어야 할까. 무엇 때문에 폭군을 만나고 망해

가는 나라를 찾아가야 하는가.

사실 그 누구도 이 의문과 명분에서 자유로울 수 없었을 것이다. 그러나 인간애로 비춰보지 않더라도 죽어가는 사람들에 대한 장자의 비통한 마음이 숨어 있지 않다고 말할 수는 없는 일이다.

여기서 장자가 하지 않은 말이 있는 것 같다. 이 말을 듣지 못한다면 장자의 글은 전체적으로 그다운 매력을 상실한다.

그 은밀한 말은 이런 것이 아닐까. 인의(仁義)의 승묵(繩墨)은 권력을 좇는 자들의 덕목이고 그것은 결국 잡(雜)이다. 그렇다고 그로 인해 목숨을 잃어선 안 된다는 것이 장자의 생각일까.

의문과 명분에서 벗어나 다른 길로 가려는 장자의 의중이 보인다. 그러나 어떻게 이 부분을 읽어낼 수 있을까.

지금 장자는 한 입으로 두 말을 하면서 불가피한 이중적 문장을 써나가고 있는 것으로 보인다. 목숨이 정치적 인의(仁義)에 담보되는 것을 전복시키고자 한다. 따라서 장자가 발설하게 만드는 중니의 말을 바꾸어 읽거나 고쳐 읽을 필요가 있을 것이다.

만약 중니가 열국 주유에 대한 열망을 버리지 못했다면 의(義)를 앞세워 극렬한 주장을 펼쳐 안회를 위나라로 보내야 할 것이다. 그러나 장자의 글 속에서 중니는 그러지 못하고 있다.

여기서 장자는 중니를 포용하는 것 같다. 그런 줄 모르고 중니는 장자의 사상을 빌려 자신도 모르는 다른 말을 계속한다. 그 말의 길은 이제 저 뒤에서 '심재(心齋, 이것은 사실 공자의 것일 수 없다)'로 향할 것이다.

중니의 말이 모두 장자의 말은 아니다. 죽은 공자가 장자의 글 속에서 심재를 알게 된 것은 「인간세」의 놀라운 발견이지만 그것에 머물지 않고 장자는 멀리 문을 개방한다.

누추한 골목 속에서 한한(閒閒)한 사유로 어렵게 살았지만 그의 사유가 얼마나 깊은 곳까지 가 있는지를 감지하게 한다.

새겨서 즐겁게 읽어야 할 것은 「인간세」에 공자의 생활과 사상에 없는 언어들이 등장하는 것을 발견하는 일이기도 하다. 다만 여기서 안회가 독단적으로 위나라로 가는 일을 단행하지 못하고 중니에게 고한 것은 나름 다른 부탁과 염려가 있었기 때문일지 모른다.

위임장, 추천서 같은 것이 필요하지 않았을까. 안회는 그 말을 꺼내지도 못했고 중니는 묻지도 않은 말을 계속 강변하고 있다.

두 사자(死者)의 만남

이곳은 장자 『칠원서(漆園書)』 전편에서 가장 장황한 안공(顏孔)의 대화 부분이다. 중요하지 않은 것들을 열거하는 것처럼 보이지만 놀랍게도 인간의 심리에 대한 폭로가 넘쳐난다.

한 인간이 알아낸 인간에 대한 절망과 불가(不可)의 흥미로운 관찰이 눈을 번쩍 뜨게 한다. 어떻게 이렇게 인간의 심리를 면밀히 파악할 수 있었을까.

이런 것은 아마도 그러한 경험을 얻고 당해본 자만이 알 수 있는 것이 아닐까.

나에게 이 문장들은 전쟁터 같다. 매우 노골적이고 신랄하고 공격적이다. 한쪽은 공격적이고 다른 쪽은 수세적이다. 계속 듣고 있는 안회가 숨 막혀하는 것 같다.

일이관지(一以貫之)와 일지(一志)가 대치하고 있다. 새 사상과 낡은 사상이 싸우는 것 같기도 하다. 왠지 중니는 점점 고루해지고 장자는 점점 숨어들고 있다. 중니는 처세를 아주 구체적으로 하나하나 가르치지만 이는 모두 자기 사상과 생에 대한 부정으로 비춰진다.

왜 중니가 모든 덕과 지혜를 부정하고 나선 것일까. 사실 앞에서도 말했지만 이것은 공자가 할 말들이 아니다.

안회는 '희(譆)'란 말이 얼마나 불쾌했을까. 14년간 스승을 모시고 열국을 떠돌던 날들을 기억했을까.

먼 길 위에서 공자와 함께 동고동락했을 안회는 이 뜻밖의 글 속에서 자신의 과거를 전혀 기억하지 못하고 있는 것 같다. 여기서 장자의 글이 기이해지지만 죽음 속에서 두 사람은 어느 낯선 미래의 문장 속에 문득 와 있는 셈이다.

그때 안회는 단박에 떠나라고 하면서 내가 무엇을 도와주면 좋겠느냐는 스승의 말을 기대했을지 모른다. 내 함께하마 하고 발 벗고 나서는 모습을 기대했을 안회의 마음은 어떠했을까.

기이한 것은 중니로 하여금 콧방귀를 뀌게 한 장자의 뜻을 행위 당사자인 중니가 알지 못하고 있는 것 같다는 점이다. 이 '희'는 안회를 향한 중니의 것이 아니라 중니를 향한 장자의 것 같다.

이런 틈새에서 「인간세」는 재미를 더할 뿐 아니라 다른 비밀을 감춘 것 같다는 흥미로운 의심을 불러일으키기에 충분하다.

중니는 안회의 말을 좀 더 자세하게 들어 보지 않고 처음부터 안회를 무시하고 있다. 어떤 선입견으로 안회를 바라보고 있다.

혹시 두 사람이 살아 있을 때 이런 일이 있었던 것일까.

그렇다면 사신의 경험이 없는 젊은 안회에게 다른 희망과 용기를 줄 수도 있었을 것이다. 사실 그 당시 중니가 주유를 구상하고 있었다면 안회의 위행 발언이 공자를 불편하게 만들 수도 있었을 것이다.

공자가 펼치고자 한 열국 주유의 꿈을 안회가 먼저 행하려 했던 것이 아니었을까. 그 후 공자가 열국 주유를 떠났던 것이 아닐까.

이 「인간세」의 결말도 궁금하지만(아마도 전혀 다른 곳으로 길이 열릴 것) 한 청년의 꿈이 처음부터 무시되는 것 같아 아쉬울 뿐이다.

그러나 모든 열국이 멸망하리라는 것을 알고 있었을 장자에겐 망해 가는 나라보다 한 인간이 더 중했을 것이다. 그래서 가지 말기 바라는 뜻 속에 장자의 의중이 전혀 없다 할 수 없는 일이다.

불욕잡(不欲雜)

여기서 잊고 싶지 않은 말은 부도불욕잡(夫道不欲雜)이다. 한없이 큰 세계지만 작은 일상 속에서도 발견할 수 있는 것이 도라면 불욕잡은 필수 같은 것이다.

불욕(不欲)은 그 욕망의 대상을 다 합한 것을 상대하는 것만큼이나 어려운 것이다. 한 사람이 하늘로부터 받은 성심(成心), 하늘로 향하는 도추(道樞), 한없이 부드러운 천양(天壤)이고자 했을 때 이 불욕이 작용했을 것이다.

모든 자연의 대상 앞에서 인간이 사용할 수 있는 것은 극히 한정되어 있다. 하늘과 바다, 바람과 나무, 산과 들, 새와 풀, 강 그 삼라만상과 그 언어들은 사실 쓸 수가 없다.

욕망의 저쪽에 웅크리고 있는 잡(雜)이 문제이다. 근심 걱정이 많은 사람은 잡하기 마련이다. 뒤엉키고 뒤섞이고 기획하는 것들은 욕(欲)이다. 욕은 계속 욕을 불러오고 욕은 계속 잡해진다.

빛을 찾아 밖으로 나갈수록 나그네는 혼란에 빠진다.

차라리 더 깊은 어둠 속으로 돌아 들어가 조용한 한곳에서 그 빛을 내다볼 때 세상과 존재가 보이고 신비한 말이 들리기 시작하지 않을까.

잡(雜)은 덩굴과 같다. 사람들은 작은 명예심과 책임감 등에 이끌려 그 덩굴 속에 묶이고 소속된다.

사람의 간단명료함이란 다른 곳에 있는 것이 아니다. 그 잡을 잡아 묶어 가두면 즉시 자유로워질 것이다.

이 간단한 일을 사람들은 대부분 하지 않거나 하지 못한다. 욕에서 잡이 태어나고 잡에서 추해진다. 어지러울 요(擾)를 거쳐 걱정할 우(憂)에 다다르면 구제할 수가 없다[불구(不救)]는 것이 장자의 말이다.

내가 정말 쓰고 갈 수 있는 것들은 그리 많지 않다. 잡이 나를 이용하고 망가뜨리고 절망하게 한다.

그러나 과연 난국취지(亂國就之)하려는 안회의 꿈조차 잡이었을까. 자신은 살아서 열국 주유를 다하고 죽은 제자가 찾아왔을 때 그 꿈에 콧방귀를 뀐 것은 무엇일까.

사람을 기르는 사람에게 젊은이의 꿈은 한없이 가상하고 아름답지 않았을까. 안회가 그 후 오래 살지 못했다는 것으로 인해 그 꿈이 더 슬프고 안타깝다. 꿈을 가로막은 사람이 누구였을까.

인간 세상은 만물이 있는 곳. 그러므로 잡과 걱정으로 가득 차 있다.

자신의 몸만 하나 거느리고 홀홀 걸어가는 단신(單身)을 본 지가 오래되었다. 세상은 너무 복잡해졌고 너무 많은 것들을 사람들이 다루고 있다. 간출한 사람이 없다.

나그네는 물건 없는 방을 하나 가지고 싶다. 매일 그 안에 들어가고 싶다. 희망도 버리고 싶다. 어디에 희망과 미래가 있는가. 지금 이곳만이 간신한 미래이고 어려운 희망일 뿐이다.

만물 앞에 존재하기 위해 주체가 되고 진정한 타자가 되고 다시 마음이 하늘을 소요하기 위해선 자신을 조직과 집단으로부터 분리할 필요가 있다. 이것이 장자의 선존(先存)이다.

소박한 인생을 위해서는 마음을 비워서 사물을 대하고 지혜를 버림으로써 잡으로부터 떠나야 한다. 소유할 수 있는 것보다 소유할 수 없는 것이 이 세상엔 더 많다.

나그네는 그것들과 함께 즐기기를 바란다. 남길 수 있는 것은 간략한 추억이고 우리는 모두 어디론가 돌아간다.

다시 의문과 감탄

이 잡은 장자의 공자에 대한 비판의 언어이다. 언제 안회가 잡한 적이 있었을까. 전생(全生)을 볼 때 잡한 자는 오히려 중니가 아니었을까.

나그네는 「인간세」의 어떤 것은 중니의 말로 어떤 것은 장자의 말로 읽는다. 시시때때로 말이 변하고 화자가 변한다. 그것을 감지하게 만드는 사람이 장자이다.

기이한 것은 죽은 공자가 이 글 속에서 살아 있을 때처럼 계속 말한다는 것이다. 장자는 비록 집필자지만 글 밖에서 계속 침묵하고 개입하지 않는다.

그래서 더욱 등장인물의 기묘한 숙명과 무지가 느껴진다.

그러니 나그네가 그 의도를 읽어낸다는 것은 쉽지 않다. 그래서 이 「인간세」가 어쩌면 『칠원서』 전편에서 가장 읽기 어려운 글이기도 하다. 문자만 읽을 수가 없는 글이다.

귀를 열고 보면 장자를 잘못 읽어온 것인가 하는 의문이 들 때도 있다. 선존(先存)은 공자에 대한 새로운 도전의 언어이다. 선은 고(古)이고 존은 진인(眞人)이다.

여기서 선존 즉 '바로 섬'(이는 이미 「소요유」의 대수(大樹)를 통하여 말한 적이 있지만)을 통하여 장자는 아니 중니는 자신을 수정하는 과정에 놓여 있게 된다.

장자가 죽은 자를 가르치고 있는 것인가.

그리고 장자는 도대체 어디에 존재하고 있는 것인가.

그렇다면 장자는 수많은 세월과 나라를 거쳐 수많은 학자들을 속이고 농락한 것인가. 이 부분에 대한 예감 없이는 장자의 효적(梟敵, 올빼미 구운 고기)을 맛볼 수 없을 것이다.

장자가 공자 계파의 한 사람이라고 주장한 사람들에겐 미안한 말이지만 이것이 장자의 이 세상에 처음 있는 일대 풍자(諷刺)이고 칼이고 해우(解牛)일 것이다.

정말 그런 것일까.

토심(吐心)을 보인 공자가 하는 말 속에서 다른 도의 강좌를 듣고 있는 기분이며 무언가 잃어버린 것을 되찾는 것 같은 통쾌함을 느낀다. 실증 자료가 없다고 심증이 참되지 않은 것도 아닐 것이다.

다시 보니 공자가 자신의 잡했던 지난날 주유의 헛된 꿈을 제자에게 고백하고 있다. 나그네가 이곳에서 웃지 않는다면 어디서 웃을 것인가.

전국시대의 가장 어두운 한가운데 환도(環堵)에 있었던 한 인간의 거침없는 장광설은 세상의 억압적인 가치와 조직을 거부하고 자유의 혼돈 속으로 몰고 가는 먹구름과 바람이고 한 시대로부터의 통쾌한 도주였다.

또다시 보니 안회가 모함을 받고 누명을 쓰는 것 같은 착각까지 불러일으킨다. 수많은 대소잡사의 주인공인 중니와 좌망의 안회는 함정에 빠졌거나 정신이 없는 사람처럼 보인다.

덕과 지혜를 부정하는 사상이 이미 장자 안에 있었다는 것을 발견하는 것은 놀랍고 즐거운 일이다. 그 누구도 지나간 시간을 되돌릴 수 없는 일이지만 장자는 되돌려놓았고 죽은 자를 데려오기까지 했다.

이는 신인의 고소(苦笑)와 신기이다.

이렇게 읽을 때 장자의 이 대목이 다시 골의지요(滑疑之耀)의 빛을 발한다. 장자의 <내편(內篇)> 칠 편 중에서 가장 재미없는 듯했던 이 「인간세」에 흥미로운 비밀이 있었다.

권력과 명예와 인간의 관계와 유착을 초월한 곳에 늘 서 있는 장자 사상은 포정이 해체한 한 마리 소처럼 「인간세」 속에 널려 있다.

오래된 신성성은 장자에게로 이동한다.

이것이 공자에 대한 희대의 풍자임을 누가 알았을까. 칼이 슥, 춘추전국시대의 대각(大郤, 뼈의 커다란 틈)을 치고 지나가는 소리가 들린다.

일본의 한 학자는 공자의 입을 빌려 장자가 한 말들이라고 단정했지만 나그네는 그렇게 간단하게 볼 수 없었다.

어떤 말은 장자의 말이며 어떤 말은 중니의 말이다. 어떻게 장자의 의도와 시대, 문자와 꿈을 바로 읽을 수 있을까.

장자는 2,400년 동안의 오독을 보고 책 속에서 이제 웃는 것 같다.

덕과 지혜의 적들

덕과 지혜를 비판하는 것은 공자 같은 사람이 할 말이 아니다. 적어도 장자나 되니까 할 수 있는 말이다. 덕과 지혜를 강조하는 것은 어딘지 모르게 가식적이다.

장자는 인간의 덕과 지혜를 거부했다.

보자, 장자가 "또 너는 저 덕이, 방탕에 다다르는 곳을 모두 알고, 너는 지혜가 나와서, 다다르는 곳을 아느냐"고 물었다. 또 중니가 한 말이기도 하나 중니가 한 말이 아니기도 하다.

장자가 태어나기 전의 과거에 중니가 한 말 같지만 사실은 그가 죽은 다음에 「인간세」에 나타나 하는 말들이다.

덕을 강조하고 나라를 세운 자는 그 덕의 망루에서 모두 무너졌다. 지혜는 투기(鬪技)하고 징벌해서 명성을 얻고 그 실체를 드러낸다. 그것이 장자의 눈에 보이는 소위 덕이란 것이다.

명예와 지혜는 진짜 명예와 지혜를 망친다. 덕과 지혜는 이름과 모양이 없다는 말을 감추고 있지 않은가. 덕의 구축은 권력을 숭상하고 지혜는 덕의 앞잡이가 되기에 안성맞춤이다.

공자가 말하는 인(仁)은 그럴 듯한 유혹에 불과하다. 수신제가치국평천하(修身齊家治國平天下)도 교언이다. 누구나 치국평천하를 할 수 있다고 믿기 쉽다. 교묘한 처세술이자 현혹의 수사이다.

장자는 현대적으로 말하면 아나키스트였다. 그는 자연정부주의자이다. 그는 국가 체제 같은 것에 관심이 없었다. 정작 장자가 나라를 거론하고 국가를 걱정한 적은 없었다.

기획되고 의도된 덕은 군주를 부모처럼 여기는 허구였다. 멀리 무위의 자연 속에서 내다보면 벼슬이란 것은 우스꽝스러운 것이다.

그 어디에도 덕이나 지혜는 없다. 군주가 내린 벼슬이란 그 아래 작은 덕을 지배하기 위한 유사 덕들이었다.

장자의 덕과 지혜는 사용할 수 있거나 말로 나타낼 수 없다.

장자는 수레바퀴가 서로 맞닿아 삐걱거리는 알(軋)을 덕의 잡음으로 보았다. 자연이 덕을 나타내지 않는데 어느 인간이 덕을 말할 수 있을까.

인간이 찾아갈 수 있는 덕은 저 자연밖에 없다.

장자가 어지간하면 덕과 지혜를 흉기(凶器)라고 했을까.

중니는 안회에게 잡하고 간교한 것을 가르치고 있다. 장자는 이런 말을 한 적이 없다. 그래서 사실 중니가 하는 말은 누구의 말인지 알 수가 없기도 하다.

혹시 나그네가 장자의 암유와 우언을 지나차게 상상하는 것일까. 이 의문 다음에도 이런저런 의문은 풀리지 않는다. 나그네가 생각했던 공자는 완전히 다른 중니인 것일까.

그런데 이 중니는 공자가 아닌 다른 인간일 수가 없다. 장자는 중니가 아니면 이 글을 쓸 이유가 없었을 것이다. 중니만이 등장할 수 있었고 이것이 이 인물의 작중 운명이다.

장자는 중니의 말에 대해 집요하게 천착해가고 있다. 「인간세」는 장자가 공자 사상에 대해 부정하고 극복하는 사상투쟁의 결정판이다. 놀라운 일이다. 장자가 중니를 완전히 꿰뚫고 있었던 것이다.

기묘한 것은 장자가 공안을 불러와 자신의 글 속에서 속내를 모두 드러내게 하고 있다는 점이다. 장자는 한 마디도 대화 속에 개입하지 않음으로써 대결 구도를 유지하고 있는 것 같다.

진실이라면 안회를 위나라에 보내야 하고 그가 아직 미흡하다면 공자가 직접 위나라로 들어가 폭군을 교화해야 했을 것이다. 그러나 둘은 죽은 사람이므로 결코 그렇게 할 수는 없는 일이었다.

선생님은 그토록 열국을 주유했지만 제가 고작 위나라 하나를 주유하려 하는데 왜 반대하십니까 하고 안회는 스승에게 묻지 않았다.

위나라에서 일이 잘되면 안회는 다른 나라로 갈 수도 있었을 것이다. 그러나 중니는 그것을 허용하지 않았다.

혹시 중니가 가로막지 않았을까. 자신이 실패한 것을 제자가 성공하는 것을 원치 않았던 것일까.

공자에 대한 또 다른 의문

「인간세」에선 안회 등의 인물이 운명과 사상을 결정하는 것이 아니라 문장이 전혀 다른 곳으로 이끌고 있는 것 같다. 즉 문장이 주인공이 되고 있다. 이 지상에서 인간이 주인공 같지만 실은 시간과 배경이 주인공이다.

좌절하고 노나라로 돌아오기까지 중니는 14년간 주유했지만 안회에겐 단 한 번의 위국행조차 허락하지 않고 있다. 스승은 수많은 실수를 저질렀지만 제자에겐 단 한 번의 꿈을 허락하지 않았다.

「인간세」 속의 중니는 수제자도 믿지 않는 위인이다. 후학들을 믿지 못하는 것으로 보아 미래적이지도 않으며 오히려 안회에 대한 경계심으로 가득 차 있는 것처럼 보인다.

게다가 그는 인간을 발가벗기고 있다. 군주들로부터 심한 냉대와 박대를 받았다 하더라도, 또 비판 대상이 위군(衛君)일지라도 인간성 일반을 야비하게 보는 시선은 병적이기까지 하다.

공자는 당대의 도인과 군주들로부터 인정을 받지 못하고 죽었다. 국노(國老)였지만 노애공으로부터 천하를 울릴 만한 조사(弔詞)를 받지 못했다. 또 제자들은 복[復, 돌아가다의 의미, 고복(皐復), 초혼(招魂)]을 하지 않았다. 이는 죽음을 인정하지 않는다는 뜻이었다.

제자들이 공자 사후에 편집한 『논어』도 여러 의문이 있지만 『논어』를 장자의 『칠원서』와 비교할 수는 없는 일 같았다. 장자를 읽으면서 저자의 의도를 모두 감지하기엔 벅차고 두려운 일이다.

나그네로선 이 「인간세」 여행이 장자의 반어적 화법의 고도한 은유가 봉합한 대공자 사상 투쟁록임을 확인하는 것이라는 생각을 떨쳐버릴 수가 없었다.

그만큼 장자와 공자에 대한 고정관념의 수정은 불가피하게 되었다.

장자의 생애를 돌아보면 눈물겹다. 그에 비해 공자의 삶은 비교가 되지 않는다. 수레를 타고 다니면서 세상을 한탄한 자와 누항에서 세상을 소요한 자의 차이는 무엇일까.

공자는 인위적이고 너무 화려했다. 지난 수많은 시대 속에서 성인 대우를 받아온 그를 부정하는 것도 하나의 즐거움이다. 그를 숭모했던 자들이 과연 어떤 사람들이었는지 다시 생각하게 된다.

중니는 앞으로 「제물론」의 만교밀자(縵窖密者)와 같은 인상을 더 풍겨줄지 모른다. 왜소하기 짝이 없는 한 인간이 내뱉은 말의 상처투성이들이 치유되지 않은 채 까발려졌다.

결론은 이것이다. 장자가 중니를 등장시킨 것은 공자를 비판하기 위해서였다. 그렇지 않다면 이 「인간세」는 문제가 많은 글이 된다. 진실과 풍자가 사라진 반장자적 체제 순응의 글이 되고 말 것이다. 그러나 그럴 리는 없다.

「인간세」의 전반부가 중니를 비판하고 수정하고 가르치고 있지만 장자는 그 직유를 결코 드러내지 않았다.

이 은유로 인하여 역사와 인간, 사상에 대한 장자의 지평과 경지가 더 멀어지고 깊어지길 바랄 뿐이다. 그 넓과 큼이 나그네가 바라보는 장자의 세계이다.

이 글은 장자에 대한 새로운 해석과 다른 위상으로의 전이라고 할 수 있다. 성인이 아닌 공자를 왈가불가할 것도 없다. 무용으로 벗어나 있는 한 선존이 한없이 멀고 높아 보이지 않는 것은 어쩔 수 없는 일이다.

3. 재인(菑人)과 승인(乘人)과 익다(益多)

"또, 덕이 순후(純厚)하고, 신의가 굳어도, 남의 기분을 헤아리 긴, 부족하다. 경쟁을 하지 않는 명성도, 사람의 마음을 헤아리 기, 부족하다. 그래서, 난폭한 자 앞에서, 술수를 써서, 인의(仁 義)와 법도를, 애써 늘어놓으면, 이는 남의 악함을 가지고, 자기 잘남을 드러내는 것이 된다. 그런 것을 일러, 재인(菑人)이라고 한다. 남에게, 재앙을 준 사람은, 반드시 재앙을 돌려받는다. 네 가 자칫, 남의 재앙을, 입을진저! 더구나 진실로, 어진 이를 좋아 하고, 미련한 자를 싫어한다면, 어찌 너를 써서, 다른 것을 하겠 느냐. 너는 절대, 가르치지 말라. 왕공(王公)은 반드시, 상대를 차차 제압해서, 그 빠른 말솜씨로, 싸우려 할 것이다. 너는 눈은 문득, 아찔해지며, 안색은 차차 창백해지고, 입술은 점점 변명을 하고, 태도는 조금씩 들키게 되고, 마음도 구차하게, 상대에게 맞추게 된다. 이는 불로 불을 끄고, 물로 물을 막는 것이다. 이런 것을 가리켜, 익다(益多)라고 한다."

□ 원문(原文)

且德厚信矼 未達人氣 名聞不爭 未達人心 而彊以仁義繩墨之言 術暴人之前者 是以人惡有其美也 命之曰菑人 菑人者 人必反菑之 若殆爲人菑夫 且苟爲悅賢而惡不肖 惡用而求有以異 若唯無詔 王公必將乘人而鬪其捷 而目將熒之 而色將平之 口將營之 容將形之 心且成之 是以火救火 以水救水 名之曰益多

▎굳을 강矼. │ 인기人氣 사람의 기분. │ 명문名聞 명성. │ 애써, 강하게 강彊 강(强)을 쓴 경우도 있음. │ 먹줄 승繩 승묵(繩墨)은 법도의 뜻. │ 꾀, 계략 術. │ 유기미有其美 잘난 척함. │ 쪼갤, 따비밭, 고목 치菑, 재앙 재(菑)와 동자. │ 재인菑人 재앙의 사람. │ 가까이 할, 위태로울 태殆. │ 감탄사 ~진저 부夫. │ 진실로 구苟. │ 좋아할 열悅. │ 쇠미할 초肖. │ 불초不肖 미련함. │ 용이用而 너를 쓰다. │ 오직 유唯. │ 무소無詔 가르치지 않다. │ 차차, 장將. │ 승인乘人 사람을 내리누르다. │ 빠를 첩捷 투첩鬪捷 싸움이 민첩함. │ 아찔할 형熒. │ 복될 평平 창백한 의미로 봄. │ 변명할 형營. │ 태도 용容. │ 나타날 형形 상대에게 모습이 파악되거나 사로잡힘. │ 구차스러울 차且. │ 심차성지心且成之 마음을 구차하게 맞추다. │ 익다益多 더해지고 많아지다.

재(菑) 자에 대해

희(譆)에 이어 두 번째 중니의 악담이 나온다.

"네가 자칫, 남의 재앙을, 입을진저![약태위인재부(若殆爲人菑夫)]"

이 재(菑) 자는 무서운 글자이다. 이 재는 쪼갠다, 묵정밭, 황무지를 기경(起耕)한다고 할 땐 '치'라 읽고 재앙을 의미할 땐 '재'로 읽는다.

이 글자는 역질 려(癘) 자나 재앙 앙(殃) 자, 근심, 요괴 얼(孼) 자를 떠올린다.

이 재 자는 점잖은 사람들은 쓰지 않을 글자이다. 장자는 가끔 이렇게 괴이하고 보통 사람들이 기피하는 무서운 글자를 찾아와 자신의 글에 붙여놓았다.

이 글자들은 무위와 무용과 부정형의 비정상적인 글자들 같다. 장자는 이런 글자들을 좋아한 것으로 보인다. 이런 글자는 이미 아름답고 진리적이고 평범한 모양을 하고 있지 않다. 우선 이런 글자 곁엔 어떤 글자가 붙어도 어울리지 않을 것 같다.

사실은 그런 것이 널려 있고 숨어 있는 것이 우리의 삶이고 자연이고 현실이다. 아름답고 교언(巧言)적이고 유익한 것들로 꾸며져 있는 어떤 현실과는 거리가 먼 글자이다.

잘 사용하지 않는 이런 글자는 마음에서 다른 글자를 밀어낸다. 그런 의미에서 장자의 글자라고 할 수 있는 이 재 자는 특별하다.

그래서 그 글자 하나로 여타의 모든 그럴 듯한 사상적 문자들이 맥을 못 추게 된다는 생각이 들 때면 웃음이 나오기도 한다.

하지만 정명(正名), 대의(大義), 인의(仁義) 등 바르고 옳고 아름다운 것 같은 것들만 강조하는 언어 사회 속에서 그 말을 들으면 그 언어가 가지고 있는 고통과 역사는 아주 다른 의미로 다가온다.

왜 중니는 안회에게 재 자와 같은 험한 말을 하는 것일까.

안회가 죽었을 때 중니는 복을 하지 않았다. 아들처럼 생각한 고제자를 저승으로 보내지 않겠다는 마음에서였을까. 몇 해 뒤 중니가 죽자 그 본을 따라 제자들이 복을 하지 않았다.

제자들이 중니를 죽은 사람으로 인정하고 싶지 않았던 것 같다. 즉 사자를 저승으로 보내지 않았다. 그렇다면 우매하게도 본상의 모습으로 돌려 보내주지 않은 셈이다.

이 복은 죽어서 본래 있던 곳으로 돌아가는 것인데 그것을 거부한 것이었다. 스승을 욕보인 일이기도 하지만 반자연적이고 반장자적이다.

그것은 죽음 속의 우상을 만들려는 의도였을지 모른다. 자연 속에 누구나 편히 잠들어 누려야 할 죽음을 제자들이 부정했다. 특히 자공(子貢)이 앞장서서 주장하여 초혼을 하지 않았다는 것은 사자도 바라지 않았을 두려운 일이다.

그들은 나그네에게 생경하고 고집스러워 보인다. 복을 하지 않았음에도 이 글 속에 등장하는 인물이 살아 있는 사람처럼 느껴지지 않는다.

그들은 분명한 사자들이다.

그런데 이 죽은 두 사자가 만나 무엇을 말하고 있는 것인가.

해 뜨고 해 지는 저 사바 고해에서 벗어나 저승에서 편히 있어야 할 사람들이 이 세상에 남아 있다는 것은 불편하다. 죽어서도 이 세상을 자꾸 뒤돌아보는 듯한 자와 죽은 자를 숭모하는 것은 그리 아름다워 보이지 않는다.

그들이 살아 있는 사람보다 더 무섭게 닦달하고 통제할 것 같다. 사람들의 마음속에서 소리칠까 두려워진다. 죽은 자는 죽어 있어야 할 것이다.

아이에서부터 노인들에게까지 잔소리를 하고 쓸데없이 가르치려 들고 의식을 감시하고 끝없이 다른 의견을 제시할 것 같은 생각이 든다. 생사의 불편한 관계일 것이다.

누구든 죽은 자는 저승으로 떠나야 옳을 것이다.

제자들 나름의 결속이겠지만 자연의 법칙을 거스른 그들이 아름다워 보이지 않는다. 중음신은 아주 희미한 여섯 가지 빛에 홀리게 되는데 육도윤회로 갈라지는 빛 속에 머문다는 것은 공포이다.

천상의 흰빛, 사람으로 보이는 노랑, 아수라의 연초록, 짐승세계의 연파랑, 아귀를 나타내는 연붉음 그리고 지옥의 검은빛이 그것이다. 그 임시 영(靈)은 생전의 아홉 배가 넘는 무서운 기억의 확장 속에서 소용돌이친다. 정처 없는 허공을 떠돌며 육신 없음의 공포에 질려 절규하고 신음할 것이다.

결국 스승의 초혼을 불허한 것은 살아 있는 자들의 욕심이고 죽은 자의 욕됨이다. 떠나야 할 자를 묶어두는 것은 진정한 이별과 주체성을 스스로 부정하는 행위와 같다.

이 '재' 자의 영역은 장자가 인간과 자연 일반을 확장한 다른 인식의 언어로 보인다. 물론 이 언어는 중니가 제자에게 좋지 않게 사용했다. 하지만 이 '재' 자는 본래부터 현실 세계에 매우 독특한 상상의 영역이 있음을 확인시켜주는 장자 철학의 매력적인 언어이다.

항상 인지하고 상상하는 일상의 범주를 넘어선 그곳에 무엇들이 있는지를 아는 것은 인간의 능력을 넓히는 일이고 더 넓은 소요와 사유 영역을 누리는 일이기도 하다.

「소요유」에서 하늘로 날아오르던 새를 상상한다. 이 새는, 바다가 움직이면 바야흐로, 즉시 남명(南冥)으로 떠나려 한다[시조야(是鳥也) 해운(海運) 즉장사어남명(則將徙於南冥) 남명자(南冥者) 천지야(天池也)].

파도 삼천리, 회오리바람에 날개를 치며, 구만리 장천, 유월의 대풍을 타고 가리[수격삼천리(水擊三千里) 박부요이상자구만리(搏扶搖而上者九萬里) 거이유월식자야(去以六月息者也)].

그 도남붕정(圖南鵬程)의 비상이다. 즉, 이 재는 "물의 깊이가 깊지 않으면 결코, 그 큰 배를 띄울 만한 힘이 없는[수지적야부후(水之積也不厚) 즉기부대주야무력(則其負大舟也無力)]" 것처럼 사람과 인의의 사슬에 묶이지 않고 더 넓은 세계를 여는 장자의 새삼스런 꿈이다.

이 모두 기괴한 현실 속의 꿈과 꿈속의 현실이 아닌가. 그 낯선 언어는 나그네의 영혼이 세수를 하는 것 같은 기분을 선물한다.

안징재

안징재의 남편 쪽의 조상은 정치적인 핍박으로 귀족에서 사(士)의 지위로 강등되어 송(宋)나라에서 노나라로 도망 온 은나라의 유민(遺民)이었다.

노나라로 흘러들어온 집안의 숙량흘(叔粱紇)은 니구산(尼丘山)의 신녀인 안징재(顏徵在)와 야합(野合)하여 공자를 낳았다. 숙량흘이 칠십이었고 안징재가 십대 후반이었다고 한다.

공자의 아버지 숙량흘과 그 아내 시(施)씨 사이에 딸이 아홉이 있었다. 첩을 두어 맹피(孟皮)를 얻었지만 이 사람은 발병신이어서 대를 이을 수가 없었다.

공자의 자는 중니(仲尼)이고 이름은 구(丘)이다. 니구산(尼丘山)에서 따온 이름이다. 구(丘)엔 언덕을 넘는다는 뜻이 있다. 오목한 머리[우정(玗頂), 일종의 짱구머리] 때문에 구라고 붙였지만 니구산을 뛰어다니던 아이란 뜻도 있는 것 같다.

자(字, 새끼를 낳고 기른다는 뜻이 있음) 중니는 어머니로부터 온 부명(副名)으로 보인다. 니(尼)는 여승(女僧)을 뜻한다. 이 니구는 출생의 비밀을 안고 있는 니구산 일대의 사람들이 무속녀의 아들을 아무렇게나 불렀을 어린 시절의 애칭 같다.

중(仲)은 형제 중의 둘째로 맹피(孟皮) 다음이란 뜻이 있지만 중니(仲

尼)는 '여승들 속에 있는 사람'이란 뜻이다. 민가와 떨어져 있던 산천 거주 혹은 여성 샤머니즘과 관련이 있는 것 같다.

중니는 똑똑한 여성을 어머니로 둔 서자였지만 어머니에 의해 주변 사람들의 사랑을 받았을 것으로 보인다.

나이가 칠십이었던 숙량흘이 공자의 아버지가 아니라는 설도 있다. 구를 양자로 받아들인 것은 아니었을까. 그렇다면 공자의 생부는 누구였을까. 여기서부터 뒷날에 이르러 공자의 성인화 작업의 싹이 보인다.

일 년에 한 번 나그네에게 성을 팔아 그 수입을 신에게 바치는 습속을 따라 안징재도 '어떤 나그네'와 동침하고 8월 27일 곤령동(坤靈洞) 움에서 '언덕의 아들' 구(丘)를 가졌을 것이라는 주장도 있다.

이 곤령동의 동(洞)은 깊은 구멍이다. 구는 깊은 구멍에서 내다보면 굴 밖의 환한 언덕이었을 것이다. 언덕을 내다보는 안모(顔母)의 시선이 느껴지기도 한다.

추읍(郰邑)의 대부였던 숙량흘은 용맹하고 힘이 장사였던 군인(현문(縣門)의 갑문(閘門)을 들어 올렸다고 한다)이었고 안징재의 아버지 안양(顔襄)도 같은 무사였다.

즉 무사 집안에서 공자가 태어난 셈이다. 공자의 예악(禮樂)이 뜻밖에도 아버지와 외할아버지의 무예의 절도에서 온 것일 수도 있을 것이다.

중니는 어렸을 때 제기(祭器)를 가지고 놀았다고 한다. 산신제를 올릴 때 안징재가 아들에게 제기를 진열하도록 했을 것이다. 무와 예가 이곳에서 싹트지 않았을까.

제사는 살아 있는 모든 것들이 어우러지는 공간이다. 빛과 어둠이 교차하는 그 니구산의 굴에서 살았을 고독한 한 여자와 어린 남자아이가 보이는 듯하다. 그곳에서 먼 과거와 미래를 동시에 향하는 어떤 사상의 꿈이 싹트지 않았을까.

산신을 모시는 여자로서 어떻게 딸만 아홉이 있는 늙은 남자에게 시집을 갈 수 있었을까. 추인 마을에 어떤 문제가 있었던 것 같다. 아니면 숙량흘에게 겨우 구의 적만 올려놓고 안씨는 어린 구를 데리고 살았던 것일까.

무녀가 집안에 들어가 살림을 한다는 것은 불가능한 일이었을 것이다. 숙량흘의 아기를 뱃속에 임신한 채 굴에서 혼자 무녀로 살았을 가능성도 있다. 그 진실은 당사자들만 알고 있을 것이다.

공자가 17세(혹은 24세) 때 안씨가 죽자 오부의 갈림길[오부지구(五父之衢)]에 안치하고 있다가 추인만보(陬人輓父, 공자가 태어난 고을의 수레꾼 남자)의 모친이 숙량흘의 무덤을 알려주어 그곳에 합장했다고 한다.

안징재는 30대 초반에 한 많은 죽음을 맞았을 것 같다. 아들에게는 죽을 때까지 남편의 무덤을 알려주지 않았다. 이는 자식에게 남편의 존재를 부정한 것이고 출생의 비밀을 감춘 것과 같다.

그러니까 숙량흘이 안씨의 남편도 아니고 구의 아버지도 아닐 수도 있다는 추정이 가능해진다. 그의 출생은 의문투성이이다.

수레꾼이 알고 있는 숙량흘의 무덤을 왜 다 장성한 아들이 모르고 있었을까. 사람들이 쉬쉬하며 숙량흘의 무덤을 말하지 않았다면 무언가 그럴 만한 사연이 있었을 것이다.

안징재가 숙량흘의 무덤을 가르쳐주지 않았는데 중니가 어머니를 아버지의 무덤 곁에 묻었다는 것은 모친의 유언을 거절했다는 뜻이 된다. 아버지를 상징하는 무덤이 있어야 했기 때문이었을까.

그러나 안씨가 남편이 아니고 자기 아들의 아버지도 아닌 숙량흘의 무덤에 합장됐다면 이는 생사를 위장한 행위이다. 어머니의 진실을 감추고 유언을 묵살해버린 초유의 일이다.

모든 것이 의문 속에 갇혀 있지만 중니는 양력으로 9월 28일에 니구산의 굴속에서 태어났다고 한다. 열 달 전 한겨울이 시작되는 니구산 동굴에서 공자는 안징재의 뱃속에 잉태되어 있었다.

공자의 공씨(孔氏)는 아버지 숙량흘의 오대 조상인 공보가(孔父嘉, 공보는 자)의 공(孔)을 성으로 삼은 것이다. 즉 아버지의 성인 숙씨(叔氏, 일설엔 성이 공이고 자가 숙량이며 이름이 흘이라 함)를 따르지 않았다.

공보가의 처는 매우 아름다웠다고 한다. 송나라 재상인 화독(華督)이 그 처를 탐내어 모략으로 공보가를 죽이자 그 난리에 공보가의 아들 목금부는 노나라로 달아났다.

이 사건으로 공자가 노나라 사람이 되었다.

공자는 죽을 때 자신이 은나라 유민임을 고백했다. 조상의 본향과 자신의 고향을 잊지 않고 있었다. 그러나 자기 출생에 대한 비밀은 털어놓지 않았다.

산속에서 혼자 중니를 데리고 살았을 안양의 세 딸 중 막내딸인 안징재는 고독하고 자립심이 강인했을 것 같다. 중니는 늘 인간이 아닌 산천과 허공에 말하고 기도하는 산신(山神) 시녀(侍女)인 어머니 곁에서 자랐을 것이다.

사람의 생명은 처음부터 끝까지 어미가 책임진다는 말이 맞다. 중니는 어두운 굴에서 태어나 끝없는 계급 상승을 꿈꾸었다. 그는 남자가 아닌 여자가 키운 사람이었다.

여기서 한 가지 의문을 풀고 간다.

공자는 아버지 쪽의 사람이 아니라 어머니 쪽의 사람에 속한다. 그를 상징하는 유(儒) 자는 비가 오기를 기도하는 사람의 모습을 그린 한자이다. 이는 기우제를 지내던 안씨 집안의 먼 조상[전욱(顓頊), 붙어 있는 하늘과 땅을 떨쳐놓은 신인]에서 온 문자로 보인다.

나중엔 그 의미가 변했지만 본래 유가(儒家)란 말은 산천 신앙과 관련 있는 집단의 이름이다. 안회가 지니고 있는 근본적 그리움의 원유(原儒)도 그 산천 본향에서 비롯된 것으로 보인다.

아무리 먼 곳으로 그들이 세를 확장하여 퍼져나가도 그 원유로부터 자유롭지 못했을 것이다. 그러나 유독 공자는 그 원유로부터 멀리 벗어나면서 근본을 잊음이 없지 않았다.

공자는 안씨 집안이 만들어낸 사람이었다. 공자의 중요 제자 중에 안회의 부친 안로(顔路)를 비롯해 여덟 명의 안씨가 있는 것은 안씨 집안의 영향을 보여주는 단면이다. 아버지 쪽의 사람이 제자인 자는 찾아볼 수가 없었다.

공자도 이혼했고 그 아들 백어[伯魚, 공리(孔鯉)]도 이혼하고 그 손자인 자사[子思, 공급(孔伋), 과불급(過不及)을 요체로 하는 『중용』의 저자]도 이혼했다는 설이 있지만 혹시 안징재도 버림받고 이혼한 것이 아니었을까.

아내가 죽자 고분하며 울었던 인간적인 장자와 달리 중니는 남의 나라를 걱정하고 돌아다니면서 여자와 가정을 무시했고 부정적이었다.

가르치지 말라[무조(無詔)]

노년에 중니가 자기 이상을 실현하지 못하고 노나라로 돌아간다. 그 무렵에 아내와 고제자(高弟子)와 아들을 모두 잃는다.

중니와 안회는 복잡한 세상을 풍자할 줄 몰랐다. 광접여는 중니를 만나주지 않고 사라졌다. 그에 대한 애도가 「인간세」 끝에서 부른 광접여의 노래이다. 미래는 기다릴 수 없는 미지이고 과거는 돌아갈 수 없는 무이다.

대체 덕과 지혜는 어디에 있고 어디서 오는가. 장자에게 그 덕과 지혜는 어디에서도 보이지 않았다. 덕과 지혜의 부재는 덕과 지혜가 만든 것으로 보았다. 덕과 지혜가 없는 곳이 인간 세상이었다.

안징재의 아들이 그것을 몰랐을 리가 있을까. 정말 몰랐다면 이해가 되지 않는 일이다. 아니면 덕과 지혜의 실체를 믿었던 것일까. 아니면 어머니의 산천을 너무 멀리 벗어나버린 것일까.

그는 장자의 말로 하면 '쓸데없이' 국가와 군주를 찾아 돌아다닌 사람이었다. 아무것도 변한 것이 없었고 오히려 전란의 시대가 활짝 열렸다.

지혜를 팔러 다닌 자들로 인하여 제국은 더 혼란스러워졌다. 그 맨 앞에 선 사람이 중니인지 모른다. 군주들은 귀가 솔깃해서 지혜를 탐하고 모략과 전술을 찾아 혈안이 되어 있었다.

군주로부터 거절당한 공자는 다른 나라를 찾아가서 비슷한 지혜를 팔았을 것이다. 부르지도 않았는데 구걸하듯 군주를 찾아갔기에 사람들이 그를 가리켜 초상집의 강아지[상가지구(喪家之狗)]라고 했다.

숨어서 조용히 살라는 광접여의 말은 장자가 말한 귀휴(歸休)가 아니었을까. 그 말뜻은 이제 돌아가 조용히 쉬라는 말이었다. 자기 파멸을 노래한 중니의 사세구(辭世句, 절명시)를 보면 광접여의 노래를 기억하고 있었던 것이 아닐까 싶다.

선대는 후대의 얼굴을 볼 수가 없고 따라올 수도 없다. 그러나 후대는 선대를 보고 수정하고 비판할 수 있다. 중니는 장자를 보지 못했지만 장자는 중니를 보고 있다. 그래서 후대가 선대보다 나을 수 있다.

만약 장자에게 안회 같은 제자가 찾아왔다면 뭐라고 했을까. 공자처럼 말하진 않았을 것 같다. 하지만 장자에겐 공식적인 제자가 없었다. 아니 제자를 두지 않았다.

그렇다면 「인간세」는 다른 길로 갔을 것이다. 즉 심재(心齋)로 가지 않고 정말 위나라로 가지 않았을까. 광대와 거간꾼을 데리고 장사꾼으로 변복해서 함께 위나라에 갔다 오자고 흥이 나서 일어서지 않았을까.

올자 미장이나 염장이와 함께 위나라로 가서 위군과 친구가 되지 않았을까. 문득 한무제의 사랑을 받은 골계의 거인이자 어릿광대인 삼천갑자 동방삭[東方朔, 기원전 154-193]이 떠오르는 것도 무리가 아닐 것이다.

구사일생으로 살아 돌아와서 우리가 이렇게 저렇게 위군을 만났다는 재미있는 이야기를 전해줄 것만 같다. 장자는 인간 사회를 소요와 바람의 거리로 보았고 중니는 절도와 체제의 거리로 본 것 같다.

안회가 가려고 하는 위나라의 애태타(哀駘它, 덕충부)가 그런 사람이 아니었을까. 노애공의 전국(傳國, 모든 국정을 맡김)을 사양한 그는 이렇게 말할 것 같다.

"나 보고 꼭 다시 오라고 위군이 궁문 밖까지 배웅했지."

자신에게 마음을 준 군주에게 돌아가지 않은 마음은 어떤 것일까.

이곳에 인기(人氣)가 있다. 그것은 합리적이고 계산적이고 논리적이지 않은 즉각적인 정신과 마음의 기류 같은 것이다. 이 기(氣)는 중니가 말했다고 해서 중니의 것이 아니다. 장자의 언어이다.

그보다 더 이해되지 않는 것이 무조이다. 가르치지 말라면서 가르친다. 일종의 가르침의 독점이다. 중니만이 가르칠 수 있는 것일까.

변명하기 위해 또 말해야 했을 것이다. 평생 말하고 가르친 공자의 말이 아니고 장자의 것으로 읽을 때 재미는 한층 더해진다.

사실 이 무조에서 나그네는 조용한 현자가 감히 중니를 바라보는 마음은 어떤 것이었을지 궁금하다. 하지만 장자의 마음을 빌려서도 파악하기가 어렵다.

여기서 장자에게 중니로 하여금 바른 말을 허용하는 단순한 지면 배려나 문장을 기대할 수는 없을 것 같다. 자신은 평생 가르쳤지만 수제자에겐 가르치지 말라고 하는 말은 장자가 중니에게 이젠 더 이상 남을 가르치려 하지 말라는 말로 들린다.

그러나 그는 계속 말한다.

그러니 인의(仁義)와 법도[法度, 승묵(繩墨)]를 늘어놓고 사람을 가르치는 것은 재앙이 될 수 있다는 말은 바로 중니가 자신에게 할 말이다. 노골적인 장자의 말이면서 중니의 속마음이기도 하다.

즉 이런 말을 장자가 했다는 것이 부자연스러울 수도 있지만 이 말 속에는 공자와 안회를 관찰하는 눈이 숨겨져 있다. 즉 중니가 인의의 법도를 부정하고 있으니 기상천외한 발언이다.

어떻게 된 것일까. 바로 이해할 수가 없다. 이래서 「인간세」가 재미있고 난해하다. 나에게 두 사람은 그 말 속에 남아 있다. 중니는 우리를 계속 묶어두려 하는 사람이다.

장자는 인의를 가르친 적이 없다. 오히려 그것을 잊으라 했고 하물며 자아까지 잊으라[상아(喪我)] 했다. 안회도 인을 잊고 싶어 했다[망인(忘仁)]. 그것이 구속이 되기 때문이었다.

어찌 삶과 사랑을 의무로 규정할 수 있는 것일까. 그것은 수많은 사람들의 족쇄였다.

누구를 가르친다는 것은 성인(成人)으로선 어리석은 일이다. 자연

외에 누가 누구를 가르친다는 것은 사실 불가한 일이다. 가르치지 말라, 이런 말은 공자 같은 사람이 할 말이 아니다.

수많은 가르침과 지혜, 가짜의 교훈들은 저 자연 바깥의 인간 세상에 걸려 있는 거짓 거울이다. 자연의 거울에 얼굴을 비춰보는 자만이 가르침을 받을 수 있다. 세상과 사람을 구하고 위한다면서 세상과 사람을 구렁텅이에 빠트리고 묶는 것이 지혜이고 위인들이다.

전국시대에 수많은 사상가와 책사들은 자신의 이름과 권세를 얻기 위해 덕과 권력 주변을 맴돌았지만 장자와 안회는 그들과 전혀 다른 곳에서 살고 있었다.

장자는 한없이 불어가는 바람이고자 했다. 오히려 우리에게 일러줄 것은 사람의 기분[인기(人氣)] 같은 일견 하찮은 것들이었다. 법도보다 이것이 더 중요하다고 말할 수 있는 사람은 장자뿐이다.

「천하」는 장자 <잡편(雜篇)>의 마지막 편이다. 장자가 직접 나서서 말하고 있는 이 「천하」는 장자 전편(全篇)의 후서(後序)라고 전해진다.

그곳에 전병(田騈)이란 자가 스승 팽몽(彭蒙)으로부터 불교(不敎)의 가르침을 터득한다. 그 가르치지 않는 가르침은 아무것도 옳지 않고 그르지 않은[막지시막지비(莫之是莫之非)] 무판단 무차별의 경지였다.

어떤 진리도 자기 생각으로 판단하는 것을 면치 못하면[불면어완단 (不免於(魚+兀)斷)] 그것은 참된 것[[도(道)]이 될 수 없다고 장자는 말하고 있다.

이어서 장자는 말했다. 그 허무란 말과 의식을 잊으면 그곳이 건지 이상무유[健之以常無有, 항상 허무함 즉 상무(常無)를 세우다]라고.

상무, 항상 없음 혹은 영원한 무라는 말을 장자가 사용했던 것 자체가 놀랍기만 하다. 그 무 앞에 우리가 환영처럼 있다는 것을 생각하면 아득해진다.

그 건상무유가 태일(太一, 만물과 하나가 되는 것)이었다. 그 자체가 허무지만 그 태일에 너와 나의 이름과 덕, 명예 같은 것이 있을 리 없다.

안회

안회는 샤먼의 핏줄을 타고났다. 그는 공자의 어머니 안징재 집안 쪽 사람으로서 가난했지만 단허(瑞虛)하고 총명했다. 출생 연대는 불명확하다.

『사기』엔 공자보다 서른 살 아래라고 기록되어 있다. 또 안회는 공자가 만 72세(479년)로 죽기 2년 전에 죽었다. 이 기록은 정확할 것이다. 즉 안회는 노애공 14년인 기원전 481년에 죽었다.

안회가 죽은 481년에 중니는 70세였다. 여기서 30년 올라가면 그해가 안회의 출생연도가 될 것이다. 기원전 511년이 된다.

공안의 나이 차이를 마흔으로 보는 사람들도 있다. 521년에 태어나 490년에 죽었다는 기록(『중국역대인명사전』)도 있지만 안회가 죽은 490년과 공자가 죽은 479년(노애공 16년)의 차이는 11년이나 된다. 중니가 죽기 2년 전에 죽은 안회의 사망 연도와 맞지 않는다.

출생 시기가 앞당겨지든 않든 안회의 중요한 일들은 공자 열국 주유 시기와 죽기 얼마 전에 이루어졌다. 인물이 태어난 해는 정확하지 않을 수 있지만 죽은 해는 대부분 정확하다. 결국 죽은 해를 기준으로 역산하는 것이 타당한 것 같다.

또 중니가 주유를 시작한 오십대 중반에 안회는 이십대 중반이었다. 마흔 살 차이라면 안회가 십대 중반밖에 되지 않아 그 난국의 시대를 동행하기엔 무리가 있었을 것이다.

안회는 어려서부터 공자가 안씨 집안에 드나드는 것을 자주 보았을 것이다. 안회는 공자가 자기 집안으로 흡수되는 것을 보고 느꼈을 것이다.

공자 집안은 근원이라 할 것이 없었다. 따라서 사실 공자의 정서와 사상의 바탕이 된 유사상은 안씨유[顔氏儒, 먼 상고의 안씨 집안의 무술(巫術)]에서 비롯되었을 것이다.

원유(原儒) 의식의 본줄기는 안씨 집안의 것이었다. 따라서 원유의 집단의식은 외향적인 공자보다 서른 살 아래였지만 내향적이고 근원적인 안회에게 더 강하게 작용했을 것으로 보인다.

밖으로 잘 드러내지 않았을 뿐 안회는 자존심이 강한 사람이었을 것이다. 안회는 조용한 사람이었다. 스승에게 나는 자신을 잊을 수도 있다[좌망(坐忘)]고까지 말했다.

안회는 장자처럼 가난했다. 공자도 넘볼 수 없는 청빈의 생활을 즐겼다. 사실 장자가 안회를 그리는 마음은 은근히 지극한 바가 있다. 안회를 자신의 사람으로 인정하는 것 같은 생각까지 든다.

공자는 '한 소쿠리의 밥과 한 표주박의 물로 누추한 골목에서 살되[재누항(在陋巷), 누항은 빈민촌임] 사람이 근심을 이기지 못하나[인불감기우(人不堪其憂)] 안회는 그 즐거움을 고치지 않는다[회야불개기락(回也不改其樂)]'고 극찬했다.

그러나 『논어』에 「안연편」을 만들어놓고 정작 안연은 한번밖에 다루지 않았다. 잘못된 편집이었다. 오히려 사마우[司馬牛, 나무를 뽑아 공자를 죽이려고 했던 사마환태(司馬桓魋)의 동생]와 계강자[季康子, 공자를 말년에 노나라로 돌아오게 한 장본인]와 공자보다 48세 아래인 자장(子張)이 더 많이 등장한다.

그러나 공자는 자공에게 '너도 나도 그만 못하다[오여여불여야(吾與如弗如也)]'고까지 했던 안회였다. 나이가 적은 그는 많은 제자들로부터 견제 받았을 것이다.

그는 인정을 받으면서도 집단으로부터 일정하게 제외되어 있었던 것 같다. 그래서 오히려 안회가 공자를 넘어서는 독특한 자기 정화의 세계를 형성하게 된 것인지도 모른다.

이곳에서 중니는 타성에 젖은 것이 아닌가 할 정도로 안회를 계속 부정한다. 아랫사람이 기를 펴지 못하게 하고 있는 그 모습을 연상하면 중니는 독설가처럼 보인다.

특히 "더구나 진실로, 어진 이를 좋아하고, 미련한 자를 싫어한다면[차구위열현이불초(且苟爲悅賢而惡不肖)], 어찌 너를 써서, 다른 것을 하겠느냐[오용이구유이이(惡用而求有以異)]"는 말은 사람이 그 자리에 앉아 있을 수 없을 정도의 모욕적인 말이다.

그 뒤에 이어지는 문장은 안회에게 간교한 사람이 되라는 가르침처럼 읽힌다. 소름이 돋고 혀를 내두를 정도의 예상 밖의 말들이다.

중니에게 그렇게 말하게 한 장자의 의도가 없을 리 없을 텐데 그것이 무엇인지 알 수가 없다. 장자는 평소 공자에 대해 어떤 생각을 하고 있었기에 이런 말을 나누게 한 것일까.

일종의 분노를 조절하고 억제하는 것 같은 기분이 들기까지 한다.

분명한 요인을 발견하기는 쉽지 않겠지만 이 부분을 쉽게 넘어간다는 것은 장자의 핵심을 놓치는 일이 될 것 같다. 결코 단순한 문제가 아닌 것 같다.

솔직히 이렇게밖에 읽지 못했지만 나그네는 이것을 공자 사상에 대한 장자의 전적인 부정으로 볼 수밖에 없었다. 앞으로도 이런 의문을 생략할 수는 없는 일이다.

중니가 안회를 나무라듯 장자가 숨어서 중니를 비웃는 것을 못 본 다면 '글을 읽은 것'이 아닐 것이다. 오히려 놀라운 통찰과 예지, 기이한 해학의 즐거움을 만끽해도 나쁘지 않을 것이다.

중니는 안회를 대놓고 말한 그대로 익다(益多)하다. 이 익은 잡(雜)과 같다. 다(多)를 낳는 잡, 우(憂)를 낳는 요(擾), 이것들은 구제가 불가하다. 이것은 천재(天災)가 아니고 재인(菑人)이다.

그것이 야쩔해지는 형(熒)이고 창백해지는 평(平)이고 변명하는 형(營)이다. 또 태도가 발각되는 형(形)이고 구차스러운 차(且)이고 마음을 맞추는 성(成)이다. 자기가 아닌 다른 사람이 말을 하고 있는 모습이다.

우선은 죽어서도 이런 것밖에 가르치지 않는 훈계는 생사의 측면에서 본다면 웃음거리이다. 장자는 나그네의 입가에 미소를 짓게 만든다.

평화, 장자가 쉬는 곳

이곳에서 가장 무서운 말은 '그 빠른 말솜씨로, 싸우려 하는' 이투기첩(而鬪其捷)이다. 이 투첩을 가지고 『남화경직해』에선 "장자도 도를 드러내기 불가능한[장자불능도출(莊子不能道出)]" 것이라고 했다.

이 투첩은 말 한마디에 생사가 걸린 칼과 창 같다.

그 입에서 얼마나 사납고 무서운 말이 쏟아져 나왔던 것일까(이 문장으로 볼 때 공자는 그 폭군과 대면한 적이 있는 것 같다).

역사상 최초의 폭군인 걸(桀)과 주(紂)의 후예 중 한 사람일 것이다. 그 투첩의 그들은 한마디로 말해서 사람 자체와 인민과 자연, 국가를 멸망시킨 자들이었다.

문득 여기서 저 멀리 다른 시공간 속의 역사수의 평화가 보이는 듯하다. 무용한 것들만이 평화로운 것이었을까. 장자의 꿈의 거리였을까.

여기서 나그네는 무위와 낮은 곳, 저쪽, 무용, 소외를 보는 장자에 비해서 정치적 목적과 대의를 찾은 중니는 전혀 다른 두려운 사람으로 느껴진다. 자신이 하나의 전인이며 준거라고 착각했을지 모른다.

장자가 정작 중니 뒤에서 하고자 한 말은 그 흉기를 내려놓으란 말이 아니었을까.

"여보시오, 잘난 말을 드러내고 말을 팔고 다닌 것이 당신 중니가 아니었던가요." 하고 장자가 귓속말로 속삭이는 것만 같다.

그러나 중니는 그 말을 무시하는 듯하다. 그는 자기 마음의 소리를 듣지 못한 것 같다. 왜냐하면 과거에 한 자신의 말이 잘못되고 틀린 것처럼 강조하는 지금 자신의 말에 대해 확신으로 가득 차 있기 때문이다.

공자가 주유하던 나라는 얼마 뒤 모두 멸망한다. 그 제국 멸망의 덧없음을 무엇이라 말할 것인가. 중니도 안회도 그 헛됨을 안다 할 수 없을 것이다.

장자는 참혹한 전쟁과 타락, 살육, 논쟁의 시대 한쪽 누항에서 무용의 나무들을 발견한 것 같다. 그 나무가 장자에겐 구원이 아니었을까.

나무를 정말 발견하다니!

역사수가 아니더라도 자기가 살고 있는 들판 한쪽에 쓸모없이 버려져 있는 조용한 거수(巨樹) 한 그루를 발견한 것은 실로 경이로운 일이 아니었을까.

그곳에 견딤과 다른 시간 그리고 드러낼 수 없는 고요와 전율이 가득하지 않았을까. 나그네는 아직 그 길의 그 나무를 발견할 수가 없어 안타깝기만 하다.

그 나무가 「인간세」의 가장 아름다운 존재로 나타나겠지만 장자는 아마도 말을 잃었을 것이다. 그러나 힘을 내어 나무의 '말'을 하지 않았을까.

어느 날 나그네는 장자가 혼자 나무를 생각하면서 혼자 그에게 한 그 말들이 그의 '글'이라고 생각되었다. 한 인간이 나무에게 한 말을 과연 상상할 수 있을까.

그 상수리나무가 '인간세' 최후의 한 그루 나무일 것이고 나그네의 장자는 늘 그곳에서 쉬고 있을 것이라고 믿는다. 그러나 사리귤유과라(柤梨橘柚果蓏)면 어쩌랴. 모두 같은 숙명의 나무들이다.

한 편의 써지지 않은 시처럼, 한 자락의 바람처럼, 한 찰나의 생애처럼 지나간 모든 기억들을 불러들일 듯 장자의 글은 무정하도록 이어진다.

그의 문장은 고통 속에 있으면서도 또 먼 경계 밖으로 벗어나 있기도 하다.

온 세상이 전쟁이라면 평화는 어디 숨어 있는가. 평화를 찾기 위해 수많은 전쟁이 일어나고 수많은 사람들이 그 속에서 죽었다.

장자가 당대의 외변에 있었던 것과는 달리 그 당대의 대부분의 사상가들은 국가 안에서 권력을 통해 모든 문제를 해결하려는 정치적 인물들로 넘쳐났다.

『칠원서』는 권력자들이 좋아할 글은 아니지만 가장 포괄적이고 초월적이다. 가장 높은 곳에서 가장 낮은 곳까지 또 가장 먼 곳에서 가장 가까운 곳까지 닿아 있다.

장자의 글이 당시 지식인과 민초들의 마음을 뒤흔들었을 법한데 사실은 그러지 않았던 것 같다. 매일매일 난리인 시대 속에서 장자의 글이 별로 중요하지 않은 것일 수도 있었을 것이다.

장자가 죽고 72년 뒤 분서갱유가 시작된다. 기원전 213년 이사[李斯, 초나라 사람, 진나라 승상(丞相), 순자 제자]가 '무리를 짓는 자들, 담론 하는 자들, 옛것을 비방하는 자'를 멸족하자는 상서를 올린다.

이듬해, 진시황의 실정을 비난하고 다니던 함양(咸陽)의 서생 460여 명을 잡아 산 채로 구덩이에 매장해버렸다. 이것이 갱유(坑儒)이다. 그 후, 서생들끼리 서로를 의심하고 관에 고발하는 사태가 벌어졌다.

끔찍한 독재자 이사는 협조자였던 조고(趙高)의 참소로 7월 한여름 함양(咸陽) 시장바닥에서 요참(腰斬, 허리를 잘라 죽이는 형벌)에 처해 진다. 그 아들 등등 삼족이 멸했다.

유가였던 이사는 시서[詩書, 시와 글, 시경(詩經)과 서경(書經)]를 없 애고자 분서한 자였다. 아이러니한 것은 이사가 사숙(私淑)한 공자가 펴냈다는 『시경』이 정치와 국가에 장애가 되는 존재였다는 점이다.

자유로운 인간의 노래가 독재 군주에게 위협적인 존재였다.

농업, 의약 등의 일부 실용 부분을 제외한 모든 서책을 분서한 이사 가 진시황제가 천자(天子)를 부정하고 붕새를 그린 장자의 글을 읽었 다면 분서 제일 목록에 넣지 않았을까.

우리나라 고려시대에 노장학을 금지한 사례가 있게 된 것도 장자의 글이 반체제적이기 때문이었을 것이다(사실 『노자』는 장자의 『칠원 서』와 달리 황제를 대변한 면이 없지 않다).

더구나 중니로선 절대로 부정할 수 없는 지혜와 명분, 덕, 명예, 경쟁 같은 것을 인간 사회의 흉기(凶器)로 규정하고 있다. 이런 말을 공자는 생전에 한 적이 없다.

장자가 두 사자의 쓸데없는 말이나 전하려고 그 칠원리의 어둠 속에서 엎드려 「인간세」를 썼을 리는 없다.

「인간세」는 우리가 알고 있는 것보다 훨씬 재(齎)하고 평범하지 않다. 「인간세」를 나그네는 이렇게 곧이곧대로 읽지 않았다.

나그네가 생각하는 고대의 장자는 그 누구의 대항체로 남는 자가 아니었다. 밤낮 구별 없이 크고 작은 주체로서 천변만화하는 자연으로서 나그네의 주변에 그는 늘 와 있다.

장자는 너무나도 정치(精緻)한 글을 썼다. 관영(官營) 칠원리의 글은 권력의 편에서 쓴 글이 결코 아니다. 철저하게 인간과 자연의 편에 서서 쓴 글이었다.

그에게 언제나 권력은 객지이며 자연은 고향이었다. 늘 지혜와 덕의 권력은 타락했고 우매와 혼돈의 자연은 새로웠다.

장자는 '몸은 강과 바다 위에 있어도[신재강해지상(身在江海之上)] 마음은 항상 위나라 대궐 아래 있다[시거호위궐지하(心居乎魏闕之下), 양왕(讓王)]'는 춘추시대 공자모(公子牟) 같은 사람은 아니었다.

고단하고 복잡한 생의 저쪽에서 우리는 떠돌고 있다.

4. 권력의 속성(屬性)

"순종으로 시작하면, 막힘이 없다. 신임이 없는 네가, 둔한 말을 하다가는, 난폭한 자 앞에서, 반드시, 죽게 될 게다. 그럼에도 불구하고, 지난날에 걸(桀)이 관용봉(關龍逢)을 죽이고, 주(紂)가, 왕자 비간(比干)을 죽였는데, 이는 모두, 그 몸을 닦아, 아랫사람으로서 인민(人民)을 불쌍히 여겨, 애무하고 아래에 둠으로써, 그 윗사람을 거슬리게 한, 자들이다. 그러므로 그 군주는, 그 다스림을 빌미로 삼아, 현인을 배제한다. 이는, 명예라는 것을 좋아하는, 자들이라! 옛날에 요(堯)가, 총지(叢枝)와 서오(胥敖)를 공벌하고, 우(禹)가, 유호(有扈)를 공벌했다. 나라는 텅 비고, 흉측했다. 몸은, 사형에 처해졌다. 그 군병을, 멈추지 않았다. 그 실리를 구함이, 끝이 없었다. 이는 모두, 명예와 재물을, 구하는 것이었다. 너만 혼자, 듣지 못했을 리가! 명예와 실리란 것은, 성인도 쉽게 이길 수, 없는 것이거늘 하물며, 너이랴. 비록 그러하나, 너에게 반드시, 까닭이 있을 것이니, 자, 한번 나에게, 말해 보거라."

□ 원문(原文)

順始無窮 若殆以不信厚言 必死於暴人之前矣 且昔者桀殺關
龍逢 紂殺王子比干 是皆修其身 以下傴拊人之民 以下拂其上者
也 故其君因其修以擠之 是好名者也 昔者 堯攻叢枝胥敖 禹攻
有扈 國爲虛厲 身爲刑戮 其用兵不止 其求實無已 是皆求名實
者也 而獨不聞之乎 名實者 聖人之所不能勝也 而況若乎 雖然
若必有以也 嘗以語我來

▌복종할, 청종(聽從)할 순順. ∣ 막힐 궁窮. ∣ 후언厚言 감각이 둔한 말.
∣ 그럼에도 불구하고, 또한 저昔. ∣ (닭이 앉는) 홰, 흉포할, 교활할, 하의 마지막
천자 걸桀. ∣ 껑거리끈, 주 임금 주紂. ∣ 구부傴拊 불쌍히 여겨 애무함. ∣ 인지민
人之民 인군(人君) 혹은 천자의 백성. ∣ 이하以下 아래에 둠으로써. ∣ 거슬릴,
어길 불拂. ∣ 인因 빌미로 삼다. ∣ 배제할 제. ∣ 제지擠之 지(之)는 수(修)
현인을 뜻함. ∣ 앞의 수(修)는 다스림. ∣ 총지叢枝, 서오胥敖, 유호有扈 등은
소국. ∣ 흉할 려厲. ∣ 살해할 륙戮. ∣ 형륙刑戮 사형(死刑). ∣ 무이無已 끝이
없음. ∣ 실實 앞과 뒤의 실(實)은 포괄적인 실리, 가운데 실(實)은 재물. ∣ 수연雖
然 비록 그러하나. ∣ 까닭 이以. ∣ 자 래來 권유, 부탁의 어미 조사.

관용봉(關龍逢)과 비간(比干)

첫 문장을 대부분 '순종으로 시작하면, 끝이 없다'고 한다. 뒤의
문장을 볼 때 '순종으로 시작하게 하면 막힘이 없다'가 맞다.

이래야 다음 문장의 '신임이 없는 네가, 둔한 말을 하다가는, 반드

시, 난폭한 자 앞에서, 죽게 될 게다'란 말로 이어진다. 가르치려고 하지 말라는 앞의 무조에서 이어지는 충고이기도 하다.

후언(厚言)은 어떤 뜻일까. 충언이나 깊은 말이 아닌 것 같다. 처음 만나는 폭군 앞에서 충언이나 깊은 말을 나눌 사람이 있을까. 이 후언은 왕공과의 언쟁(言爭)에서 밀리면서 그만 자기도 모르게 하게 되는 변명이나 감각 없는 말이다.

이 글은 앞의 내용과 상대적인 내용이다. 강압자의 얼굴빛이 일정하지 않다[채색부정(采色不定)]는 것은 상대와 화친하지 않고 대척하고 있다는 뜻이다.

독재자의 폭언 앞에 억눌린 후언은 물정을 모르고 하는 말이다. 독재자가 해야 할 말이나 일을 관용봉과 비간이 앞서 행한 것은 자기 주제를 모르고 한 일이 된다.

은혜를 베풀 수 있는 사람은 독재자뿐이다. 그 충신들은 자기 주제를 모르고 구부(偏拊)의 행세를 해서 독재자의 명예와 공적을 빼앗은 셈이 되었다.

걸은 절세미인 말희(妹喜)의 간신에 빠져 누구의 말도 듣지 않았다. 주지(酒池)와 조구(糟丘, 술지게미를 산처럼 쌓은 더미)를 만들었다. 일천여 명의 궁녀들을 불러 모두 옷을 벗게 하고 술의 연못에 들어가게 했다.

북을 치면 모두 연못 속에 엎드려 술을 마시게 했고 다시 북을 치면 나무에 걸린 고기를 뜯어 먹게 했다. 그 짓을 밤낮으로 그치지 않았다.

그 주지에서 술을 먹고 노는 자가 삼천 명이 넘었다고 한다. 즉 온 나라가 극악하고 황음무도(荒淫無道)했다. 아무도 직언하지 않았다.

걸은 자신을 지지 않는 태양이라고 하며 방탕해졌고 백성들은 '저

태양과 함께 망하기를 기원했다'고 한다. 이때 관용봉이 나서서 직언을 했다.

군왕은 겸손하게 사람을 대하고 군신은 서로 존중하고 신의를 지키며 인재를 중시해야 한다, 자신의 신하를 능멸하고 현인을 멀리하고 예의를 버리고 재물을 낭비하면 백성들은 왕이 빨리 망하길 바란다, 하늘이 벌을 내릴 것이다.

걸은 한마디도 바로 듣지 않았고, 관용봉은 조정에 서서 움직이지 않았다. 관용봉은 투옥된 뒤 살해되었다. 『한시외전(漢詩外傳)』에 전하는 고사이다.

신하들이 탕왕에게 모여들었고 걸은 남소(南巢)로 쫓겨난 뒤 죽었다.

공자 맹자의 신의란 것은 바른 것이 아니다. 군신 간의 신의란 것은 믿을 것이 못된다.

굴원도 마찬가지였다. 권력자들이 말하는 신의는 신하의 생명을 담보하길 바랐고 또 신하들은 스스로 목숨을 내놓길 자청하기도 했다.

관용봉(關龍逢)은 기원전 16세기 무렵 요순(堯舜)의 후계자인 우(禹)가 세운 중국 최초의 국가인 하나라 말기의 용상촌(龍相村) 사람이다.

그는 환용봉(豢龍逢, 용을 마주하여 기르는 사람)으로서 용을 기르는 직책에 있었다고 추정한다. 작은 네 다리에 길고 가느다란 몸을 가지고 기린 같기도 한 몸에 날개 같은 것들이 여럿 달려 있었을 그 용을 기른다는 것은 상상하기 어려운 일이다.

공중에 그네 같은 것을 만들어 거기다 용을 걸어놓고 길렀을까.

무서운 얼굴을 한 용은 작은 말 대가리 같은 머리를 하고 있었을 것 같다. 꼬불꼬불한 예쁜 뿔도 눈 위에 솟아 있었을 것이다. 용은 본래부터 없었던 것이 아니라 멸종된 것이 아니었을까.

주[紂, 기원전 ?-1100년?]는 누구일까.

그의 이름은 신(辛)이다. 맨손으로 맹수를 때려잡았다고 한다. 주왕(紂王)은 은나라 31대 마지막 왕으로 33년간 재위했다. 이 은나라는 공자의 아버지 쪽 조상이 살았던 곳이다.

주의 숙부인 비간이 걱정이 되어 간언(諫言)을 하자 노엽게 여기고 죽였다. 조카가 아버지의 형제를 죽인 것이다.

"성인의 가슴에는 구멍이 일곱 개 있다 하니 열어보자" 하고 간을 도려냈다고 한다.

무거운 세금을 거두고 진기한 물품들로 궁실을 가득 채우자 민심이 들끓었다. 걸(桀)처럼 술의 연못과 고기를 걸어둔 숲, 즉 주지육림(酒池肉林)을 만들어 나체의 남녀들과 함께 어울려 주야로 놀아났다.

주는 아주 성격이 난폭했다. 간언하는 사람을 즉석에서 죽였다. 그는 포락지형(炮烙之刑, 숯불 위에 기름을 바른 구리 기둥을 걸쳐놓고 위로 걸어가게 하는 형벌, 거의 모두가 구리 기둥에 미끄러지며 떨어져 타죽었다고 한다)을 시행했다.

그는 총비(寵妃) 달기[妲己, 말희와 함께 중국 이대 악녀]에 빠져 정사를 돌보지 않았다. 그녀가 원하는 것은 무엇이든 들어주었다. 사연(師涓)에게 음탕한 음악인 북비지무(北鄙之舞, 북쪽의 야비한 사람들의 춤) 미미지악(靡靡之樂, 미미는 쓰러지는, 느릿느릿 걷는 모습)을 만들게 했다고 한다.

달기와 강황후 사이는 좋지 않았다. 어느 날 자객이 주왕을 습격했다. 달기는 이를 황후에게 덮어씌워 죽였다. 자백을 받아내려고 눈을 파내기도 했다.

모든 남자를 유혹할 수 있다는 구미호(九尾狐)의 전설을 만들어낸 장본인인 달기는 철기시대의 주(周)가 제후들을 규합해 은을 쳐서 멸망시킬 때 무왕(武王)에 의해 살해됐다.

주는 주무왕(周武王)에 의해 나라를 잃고 누대에 올라 자살했다.

12자의 역사와 허려(虛厲)

군주들은 명예와 업적을 위해 정치를 했다. 걸(桀, 닭이 올라앉도록 가로질러놓은 막대기) 자와 주(紂, 껑거리끈, 움직이지 못하도록 마소의 엉덩이에 댄 막대의 두 끝에 잡아맨 줄) 자는 저주를 받은 글자 같다.

안회를 앉혀놓고 인간의 심리를 고발하는 공자는 군주 앞에서 어떻게 살피고 말해야 하는지를 너무나 잘 알고 있는 것 같다. 그의 가슴속에 남아 있는 상처들일까.

군주를 모시고 대하는 법도는 장자가 아는 바가 아니다. 그의 마음속엔 출구 없는 그 시대와 인간에 대한 연민으로 가득 차 있는 것 같다. 장자는 주위를 살피며 자연을 산책했을 것이다.

중니는 장자에 의해 자기 제자에게 자신이 행한 자질구레한 일들을 가르쳐주고 있다. 이 행간들에서 웃음만 지어도 괜찮은 걸까. 가르치기를 싫어하는 장자가 가르치기 좋아하는 공자를 가르치는 것 같다.

자랑스레 말하는 이것들은 모두 공자가 했던 말과 행동으로 보인다. 그 말들은 궁궐에 있는 걸과 주의 충신과 간신들이 하는 언행들이다. 장자는 평가 없이 그것들을 그려내고 있다.

아무리 독보적인 지혜도 보편적인 인심(人心)에 미치지 못하고 아무리 덕이 순후하고 믿음이 강해도 사람의 감정과 기분을 앞설 수는 없다는 장자의 말은 놀랍다. 그들이 군주 앞에서 어떤 언행을 하고 있는지 다 보는 듯하다.

이 부분은 장자가 공자의 입을 통해 열변을 토하게 하는 광경으로 비춰진다. 어떤 제도와 인간들에 대한 분노가 함축되어 있다. 장자는 우리가 아는 단순한 은둔자, 숙명론자, 공상가, 현실 도피자가 아니다.

나그네는 차라리 장자가 좀 더 은둔자이길 바랐지만 예상 외로 현실 정치와 그 무리들과 정신적 싸움을 멈추지 않았다.

과연 장자는 누구였을까.

어떤 이상과 희생으로 사람과 세상은 조금씩 변해갈 것이나 구부인지민(偏拊人之民) 이하불기상자야(以下拂其上者也) 12자에는 춘추전국시대의 암흑과 꿈과 아픔이 있다.

지방의 어느 한 애인하고 선량한 벼슬아치가 고달픈 백성을 위로하며 인민을 도와주어도 군주의 눈 밖에 났다. 권력자들은 모든 공을 자신들이 세우길 바랐다. 그러면서 신하들을 앞세워 인민을 착취하고 전쟁을 일으켰다.

이 인간 세상은 사실 도가 없는 세상일지 모른다. 선과 평등이 지배하는 지구와 사회가 아닌 것 같을 때가 많다. 언제나 역사 속에서 절망하지만 그 안의 어느 곳엔 작은 희망이 피어나곤 했다.

망하지 않은 국가는 없다. 우(禹)의 나라도 장자의 나라도 이백의 나라도 모두 망했다. 이 망국(亡國)이 뜻하는 곳에 국가 본질이 숨어 있다.

국가와 권력은 허구다. 그들은 수많은 상흔을 남기고 사라진다. 사라짐에는 모두 면죄되어 책임을 묻고 형을 선고하지 못한다. 그것이 역사일까. 미래에도 그럴까. 사실 과거의 어느 국가도 한 나그네의 마음에 소용되는 것은 아무것도 없다.

아름다운 소국, 총지와 서오와 유호

또 공자가 성인이라고 한 요와 우의 공벌(攻伐)이 어느 정도였기에 장자는 허려(虛厲)라고 했을까.

군사와 말과 기병과 전차가 쓸고 지나간 폐허의 땅. 문둥병, 폐질 등의 뜻도 있는 이 려(厲) 자는 무섭고 두려운 말이다. 허려는 전염병이 창궐하는, 초토화한 텅 빈 폐허를 뜻한다.

허는 집안에 사람이 보이지 않음이고 려는 죽음으로 가득 찬 국토의 흉흉함이다. 도륙(屠戮)을 낸 그들이 이 지구에서 영웅과 성인으로 칭해졌으니 장자가 웃을 수밖에 없을 것이다.

자연을 파괴하고 종족의 씨를 몰살한 요우의 잔인함, 그것이 그 후 수도 없이 저 자연 한쪽에서 자행되어온 것이 인류의 역사이다.

국가란 칼과 지혜와 덕이 필요한 자들을 규합하여 자기 포부를 구체화한 하나의 폭력적 체제이다. 그곳이 우리 영혼의 집일 수는 없다. 그 체제 지배자들을 성인이라 했지만 백성을 위한 진정한 군주는 없었다.

잔혹하게 합병한 허려(虛厲)의 작은 나라가 화려한 문화를 구가하다 멸망한 당나라보다 더 안타까운 것 같다. 아무것도 남아 있지 않은 그 나라의 바람과 풀을 닮았을 사람들의 얼굴과 말이 떠오른다.

역사와 문자를 알 길 없는 그 소국의 수많은 일상과 자연의 빛들이 노는 것이 그곳에 있었을 것이다.

총지와 서오와 유호는 포족(胞族) 형태를 지나 부족 혹은 몇몇 부족연합체였을 가능성이 있다. 지상에서 가장 아름다운 나라였을 것이다.

나그네는 총지[叢枝, 숲속의 나라, 일설엔 종회(宗膾)], 서오(胥敖, 나비 노니는 나라), 유호(有扈, 마음이 넓은 나라) 그 어느 한 나라의 한 아이였던 것 같다.

그때 무지막지한 요와 우 군사의 말발굽 아래 짓밟혀 죽었던 것만 같다.

요와 우가 정벌한 세 나라는 멸망했다. 집마다 텅 비어 사람이 보이지 않는 민가의 처참한 모습, 이것이 허려(虛厲)이다.

그런데 이곳에 장자의 사상과 역사 이해에 한 가지 문제가 있는 것으로 보인다.

그 작은 나라에 무슨 호화찬란한 궁궐이 있고 계급으로 나눈 신분 차별이 있었을까.

국명의 문자로 볼 때 그 나라는 떨기 가지로 우거진 나라이고 나비가 시끄럽게 날아다니며 노니는 나라이다. 또 마음이 하늘처럼 넓은 사람들이 사는 나라이다.

그런데 대부분의 번역은 요우 편을 들어 크게 두 가지로 번역되었다.

"총지, 서오, 유호가 폐허가 되고 모두 죽임을 당한 것은 그들(총지, 서오, 유호)이 전쟁을 그치지 않고 실리 추구를 그치지 않았기 때문이다", "이들은 모두 명예와 실리를 추구했기 때문에 해를 입은 것이다"라고 했다.

미개한 나라를 개명하고 교화하려 한 것일까. 그래서 요우의 막강한 무력이 그들을 몰살시킨 것일까. 아무것도 남아 있지 않으니 정확하게 알 수는 없지만 장자의 본의를 오도한 잘못된 해석이다.

요우에게 중원의 어느 한구석에 있던 이 아무 소용없는 듯한 소국들은 합병해도 되는, 따로 있을 필요가 없는 나라였을 것이다.

그러나 장자에게는 이런 표현을 붙이지 않았지만 가장 아름다운, 그의 표현을 빌려 말하자면 돌아가 쉬고[귀휴(歸休)] 싶은 나라였을 것이다.

명왕(明王)의 나라, 바람의 나라, 평화의 나라가 아니었을까.

그들이 이름을 날리고 실리를 추구했을 리가 없다. 오히려 요우가 더 이름을 날리고 실리를 추구했을 것이다.

총지, 서오, 유호를 정벌하여 초토화하고 지도자들과 인민을 죽인 것은 오직 영토를 넓히고 요우의 이름을 날리고 재화를 얻기 위한 침략이었다.

제국주의적 병합은 생태적으로 인류적으로 또 소국주의와 무용주의의 견지에서 본다면 맞지 않는 이해이고 해석이다. 그래서 나그네는 이렇게 이해를 하였다.

"옛날에 요(堯)가, 총지(叢枝)와 서오(胥敖)를 공벌하고, 우(禹)가, 유호(有扈)를 공벌했다. 나라는 텅 비고, 흉측했다. 몸은, 사형에 처해졌다. 그 군병을, 멈추지 않았다. 그 실리를 구함이, 끝이 없었다. 이는 모두, 명예와 재물을, 구하는 것이었다."

이 작고 아름다운 나라들은 강국에 자기 언어와 가족, 풍속, 고유성, 영토를 지키기 위해 요순에 저항하며 그들의 요구를 듣지 않았을 것이 분명하다.

군주는 가진 것이 넘치고 있음에도 한없이 재물을 축적하고 하찮은 명예를 얻고자 공적을 남기려 했다. 그러면서 백성의 고혈을 또 짜냈다. 영토를 다 사용하지도 못하면서 계속 확장하려 했다.

사람 안에 있는 어떤 인아(人我)는 아무리 생각해도 의심투성이의 괴상(怪狀)이고 작용이다. 누항에 살면서 장자는 늘 기산의 은자나 마고야산의 신인을 동경했을 터이다.

장자는 언제나 체제, 인의, 약속, 권력을 견제하면서 그것이 세상의 중심이라고 여기는 공자와는 다른 생각을 했을 것이다.

「인간세」에 폭군과 국가가 거론되고 있다는 것은 일종의 공포이다. 국가 안에 권력이 움직이고 있다는 것은 더한 공포이다. 장자는 매일 그 국가와 권력과 대치하며 경계하고 있었다.

장자가 바람과 무궁을 소요한 것은 초월적 자유의 의미 이상의 다른 정치 행위이다. 그래서 우가 구산간려(九山刊旅, 모든 산의 나무를 베어내고 길을 내다)한 것이 자랑스럽지가 않아 보인다.

장자는 모두가 근본이 없고[개무기본의(皆無其本矣), 「덕충부」] 죽음도 삶도 없으며[불사불생(不死不生), 「대종사」] 산엔 길이 없다[산무혜수(山無蹊隧), <외편> 「마제」]라고 했다. 장자의 삼무(三無)이다.

그들은 자기들 풍속을 즐기고[악속(樂俗)] 거처를 편히 하고[안거(安居)] 이웃나라는 서로 바라볼 뿐[인국상망(鄰國相望)] 닭과 개 짓는 소리 서로 들으며[계견지음상문(鷄犬之音相聞)] 늙어 죽을 때까지 서로 왕래하지 않았다[민지노사이불상왕래(民至老死而不相往來)].

전란의 누항에 살면서 소국과민(小國寡民)의 낙원을 포기하지 않았던 장자의 꿈이 이곳에도 꽃그늘처럼 아른거리는 것 같다.

지울 수 없는 공포

권력으로부터 자유로울 수 있는 사람은 없을 것이다. 그러나 장자는 그 안에서 붕새를 날려 보냈다. 장자의 마음을 누가 합병하며 그의 하늘을 누가 빼앗아갈 수 있을까.

만물과 사람은 다 다스려지지 않는다. 인간의 내부에는 여전히 국가에게 없는, 권력이 어떻게 할 수 없는 존엄한 성심과 독경(讀經)이 있다.

총지와 서오를 공격하여 합병함으로써 요(堯)의 인간적 고뇌(「소요유」에서 거론)는 사라졌다. 요의 고뇌가 공격 쪽으로 결론 내린 저간에는 소국을 구한다는 거짓이 작용했을 것이다.

불가피한 것이라도 그 위에 누가 나라를 세우든 상관이 없는 일이다. 현실의 바퀴는 늘 엇박자를 낸다. 즉 장자의 말로 한다면 알(軋, 수레바퀴 비걱거리는 소리)이다. 그것이 인간 세상이다.

그러나 이 지상에 건국되었던 모든 나라가 멸망해도 그 위에 일월이 흐르고 바람 불고 눈비 오는 자연은 그대로이다. 장자의 나라는 처음부터 그 변화무쌍한 자연이었다.

선무공[宣茂公, 청나라 사람]은 이렇게 평했다. 요임금 같은 성군도 덕으로 두 나라를 다스리지 못하고 병기로 점령했거늘 안자(顔子) 필부(匹夫)가 어찌 공수(空手)로 행화(行化)하랴.

국가와 권력은 그것이 어떤 것이든 나그네에겐 위협과 공포로 존재한다.

여전히 중니는 안회를 현자로 보지 않는다. 제자를 무시하는 스승은 자신을 속이고 타인을 무시할 것이다.

이곳에 중니의 세 번째 악담이 나온다. "난폭한 자 앞에서, 반드시, 죽게 될 게다[필사어폭인지전의(必死於暴人之前矣)]." 살아갈 수 있는 길을 밝혀주는 말을 해주는 것도 아니면서 스승이 제자에게 필사를 말할 수 있는 것일까.

공자의 과민한 상상과 선입견이 활발하게 분화작용을 한다. 이미 위국에 간 제자가 왕공 앞에서 쩔쩔매고 있거나 죽임당하는 모습을 보는 것 같다. 이 정도로 안회를 경시한 것은 일종의 저주에 가까운 것이 아닐까.

왜 이런 말을 하는 것인지 의문해보지만 이해가 되지 않는다.

공자는 안회가 살아 있을 때 일정한 거리를 두었던 것 같다. 오히려 안회가 죽었을 때 울음을 터뜨리며 하늘이 자기를 버렸다고 했지만 공허할 뿐이다.

그는 굶어 죽었다는 설이 있는 고제자의 슬픈 죽음에 상응하는 요청을 거절했다 최소한의 예를 사양했다.

네 목숨을 지키려면 아무것도 가르치지 말라고 한 말은 극도의 공포감을 자아내는 말이지만 안회는 누구를 가르친 적이 없었다. 가르친 자는 안회가 아니라 중니였다.

그러나 놀라운 것은 이것이다. 중니가 군주의 뜻을 거역한 자로 관용봉과 비간을 비하하는 것도 상상하기 어려운 일이다. 그의 생각 자체가 끔찍하기까지 하다.

안회는 출발도 하지 않았다. 공자는 지나칠 정도로 과장하여 상상하고 걱정한다. 중니 앞에 앉아 어찌할 줄 모르는 안회의 모습은 독재자 왕공 앞에서 쩔쩔매고 있을 공자의 모습을 상기시킨다.

중니는 반드시 죽게 되리라[필사(必死)]는 말 앞에 인의를 결코 내세우지 못하고 있다. 이러한 중니의 모습을 보고 웃지 않을 수 없는 일이다. 고루하고 잔인하고 노회하고 폭력적이다.

위국을 치유하고 도우려는 안회의 마음을 받아들이는 말은 단 한마디도 없다. 칭찬은커녕 공포심을 자아낸다. 중니가 정신적 분열을 보이는 것 같기도 하다.

한 청년의 꿈을 이해하고 실천할 수 있도록 해주어야 하지 않았을까. 이 경우를 가만히 보면 사실 공자에게 교육자적 자질도 없어 보인다. 무언가에 홀린 사람처럼 느껴진다.

이렇게까지 공자가 제자를 묵살하고 비참하게 가르쳤을까. 결국 이것은 문장에 개입하지 않은 장자의 철저한 공자 비판으로 보이기도 한다.

두 사제(師弟)를 한 자리에 등장시켜 말하게 한 것은 기막힌 배치라 하지 않을 수 없다. 문득 장자가 무서워지기까지 한다. 장자가 여기서 일체 관여하지 않고 있다는 것은 절묘하다.

걸왕의 관용봉, 주왕의 비간을 들추는 이 스승은 과연 누구일까. 정말 이 인물이 공자가 맞을까. 사실은 공자가 아닌 게 아닐까.

정말 중니는 다른 사람인 것이 아닐까. 장자가 의도적으로 이 사람의 이름을 중니라고 한 것일까.

이 중니는 고제자가 받는 모욕감과 불안은 안중에도 없다. 그런데 어쩐 일인지 안회는 그런 모욕감을 느끼지 않는 것도 같다. 두 사람이 모두 바보가 된 것일까.

수제자를 불초(不肖)로 보는 스승

혹시 제자들 사이에 이루어졌던 논의와 결론을 스승이 거부하고 있는 것이 아닐까.

그러나 실망스럽게도 공자가 안회를 나무라고 있는 것이 간단치가 않다. 위행에 대한 방법을 가르쳐주지 않고 정작 다른 말만 늘어놓고 있다.

오랜 세월을 통해 수많은 연구자와 독자들은 이것을 장자가 쓴 공자와 안회의 글이라고 알 뿐 장자가 깊이 감추어둔 대화의 비밀을 읽어내지는 못한 것 같다.

나그네는 다른 들판에 당도한 느낌이다. 장자의 의도가 완전하게 해석된다고 해서 『칠원서』가 훼손되는 것은 아니다.

이곳에서 공자가 어떻게 말하는가를 살펴보는 것은 장자를 찾아가는 나그네에겐 중요한 일이 되었다.

공자의 말 속에 있는 장자의 의도를 찾아내 구분하는 것은 쉬운 일은 아니다. 유자도 아닌 도가(道家)가 친공자적이란 오해를 받을 수 있다. 이것을 풍자 정도로 이해하기엔 너무 위험한 일이 아니었을까.

장자는 대체 중니의 무엇을 걱정했던 것일까.

이런 오해와 비난을 무릅쓰고 당대의 공자를 전면에 내세운 것은 왕권 중심으로 이동하는 시대 흐름에 대한 저항과 그에 따른 고도한 기획인 것 같다.

중니를 비판하고 다른 세계로 나아가는 것이 아닌가.

장자로선 '그 무엇인가에 대해' 너무나 절박하지 않았을까. 수많은 은자들처럼 세속 출세주의적인 공자가 '인간세'를 망쳐놓고 있다고 보았던 것일까.

장자는 자연과 인간을 묶어 어디론가 끌고 가는 교활한 지혜에 대해 심각한 위기를 느꼈던 것 같다. 즉 인의를 사람 밖으로 끌어내 표면화하는 사상에 대해 반기를 내건 것으로 보인다.

장자는 앞으로 숨 막히는 봉건 귀족의 왕권 사회로 들어설 미래를 내다본 것 같다. 장자는 체제 욕망의 세계를 부정하고 자유로운 세계로 빠져나가는 도주를 계속할 것이다.

그는 권력과 조직 속에 무용의 자연과 무위의 삶을 처박아 법제화하고 박제화하고 종속하는 흐름과 방향에 대한 심각한 우려를 그 당시 이미 표명했던 것 같다.

그와 동시에 괴이한 강박이 그를 지배하면서 당대의 현실을 낯선 시공간에 추락시켰다는 인식을 낳게 하고 광적인 상상의 세계로 불려 들어갔을 가능성이 크다. 그러면서 그는 괴이한 언어와 존재들과 친숙해졌을 것이다.

장자가 그 시대에서 발견하고 놀랐던 것은 자연을 편제하고 나누고 권력화해서 다시 그것을 파편화하여 소유하는 체제와 거래, 분경의 구분과 계급의 증폭이 아니었을까.

장자는 그 누구의 것도 아닌 자유와 자연을 누구에게 넘기거나 빼앗기거나 잃고 싶지 않았던 사람이었다. 또 그것을 지키려고 글로 싸운 사람이었다.

장자는 모든 것이 무용으로 존재하길 바랐던 지인(至人)이었다. 그런데 자연과 인간을 통째로 일괄해 어딘가로 넘겨버린 것 같은 불쾌감을 느끼게 되는 것은 무엇 때문일까.

총지와 서오는 약탈자로부터 자신들을 지켜내지 못했지만 그 작은 나라의 이름을 장자가 자신의 글 속에 남겼다는 것은 무의 기억을 되살린 일이었다. 합병은 가장 잔인한 인간의 폭력일 것이다.

여기서 작은 나라의 이름을 기억하는 장자의 마음을 읽을 수 있을 수 있었다. 그 소국의 이름은 기록에 없는 어떤 사람의 이름 같다. 어떤 대의명분으로 이루어진 정벌의 체제도 장자는 인정하지 않았을 것이다.

그러나 대항체로 존재하기를 거부한 장자는 수많은 사람들과 함께 비조직의 주체가 되었다. 사실 범교과적 비준거적으로 장자는 중니를 「소요유」에서 이미 넘어선 사람이었다.

이미 장자는 「인간세」 중니의 인의 도덕을 부수고 커다란 자유와 웃음을 어디 있는지 모르는 나그네들에게 선물했다.

삶이 나날이 지치고 낡아간다 할지라도 그의 비현실적 우화는 우스 꽝스럽게도 더 독자적이고 현실적이다. 구만리장천에 홀로 날아가는 붕새, 그 괴이하고 거대한 날갯소리를 상상하면 갑자기 웃음이 터져 나오다가 고독해진다.

작은 다람쥐 귀만 한 나그네의 한쪽 귀에 요요한 천공의 바람 소리 들리는 듯하다.

중니의 말은 곧 자신에 대한 탄백(坦白)이었다.

노골적이고 직설적인 중니의 화법

여기 나오는 공자의 화법은 직설적이고 신경질적이다. 중니의 말이 강압적이다 못해 폭력적이기까지 하다. 장자의 말처럼 우둔(愚鈍)하지가 못하다. 너무 총명하고 사리 분별이 뛰어났다.

덕과 지혜에 의존하는 관직이나 정치란 인간을 망가뜨리는 흉기(凶器)이니 공자가 등용되지 않은 건 잘된 일이었는지 모른다. 만약에 높은 벼슬에 앉았더라면 중간에 제자처럼 전사했을지도 모른다.

장자는 스스로 관가에 나가지 않았다. 이것은 두 사람의 철학과 인생의 비교에서 가늠하기 어려운 차이이다. 무관(無冠)의 전통이 고대에서부터 이어진 것은 장자로 인해 가능했다.

공자와 장자를 다시 생각해보아야 할 일들이 많다. 우울과 환상으로 가득 찬 이 세계에서 중니보다는 장자에게 진정한 희망과 절망이 있다고 나그네는 확신하기 시작했다.

공자의 천하가 되는 2,500년의 미래 세월을 장자는 보고 있었던 것일까. 그러나 장자 앞엔 결코 군주들과 공자에게 넘겨줄 수 없는 자연이며 사람들이 널려 있었다.

그 무위의 비권력적 자연이 장자의 나라였다.

한편 정벌의 잔인한 폭력을 거부한 장자와 같은 사람들이 이 지상의 어느 한쪽에 있을 그 상수리나무의 사시사철이길 바랐을 것이다.

하지만 어느 시대에나 무용의 상수리나무에게 친화의 동의를 구하지 않은 수많은 크고 작은 권력은 늘 무위의 일상을 침략하는 귀찮은 존재였다.

안회가 가려고 했던 나라를 통치하던 출공은 위나라의 마지막 왕이었다. 장자는 위나라의 멸망을 예견한 것일까.

망할 나라에 갈 필요가 없어진 것인가. 허무한 기획이고 대화였다.

5. 아름다운 안회

안회가 "단정히 해서 비우겠습니다. 힘써 순일(純一)하겠습니다. 그러면 되겠습니까." 하고 말하자 "아이쿠, 도저히 안 되겠군!" 하고 (중니가) 말했다. "그는, 양기가 가득 차서, 구멍에 혈기가 파닥이고, 안색은 일정치 않아. 보통 사람이 거스르지 못하는 걸, 빌미로 삼아, 남의 감정을 가두고, 그 마음에 복종하길 바라지. 그를 가리켜, 매일 감화시켜도, 덕을 이룰 수 없는 자라고, 이른다. 하물며, 무슨 대덕(大德)이냐. 앞으로 고집을 부려 변화하지 않을 것이다. 겉으론 합하는 듯해도, 속으론 생각도 하지 않을 것이니, 그것이 어찌 되겠느냐."

□ 원문(原文)

顔回曰 端而虛 勉而一 則可乎 曰 惡 惡可 夫以陽爲充 孔揚 采色不定 常人之所不違 因案人之所感 以求容與其心 名之曰日 漸之德不成 而況大德乎 將執而不化 外合而內不訾 其庸詎可乎

▌단정한 단端. | 텅 비울 허虛. | (탄식사) 허, (반어사) 어찌 오惡. | 힘쓸 면勉. | 그 부夫. | 때문에 이以. | 양기 양陽. | (눈, 코, 입 등) 구멍 공孔 양揚은 날개 치는 소리. | 어길 위違. | 인할, 연유 인因 이용하여, 빌미로 삼아. | 지경, 경계 안案 틀에 가두다, 묶대억(抑)의 뜻. | 용여容與는 옹용[雍 容, 마음이 화락하고 조용함]인데 여기선 상대방이 복종하기를 바란다, 화답하 기를 바란다는 뜻. | 구걸할 구求. | 명지名之 이것을 ~라 이른다. | 점점 점漸. | 앞으로 장將. | 생각할, 헐뜯을 자訾. | 변화 화化. | 용거庸詎 어찌 되겠느냐.

답답한 말들

공자의 말들은 대개가 처세술에 가까운 것들이다. 도덕 범주에 갇히 길 싫어하는 사람에게 현실주의적 규범으로 가득 차 있는 그의 말은 답답하다.

그는 사생아 혹은 아비 없는 자식이란 말을 듣고 싶지 않았을 것이 다. 아비 있는 자식들보다 똑똑하다는 말을 듣고 싶었을 것이다. 이것 이 산에서 사는 모친 안징재의 마음이 아니었을까.

자연히 자신의 눈 안에 넣고 단속하며 키웠을 것이고 그 잔소리의 입김이 그를 지배했을 것이다. 그녀는 빈틈없이 아들을 가르쳤을 것 같다. 말하자면 자기의 사람으로 만들어갔을 것이다.

중니의 말은 (장자는 말하고 있지 않지만) 어머니로부터 받은 그 훈계를 다른 사람들에게 전하고 있다는 생각이 들었다.

여기서 중니가 하는 말은 거의 장자식의 말들이 아니다. 안징재를 더 잘 알고 있었을 안회가 중니의 말을 들으면서 어떤 생각을 정작

했을지 궁금하다.

제자 걱정으로 가득한 가르침이 어디까지 가는지를 두고 보는 것이 이 글을 읽는 재미이기도 하지만 웃음을 넘어 때론 외면하고 싶어진다. 하늘과 땅이 나와 함께 살아가는[천지여아병생(天地與我竝生)] 이 지구의 생명들에 대한 한없는 측은지심을 가지며 서로가 자유롭고자 하는 마음을 구속하는 것은 자연의 뜻이 아닐 것이다.

중니의 말은 사람을 꼼짝 못하게 하고 있다. 그의 말을 듣고 있으면 아무것도 하지 못할 것 같다. 인간과 세상이 규범으로 가득 차 있는데 이런 말까지 또 듣는 안회는 답답했을 것이다.

이해가 되지 않는다. 그 어떤 말도 소용없을 것 같다. '예, 예, 선생님의 말이 맞습니다' 하고 승복해야 말이 끝날 것 같다.

이제 내직자(內直者)와 외곡자(外曲者)를 들고 나와 숨통이 터지고 통쾌한 정신을 만나게 될 것이지만 여전히 중니는 안회를 무시한다. 스승은 잡다하고 걱정이 너무 많다.

걱정이 많으면 구제할 수가 없다는 말은 중니가 한 말이다. 항상 신계(愼戒)를 강조하는 것도 왠지 지나치게 누군가를 의식하는 것 같아 유쾌하지도 즐겁지도 않다.

시간이 흐를수록 그의 말은 편리한 실용이 아니라 마음의 팔다리를 묶는 밧줄 같다. 나그네는 마음의 날개를 달아주는 말이 듣고 싶었다.

공자의 착각

편애를 거부한 장자지만 이곳의 내용을 들여다보면 안회에 대한 속마음이 전해진다. 이천 수백 년 전의 문기(文氣)이다.

이 글들은 모두 대화로 되어 있을 뿐 구체적으로 어떤 감정과 인기(人氣)를 드러내지 않는다.

다만 제자란 사람은 극도로 자제한 나머지 웅크리고 있는 것 같다. 안회가 자신의 의견을 내보이기 시작한 것 같았는데 여전히 스승은 마음속에 있는 말을 그대로 내뱉는다. 중니는 독단적이다.

지나치게 부정적인 네 번째 악담이 나온다.

"아이쿠, 도저히 안 되겠군[오 오하(惡 惡可)]!"

아무래도 너는 안 될 것 같다는 이 말도 모욕적이다. 무언가를 희망하고 고뇌했을 안회의 첫 출발은 엉망이 되어간다.

꿈을 차단한 스승은 제자의 마음을 안중에도 두지 않았다. 자신의 주장과 걱정만 늘어놓는다. 이 중니의 발언을 이천 년 동안 독자들은 어떻게 받아들였을까

반나절이면 장자의 『칠원서』 일곱 편을 다 읽을 수 있다. 그러나 이곳에서 다음 문장으로 넘어가려면 어느 시대나 어느 누구나 오랜 시간이 걸리지 않았을까.

중니는 사람을 비웃고 희망을 비하하고 있다. 몸을 단정히 해서 마음을 비우겠다, 잡다하지 않게 하고 애써 집중하겠다는 마음은 그 어디에도 없다.

악하고 모질은 악(惡) 외에 허, 아이쿠 등으로 읽는 이 오(惡) 자는 '마음을 누르는' '동서' '곱사등이' 등의 뜻이 있는데 이 글자는 곱사등이 아(亞) 자 아래 마음 심(心)이 있다.

다섯 번째 악담은 "무슨 대덕(大德)이냐[이황대덕호(而況大德乎)]"이다. 적나라하게 번역한다면 무슨 우라질 대덕 타령이냐고 할 수도 있을 것이다.

이것은 이웃나라에 있는 출공(出公)을 두고 한 말이다. 그러나 중니

는 그런 자들을 만나고 다니지 않았던가. 그는 이제 밀실에서 제자를 앞에 둔 채 왕공(王公)을 흠잡고 비난한다.

혹시 열국의 군주들이 이런 중니의 마음을 알고 등용하지 않았던 것은 아니었을까. 중니는 그들의 예리한 마음을 미처 읽지 못했을 수도 있었을 것이다.

노나라 애공(哀公)이 애태타(哀駘它)에게 나라를 넘기려 했지만 공자에게 나라를 맡기려 한 적은 없었다.

사실 중니는 우리가 아는 공자가 아닐지도 모른다. 장자는 무언가 잘못 전해지고 우상화되는 공자의 이름을 지우고 싶었던 게 아니었을까. 다른 중니를 창조한 것은 아닐까.

그렇지만 이런 말은 아무리 제자 앞이라도 스승이 할 말은 못되는 것 같다. 이런 말을 실제 공자가 했을 리가 있을까. 그러나 나그네가 그에게서 들을 수 있는 것은 그가 하는 말 외엔 없다.

이 책 속에서 중니가 하는 말은 과거의 자신을 향해 하는 말처럼 들리기도 한다. 중니가 안회에게 말하는 것이 아니라 중니가 중니에게 훈계하는 것처럼 읽힌다.

이 말들은 두 사람이 살아 있을 때 나누는 밀담을 장자가 과거로 찾아가서 들은 것일까. 아니면 두 사람이 죽고 없어진 과거의 밀담을 장자가 현재 시간 속으로 불러낸 것일까.

네놈이 뭘 하겠느냐는 말투는 누군가가 중니와 안회와 출공에게 하는 말 같다. 그렇다면 이곳에서 또 한 번 웃지 않을 수 없다.

안회가 죽자 중니는 제자들에게 인과 공부, 청빈, 효를 강조할 때 안회를 이용했다. 그는 수레 없이 걸어 다닐 수 없으니 수레를 팔아 안회의 널을 마련할 수 없다고 말한 사람이었다.

현실 속으로 들어가려는 안회의 단허(端虛)의 몸가짐과 면일(勉一)

한 정신은 짓뭉개지고 있다. 죽은 지 한 세월이 지나 광도 다 무너졌을 두 사람이 장자의 글 속에 나타나 무엇을 하는지 의아하기만 하다.

중니는 제자들의 경제적인 도움으로 살았다. 그는 안회가 청빈한 생활을 한다고 말했을 뿐 그를 도와준 적이 없었다. 그가 누구에게 작은 무엇인가를 보시했다는 글을 읽은 적이 없다. 그는 말만 늘어놓고 돌아다녔던 사람이었다.

육포 한 덩이면(그 당시는 흔한 것이었음) 누구나 제자로 받아들였지만 그도 그걸로 생계를 유지하진 못했을 것이다. 그러나 그 삼천 제자의 조직을 만들기 위한 정치적 야망으로 사숙이 운영됐을 것이다.

그래서 여러 나라에 삼천 제자가 있으니 어느 나라 어느 지방을 여행해도 숙식 같은 것을 걱정하지 않았을 것이다. 삼천 제자의 공물이 얼마나 되었을까.

가는 곳이 다 그의 것이기도 했을 법하다. 군주보다 자유롭게 다른 나라를 돌아다니는 그를 군주들이 싫어했을 수도 있다. 남의 나라를 찾아다니는 그의 모습은 비난의 대상일 수도 있었을 것이다.

제자들의 도움을 받아 주유한 중니는 불행에 빠진 위나라를 한번 가보겠다는 안회의 의지를 짓밟는다. 어쩌면 이렇게까지 안회를 묶어둘 수 있는 것일까.

일견 독단적인 사람이란 생각이 들기도 한다. 안회가 그 스승 밑에서 숨 막히지 않았을까 하는 생각이 떠나지 않는다.

이 글은 그런 사람에 속해 있는 안회를 장자가 복원시키고 해원해주는 장면 같기도 하다.

「인간세」는 의문투성이이다. 이 의문을 일으키지 않으면 나그네가 이 글을 읽었다고 할 수 없을 것 같다.

안회는 무언가 스승과는 다른 일을 하고 싶었지만 스승은 허락하지 않았다. 중니가 말의 폭력을 쓰는 왕공과 다를 바가 없다고 한다면 그는 변명을 할지 모른다.

공자의 이면

공자가 악관 사양자(師襄子)에게서 거문고 타는 법을 배웠을 때 다른 곡으로 넘어가지 않고 그 기술과 곡의 의미를 계속 터득했다. 마침내 그 곡 안에 있는 사람을 발견한다.

"검디검은 피부에[암연이흑(黯然而黑)] 큰 키에[기연이장(幾然而長)] 눈은 큰 바다를 바라보는 것 같고[안여망양(眼如望洋)] 제국의 왕 같으니[여왕사국(如王四國)] 문왕이 아니면(非文王) 누가 이렇게 할 수 있으리[기수능위차야(其誰能爲此也)]" 하며 그 곡이 문왕의 곡이라 했다.

이것은 거구인 공자가 자신을 문왕과 동일시한 혹은 자신을 이상화하거나 우상화하려 한 것으로 보인다. 그는 문왕을 흠모하고 존사(存思)했다.

공자는 의문이 가득한 사람이다. 그의 유가 사상은 많은 사람들로부터 부패한 사상으로 지탄받았다. 묵자는 유가들이 상(喪)을 오래 지내며 겉으로 슬퍼하지만 사실은 남을 속이고 있다고 했다.

안자(晏子)는 아무리 재물을 쌓아도 공자의 음악을 다 갖출 수 없다고 비판했다. 즉 세상 어떤 사람이 그런 예악을 지키며 살 것인가 하는 말이었다.

그러나 어떤 경우에도 「인간세」에서 장자처럼 중니를 비판한 사람은 없었다. 그 과정은 재미있지만 공자의 어떤 언행에서 위선적인 느낌이 드는 것은 어쩔 수 없는 일 같다.

장자 역시 묵자 못지않게 「외물(外物)」에서 유가의 폐습을 신랄하게 비판했다. 공자로부터 비판 받은 안회의 단허와 면일이 그렇게 간단히 무시될 일은 아니었을 것이다.

고대엔 사자에게 구슬을 입에 물려주었다고 한다. 이는 유자들이 광 속의 송장을 파헤치는 광경이다.

대유(大儒)가 말했다.

"이제 동쪽이 밝아왔네. 일이 어찌 되어 가는가."

소유(小儒)들이 대답했다.

"아직 속옷을 벗기지 못했습니다. 입속에 나비 모양의 구슬이 있습니다."

"그 머리털을 잡고 턱수염을 눌러 쇠망치로 그 턱을 쳐서 예의에 합당하도록 천천히 볼을 벌려 입속의 구슬이 다치지 않도록 하겠습니다."

안회의 단허와 면일은 유풍(儒風)을 정면으로 반박한 것이기도 할 것이다. 예악이란 것이 너무나 거추장스럽게 인간을 속박하고 계급으로 구분하는 것을 장자가 좋아했을 리 없다.

이런 장자의 풍자가 나올 정도이면 그 패악은 이루 말할 수 없었을 것이다. 그래도 공자는 부끄러움을 모르고 화려한 옷을 입고 수레를 타고 거리를 지나다녔다.

지상낙원도 아니고 무릉도원도 아닌 그 혼란의 시대 속에서 잘 차려 입고 행차하는 그를 두고 공자 임금이라 부르지 않았을까. 세상이 손가락질하고 뒤에서 욕했을 것이다.

공자의 행차나 의복, 식사는 평인들은 상상도 못할 정도로 다양하고 화려했다고 한다. 세상 사람들이 폭군을 비난하고 탓하기 전에 인민들이 공자를 놔두고 비난하지 않았을 리가 없다.

그는 한 시절을 제자들과 함께 원 없이 유람을 하고 정치를 논했다. 외국을 유람하며 군주와 고관을 만나고 다녔다. 그에게 군자의 야망과 덕, 예악이 있을지 모르지만 그의 말엔 민초들의 삶과 고통은 거의 보이지 않았다.

이것이 나그네로부터 소원한 공자의 치명적인 한계로 바라보였다.

그는 만 30세에 낙양 방문을 시작하여 34세에 제나라로 향했다. 이 당시 노나라는 어지러웠다.

그 당시 환공의 후예인 삼환씨[三桓氏, 계손(季孫) 숙손(叔孫) 맹손(孟孫)]가 나라를 장악하고 있었다. 특히 계손(季孫)의 심복인 양호가 난을 일으켰을 때 공자가 큰 공을 세웠지만 결국 양호는 제나라로 도주한다.

이것이 그가 제나라에서 등용되지 못하는 악연으로 작용한 것인지도 모른다. 결국 노소공이 쫓겨나고 나라가 삼분되는 위기에 처한다.

34세(기원전 517년, 노소공 25년)의 공자는 노소공을 따라 제나라로 건너가 왕과 대신들을 만나면서 정계에 발을 들여놓게 된다.

제나라 경공은 중니를 고문으로 등용하려 했지만 예법을 중시하는 공자의 정명주의(正名主義) 정치 이상이 번잡하고 비현실적이라는 이유로 공자는 안양에 의해 등용되지 못한다. 이 첫 실패가 그의 발목을 영영 묶게 되는 비운의 첫 사례가 되었다.

그 후 중니는 37세에 동주(東周)를 행한 적도 있지만 노나라에서 그의 생애 최초로 최고 직책인 대사구(大司寇)에 오른 것은 50대 초였다. 이때 제나라에 빼앗긴 노나라의 땅을 돌려받기도 한다.

그러나 삼환씨의 횡포가 날로 더해가고 노정공이 도락에 빠져들자 공자는 정치에 환멸을 느끼고 자기 이상의 한계를 깨닫는다.

공자는 사직하고 불안해진 삼환씨의 정쟁과 압박을 피해 노나라를 떠날 생각을 하게 된다. 하지만 그 시대 공자의 정치 이상을 받아주고 실현할 만한 군주와 나라는 없었다.

안회의 말처럼 어지러운 남의 나라를 찾아가기는커녕 공자는 난국에 처한 자기 나라를 버리고 남의 나라로 떠나게 된다. 이것이 공자의 열국 주유의 출발이었다.

54세에 위나라로 갔다가 나와서 다시 58세에 위나라로 향하고, 59세에 송나라를 거쳐 정나라, 진(陳)나라로 향했다. 60세에 진나라를 떠나 채나라, 62세에 삼차 위나라를 주유했다. 그리고 「인간세」 말미에 나오듯 초나라에 갔던 모양이다.

정치적 망명을 하거나 자신을 알아주는 군주를 찾으려 한 것이 그만 열국 주유로 이어졌을 것이다. 후대 사람들은 그 유람 같은 행로를 과대 포장한 것 같다.

그것이 단순히 유람이 아니라면 나그네에게는 어리석은 의도로밖에 보이지 않는다.

나그네는 어느 한곳에 오래 머물지도 오래 생각하지도 않는다. 다시 양충과 공양으로 떠난다.

양충(陽充)과 공양(孔揚)

출생부터 복잡한 공자 역시 한 얼굴을 가진 사람이 아니었다. 또 한 가지 말만 한 사람도 아니었다.

그는 젊은 날 고생을 많이 했다. 『논어』에서도 그는 스스로 "나는 젊어서 천했다[오소야천(吾小也賤)]"고 했고 살아남기 위해 "본래부터 천한 일을 두루 잘했다[고다능비사(故多能鄙事)]"고 고백했다.

달항(達巷) 고을의 한 사람이 "공자 그대는 박학은 하지만 아주 잘하는 것이 없다[박학이무소성명(博學而無所成名)]"고 평가하기도 했다.

공자는 자신이 무엇 하나만을 잘할 수는 없는 사람이라고 자만한다. 즉 내가 활쏘기를 하랴, 수레몰기를 하랴 하고 제자들에게 항의했다.

사실 그는 17세 청년기에 창고를 관리하는 위리(委吏), 나라의 가축을 기르는 승전리(乘田吏) 등의 말단 관직에 있기도 했다.

그는 군자는 잘하는 일이 많지 않아야 한다고 말했다.

"군자는 잘하는 일이 많으냐?[군자다호재(君子多乎哉)]" 하고 묻곤 자답하길 "아니다[불다야(不多也)]"라고 했다.

놀고 지내며 아무것도 하지 말아야 한다는 뜻이 담겨 있다.

안회는 그와는 다른 생각을 가지고 있었던 것 같다. 비록 악기를 다루었지만 자활로 얼마의 땅을 일구며 수양했다. 그는 말만 하는 자가 아니라 농부처럼 단허를 가지고 면일했다.

그는 공자를 극진히 모셨지만 여러 곳에서 공자와 다른 더 근원적인 길을 간 것 같다. 공자가 체제 중심적이라면 그는 반체제적이었다. 안회의 사상과 말이 공자의 것일 수 없다.

둘 사이에는 일정한 거리와 부정이 있었던 걸로 보이지만 이 공안(孔顔) 대화에서 그 이상의 것을 상상하기는 불가하다. 하지만 안회는 공자와 다른 면이 적지 않은 것 같다.

그래서 참 안 된 것이 "자, 한번 나에게, 말해 보거라[상이어아래(嘗以語我來)]"라고 한 것도 결국 다 이렇게 나무라고 훈계하기 위한 빌미 같다. 그 무엇을 질문했더라도 이런 말이 나왔을 법하다.

마음속에 억누르고 있던 말이 안회가 찾아오자 봇물처럼 터져버렸다. 자신도 놀라지 않았을까.

상상을 초월하는, 장자 전편에서 가장 큰 의문이 묻혀 있는 구덩이가 「인간세」 전반부의 이 공안 대화이다.

특히 이곳의 양충(陽充)하고 공양(孔揚)하고 채색부정하고 불위(不違, 어기지 못하게 함)하게 하여 상대방을 틀에 가두려는 '안(案, 경계, 묶다[억(抑)]의 뜻)'은 무시무시한 말이다.

양충과 공양을 부정하는 중니의 말 역시 양충과 공양이 가득한 것 같다. 이런 것이 말과 도덕의 감옥이 아닐까. 마룻바닥을 뒤꿈치 들고 걸었던 중니가 제자에게 하는 말은 또 다른 말의 폭군 같다.

그는 여전히 자신의 말이 옳다고 여기고 있는 것 같다. 제자에게 말의 폭력을 쓰는 그는 잘 때도 군주가 있는 쪽으로 다리를 뻗지 않았다고 한다. 우스꽝스럽고 아이러니하다.

공양은 투첩(鬪捷)만큼이나 두려운 말이다. 퍼덕이는 날개깃 속에 날카롭고 해로운 칼날이 들어 있는 것 같은 공포감을 준다. 그 말을 할 때는 살해의 기운이 날을 세우는 듯하다.

말에서 독이 묻은 화살이 사람의 가슴을 향해 날아가는 것 같다. 이것은 언자풍파(言者風波)와 견줄 수 있는 말이 아니다. 독의 안개 같다. 좋지 않은 번개 같은 감정이 휘감는 것 같다.

그래서 밀실의 이 공안 대화를 읽을 때 공자란 사람의 인상 속에 거대한 위선과 음모, 우상이 숨어 있는 것 같은 불편한 마음을 억제할 수가 없다.

이런 글을 쓴 사람이 과연 장자였을까 하는 의문이 다시 일기도 한다.

장자가 이토록 공자를 부정한 것은 놀라운 일이다. 그러다보니 그보 다는 귀족과 공자(公子), 문인과 군자 희망자, 기회주의자 등의 유한계 급이 공감했을 『논어』는 나그네에겐 믿을 수 없는 무서운 책이 되어 갔다.

이곳의 그는 과거에 『논어』를 읽으며 그렸던 공자가 아니다. 어느 날부턴가 유학의 역사이자 한 국가 체제의 초석이기도 한 그 책에 흥미를 잃고 말았다.

그 후 나그네에게 공자는 늘 무서운 얼굴을 하고 있었다.

저서가 없는 안회의 단허와 면일만큼 정직한 말이 있을까. 그 진실의 말은 한 인생으로도 한 시대의 꿈으로도 다 채우기 부족할 것이다. 그 네 단어가 한 권의 책을 능가할 것이다.

다시 안회란 사람에게로

안회는 장자와 비슷한 삶을 살았다. 물론 그는 후대의 장자만큼 가난하진 않았다. 가난해도 거문고를 켜며 생활했다. 그러나 계속되는 가뭄으로 땅은 황폐화되고 또 대홍수 속에서 땅을 잃었을지 모른다.

안회의 가족에 대한 기록은 찾아볼 수가 없다. 그의 아버지 안로(顔路)는 가난했다. 아들의 관 하나를 구입할 처지가 못 되었다.

장자에 의하면 안회는 성 밖에 오십 묘의 전(田)이 있어서 그것으로 죽을 쑤어먹을 수 있었다[전죽(飦粥)]고 한다. 한(漢)나라 때 한 자는 23센티미터 정도였다(그전은 18센티미터). 사방 여섯 자가 한 평(坪) 혹은 일 보(步)였다.

그 당시의 한 평(보)은(0.23미터×6자=1.38미터×1.38=1.9044÷2=) 0.9522평방미터였다. 백 평이 일 묘이니 오십 묘는 오천 보이다. 즉 1,440여 평이 된다.*

• • • •
* 이는 5,000보(평)×0.9522평방미터=4,761평방미터가 된다. 4,761평방미터는 오늘

가족이 먹고살기엔 결코 충분한 땅이라 할 수 없다.

안회는 성안에 십 묘의 밭이 있어서 그것으로 삼베옷을 지어 입을 수 있었다고 하니까 뽕밭을 일구어 누에를 쳤던 모양이지만 그 양이 얼마나 됐을까. 그럼에도 때론 거문고를 타며 자기 삶을 만족해했다[고금족이자오(鼓琴足以自娛)].

그는 장자처럼 벼슬을 바라지 않았다[불원사(不願仕)]고 한다.

이런 안회의 무관(無冠)의 삶에 대해 어쩌면 중니는 약간의 당혹감과 불편함 혹은 콤플렉스 같은 것을 느꼈을지 모른다.

중니가 안회에게 어떤 본질적인 열등의식 같은 것을 가지고 있었던 것이 아니었을까.

중니는 "만족할 줄 아는 자는 이익 때문에 자신을 번거롭게 하지 않는다. 자득함을 깨달은 자는 이득을 잃어도 두려워하지 않는다. 안을 닦아 행한 자는 지위가 없어도 부끄러워하지 않는다"는 안회의 말을 오랫동안 암송했다[구송지구의(丘誦之久矣)]고 한다.

이 안회를 누가 이길 수 있을까.

황제가 이길 수 있을까, 중니가 이길 수 있을까. 모름지기 안회는 공자처럼 권력형 인간이 되고자 한 것도 아니고 떠돌며 진리를 가르치고자 하지도 않았다.

그는 시적 인간이 되고자 했다. 그래서 이번에 한번 위행을 하고 싶었던 것인지도 모른다. 몸은 약했지만 힘이 조금 남아 있을 때 무언가 의미 있는 일을 하고 싶었을 것이다.

그런 안회를 생각하면 마음이 아파온다.

나그네는 어쩌면 그에겐 수많은 시 작품들이 있었을 것 같다는

• • • •
날의 평수로 환산하면 4,761×0.3025=1,440여 평.

생각을 하기도 했다. 그렇다면 그 모든 시들은 어디로 사라졌을까.

중니가 비판한 안회의 단허와 면일이 이곳에선 나그네의 마음속에 남는 아름다운 작은 말이다. 비록 두 단어만 남았지만 그 어떤 대단한 말들보다 이 작은 말이 아름답다.

공자의 일생은 안회의 말로 하자면 단허하고 면일하지 못했다고 할 수 있다. 그의 모든 언어와 느린 음악 등은 산신 제례처럼 번잡하고 절차적이고 권력적이며 구차하고 형식적이다.

그때도 그랬겠지만 지금 읽어도 전체적으로 새롭지가 않고 음울하다. 갱신, 혁파 같은 새로움이 없다. 그리고 사람이 잘 보이지 않고 허상만 보인다.

나그네는 다시 단허와 면일을 떠올리며 「인간세」를 지나간다.

그 많은 사람들은 다 어디로 가는 것인지 알 길 없다는 생각이 든다. 아니 그 생각이 나그네 안에 지나가는 것을 느낀다.

그 허무의 자리엔 단허와 면일만이 겨우 흔적을 남긴 것이 아닐까 싶다.

6. 내직자(內直者)와 외곡자(外曲者)

"그러면 저는, 안을 곧게 하고, 밖을 부드럽게 하겠다고, 말하겠습니다. 하늘에 견주어, 화목하게 하겠습니다. 내직자는, 하늘과 함께하는, 무리입니다. 하늘과 함께, 무리가 된 자는, 천자(天子)도 자기와 함께하는 자로, 압니다. 모두, 하늘의 양자(養子)들입니다. 그런데 말을 그쳐버림으로써, 혼자 있으면, 그가 그것을 옳다고 해주길, 바라겠습니까, 그가 그것을 옳지 않다고 해주길 바라겠습니까. 사람들이 이런 사람을, 동자(童子)라고 일컫습니다. 이를, 하늘과 함께하는, 무리가 된다고 일컫습니다. 외곡자는, 사람들과 함께하는, 무리가 됩니다. 손을 높이 쳐들고, 무릎을 꿇고, 몸을 굽혀 절하는 것은, 신하의 예입니다. 사람들 모두가, 그리하는데, 저라고 감히, 행하지 못했겠습니까. 남들이, 하는 대로 하면, 역시, 흠잡지 않을 것입니다. 이를, 사람과 함께하는, 무리가 된다고 일컫습니다. 하늘에 견주어 화목하게 하는 자는 옛사람과 함께 무리가 됩니다. 그 말은 비록, 가르침이지만, 실은 꾸짖음입니다. 옛사람의 것이지, 저의 것이 아닙니다. 이런 사람은, 비록 곧아도, 병고가 되지 않습니다. 이를, 옛사람과 함께하는, 무리가 된다고 일컫습니다. 이렇게 하면, 되겠습니까?" 중니가 말했다. "아이쿠, 도저히 안 되겠군! 구실과 방법이, 너무 많아, 알 수가 없구나. 비록 고루하다 해서 반드시, 죄가 되는 것은 아니지만, 단지 그것으로 그칠 뿐이다. 도대체 어떻게, 더불어 변화될 수, 있을까. 되레, 자기 마음을, 스승으로 삼는 놈이군!"

❑ 원문(原文)

曰然則我內直而外曲 成而上比 內直者 與天爲徒 與天爲徒者 知天子之與己 皆天之所子 而獨以己言 蘄乎而人善之 蘄乎而人不善之邪 若然者 人謂之童子 是之謂與天爲徒 外曲者 與人之爲徒也 擎跽曲拳 人臣之禮也 人皆爲之 吾敢不爲邪 爲人之所爲者 人亦無疵焉 是之謂與人爲徒 成而上比者 與古爲徒 其言雖敎 讁之實也 古之有也 非吾有也 若然者 雖直而不病 是之謂與古爲徒 若是 則可乎 仲尼曰 惡 惡可 大多政法而不諜 雖固亦無罪 雖然 止是耳矣 夫胡可以及化 猶師心者也

▎연즉然則 그렇다면. | 화목할 성成. | 하늘, 상고 상上. | 견줄 비比 | 내직자內直者 마음이 곧은 자. | 여천위도與天爲徒 하늘과 함께하는 무리. | 천자天子 천하를 다스리는 자, 황제. | 지여기之與己 …자기와 함께. | 그칠 이己. | 이언己言 말을 그쳐버림. | 천지소자天之所子 하늘이 기르는 자식들. 소자(所子)는 양자(養子). | 가지고 … 써 이以. | 구할 기蘄. | 지之 앞의 독이기언(獨以己言). | 이인而人 그 사람[피인彼人, 그 말하는 사람]. | 나쁠, 헐뜯을 사邪. | 외곡자外曲者 밖으로 유연한 자. | 홀(笏)이나 손을 높이 들

경擎. | 꿇어앉을 기跽. | 곡권曲拳 몸을 굽히다. | (의문사) 그런가 야邪. | 흉터, 흠 자疵. | 여인위도與人爲徒 사람과 함께하는 무리. | 비록 수雖. | 꾸짖을 적謫. | 약연자若然者 이러한 자. | 병病 병고. | 곧 즉則. | 너무, 매우 대大 태(太) 자를 쓰기도 함. | 구실 정政. | 염탐할 첩諜 불첩(不諜)은 상대의 마음을 모르는 것. | 고루할 고固. | 역시, 반드시 역亦. | 지시이의止是 耳矣 그칠 뿐이다. | 도대체 부夫. | 어떻게 호胡. | 더불어 급及. | 오히려 유猶. | 사심師心 자기 마음을 스승으로 삼는 것.

안회의 절정

이곳에 다르게 해석해야 할 곳이 있다.

이독이이언(而獨以已言)의 이(已)를 『남화경직해』에선 사(巳, 여섯째 지지, 오전 아홉시부터 열한시 사이)로 표기하고 있다. 여러 책에는 자기, 사욕, 사사, 다스릴 기(己)로 되어 있다. 모두 오자이다.

이 기는 버릴, 그칠 이(已)이다.

말을 다스릴 줄 알거나 사욕을 가진다면 동자(童子)가 아니다. 하늘처럼 동자는 말하지 않고 상대의 얼굴을 쳐다보며 말을 재미있게 듣기만 할 것이다.

즉 독이이언(獨以已言)은 말을 그치고 혼자 있음이다.

여기서 왕공의 부정, 불위, 불화, 불자를 기억할 필요가 있다. 말을 더 하거나 변명하고 설득하려 하면 목숨이 위험해지므로 그것을 차단하는 일은 말을 그치는 것뿐이다.

안회는 지식과 선입견, 경쟁 등이 없는 동진(童眞)의 경지를 생각했을 것이다. 그 사람에겐 동자적인 데가 있다. 이는 장자의 천예(天倪)에 해당할 것이다.

이 이언엔 이심전심 같은 것이 있다. 가르치지 않아도 알고 배우지 않아도 아는 것이 사람에게는 있다. 사사건건 모든 것을 하나하나 가르쳐야 아는 것이 아니다.

가르침은 결국 인간을 지적으로 소유하려는 본능을 자극하기 마련이다. 사제(師弟)라는 관계와 교육이란 것도 본질은 같은 것이다. 다 아는 것을 가르치고 그것을 책으로 만들어서 누구나 꼼짝 못하게 하는 것이 교육이다.

두 번째 문제점은 성이상비(成而上比)의 상(上)을 무엇으로 봐야 할까 하는 문제이다. 대개는 고언, 옛사람들의 말, 경전 등으로 본다. 그런데 상엔 하늘, 처음의 뜻과 천자, 군주, 조정 등 크게 두 가지의 뜻이 있다.

뒤의 뜻으로 하면 안회가 친정(親政)의 인물이 될 수 있다. 안회가 벼슬을 탐한 적이 없었으니 안회는 전자의 뜻에 더 가깝다고 보아야 할 것이다.

장자가 의지적으로 벼슬을 하지 않았듯이 안회도 그랬을 것이다. 애초부터 벼슬을 거부했다. 이런 사람이 벼슬을 받아 군주 앞에서 경기곡권하는 것은 상상이 되지 않는다.

성이상비의 말뜻은 "하늘에 견주어, 화목하게 하겠습니다"라는 말이었을 것이다.

장자의 하늘에 인격적인 의미는 없다 하더라도 그 하늘에 대고 말한 것에 대해 의심할 일은 없을 것이다.

안회의 본마음을 제대로 알고 이해하는 것은 매우 중요하다고 본다. 이렇게 보는 것은 29세에 발백(髮白)한 안회가 늘 중니 제자로만 있지 않았다는 것을 확인하는 일이기도 하다.

그의 인과 예보다 더 높고 정치한 '단허'와 '면일'을 기억하기 위함이다. 그것이 우상이나 권력의 의미로 전치(前置)되는 것은 절대 있을 수 없는 일일 것이다.

두 번째의 성이상비자(成而上比者)의 상(上)도 그 뒤의 여고위도(與古爲徒)의 고(古)가 있으므로 굳이 고의 뜻일 필요가 없다. 옛사람이나 고언(古言)이 아니라 앞에 나온 성이상비(成而上比)의 상이 하늘이었듯 이곳의 상도 하늘이다.

이 상비(上比)는 굉장히 중요한 장자의 개념이 된다. 하늘이 사람이다, 사람이 하늘이다, 만물이 동등하다는 말은 이 상비에 해당한다고 볼 수 있다. 그것의 다른 말이 「제물론」의 상온(相蘊)일 것이다.

멀리 떨어져 있는 말이 서로 쳐다보고 있는 별들의 침묵 같고 함께 서 있는 나무들의 고요 같다. 그의 언어들은 빤히 서로를 쳐다보지 않고 아주 다른 외연을 향하거나 내다본다.

전혀 유용하지 않더라도 마음에 아침을 선물한다. 아침뿐 아니라 더 깊고 멀고 아름다운 밤을 맞게 한다. 그곳에서만 별이 보이고 벌레 울음소리와 물소리가 자기 울음과 기쁨의 소리로 들려온다.

그 모습들은 성스럽고 무용하다.

서로를 이용하려 하지 않고 서로 없애려 하지 않는다. 그 자신의 빛들은 각각 길을 피해 어디론가 스며들어간다. 사라지면서 서로를 위한다.

장자의 글은 아무도 흉내를 낼 수 없는 기기묘묘한 사유의 문자들로 짜여졌다. 그것은 그릴 수 없는 무늬와 같다.

서로 흩어져 있으면서 슬픈 마음을 내지 않는다. 결코 가닿을 수 없는 멀고도 아득한 곳에 그들은 자기 이름 없이 존재한다. 그러면서 그들이 이 우주와 현재와 미래를 하나로 이어놓는다.

그것이 비피무아(非彼無我)의 경지이다.

하늘의 발견

장자에겐 하늘의 시공간이 있다. 「소요유」와 「제물론」에 지상 외의 세계를 염두에 두고 있는 말들이 적지 않게 등장한다. 그래서 장자로 하여금 이 지상이 기이한 곳이 된다.

그곳이 바로 우리 인간들이 사는 곳이다.

장자의 사유 속엔 무궁, 붕새, 천뢰(天籟), 바람, 천양(天壤), 양행, 그 외 상온, 이예상존(以隷相尊), 둔천지형(遁天之刑) 등 무용한 것들의 언어들이 곳곳에 일월성신처럼 허공에 박혀 있다.

방일월(旁日月) 협우주(挾宇宙) 외에 우주적 의미를 함축하지만 부언설명이 전혀 없는 현해(懸解) 등은 난해한 장자의 언어들이다. 그런 것들과 함께 이 내직자를 상상해야 할 것이다.

그 말의 상상은 길이 먼 나그네에게 커다란 재미이자 위안이다.

장자는 이 현재의 우주 속에도 우리가 전혀 모르는 다른 시공간과 언어가 있음을 간접적으로 말하는 것 같다.

무언가 분명해지면 그 앎 앞으로 불분명한 것들이 안개처럼 찾아온다. 혼돈방황이 그것일 것이다. 늘 나그네의 마음과 영혼을 그곳에 머물게 한다.

기이하도록 장자는 부지(不知) 속에서 앎으로 나아가지 않는다. 그에게 앎은 신분의 발각이 된다. 위험한 일로 인식한 것 같다. 스스로 자연 앞에서 어리석고 천예하길 바랐던 것 같다.

아무것도 없는 텅 빈 하늘에 무엇인가 가득 차 있다. 그 하늘이 허실과 특실(特室)로 바라보인다. 둥근 구멍이며 방이다.

그곳은 한없이 편안한 곳이다. 어느 영적인 세계 속에 가면 광활한 하늘도 작은 옥구슬만 한 공간에 있는 것일 수도 있을 것이다.

우리가 쳐다보는 하늘이 또 까마득한 과거의 어느 시공일지도 모른다. 그렇게 사람의 마음과 상상이 큰 것이었다. 장자가 출발한 광막지야의 저 까마득한 방황 속에 우리가 살고 있는 이 지구가 있다.

하늘이 없는 장자는 있을 수 없다. 그는 사람을 유용과 감각의 세계속에 갇혀 있는 존재로 보지 않았다. 하늘이 없이는 사람도 없다.

그는 그 시대에 대한 내재적 초월을 시도하지 못했으며 새로운 언어를 찾지 못했다. 회고적 경향을 강하게 풍기면서 인간을 예(禮) 속에 가두고 권력을 향한 해바라기가 되었다.

모든 것이 자기 같지 않다는 것을 몰랐던 것일까. 수많은 인물을 만나는 군주들이 그렇게 호락호락했을 리가 없다. 권력은 늘 중니의 머리 위에 있었다.

그의 눈에 화려한 문채(文彩)는 띄었지만 어둡고 괴이한 불구적 문자는 보이지 않았다.

장자는 초월적인 것을 인간으로부터 삭제하고 세속적인 성인화의 의식과 권력으로 향해 가면서 작고 진실한 것은 버리거나 잃은 사람으로 중니를 본 것 같다.

따라서 중니의 사상의 폭과 언어의 변주는 장자만 못하다. 그는 모든 존재와 궤적의 중심에 권력을 박아 넣은 사람이었다.

그래서 나그네는 장자의 사상과 꿈이 한 손에 잡히지 않게 하기 위해 그리고 모르는 것을 항상 남겨두기 위해 성이상비(成而上比)의 상을 하늘로 보고 싶었다.

안회는 내직자와 외곡자를 들고 나와 중니가 알아주길 바랐던 것 같다. 너무나 중요한 영혼의 말을 팔아넘긴 것 같다. 그럼에도 중니는 하늘에 대해 반응하지 않는다. 대신 그는 안회에게 마지막까지 모욕을 준다.

그러나 상을 하늘로 본 것은 장자 여행에서 새롭게 발견한 언어였다. 그로 인해 안회가 늘 하늘을 보고 공부하며 살았던 사람이라는 것을 감지할 수 있었다.

그의 눈은 오늘 밤 별이 보이려고 하늘처럼 맑고 멀리서 비가 오려고 더러 흐려 있었을 것이다.

내직자

한 인간을 단정하는 것은 위험한 일이다. 그가 모르는 것이 있더라도 그것이 한 인간을 바라보는 데 있어서 단점으로 작용해선 안 될 것이다.

모르고 있는 그의 안에 다른 모름이 있다는 것을 느끼는 것이 그 사람을 생각하는 길이 될 것이다.

묘사는 없지만 나그네가 볼 때 이쯤에서 중니의 얼굴은 기이한 모습을 하고 있었을 것 같다. 한편으론 중니가 안회에게 왜 그런 것을 모르느냐, 왜 나의 앎과 다르냐 하고 화풀이를 하고 있는 것처럼 보인다.

중니의 훈계는 줄기차고 단호하다. 그 말의 내용은 간교하고 노골적이고 반복적이다. 군주와 제자에 대한 불신으로 가득 차 있다.

안회의 머릿속은 텅 비어 있었을 것이다.

그러나 장자의 이 반공(反孔)에 대한 선언은 감히 생각하건대 지난

2,000년 동안 제대로 분석되고 받아들여지지 않은 게 아닐까.

중니가 안회를 다그치고 가르치듯 안회가 폭군을 다그치며 가르칠 수 있을까. 불과 망치로 인간의 주물을 만들려는 것일까. 그것은 나그네에게 아무래도 폭력적으로 보인다.

왕공을 분노하게 해서는 안 된다면 어떻게 해야 하는 것일까. 군주의 잘못을 말하지 못한다면 무엇을 말해야 할까. 그런 사람을 구태여 만나야 할까. 위나라로 간다고 꼭 군주를 만나는 것일까.

중니처럼 안회도 군주를 만나고 돌아다니려 했을까. 군주를 만나 문제를 해결하려 했다면 중니와 다를 것이 없다.

택초(澤蕉)가 된 땅을 돌아보는 데도 한 세월이 걸릴 것이다.

사실 안회에게 해주는 이런 말은 공자가 할 말이 아닌 것 같다. 끝까지 인(仁)을 지키고 인으로 나아가고 인으로 죽어야 한다고 해야 옳았을 터이다.

중니는 총체적인 불안과 시대의 희망을 분석하지 못하고 군주를 너무 간단하게 비판하고 있다. 그는 스스로 자기 말의 새장에 갇힌 한 마리 새였는지도 모른다.

젊은 날의 고뇌로 가득했을 안회에게 중니는 희망과 용기를 주지 못했다.

그리고 천도(天徒), 인도(人徒)와 같은 말도 공자의 언어가 아니다. 비정하고 거친 말들이 안회의 아름다운 말을 부정하고 살해한다. 안회가 한 말에 대해 중니는 어느 하나도 인정하지 않고 있다.

안회의 말에 따르면 이 내직자들만 저 하늘의 아이들이다. 즉 천예의 동자들이다. 동자는 저 하늘과 무슨 연관이 있는 것일까.

신기한 말이다. 공자에겐 없는 말이다. 중니는 이 말을 싫어하는 것 같다.

안회가 공자보다 더 원유적이다. 안회에겐 훼손되지 않은 자연의 빛 같은 것이 있다. 안회는 본질적이고 상고적이면서도 미래적이다. 훼손되지 않은 영혼이 있다. 반드시 당대적이지만은 않다.

말하는 방법이나 언어를 보면 안회가 공자보다 자연적이고 더 간결하다. 아무것도 아닌 것이 커다란 사상의 격차를 드러내고 있다.

안회가 싸우지 않고 중니가 말하게 함으로써 조용히 승리하고 있는 것 같다.

실로 그 하늘이란 곳이 저 천공이기만 할까. 무하유지향의 심부이기만 할까. 내직의 안쪽은 하늘로 이어진 인간의 내밀한 사유의 통로 같다.

「소요유」에서 말한 그 성심(成心)이 오가는 곳일까. 그 내직은 안회만의 수직이며 단독적인 통로가 아닐까. 자세하게 밝히지 않은 장자의 이런 비어(秘語)들이 『칠원서』 속에 수없이 등장한다.

그 진리의 점멸은 소등과 점등의 반복으로 반짝이며 계속해서 혼돈 속으로 돌아간다. 그 빛 저쪽이 안회와 장자에게는 있다.

내직자는 자연의 저 먼 곳에서 흘러온 말일 것이다. 상고 이전을 향하면서도 미래적인 말이다. 과거와 미래에 대한 초월 의식적 언어들이다.

결국 장자는 중니 앞에서 안회가 이렇게까지 차원 높은 말을 하게 해주었다. 자연 속에 있는 자가 하늘을 느끼지 않고 외면할 수는 없는 일이다.

안회의 말은 늘 자연 속에서 살며 사유를 지속한 결과물이고 중니의 말은 늘 권력과 인간들 사이에서 말을 하며 뿌리 내리지 못한 방황의 결과물이다.

인간과 권력의 중심에 있었다고 해서 그가 진리에 더 가까이 다가간 것은 결코 아닐 것이다. 오히려 영특해지고 교활해질 수도 있다.

안회의 내직자 발언은 아주 겸손하면서도 아프게 던진 말인 것 같다. 감추어두고 싶었던 말을 하고 나서 후회했을지도 모른다.

공자같이 닳고 닳은 눈치 빠른 노인이 이런 것을 몰랐을 리가 없다. 그럼에도 중니는 스스로 노회하고 천해지면서 타자의 언어를 짓밟아 왔던 것으로 보인다.

외곡을 말할 때 줄곧 안회가 동자적인 인상을 주는 반면 중니는 무서운 인상을 풍긴다. 수많은 상처를 가지고 있으면서 그것을 치유하지 못한 채 앓고 있는 사람처럼 보인다.

그가 몸에 붙이고 있는 흉터는 타자에 대한 복수심과 자신에 대한 미움으로 뒤얽힌 기억을 되살리는 거친 물결 같다.

해괴한 상상과 끝없는 의문을 선물하는 장자의 글이다.

안회의 내직은 차마 말하고 싶지 않았던, 오랜 사유의 결과라는 것을 느끼게 된다. 스승이 더 묻지도 않고 부정하며 다른 말로 건너뛰자 안회는 더 이상 부언설명하지 않는다.

이것도 일종의 스승에 대한 부정과 거절일 수 있을 것이다.

그 머나먼 곳에 있는 안회의 절망을 누가 느낄 수 있을까.

하늘의 사람들

인간 중심의 체제와 사상을 거부하는 당시의 낯설고 새로운 존재로서의 내직자가 등장한다.

그들은 현실주의 인간형들이 득세하고 조직화하고 세력화하고 지혜화하고 상업화하면서 그 뒤안길로 사라져간 인간의 어떤 그림자들 같다. 어쩌면 그들은 정벌된 그 총지, 서오, 유호의 유민들의 영혼일지 모른다.

그 천도(天徒)들은 어떤 사람들일까.

장자 글 속에 나오는 신비한 사람들이다. 장자가 도(道)가 죽는다는 말을 했을 때 그 의미는 천도들의 죽음과 끊이지 않는 전란을 두고 한 말이 아니었을까.

장자가 창조한 왕태(王駘)나 숙산무지(叔山無趾) 같은 고귀한 인간들이 바로 내직자들이었을 것이라고 나그네는 생각하고 있고, 직립인의 가장 커다란 결함을 가진 그들의 그림자가 사라진 것을 그 당시 장자는 보았을 것이다.

이들을 주인공으로 삼은 장자도 특이하지만 장자 글 속에 남아 있는 천도들의 흔적은 그야말로 의문이다.

안회가 정말 불행한 숙명자와 올자들의 가슴속에서 하늘을 발견한 것일까. 만약 그렇다면 놀라운 일이 아닐 수 없다. 스승이 제자의 발끝에 앉아 있는 격이 될 것이다.

세상을 통치하고 지배하는 자들이 세상의 중심에 있는 것만은 결코 아니다. 그들은 그들끼리 마지막 유용까지 다 사용하고 그들 역시 사라지고 만다.

장자는 형장(刑場)을 자주 찾지 않았을까. 참수되어 하늘로 돌아가는 자들의 이름과 절뚝거리며 살아가는 올자들을 보면서 무한에 가까운 비애를 느꼈을 법하다.

그런데도 놀라운 것은 천도들이 이 지상에 있었다는 사실이다. 하지만 장자는 그것을 굳이 강조하지 않는다. 슬쩍 지나가고 있다. 그래서 나그네의 눈에 그것이 어른거린다.

안회는 누항에서 늘 마을과 인간의 머리 위쪽에 있는 능선들을 무심히 바라보곤 했을 것이다. 그 능선 위에 하늘이 있다는 것, 그 하늘에 아무것도 없다는 것을 믿지 않았던 것이 아닐까.

장자는 하늘을 머리에 이고 살았던 중국 최고의 도인이었다. 안회 역시 그와 같은 사람이었을 것이다. 매일 매시 권력과 인을 생각하는 자가 아니라 매일 매시 무용의 것을 찾는 망아의 인간이었다.

그렇다고 툭하면 하늘을 거론하고 하늘을 핑계대고 하늘을 팔지는 않았을 것이다. 그래서인지 가끔 등장하는 장자의 하늘 이미지는 강하다.

장자의 하늘은 우주지만 저녁 인가(人家)보다 더 가깝고 개별적이다. 그리고 외계적이고 내적적이다. 그래서 늘 홀로이다. 내직자는 홀로 말하고 홀로 생각하는 자이다.

장자가 안회의 마음을 어떻게 기억하고 상상한 것인지는 알 길이 없지만 중니에게 말한 천도는 처음이자 마지막으로 꺼낸 말일 것 같다. 장자가 안회의 입으로 그것을 말하게 했다.

놀라운 것은 외곡자이건 여천위도(與天爲徒)이건 여고위도(與古爲徒)이건 모두 자신의 사유 속에 있다는 점이다. 안회는 계급을 만들어 분파를 만들고 예도와 지혜를 쪼개지 않았다.

덕은 간교해지고 지혜는 경쟁을 부추긴 경기곡권(擎跽曲拳)은 기괴한 모습을 보인다. 기(跽)는 장궤(長跪)이다. 무릎 꿇고 앉되 엉덩이를 종아리에 붙이지 않고 허리를 세우는 자세이다.

곡권(曲拳)은 무릎을 꿇고 앉아 허리를 펴고 뱀처럼 머리를 쳐들고 있다가 땅바닥에 머리를 조아리는 식의 절을 하는 괴이한 모습이다.

목숨을 초개처럼 바치겠다는 복종을 표하는 것인데 눈을 절대 아래로 향하지 않고 군주를 향했다. 군주가 그 눈의 맹세를 똑바로 보기 위함이다.

이 예속(隸屬)으로 그들은 작은 권력을 받는다.

안회의 이 말에 중니는 어떤 생각을 했을까. 중니야말로 열국을 주유하면서 군주 앞에 나아가 경기곡권하지 않았을까. 군주가 먼저 그에게 예를 표했을 리가 없다.

안회가 공자에게 "이를, 하늘과 함께하는, 무리가 된다고 일컫습니다[시지위여천위도(是之謂與天爲徒)]"라고 했을 때 누가 그것을 안회가 중니를 가르치는 말이라고 생각할 수 있을까.

사람의 목숨을 구할 수 있다면 내직을 버리고 외곡을 선택할 수도 있다. 즉 자신을 쓰고 희생해서 사람을 구하고 싶은 마음이 없을 리가 없다.

그러나 중니는 그 마음을 읽지 않았다. 중니는 그 말 자체가 싫었을지 모른다. 장자가 그런 마음을 내게 하였을까. 중니는 장자의 의도를 모르는 것 같다. 장자는 나그네가 그것을 읽어내기를 바란 것 같다.

하늘과 내직과 동자는 중니의 심리적 적일지 모른다. 이 자리에서 중니가 무의식적으로 자신의 지난 삶을 기억했을 것 같다.

하늘의 양자(養子)

가끔 하늘을 본다. 그 하늘에 대해 나그네가 아는 것은 아무것도 없다. 그 모른다는 것만 어렴풋이 느껴질 뿐이다. 솔직히 말하면 그러고 나서 아무것도 알고 싶지 않은 부지(不知)의 상태에 있고 싶어진다.

그때 나그네 얼굴에 무언가 들어오는 것 같다. 그 무엇을 문자로 나타내고 싶지가 않다. 나타내는 순간 그것은 곧장 사라지고 말 것이다.

우리의 삶과 인지란 것도 그렇게 순간에 사라진 그 무엇들이 아닐까. 우리는 그 사라진 것들의 표면이나 직후에서 살고 있는 것이 아닐까. 알을 깨고 나온 알몸의 고독한 새들처럼.

간혹 이런 말을 장자가 문득문득 사용하고 있지만 천지소자(天之所子)는 장자의 특이하고 재미있는 수수께끼의 언어이다.

이 소자는 양자(養子)이다. 양자는 친부모가 아닌 양부(養父)가 기르는 자식이다. 장자에게 인간은 하늘의 양아들이다. 즉 누군가 버린 아이들을 하늘이 길러준다는 뜻이 있다.

하늘에서 길러주는 자식을 소자(所子)라고 한다.

장자는 「덕충부(德充符)」에서 천국(天鬻, 하늘이 양육하다)과 천사(天食, 하늘이 먹여주다)란 말을 하지만 땅 위의 모든 생명의 아버지는 하늘이다. 이 앎을 안회가 암시하는 것은 매우 놀랍다.

인간이 하늘의 양자란 말은 하늘이 직접 낳은 친아들이 아니란 뜻이다. 하늘이 직접 낳지 않은 존재는 하늘이 사랑하기에 더 좋은 존재일지 모른다.

그 대신 인간은 그 하늘을 잘 인식하지 못할 것이다. 어쨌든 어느 인간들이 다녔을 그 하늘이 우리의 머리 위에 아직도 펼쳐져 있다는 것만을 나그네는 문득 믿고 싶다.

내직자들 즉 동자(童子)는 하늘과 함께하는 자들이다. 그들은 어디로 사라져버린 것일까.

장자의 글 속에 간혹 보이는 이 존재들은 그 누구인가에 의해 생존이 방해되고 제약되어 이 지상에서 없어진 것 같다. 아니면 지상을 버리고 떠나버린 것일까.

안회는 그들을 무리라고 했지만 그들은 결코 서로 규합하지 않았을 것이다. 그들은 흩어진 채로 각자 살았을 것이다.

일을 도모한 적도 없고 서로 만난 적도 없었으니 그들이 남긴 기록과 공적(功績)이 남아 있을 리가 없다. 즉 인위의 흔적이 남아 있지가 않다.

이젠 그들의 존재를 상상하기조차 어려운 것 같다. 그러나 단지 사라졌을 뿐 아주 죽어 없어진 인간형은 아닐 것이다. 인간의 마음속에 남아 있는 그들을 장자는 기록하고 있다.

자신들의 작은 손과 마음으로 자연의 일부를 빌려 사용하고 그러다 얼마 뒤 떠나는 그림자 같은 존재들. 이언(已言)을 한 동자(瞳子)라는 문장에서 나그네는 사라진 천예를 떠올린다.

그 모두가 서로 싸우고 있으므로 장자는 어느 편을 들지 않은 그 인심 혹은 천심, 성심(成心)을 그리워했던 것 같다. 그 그리움의 사람이 진인일 것이다.

진인과 그 진인을 그리워하는 사람이 사라진 사회에서 우리가 살고 있는지도 모른다. 지금 이곳에 옛사람이 없듯이 진인은 이 지상, 도시, 고향 그 어디도 없다.

장자는 하늘과 함께하는 사람과 함께하기를 바랐을 것이다.

희대의 공안(孔顔) 대화

읽고 싶지 않은 중니의 마음을 또 읽지 않을 수가 없다. 모욕의 말은 '수고(雖固, 비록 고루하지만)'에도 있다. 이 고(固)는 고루하다, 한결같다, 진실로란 뜻이다.

고루한 사람도 아니고 고루한 말을 한 적이 없는 안회를 스승은 곳곳에서 억압하고 단정해버린다. 일종의 오해이다. 안회의 섬세한 언어를 공양(孔陽)으로 부수어버렸다.

안회는 더 이상 갈 곳이 없을 것 같다.

여기서 그 틈 사이 어디선가 수초가 한쪽으로 쏠리게 하는 물소리를 듣는다. 미묘한 기척에서 장자가 안회를 다른 어디론가 빼내고 있다는 것이 느껴진다.

저 앞의 위행은 다 버려야 할 언어이자 비유이자 도구였을 뿐이다. 안회 역시 위행보다 더 중요한 말을 기다리고 있었던 것 같다. 중니는 많이 가르칠수록 허명으로 조금씩 밀려나고 있다.

한 문장 속에 중니는 여섯 가지의 결점을 폭로했다.

구실과 방법이[정법(政法)], 너무 많다[다대(大多)], 알 수가 없다[불첩(不諜)], 고루하다[고(固)], 그럴 뿐이다[지시이의(止是耳矣)]. 한 문장 안에 네 가지를 지적하고 있다.

이어서 변화할 수 있겠느냐[부호가이급화(夫胡可以及化)]고 묻는다.

번다하고 익다한 것은 제자가 아니라 스승이다. 중니가 지적한 안회의 단점들은 나그네에게 장점으로 비친다.

안회는 한쪽에 조용히 있는 사람이었다. 자신을 잊으려 하고 그래서 대단히 생각이 깊고 고루하지 않으며 획기적이고 친화적이다.

장자는 이 「인간세」에서 자신은 등장하지 않은 채 한 스승과 제자를 등장시켜놓고 끈질기고도 초월적인 대공자(對孔子) 사상투쟁을 펼치고 있다.

그 날갯짓은 멈추지 않는다.

장자는 초월적 인식과 상상, 해학을 즐기지만 상대에 대한 개운치 않은 마음을 드러내지 않는다. 그들로 하여금 노혁적이고 위선적인 말을 하게 하는 장자의 글은 놀라울 뿐이다.

공자 세력은 붕괴되고 있었지만 제국(諸國)이 통일되고 다시 멸망한 뒤 유가의 세상이 된다는 것을 장자는 알고 있었던 것 같다. 그러나 여기서 그 이상의 것을 더는 상상할 수가 없다.

중니는 두 번째 "아이쿠, 도저히 안 되겠군!(惡 惡可)" 하고 말을 내뱉곤 "자기 마음을, 스승으로 삼는 놈이군![유사심자야(猶師心者也)]" 한다.

중니를 스승으로 삼지 않고 자신을 스승으로 삼는 자를 비웃고 있다. 두고두고 읽어야 할 이곳엔 독창적인 사유를 부정하는 독선과 고루함이 있다. 제자는 스승 안에 갇혀 있을 필요가 없을 것이다.

몇 번째 악담일까. 안회의 얼굴에 오물이 던져지는 듯하다. 정신 똑똑히 차리라는 말 같다. 군주가 죄지은 신하에게 내리는 문책과 명령 같다.

그것은 미래의 유자뿐 아니라 모든 사람에게 경고하는 말처럼 들린다. 중니는 불행하게 저승으로 돌아가 쉬지 않고[불귀휴(不歸休), 쓸데없이 쉬지 못함] 호령을 쳤던 것 같다.

결국 가르침의 험담이 절정을 이룬 곳은 안회의 사상이 절정을 이루는 곳이 되었다. 이 맞부딪침은 장자의 공안이다.

하지만 안회는 자신의 마음을 거울로 삼지 못하고 스승의 말을 거울로 삼으려 하였다.

여기서 중니는 장자가 하고자 하는 마지막 말을 하게 하기 위해 박차고 일어나고 싶어 하는 안회를 그 자리에 눌러 앉혀둔다.

이곳은 두 사람의 대립과 침묵이 절정을 이룬다. 기산에서의 요유(堯有, 요순과 허유) 대화처럼 이 공안 대화는 사상사적인 희대의 장면이다. 사제의 대좌(對坐)가 『칠원서』 전편에서 가장 치열한 곳이다.

이 밀실 대화는 거창한 위행에 목적이 있는 것이 아니라 두 사람의 사후 논쟁을 불러일으킨 광장이다. 「인간세」가 그만큼 중요한 제 사편(四篇)이다.

중니는 안회를 탓하다가 갑자기 출공을 비난한다. 오해일지 모르겠지만 중니가 대우를 받지 못하고 도망 오다시피 한, 그리고 자로가 죽은 위나라에 대해 불만이 많았던 것 같다.

위나라는 공자에게 자신이 천명한 대의와 명분, 정명을 이루지 못한 나라였던 만큼 안회의 뜻과 위나라에 대해 부정적 고정관념을 가지고 있는 것 같다.

안회가 중니의 말을 받아내는 것 같고 중니는 계속 말을 토해내고 있다. 이 대화는 오히려 안회가 스승을 유도하는 것처럼 느껴진다. 끝이 없을 듯 변명하고 있는 것 같다.

중니 앞에 안회라는 거울이 앉아 있다.

안회의 동자는 사심(邪心, 私心)을 가지지 않는다. 그래서 안회가 더 공적이고 시적이다. 자신을 계속 비춰보고 있지만 중니는 자신을 알지 못한다.

절망한 안회의 마음을 후대의 장자가 찾아서 우리의 미래에 전한 것으로 나그네는 보았다. 나그네를 위해서도 그렇게 해석하고 싶었다.

우리에게 남아 있는 것들은

공자가 세인들을 교화시켜야 할 낮은 대상으로 보았다면 장자는 인간을 심원하고 높은 존재로 보았다. 후자는 어둠의 하늘과 광막지야로 나아갔고 전자는 궁궐과 권력 체제로 향했다.

장자는 인간 속에 있는 묘연함을 절대로 부정할 수 없었다. 그것은 인간 존엄성의 영역이었다. 언제나 확신은 위험하다. 자연 저 멀리 벗어난 국가 권력과 미래 문명은 장자의 이단자들이다.

그러나 오랜 시간이 지나고 다시 그 지평 너머의 거대한 조직과 체제 속에 갇힌 실로 미미한 존재들을 나그네는 장자의 글로 인하여 그리워하고 인식해야 할 것이다.

목숨을 바쳐서 찾을 생명이 있는가. 생명이 있는 그곳에 다다라야 하는가. 합일되고 싶은 곳의 그 생명은 이 지상의 어디에 있는가.

그것은 인후(咽喉)에서 숨 쉬고 눈에서 반짝이고 있는가.

장자의 「인간세」는 국가와 인의의 기제 속에 가두려는 사람으로부터 자연과 인간 쪽으로 데리고 나오는 탈주의 험난한 길이고 노래로 들린다.

세계를 지배하는 것은 소유할 수 없는 그림자와 바람, 천뢰, 나비와 같은 것들로 혼란스럽고 아름답다. 국가 권력보다 그 수많은 무량의 기쁨들을 나그네는 만나고 싶다.

우리는 그것들과 오랜 친구들이었다. 그 친구들은 사용할 수 있는 것들이 아니다. 서로 바라보고 지나가게 놓아두는 존재들이었다. 그들이 대부분 이 세계를 구성한다.

장자의 이예상존으로 돌아가는 길이 그 광막지야에 남아 있을 것이다. 그 신성한 존재들이 장자의 언어들이다. 이들이 천지여아병생(天地與我竝生)이고 만물여아위일(萬物與我爲一)이다.

장자는 너무나 멀리 있는 것 같다. 그래서 가까이 다가오는 것인지도 모른다. 가까이 있다면 더 가까이 다가올 이유와 거리가 없다. 그에 비하면 공자는 이미 지나간 존재처럼 느껴진다.

이 모든 상상은 안회에 대한 장자의 배려이며 피해 받은 정신에 대한 치유이고 동시에 중니에 대한 은유적 저항이다. 마음자리에 들어와 앉는 것은 안회의 말과 침묵이었다.

7. 안회, 심재(心齋)를 받다

안회가 말했다. "저로선, 더 나아갈 수가, 없습니다. 감히, 그 방법을, 묻습니다." 중니가 말했다. "재(齋)하라! 나아가, 내가 너에게, 말해주마. 일을 꾸며서 하면, 그게 용이하겠느냐. 일을 쉽게 하는 것은, 환한 하늘도, 마땅하지가 않다." 안회가 말했다. "저의 집이 가난해서, 생각하건대, 술을 마시지 못하고, 훈(葷, 향이 강한 채소)을 먹지 못한 지가, 수개월이나 됩니다. 이같이 한 즉, 재계(齋戒)한 것 아닙니까?" 중니가 말했다. "그것은 제사 (祭祀)의 재계(齋戒)지, 심재(心齋, 마음의 재)는 아니다." 안회가 말했다. "삼가 심재(心齋)를, 묻습니다." 중니가 말했다. "너는, 뜻을 한곳에 두고, 귀로 듣지 말고 마음으로 들어라. 마음으로 듣지 말고, 기(氣)로 들어라. 들음은 귀에 그칠 뿐이고, 마음은 짝을 맞출 뿐이다. 기(氣)라고 하는 것은, 텅 비어 만물을 기다리는, 곳이다. 오직 도는, 빈 곳에 모인다. 텅 빈 곳이, 심재(心齋)이다." 안회가 말했다. "제가 아직, 가르침을 얻지 못했을 땐, 스스로 충일한 안회라, 여겼습니다. 심재의 가르침을 받고서야, 제가 비로소, 존재하지 않게 되었습니다! 말하자면 허입니까?" 선생이 말했다. "극진하여라! 내가, 너에게 말해둔다만, 네가 능히 들어가면, 그 울안에서 노닐어라. 그리고, 그 명성에, 흔들리지 마라. 들어오게 하는 즉시, 울고, 들어오지 못하게 하는 즉시, 그만둬라. 문도 없고, 독도 없다. 한 거처에서, 어쩔 수 없이, 지내는 것이, 곧 희망이다."

□ 원문(原文)

顏回曰 吾無以進矣 敢問其方 仲尼曰 齋 吾將語若 有而爲之 其易邪 易之者 皞天不宜 顏回曰 回之家貧 惟不飮酒 不茹葷者 數月矣 如此 則可以爲齋乎 曰 是祭祀之齋 非心齋也 回曰 敢問 心齋 仲尼曰 若一志 無聽之以 耳而聽之以心 無聽之以心 而聽 之以氣 聽止於耳 心止於符 氣也者 虛而待物者也 唯道集虛 虛 者 心齋也 顏回曰 回之未始得使 實自回也 得使之也 未始有回 也 可謂虛乎 夫子曰 盡矣 吾語若 若能入遊其樊 而無感其名 入 則鳴 不入則止 無門無毒 一宅而寓於不得已 則幾矣

▌ 재계(齋戒) 재齋. │ 나아갈 장將. │ 유이위지有而爲之 일을 꾸미다. │ 용이, 쉽게 이易. │ 밝을 호皞. │ 불의不宜 마땅치 않다. │ 생각건대 유惟. │ 먹을 여茹. │ 향이 독한 채소 훈葷. │ (의문의 반어) 그런가 호乎. │ 일지一志 뜻을 한곳에 두다. │ 뿐 어於. │ 부신(符信, 두 조각을 맞춤), (짝이) 맞을 부符. │ 대물자待物者 기다리는 곳. │ 사使 심재의 가르침. │ 득사得使 가르침을 얻음. │ 충만할 실實. │ 득사지得使之 지(之)는 재. │ 가위可謂 이르자면. │ 울 번樊 위나라를 가리킴. │ 너 약若. │ 흔들릴 감感. │ 새가 울 명鳴. │ 들어오게 할 입入. │ 독, 괴로워할 독毒. │ 전조, 바랄 기幾 희망.

인간의 재(齋)

나그네는 오래 걸어왔다. 이제 나그네는 그 '심재'에 도착했다. 나그네에게 도착된 심재는 예나 지금이나 처음인 곳이다.

"그것은 제사(祭祀)의 재계(齋戒)지, 심재(心齋, 마음의 재)는 아니다"라고 중니가 말한다. 중니는 제사보다 심재를 더 중시하고 있다. 공자로선 할 수 없는 말이다.

재(齋)는 계(械) 자와 함께 제사 등을 지낼 때 그전 며칠 동안 몸과 마음을 깨끗이 하고 조심하는 것을 이른다.

여기서 재가 새로운 의미를 가지는 글자로 탄생한다. 특히 외출과 교류를 금하는 신계(愼戒)에서 그 의미가 한거(閑居) 혹은 연거(燕居)의 의미가 되고 마음으로 전이되어 고요한 방의 의미로 확장되었다.

왕후는 7일 전에 대부(大夫)들은 5일 전에 서인들은 3일 전에 재를 했는데 안회는 술과 향초를 하지 않은 지 수개월이 되었다.

그것이 재(齋)는 아니었다. 가난을 은근히 드러냈던 안회는 무색해졌을 것이다. 궁핍은 단지 궁핍일 뿐이다. 재와는 무관하다.

재(齋) 자에는 가지런히 하다, 동등하게 하다, 근신하다, 엄숙하다, 삼가다 등 여러 뜻이 있다. 흩어져 있는 것을 가지런히 묶고 잡다함을 버리고 만물을 다스리는 일은 「제물론」의 '제물(齊物)'과 같다.

풀어헤쳐져 있는 자신과 만물을 가지런히 묶는다. 그 말엔 다시 돌아간다는 뜻도 있다. 세월 속에서 잃어버린 심재를 찾을 수 있을까. 사라져버린 듯한 심재는 캄캄한 몸속에 방치되어 있다.

재(齋)는 무용(無用)이다. 그 재는 마음 밖의 현실적 도구로 사용할 수 없다. 그 안의 기만이 느낄 수 있는 허이다. 그것은 양도되지 않으며 쌓아놓을 수 없으며 전할 수 없다. 언제나 다른 모습으로 지나가는 저 심산의 햇살과 바람 같다.

이 심재는 여러 사상들이 좌충우돌하던 전국시대 전간기(戰間期)에 새로 나타난 언어이다. 아무에게나 줄 수 없는 진리의 말을 장자는 안회에게 전하면서 그 심부(心符)로 돌아가라고 말하고 있다.

그곳에 흐르는 강과 거울이 있다는 말이 아니었을까.

가만히 있어도 만물이 다 느껴진다면 그곳은 만물 소유(所有)가 아니라 만물 소요(逍遙)가 이루어지는 곳이다. 그곳에 당도하는 것은 장자가 꿈꾸는 최고의 경지이다.

빛 없이도 내다볼 수 있는 아니 스스로 비춤이 되는 그 환도(環堵)의, 동굴의, 규(竅)의 거울. 혹시 그 거울이 장자의 대물자(待物者)가 아닐까. 만물을 기다리는 곳, 만물을 비추는 곳, 만물이 나오는 곳.

허자심재(虛者心齋)의 허 자는 빈 '곳'이다. 이것이 장자 사상의 미궁이자 부사의한 곳으로 우리를 불러들이려는 곳이다.

소리도 얼굴도 기호도 암시도 없는 신비한 곳이지만 그곳이 어디인지는 장자도 말하지 않았다.

이 말들은 안회에게 부탁하는 장자의 마지막 말 같다. 아니 부탁이라기보다 선물이란 말이 맞을 것이다.

그것은 유(遊) 자이다. 이 유 자엔 즐겁게 지낸다, 일없이 세월을 보낸다, 벼슬을 하지 않는다, 나그네가 된다는 뜻이 있다.

그러나 심재로 끝나지 않는다. 장자는 안회가 죽은 사람이 넘쳐나는 나라[사자이국량(死者以國量)]로 들어가야 한다는 능입(能入)을 강조하고 있다.

이 말은 사실 중니의 말이지만 장자의 생각이다. 중니는 장자의 생각을 말하고 있다. 심재는 능입을 위한 과정이었다. 중니는 말의 도구로서 꼭두각시처럼 거기 배치되어 있을 뿐이다

여기서 장자는, 안회 그대는 위나라로 들어갈 수 있다[난국취지(亂國就之)]는 용기와 희망을 준다.

장자는 뜻밖에도 그 번잡한 나라에서 놀라고 한다. 사람과 나라를 구해도 명예를 좇고 지혜를 자랑하고 경쟁하지 말라는 부탁이다.

그러나 나그네는 나그네로 있어야 한다. 나그네가 주인이 되려 하면 못난 사람이 되고 만다. 나그네가 주인이 되면 떠날 수가 없다.

그러면서 자신감을 준다. 그 말이 입즉명(入則鳴, 들어오게 하는 즉시, 울다)이다. 명(鳴)은 새가 우는 울음소리지만 사람의 말이다. 즉각적인 반응이다.

이 입즉명의 반응은 논리가 아니다. 갈망이고 직관이다.

저쪽에서 말을 걸어오면 그 즉시 말해야 한다는 이 말은 중국 최초의 화두에 해당한다고 말할 수 있을 것이다.

함께할 수 있는 말이라도 불가한 말이 있고, 함께하는 말이 함께하지 않는 말인 경우도 있다. 이것이 숙명과 비슷한 장자의 어찌할 수 없는 '부득이(不得已)'이다.

불입즉지(不入則止, 들어오지 못하게 하는 즉시, 그만둬라)는 부르지도 않은 군주를 굳이 찾아가지 말라는 말이다. 이는 부득이한 경우가 아니면 움직이지 말라는 말이다.

나그네는 그 누구의 소속이 아니기 때문이다.

숙명적일 때만 움직여야 한다. 이것에 무위, 무용을 지키는 인간의 존립이 있다고 할 수 있다. 그렇지 않다면 산속의 한 그루 상수리나무가 세상으로 베어져 나올 리가 없을 것이다.

무문무독(無門無毒)의 무문은 상대로 하여금 형적(形迹)을 잊게 함

이고 무독은 모든 더러운 찌꺼기[사재(渣滓)]를 진멸(盡滅)해버린 것이다. 상대가 지연하면 문을 열지 말고 병이 낫길 원치 않으면 약을 쓰지 말아야 한다. 이 역시 부득이다.

문을 먼저 열고 먼저 약을 써서 재앙을 맞지 말아야 한다. 문이 없으면 이름이 없으니 찾아올 사람이 없고 쳐다볼 이가 없다.

독이 없으면 괴롭지도 아프지도 않고 대항이 없으면 마음과 몸이 혼자 편할 것이다.

장자도 이 글을 쓰면서 자신이 하는 말을 참 불가피한 지혜이고 글이라고 생각했을 것 같다. 그러나 지혜라고 다 같은 지혜가 아닐 것이다.

적어도 장자는 지혜의 구멍이 백 개라도 이 일지(一志, 본마음, 희망)에 대해선 철저했던 것 같다. 그렇지 않다면 그가 몇 번이나 재상 자리에 앉았을까.

일지는 단허와 면일의 마음과 삶이며 분이봉재의 그 봉(封, 흙으로 덮다. 강계(疆界), 봉한 편지, 단단히 붙임, 물건을 싸서 봉함)이다.

밖으로 남에게 쉽게 내놓을 수 없는 '말'이다. 그것은 세상과 인간, 만물에게로 결코 드러나게 할 수 없게 되어 있는 도와 같은 것이 아닐까 생각해본다.

심재가 있는 그 일택(一宅)은 내 육신과 마음 바깥에 없다. 그곳이 만물일여, 만화귀일, 여야병생의 유일한 쉼터이다. 그 작은 집에서 살 수밖에 없는 것도 부득이다. 일택엔 천지개벽이 일어날 일이 없다.

일택일우(一宅一寓, 하나의 숙소에 거함). 이곳이 장자의 집이다.

비록 장자의 나그네 집이지만 그 집은 세상의 가옥이 아니라 부재하는 집이다. 모든 집은 다 부서지고 버려야 하고 없어진다. 영원히 머물 이 지상의 집은 없다. 장자의 대몽(大夢)이다.

하지만 떠나야 할지라도 그 집에서 하루를 지낼 꿈이 있지 않았던가.

『남화경직해』에서도 일택은 편히 선택할 수 없다[일택편시불택(一宅便是不擇)]고 했다. 사람의 몸을 바꿀 수 없는 것과 같다.

이 일택일우는 단 한 번의 인생과 일생이다. 그러나 아무리 좋은 집이라도 나그네가 어찌 그 수많은 세월을 그곳에서 지내길 바랄 수 있을까. 친구는 곧 떠나리라.

그래도 보이는 장자

그러나 조금 더 읽어 내려가면 사실은 이 재(齋) 자 이후 공자는 사라지고 그 자리에 어느덧 장자가 들어와 앉아 안회에게 말하는 것을 느낄 수 있다. 이 기묘한 순간의 교체를 눈치챌 수 있을까.

마지막에 중니 왈(仲尼曰)이라 하지 않고 처음으로 부자 왈 한 것은 이 부자(夫子)가 장자란 것을 암시하는 것으로 보인다. 그럴 것이 기이하게도 '심재'란 말이 나온 이후 중니란 이름은 나오지 않는다.

여기서부터 편집 통일성에서 벗어난다. 재는 인간의 몸과 사유와 언어를 묶는 속박이 아니라 풀어주는 현해의 자유가 된다.

예의 그 장자가 안회의 마음을 맞이하며 기다리고 서 있는 모습이 보인다. 실(實)과 권력의 틀에서 벗어나 허무 쪽으로 옮겨가기 전 단계이다. 덕과 지혜가 무용해지는 곳에 도착했다.

장자의 재는 유가적인 재가 아니다. 그것은 계(戒)보다는 소요와 같은 것으로서 도약과 은거에 속한다. 자유의 사전(事前)이다. 안회를 묶은 것은 자연이 아니라 오히려 인간과 말이었다.

여기서 안회는 진(進)을 얻는다. 그런데 그 얻음은 자신의 존재를 잊음으로써 가능한 일이었다. 그렇게 깨달음의 놀라움을 표한다.

"심재의 가르침을 받고서야, 제가 비로소, 존재하지 않게 되었습니다!" 이어 즉시 확인한다. "말하자면 (이것이) 허입니까?"

이 득도의 광경은 장자 『칠원서』 전편에서 특별히 기억해야 할 이쪽과 저쪽, 지금과 이전을 갈라놓는 일대 기봉(機鋒)이다.

아마도 안회는 기쁨을 눌러 참고 어쩔 줄 몰랐을 것이다. 말 한마디에 텅 하고 온 세상이 열렸다.

여기 다시 두 번째 안회의 깨달음의 탄성이 터진다.

"제가 아직, 가르침을 얻지 못했을 땐, 스스로 충일한 안회라, 여겼습니다. 심재의 가르침을 받고서야, 제가 비로소, 존재하지 않게 되었습니다." 장자는 이렇게 썼다. "선생이 말했다. 극진하여라!"

사실 이 문장의 연결이 자연스럽지 않다.

"저는 아직 있지 않게 되었습니다"와 "선생이 말했다. 극진하여라." 사이에 무언가 생략되었다. '아직 있지 않게' 된 무기(無己)를 알게 되기까지는 한동안이 필요하지 않았을까.

심재를 듣고 돌아가 깨달아 행하고 안 다음에 다시 장자를 찾아왔어야 문장의 시제가 맞을 것이다. 즉 안회 왈(顔回曰) 회지미시득사(回之未始得使) 앞에 '얼마 뒤 안회가 중니를 다시 찾았다'는 말이 있어야 할 것 같다.

그러나 그것이 아닌 것 같다. 그런 기간이 필요했다면 '얼마 후였다'라고 장자가 말하지 않았을 리가 없다. 그러니까 안회가 심재란 말을 듣는 순간, 번쩍 하고 재를 알아버린 것이다.

안회의 득사(得使)는 불교의 돈오(頓悟), 선과 같은 말이다. 불교가 중국에 들어오기 전에 듣자마자 알고 깨닫는 이 '득사(得使)'가 이미 있었다는 말이 된다.

그래서 나그네는 이 득사를 장자의 고유한 사상이 담겨 있는 중요한 말이라고 생각하게 되었다. 득사와 심재는 장자가 대종사(大宗師)임을 뜻한다.

대종사는 불교 용어가 아니라 사실은 장자가 최초로 사용한 말이었다. 장자가 주고 안회가 깨달은 이 심재는 전국시대의 새로운 탈국가적 인간 주체로 나아가고자 하는 새로운 언어가 되었다.

이것은 장자가 안회를 가르친 줄탁[벽암록, 경청(鏡淸)]이다.

심재를 공자의 입으로 말하도록 「인간세」는 인간과 시대를 초월하는 새로운 문법이고 편집이다. 여기서 인간의 내부를 더 깊이 파악한 장자가 공자를 넘어선다.

공자는 이런 식으로 인간을 본 적이 없었다. 장자는 고대의 시인이자 심리학자이며 분석자이며 재(宰, 요리사)이며 치유사였다. 즉 어느 시대에나 걸쳐 있는 초월(超越)과 전이(轉移)를 보여주었다.

미시유(未始有)의 자아 발견

여기 나오는 미시유회(未始有回)를 이제 모든 이의 것으로 만들어 미시유아(未始有我)라 해야 할 것 같다.

즉 무아(無我)이다. 인간이 사유할 수 있는 가장 높은 경지가 무아라면 이를 장자가 이룬 것이다.

재에 듦으로써 내가 없다는 것을 안다는 것은 무아 인식이다. 매우 어려운 깨달음을 안회는 단박에 그 자리에서 알았다. 장자가 '재!'

한 순간, 안회가 '미시유아!' 하고 소리친 것 같다.

'나'가 없다는 이 미시유는 무(無)보다 야릇한 의미를 주는 것 같다. 이는 미시유 그전도 생각하게 하기 때문이다. 미시유아엔 시간이 작동하는 것 같다.

알 길이 없는 미시유(존재와 사유가 아직 시작하지 않은 곳)는 없음, 미시(未始), 무, 유(遊)와 텅 빈 허(虛)가 아닐까. 그곳은 시간이 가지 않을 것 같다.

그런데 무엇이든 그 안이 텅 비어 있다는 것을 장자는 어떻게 알아냈을까. 소외와 고독의 선물일지 모른다. 재를 말해준 것은 멀리 하늘로 솟아 있는 산정이었을까. 구름이었을까.

그 텅 비어 있음은 무엇을 우리에게 주는 것일까.

특히 그 수사법이 놀라운 것은 그 죽은 자로 하여금 세상의 독자들에게 재를 전하게 됐다는 사실이다. 몇 년을 골몰해도 이 미시유회는 놀라운 말이다. 동아에서 터진 최초의 무아이다.

이 미시유회(未始有回)라는 말은 갑작스럽지만 가없는 앎이다. 어떤 부지가 간신히 알게 된 표시이다. 안회가 접근해온 앎에 언어를 얹어준 부표이다. 나그네 독자는 미시유회란 말에서 떠나고 싶지가 않다.

미시유는 그 어디에도 닿을 수가 없는 말이다.

자신이 분명히 존재함에도 자신이 없다고 하는 말은 무용의 지극이고 더 이상 의문할 수 없는 무극(無郤)이다. 그 없음에 들어간다는 것, 그곳으로 도주하고 싶어진다.

없으므로 있음을 살아가는 것을 느끼고 싶어진다.

저쪽에 있는 상수리나무가 그렇지 않을까. 미시유여 그러나 있다. 그러나 사라진다. 사라진 뒤 다시 있다, 없다. 이것이 장자의 '붙잡을 수 없는' 무기(無己)이다. 유무(有無)가 함께한다.

그러나 이 무기는 절망적이지도 않고 슬프지도 않다. 바람과 천뢰와 달과 세월과 함께 무한의 자유를 누린다. 끝이 없는 무하유지향 그 어느 곳에도 도착하지 않는다. 끝없이 갈 뿐이다.

미시유란 「제물론」에 나오는 말이지만 아직 시작에 미치지 못했고 아직 되지 못함을 뜻한다. 즉 '나'가 시작조차 하지 못했다, 아직 존재하지 않는다는 말이다. 그래서 가없다.

이 시간과 존재의 시작이 되고자 하는 단서의 마음과 사유가 안회에겐 있었다니 놀랍다. 안회도 이전엔 자기 존재의 단초를 몰랐고 그 단초 전의 미시를 몰랐었다.

자기 존재 이전을 안다면 그는 곧 자신이 왔던 곳으로 돌아갈 수 있는 자이다. 우주와 존재의 시징(始徵)은 같이 있기 때문이다.

장자는 그러한 허의 본향을 끝없이 지향한 형문(衡門, 작은 구멍의 집)이었다. 그곳에서 그는 문합(吻合)하고 가만히 있을 수밖에 없었을 것이다.

오늘 저 하늘에서 비추는 등 같은 달이 반이 된 것은 정해져 있는 일이었다. 미래도 과거도 아닌 그 허(虛)이다.

아직 시작하지 않은 것과 텅 빈 것 사이에 있는 일신(一身)의 집에 의탁하는 그 위험한 기(幾)는 흔해빠진 희망이 아니다. 조건이 부득이하고 불완전하나 그곳에 깃들 수밖에 없다.

그런 숙명자들은 저 앞에 전개될 장자의 인물들만이 아니라 평범하기 그지없는 우리 자신이기도 할 것이다.

다만 허명에 빠지지 않기를 당부할 뿐이다. 장자가 시비에 앞서 편애를 두려워했지만 여기서 다시 이름을 내려는 지혜와 명예를 걱정하고 있다. 왜냐하면 무위와 미시유가 이름을 가지면 그처럼 헛된 것이 없을 것이기 때문이다.

안회는 우여곡절 끝에 미시유를 얻었다.

미시유아는 무아(無我)보다 더 먼 자아이다. 까마득한 과거와 미래 사이에서 찾은 미시유는 죽은 안회에게 장자가 직접 주는 (타자에게 결코 줄 수 없는) 특별한 선물 같다.

이 아직 있지 못하다는 미완의 존재 의미는 무엇일까. 어디서 완전한 존재성을 얻을 수 있을까.

문득 「소요유」의 마지막 노래 "소요하며 그 대수 아래 누워 왜 잠들지 않는가[소요호침와대수하(逍遙乎寢臥大樹下)]"가 떠오른다. 장자에는 인간 세상을 껴안지만 우주적 광막지야, 무위소요와 무하유지향의 방황무위가 있을 뿐이다.

세상을 의탁하여 살지만 그 세상에 구걸하지 않는 정신[즉기(則機), 희망, 자아)]이 있다.

그런데 여기서 한 가지 미세한 간극이 느껴진다. 자신이 있지 않는 것 같다는 안회의 자아부재 인식이 강화되는 것 같다.

즉 죽음의 거울 속에 비치는 자신을 들여다보고 있는 까닭에 왠지 장자가 불완전해 보인다. 장자의 생이 안회의 죽음 앞에서 흔들리는 것일까.

나그네는 허는 보았지만 유아는 보지 못한 것이 아닐까. 나그네의 눈은 점점 멀어져가는 것 같다. 무에서도 유를 보아야 할 것이다. 그곳도 무라면 양쪽이 다 꿈인가.

나그네 안에 재가 있다. 그 허에 재를 올려야 할 것 같다. 그곳에 서 있는 초의 까만 심지에 불이라도 붙이고 나와 혼자 먼 길을 떠날 수 있기를 바란다.

장자는 이 모든 것을 신계(愼戒)나 인의나 예가 아닌 침와(寢臥, 누워서 잠을 잠)와 소요를 통해 알아냈을 것이다. 백해구규육장과 함께 한없는 고요와 전일(全一)이 그곳(몸)에 있음은 신기한 일이다.

아무것도 변하지 않으면서 남아 있는 것이 없는 것을 장자는 보았던 것 같다.

그런데 알게 되면 내가 있는 것이 아니라 정말 없다는 것을 알게 될까, 이 말이 정말일까. 그리고 이해할 수 있을까. 무아가 있다는 것이 정말일까.

살아서 자기 안의 죽음과 같이 사는 것 그러면서 현실 세상을 접촉하고 사유하는 것 그것은 살아서 이미 죽어 없어진 자신을 보고 사는 것이 아닌가. 그 죽음 속에 내가 있을 리가 없지 않은가. 다른 곳으로 나아가야 하지 않을까.

이것은 생사의 초월 문제이다. 갑자기 여기서 장자가 극도의 정신적 세계로 나아간다. 그러나 「인간세」 자체를 위해 그는 참고 견뎌 세속에 머물고 자신에게 스스로 묶인다.

그럼으로써 그의 사유는 삶과 체제 밖에 있게 된다.

생의 죽음 속에서만 자신을 겨우 엿볼 수 있다. 그렇기 때문에 장자에게 구련(拘攣)과 숙명을 받아낸 초월과 비상이 나타난다.

이는 유례가 없는 전란의 시대 속에서 인간의 내부에 있는 가장 어두운 그 '본디'를 탐구한 언어일 것이다. 가장 낮은 곳에 거하는 이 심재는 그러나 가장 높은 곳에서 마주하는 천양(天壤)의 바닥이다.

슬프고 기막힌 일이지만 장자의 심재 외엔 갈 곳이 없는 것일까. 그곳에 들어가서만이 무언가 다시 생각할 수 있는 것일까. 그러나 감히 누가 그곳에 당도했다고 우리에게 전해줄 수 있을까.

아이들은 모두 어른이 되고 심재를 잃어버린다.

자만한 실자(實自)의 안회

안회는 스스로 자신이 분명히 있다고 믿었다. 의심할 수 없는 자신이었다. 생각과 앎, 감각, 주장 등으로 마음은 가득 찬 듯싶었고 마음대로 행동할 수 있었다. 그것이 자만과 같은 실(實)이었다.

허 이전의 다른 자신을 '자신'이라고 믿었다. 그것은 과거의 자아였다. 이렇게 자신을 바라본다는 것은 아시아 철학에서 보편적인 주제지만 가장 매력적이고 영원하면서 선미한 주제이다.

이 깜짝 놀랄 앎을 동시에 얻고 자리를 털고 일어나는 안회를 상상한다. 이제야 다른 안회가 거기 일어나고 있었다.

모든 덕과 지혜와 인의, 체제를 없애고 일어나고 있는 안회는 과연 누구이며 무엇이라 해야 할까.

생사 해방의 언어가 아닐까. 죽은 안회와 살아 있는 장자가 소통을 했다. 장안(莊顔) 대화는 삶과 죽음이 만난 자리이기도 하다. 죽은 사람이 살아 있는 사람의 말을 듣고 심재로 가고 있다는 것은 믿을 수 없는 일이다.

그러니까 지금까지 안회의 눈은 감겨져 있어 밖으로만 향하고 있었지 안이란 것을 알지 못했다. 그에겐 안으로 향하는 길이 없었다. 장자가 그 길을 열었다. 이것은 새로운 인간형의 발견이었다.

앞으로 더 나아갈 수가 없다는 고백은 안회가 비어가기 시작했다는 것을 뜻한다. 그것이 인간의 주제어인 재(齋)이다.

나그네에게 이 재는 나아가는 것이 아니라 멈춤이다. 즉 장자가 「소요유」에서 말한 무적(無適)이다. 나아가선 끝이 없다. 설령 나아가더라도 멈추어야 한다.

멈추지 않고선 나아갈 수 없다. 수많은 시간을 보내고 또 보내야만 알 수 있는 것이다. 한번만 나아가고 다시 나아가지 않아도 영원히 나아가는 그것이 재이다.

그런데 어떻게 자아가 없다는 것을 말할 수 있었을까. 안회는 끝없이 자신을 확인하고 인식하고 탐구했다. 그러지 않았다면 그 재란 말 한마디로 자신의 심연을 알 리 없었을 것이다.

더구나 사지가 있고 오관이 있고 걷고 말하는 자아가 어떻게 없을 수 있는 건가. 여기서 시간의 경과가 생략된 것은 대단히 중요하다. 즉 앎의 순간에서 먼 과거를 단 한순간에 지우고 뛰어왔다.

여기서 혼돈과 부지, 광막지야, 골의지요, 이 모든 것은 없는 것이 된다. 그럴 때에만 그것들이 다시 다른 시공과 의식의 저쪽에서 존재하기 시작할 것이다. 무명의 어둠 속에서부터!

장자는 전생을 걸었던 의문을 통해 그것도 가장 수많은 나라의 경계와 전란 속에서 인간에 대한 비밀과 앎의 세계를 개창(開倉)했고, 그것을 알고 받은 사람이 안회이다.

그러나 기이하도록 슬픈 것은 수재자(受齋者)가 죽은 사람이란 것이다. 그러나 그것은 다른 초월이었다. 절망이 아니라 희망이었다. 죽은 자를 깨우쳐주고 장자는 그로 하여금 다른 재를 듣게 되었다.

「인간세」 일곱 가지 부탁

장자는 다른 안회가 된 안회에게 한순간에 일곱 가지를 부탁한다. 안회는 놀랐을 것이다. 그러나 행복한 부탁이었다.

네가 능히 들어가면, 그 울안에서 노닐어라(遊樊). 명성에, 흔들리지 마라(無感). 들어오게 하는 즉시, 울라(則鳴). 들어오지 못하게 하는 즉시, 그만둬라(則止). 문도 가지지 말고(無門), 독도 가지지 말라(無毒, 본문엔 문도 없고 독도 없다). 한 거처(一宅)에서 지내라(寓).

장자는 말한다. 바로 그것이 희망이다(則幾).

이것들은 심재가 비춰주는 득사의 예이다.

예컨대 문을 가지지 말라는 말은 굳이 소통할 것이 없다는 뜻이다. 독이 없다는 것은 그 울(위나라) 안에 있는 무엇이든 독 될 것이 없다는 뜻이다.

그 어디나 못 갈 것이 없으며 못할 말이 없다는 뜻이기도 하다.

여기서 다시 나그네가 걸어온 「인간세」를 되돌아본다.

장자가 공자를 내걸기 위한 「인간세」가 아니었다. 그렇다면 다시 「인간세」를 새롭게 읽어야 한다.

거백옥 같은 사람은 공자를 괜찮은 사람 정도로 보았지 도인으로 보진 않았다. 군주나 관청 주변을 맴도는 인물 정도로 본 사람들이 많았다.

물론 이런 것도 공자를 기억하고 편집한 것일 뿐이다. 그러나 산인(散人)들조차 그러진 않았을 행동, 예컨대 왕이 있는 쪽으로 다리를 뻗고 자지 않은 것 등등을 볼 때 그는 예속적인 사람이었다.

방외자들로서는 상상할 수 없는 일이다. 지나가는 나그네가 공자를 비판해 뭘 할 것인가. 그렇더라도 나그네는 진인이 있다면 그를 만나고 갈 것이다.

역사와 인간을 바로 보는 것은 흥미로운 일이다.

장자의 심재와 안회의 미시유회(未始有回)는 인간세의 절정이다. 장자 철학은 인간에 대한 신뢰이자 믿음을 가진 삶과 존재의 열정과 희망으로 가득 차 있다.

여기서 상기하고 싶은 것은 어떤 경우에도 소요를 잊지 말라는 장자의 당부이다. 가질 수 없는 것을 가지고 소요하라는 말처럼 위안이 되는 말이 있을까.

그보다 인간적인 말이 있을까. 또 그처럼 생명적인 말이 있을까. 장자는 나그네에게 자신의 땅에 서서 내면을 향하라고 말하고 있다. 그러나 송곳 하나 찌를 땅이 있는가.

못 갈 곳이 없다. 아니 그 어디라도 살아 있는 자는 길을 가야 한다고 말해야 할 것이다. 그러나 인류는 문명과 함께 너무 쓸데없는 곳을 향해 질주한 것이 아닐까.

결국 장자가 안회를 데리고 온 곳은 문명이 아니라 영원한 서지(棲遲)와 귀휴인 사람들의 심재가 아닐까. 인간은 끝없이 이어지고 그래서 희망이란 것을 정말 가져야 하기 때문이다.

「인간세」의 첫 대화가 국가 차원의 문제에서 인간 자체의 문제로 전환되면서 위나라는 망각되고 심재만 남았다. 국가와 외교 문제 같은 것은 사실 장자에겐 예외이며 허상이다.

심재와 미시유아는 인간의 모든 정신사에서 빛나는 위대한 발견이다. 인도에서 자비가 발생했다면 동북아에서는 심재가 태어났다.

인간이 자기 자신을 쉬게 할 수 있는 곳은 자기 자신의 독방(獨房)밖에 없다. 그러나 그 심재의 방은 현대인들에게선 사라지고 없는 영부(靈府)일지 모른다.

장자는 심재의 시조이고 안회는 그것을 받은 두 번째 심재인이다.

나그네는 심재를 떠난다. 떠난 곳은 다시 돌아오지 않는다. 나그네 역시 그 떠난 곳으로 다시 찾아가지 않을 것이다.

그러나 간혹 그 어디선가 기억할 것이며 심재는 그립고 영원할 것이다.

8. 치어다보라, 허실생백(虛室生白)

내왕(來往)을 끊기는, 쉽다. 땅을 밟지 않고, 가기는 어렵다. 남이 시키는 것은, 속이기 쉽다. 하늘이 시키는 것은, 속이기 어렵다. 날개가 있어, 날아다니는 것은, 들어 보았다. 날개가 없이, 날아다니는 것은, 들어 보지 못했다. 지각이 있는, 앎이란 것은, 들어 보았다. 지각이 없는, 앎이란 것은, 들어 보지 못했다. 저 공적한 것을, 치어다보라! 빈 방에, 생 햇살이라! 길함과 상서로움이, 머무네, 고요하게. 대저, 잠시도 머물지 못하니, 이를 좌치(坐馳)라 이른다. 저 귀와 눈을, 빠짐없이, 안으로 통하게 하고, 마음과 앎을, 잊으면, 앞으로 귀신도 찾아와, 머물러 쉴 것인데, 하물며 사람은, 더할 나위가, 있겠는가. 이것이, 만물의 변화이다. 우(禹)와 순(舜)이, 끈으로 묶여 있던, 것이며, 복희와 궤거가, 종생토록, 행한 것이다. 그러니, 하물며 범인들이야, 더할 나위가, 있겠는가.

絶迹易 無行地難 爲人使 易以僞 爲天使 難以僞 聞以有翼飛者矣 未聞以無翼飛者也 聞以有知知者矣 未聞以無知知者也 瞻彼闋者 虛室生白 吉祥止止 夫且不止 是之謂坐馳 夫徇耳目內通而外於心知 鬼神將來舍 而況人乎 是萬物之化也 禹舜之所紐也 伏羲几蘧之所行終 而況散焉者乎

▌ 자취, 내왕 迹적 적(跡)을 쓰기도 함. │ 무행지無行地 땅을 밟지 않고 걸음. │ 시킬 사使. │ 속일, 작위 위僞. │ 들어서 앎 문聞. │ 유지지有知知 지각 있는 앎. │ 첨앙, 쳐다볼 첨瞻. │ 공허함, 빌 결闋 규(窺)와 같음. │ 생백生白 밝은 햇살. │ 지止 앞의 지는 머물다, 뒤의 지는 고요하다. │ 그럼에도 불구하고 차且. │ 좌치坐馳 말을 타고 달림. │ 두루, 빠짐없이 순徇. │ 잠시 차且. │ 잊음, 망각 외外. │ 외어外於 『남화경직해』에선 동의의 어조사 우(于)를 씀. │ 심지心知 마음(생각)과 앎. │ 머물러 쉴 사舍. │ 만물지화萬物之化 줄여 만화(萬化). │ 끈 묶을 뉴紐. │ 복희伏羲, 궤거几蘧 복희는 하나라 이전의 삼황 중 첫 번째 황제, 궤거는 그 이전의 군(君). │ 산언자散焉者 범인. │ 그러니 이而. │ 황…호況…乎 하물며 더할 나위가 있겠는가.

장자가 향하는 곳

큰 하늘인 태호(太昊, 큰 하늘) 복희 씨는 소를 굴복시키고 말을 탄 황제(皇帝, 황은 아름다움이며 제는 하느님의 뜻)로 불을 사용했다. 성은 풍(風)이다.

그 이전의 군주인 궤거는 『남화경직해』에서 고지제왕(古之帝王)으로서 어디에나 있으며[산방(散放)] 덕이 미치지 않는 곳이 없다[덕불급 (德不及)]고 하였다.

장자는 하은주와 오제보다 삼황에 관심이 많았던 것 같다. 그들이 즉자연(卽自然)이었기 때문이었을까.

인간은 역사와 문명을 창조하면서 다른 길을 선택했고 그러면서 대가를 치르는 것 같다. 그것이 인류의 종신소행(終身所行)일 것이다.

그 길은 머나먼 탈원(奪源)과 출향의 길이 되었을 것이다.

절적(絶跡) 무행지(無行地) 위인사(爲人使) 위천사(爲天使) 유익(有翼) 무익(無翼) 지(知)와 무지(無知)는 평범한 것 같지만 다시 생각할 말들 이다.

일도 없이 공적이 쌓이는가. 땅을 밟지 않고 갈 수 있는가. 말만 그쪽과 이쪽을 왔다 갔다 하는가. 사람을 위해서 하늘을 위해서 일하 지 않을 수 있을까.

"내왕(來往)을 끊기는, 쉽다. 땅을 밟지 않고, 가기는 어렵다. 남이 시키는 것은, 속이기 쉽다. 하늘이 시키는 것은, 속이기 어렵다."

이 문장들을 "내왕(來往)을 끊기는 쉽지만 땅을 밟지 않고 가기는 어렵다. 남이 시키는 것은 속이기 쉽지만 하늘이 시키는 것은 속이기 어렵다"고 할 수는 없는 것 같다.

앞부분은 그르고 뒷부분이 옳다거나, 앞을 버리고 뒤를 선택하는 것이 아니다. 차등을 구분하고 우위를 비교하는 것이 아니라 동등한 나열로 보았다.

즉 서로 독립된 문장들이다. 서로 다른 의견과 견해를 보인 말들이 다. 그래야만 저 치어다보는 텅 빈 하늘이 저쪽에 있는 의미가 있을 것이다.

들리지 않는 것이라고 없는 것이 아니다. 지구 뒤에 있는 것은 볼 수 없지만 없는 것은 아니다. 장자는 감각의 능력과 인식을 초월하여 붕새를 날려 보냈고 첨피(瞻彼, 저것을 치어다보라)를 외쳤다.

저 텅 빈 것을 옷으로 입는다. 몸이 옷 바깥에 있을 수는 없다. 존재를 부정하는 것 같지만 존재를 허 속에 집어넣는다. 유무를 구별한다면 장자 사상이 오늘날까지 새로울 것이 없다.

때론 의심할 수 없는 유물론자 같지만 장자의 언어에는 범접할 수 없는 거대한 세계가 있고 허가 있고 영혼이 있다.

그는 혜자[惠子, 백마론자(白馬論者), 구류학파(九流學派)의 뛰어난 변론가]를 비롯한 당대 궤변론자들이 '만든 말' '거짓말' 등을 경계하고 물위지이연[物謂之而然, 사물에 이름을 붙여 그렇게 부르는 것, 「제물론」]을 존중했다.

그러나 나그네는 길을 떠난 어느 날, 이 글을 이렇게 이해했다.

"끊기는, 쉽다"는 말은 '계속 내왕한다'는 말이며 "땅을 밟지 않고, 가기는 어렵다"는 말은 '밟고 갈 수 있다'는 말이지 '안 된다'는 말이 아니다.

"남이 시키는 것은, 속이기 쉽다"는 말은 '속이지 않아야 한다'는 말이며 "하늘이 시키는 것은, 속이기 어렵다"는 말은 '하늘도 속일 수 있다'는 말이다.

"날개가 있어, 날아다니는 것은, 들어 보았다"는 말은 '날개가 있어도 날아다니지 못하는 것들이 있다'는 다른 말이다. "날개가 없이, 날아다니는 것은, 들어 보지 못했다"는 말은 보지 못해서 그렇지 '날개가 없이 날아다니는 것이 있다'는 말이다.

또 "지각이 있는, 앎이란 것은, 들어 보았다"는 말은 '지각이 있는 앎이 드물다'는 말이고 "지각이 없는, 앎이란 것은, 들어 보지 못했다"는 말은 '들어 보지 못했기 때문에 없을 뿐'이란 말이다.

이것을 궤변이라고 할 수는 없다. 상상이라 해야 할 것이다. 합리적이지 않거나 실용이 아니라고 해서 궤변으로 몰아세울 수는 없다.

아이를 떠나 어른이 되듯이 광막지야와 무용을 지향한 철인으로서 사사롭고 작은 시비의 분경들을 넘어 공적(空寂)으로 장자는 나아간다.

세상과 단절하는 것은 사실 쉬운 일이 아니다. 만장홍진(萬丈紅塵) 속에서 화광동진하며 아무 흔적도 공적도 남기지 않는 것은 더 쉬운 일이 아니다.

왔다 가지만 자취가 없다. 그 자취, 공적, 이름이란 것도 그 어디에도 없다.

결(闋)과 허실생백(虛室生白)

심재에 이어 장자가 허실생백을 보여준다.

날것의, 처음인, 생명의, 무언가 자라는, 어린, 무슨 소리가 들어 있는, 파랗기도 하고 빨갛기도 한 첫 햇살이 어디서부턴가 들이비친 방 안엔 그것들밖에 없다.

모호하더라도 고적할 수밖에 없을 것이다. 없는 것 같지만 너무나 확연하게 있다. 전율적으로! 그러나 그 이름은 알 수가 없다.

어디선가 얼마나 오고 싶어 했던 방인가, 아무것도 없는 텅 빈 방을 두리번거린다. 이런 방이 있다는 것도 믿지 않으면서 그들을 기다리고 있다는 것은 더 믿어지지 않는다.

지금도 이러한데 전국시대는 장자가 무슨 헛소리를 하느냐고 지자들이 멀리서 비웃거나 아예 상대를 하지 않았을지도 모른다.

흰 햇살만 가득해라. 그 방을 찾아 들어간다면 다시 그 방에서 나가려 하지 않을 것 같다. 다시 돌아나가고 싶지 않을 그곳은 어디일까.

문득 인간이란 '그 방'을 잃어버린 존재들 같다. 인간세의 슬픔이 여기 있는 것이 아닐까.

그래서 장자는 우리를 가리켜 집을 나와 길을 잃은 아이[약상(弱喪), 「제물론」]라 하지 않았을까.

나그네는 만물에 마음과 감각을 빼앗긴 성인(成人)으로 살아왔다. 모든 나그네는 그 허실생백 밖에 있는 관객들이다.

그 밖이 이곳이라면 놀라운 일이다. 그 안에 백 개의 뼈와 아홉 개의 구멍, 여섯 개의 커다란 장기(臟器)가 있다니!

그뿐일까. 욕망과 재물과 덕과 지혜, 이상, 야심, 명예, 경쟁심과 시비 등 헤아릴 수 없는 것들이 가득 차 있다. 그 도시에서 그들은 그것이 자신들이라고 말하고 믿고 살고 있을 것이다.

가장 행복한 곳, 가장 조용한 곳, 가장 밝은 곳, 가장 가까운 곳, 가장 먼 곳, 가장 상서로운 곳, 아무도 찾아올 수 없는 곳, 기다리는 것이 없는 곳.

이런 곳이 소위 그들이 거하는 곳인가, 머리 위의 그 천양인가. 푸른 파란 검은 높은 편한 광활한 곳. 바닥과 천장과 벽이 없는 곳. 모양이 없는 곳이거나 아주 작은 곳일 수도 있을 것이다.

아니 그 하늘이란 이름을 지우고 그것을 생각할 때 그것은 더 그것다운 것 같다. 그것은 감히 만화(萬化)로서 영구히 어디론가 가고 있을 것이다.

그것은 알 수 있는 것이 아닐 것이다. 그러나 또 그곳이 우리가 사는 곳이기도 할 것이다.

지금도 저 아침 하늘에 걸려 있고 정오는 물론 저녁과 깊은 밤의 하늘에도 걸려 있을 것이다. 음양과 성신이 아무리 지나가고 변해도 그에겐 소용이 되지 않는다. 그것은 변하지 않는다.

장자는 그것의 이름을 결(闋)이라고 했다. 이 결은 끝나다, 문을 닫는다, 종료하다, 쉬다, 다하여 없어지다, 아무것도 없다는 뜻이다. 신비한 문자이다.

유위와 유용, 이의(易宜, 쉽고 의도적임)의 말이 아니다. 나그네에게 이들은 치유와 희망의 말이다. 텅 빈 공규(空竅)는 문합(吻合)과 같다. 입을 닫으면 다시는 입을 열지 않을 것 같다.

그들은 끝없이 움직이면서 고요하다.

어떤 사물의 점과 무늬에서, 어떤 생각의 점과 무늬에서 그 알 길 없는 기미와 단서가 움직이기 시작했을 것이다. 잠시 뒤 그것이 구멍 이란 것을 느끼고 그 구멍을 의지한 몸을 느낀다. 그 생각을 하는 그 생각도 신비하다.

그 텅 빈 곳에서 형체가 없는 음악이 나온다[악출허(樂出虛), 「제물론」]. 먼지는 날개도 없이 햇빛 속에 부유한다.

거래(去來)를 생각하면 그 결(闋)과 허실생백은 어디 있는지 찾을 수가 없다.

일출구(日出口)이며 남자와 여자의 신묘한 몸이며 그믐밤이고 과육 속의 씨앗이다. 그곳에 다다르는 것은 불가하며 역시 그것을 안다는 것도 불가하다.

그 과육도 씨앗도 스스로 알지 못한다. 문밖에서 입술 밖에서 이삭 밖에서 자기 존재와 작용을 망각하고[외(外)] 변화해갈 뿐이다.

그곳이 우리이고 이 현실의 우주이다.

첨(瞻) 자의 별견

첨피결자(瞻彼闋者)는 장자의 시적 표현이고 철학적 아르케이다. 그것을 보는 눈 속에서 소요하는 티끌의 빛이 되고 싶다.

첨(瞻) 자는 아래쪽을 내려다보거나 건너편을 바라보는 것이 아니다. 얼굴을 들어 위를 치어다보는 첨앙(瞻仰)이다. 사람이 쳐다보는 곳은 하늘이다. 그 허실생백이 있는 곳은 눈부신 푸른 하늘이다.

그러니까 장자는 이 지상의 사람들의 머리 위에 있는 하늘을 하나의 신비한 공간 즉 텅 빈 방으로 보았다.

이렇게 번역해도 좋을 것이다. 치어다보라! 저 공적한 것을. 치어다보라, 저 텅 빈 하늘을!

장자는 하늘과 공적과 소요와 내사(來舍, 돌아와 쉬는 곳)의 철인이다. 그에게는 유물 밖의 공허한 하늘의 형이상자가 있다.

그는 정좌하거나 좌선으로 사유하지 않았다. 시원한 나무 아래 누워서[침와(寢臥, 「소요유」)] 사유하고 자면서 사유했다.

그의 사유와 소요는 일월성신처럼 쉼 없이 사유했다.

늘 하늘을 쳐다본 사람은 다른 사람이다. 사람의 얼굴만 쳐다보는 사람은 산을 쳐다보는 사람만 못하고 산을 쳐다보는 사람은 구름을 쳐다보는 사람만 못하다.

또 구름을 쳐다보는 사람은 그 너머의 하늘을 쳐다보는 사람만 못하고 그 너머의 하늘을 쳐다보는 사람은 허실생백을 쳐다보는 사람만 못한 것 같다.

안으로 집중하더라도 정말 모두가 등진 우주와 만물에 집중하는 것은 자신을 잃어야만 되는 불가능한 일이다. 상아, 미시유해, 결, 허실이 그것이다. 몸서리쳐지는 '구멍'들이다.

그 놀라운 생백의 텅 빈 방에 머물지 못한다니 놀라운 일이다. 본문에서 장자는 잠시도 쉬지 못함을[차부지(且不止)] 안타까워하고 경이로워한다.

장자의 눈에 우리 인생은 달리는 말 위에 앉아 있는 형상이다.

장자는 우리에게 "저 귀와 눈[이목(耳目)]을, 빠짐없이[순(徇)], 안으로 통하게 하고[(內通)], 마음과 앎을[심지(心知)], 잊으면[외어(外於)] 쉴 수 있다[지(止)]고 한다.

멈추어야[지(止)] 쉴[지(止)] 수 있다.

광속의 소음과 정보, 지구적 생산과 소비 속에 노출된 사람들이 그렇게 할 수 있을까. 쉴 수 있는 자는 소수일 수밖에 없다. 아무리 시간이 많아도 결코 쉬지 못하는 사람들이 있다.

그러나 어떤 사람들은 그 마음과 모습이 하늘을 닮아간다. 그러니 얼마나 더 텅 비어야 할지 알 수 없다. 비우고 비워도 다 비울 수 없는 생과 숙명과 인간이다.

안회는 늘 하늘을 보는 첨결인(瞻闋人)이었을 것이다. 그러기에 단박에 말을 알아들었을 것이다. 장자는 자신을 잃지 않고서는 (없는) 자신을 찾을 수 없다고 말하는 것 같다.

이 결은 장자의 허가 진화한 언어 같다. 그러나 이제 더 이상 진화의 말은 없을 것이다, 항상 말과 사상이 새로워져야 할 이유는 없다. 장자의 말과 생각은 달과 바람 같다.

나그네는 다시 본다. 아무것도 없는 텅 빈 방에 날개 없는 햇살들만 오가며 반짝인다. 그 방에서 얻는 무상이 곧 기쁨과 충만이 아닐까.

나그네는 갈망한다.

적조(寂照)의 요요(了了)한 경계를. 요요(寥寥)와 숙정(肅靜)한 무념을 마음에 담기를. 이 몸이 이 정신이 이 기(氣)가 바로 허실생백의 자신이기를.

저 맑은 눈동자 속이 천변만화의 결이기를. 그 안의 자아를 잊기를. 청각 등의 감각도 유기체의 마음조차 없이 절로 환히 빛나기를.

사실 이 생백은 어디서 비추어 들어오는 빛이 아니다. 어디를 반사해서 되비춰오는 빛도 아니다. 안에서 스스로 혼자 돋아나오는 자생의 빛이다.

앞의 유도집허(惟道集虛)를 기억할 수 있다면 이 허실생백의 흰 빛은 자체에서 나오는 영육이 소요하는 빛이다. 다만 장자는 안으로 통[내통(內通)]하라고 한다. 그곳에 우리가 모르는 어떤 비밀이 있는 것 같다. 치어다보아야 할 생백의 텅 빈 저 하늘의 방과 "내 안의 저 귀와 눈을, 빠짐없이, 안으로 통하게 하고, 마음과 앎을, 잊으면" 최고 경지에 닿게 된다고 한다. 저 상부의 허실(虛室)과 내 몸의 내사(來舍, 돌아와 쉬는 곳)는 같은 것으로 보인다.

기가 가득한 저 텅 빈 방은 생명실(生明室)이다. 눈을 감고 아무것도 없는 텅 비어 있는 방이다. 아무것도 없는 텅 빈 방엔 생의 햇살만 환하니 거기에 상서로움이 머문다. 그곳에 가고 싶어진다.

생명과 시간이 무휴(無休)로 흘러나가고 흘러 돌아오는 곳이다.

좌치(坐馳) 사회

사람들은 너무 많은 일을 한다. 자본주의 사회체제는 생산과 유통 소비의 순환을 가속화한다. 인간의 욕망이 그 체제에 호응한다. 그 인간 사회에 분노를 느낄 때도 있다.

우리는 존엄이 사라진 인간이 되었고 언제부턴가 이 지상은 스스로 자신을 착취하며 쉼을 허락하지 않는다. 어디에서도 쉬고 있는 사람을 볼 수가 없다.

그래서 귀신들도 놀라 인간의 주변에서 도망간 것일까, 그들에겐 더 이상 쉴 곳이 없어졌다. 귀신도 쉴 곳이 없는 인간을 찾아오지 않게 되었다.

하늘을 쳐다본다. 헤아릴 수 없는 시간들이 흘러간다. 그 누구의 마음속으로도 통과하지 않고 흘러가버린다. 사용할 수 없는 시간들이다. 어느 촌음조차 쓸 수 없는 무한의 시간들이다.

지구와 인간은 상상을 할 수 없을 정도로 소란해지고 너무 많은 일을 한다. 과연 무엇을 위해 그러는 것일까. 세상은 그릇 속의 물이 흔들리는 것 같다.

한 손은 고삐를 잡고 다른 손은 말의 엉덩이를 채찍으로 내리친다. 말은 미친 듯이 달려간다. 사람이 멈추지 않고서는 말이 멈출 수가 없다.

말의 다리뼈가 부러질 것 같다. 말의 머리만 한 심장이 말의 가슴뼈 속에서 불타고 있다. 계속 달려갈 수 있을까.

무슨 일이 벌어지려 하는 것일까.

세계의 일상성은 안정되고 고요한 듯하지만 그 마음은 뛰어가기에 바쁘고 혼란스럽기 짝이 없다. 복마전이고 지옥이고 아수라장이고 난장의 욕계(欲界)이다.

'좌치'는 인류의 거울이다.

나그네는 자신의 향기를 맡은 적이 없다. 인간에게 향기가 있다는 말조차 기억하지 못한다. 누군가의 재물이 된 것 같고 제도의 노예가 된 것 같다.

장자는 정치적 사회적 대안을 내놓지 않는다. 인간에게 의지하고 말을 걸 뿐이다. 달려가는 수많은 말을 바라볼 수 있을 뿐이다.

다시 잃어버린 삶과 인간, 그 언어에 대한 그리움이 피어난다.

텅 빈 방에 대한 그리움을 겪다가 그 방에 입실하는 것만이 이 지상에서의 마지막 꿈이 아닐까. 이 세계를 구제할 수 있는 존재는 없다.

황폐화한 이 세계의 현실 한쪽에서 나그네는 장자의 언어를 읽는 것만으로도 위안을 삼고 그것만큼만 행복해한다.

그곳에 전 추억이 있고 우주가 놀고 꽃이 피고 생명이 태어나지만 아무런 흔적이 없다. 친구여, 살아 있을 때 한 여자의, 한 아이의, 한 인간의 허실생백을 보고 싶다.

무념 무위의 사람이여, 빈방을 지나가는 저 시간 속으로 들어갈 수 있을까. 한 번도 가닿지 못한, 깨끗하고 밝고 처음인 그 거실 앞에 있는 것은 아닐까.

치유의 말

『남화경직해』에서 좌치란 머물지 않는 것이며 절대 왕래를 끊지 않는 것이라 한다. 한곳에 머물렀지만 머무르지 않았다[지이부지(止而 不止)]고 풀었다.

그 자신이 달려가는 것이 아니라 말을 달리게 하여 앞으로 나아가는 것이 좌치이다. 더 우스꽝스러운 것은 한곳에 앉아 있으면서 계속 달려간다는 점이다.

달려가지만 내려올 수가 없는 형국이다. 인간이 주체적으로 달려가는 것이 아니라 인간이 기른 말에 의해 달려간다. 생명체에 도구를 없어 놓고 이용하지만 그 이득과 편리의 목적은 요원하다.

인간은 자신의 문제에서 말의 문제로 전가시킨다. 말을 멈춰 내리면 그만이지만 그렇게 하지 못한다. 인간은 말의 고삐를 잡고 있다.

하마(下馬)는 쉽지 않다. 집단 체제의 하마는 더 불가하다. 그들이 붕괴되거나 말이 죽기 전에는 결코 내려서지 않을 것이다. 말이 죽으면 다른 말을 갈아탈 것이다.

이것이 장자가 내다본 인간과 세상의 진풍경이다. 그 좌치의 치료제는 지지(止止)밖에 없다. 이는 멈추고 멈춘다는 뜻이 아니라 머물러 고요해지는 뜻이다.

『남화경직해』에서 지지하는 것이 길상(吉祥)이라 했다. 비령(非另, 분리되지 않음)한 곳에 길상이 머문다. 이 머무름으로 귀가 고요해지고 마음의 부신이 신묘해진다[시지이지부지묘(是止耳止符止妙)] 하였다.

피결(彼闋), 저 텅 빈 곳!

그 첫 번째 방법이 이목내통(耳目內通, 귀와 눈을 두루 안으로 통하고)이고, 두 번째 방법이 외어심지(外於心知, 마음과 앎을 밖으로 향하다)이다. 그래야 텅 비어진다.

인간은 지구에서 불가능한 삶과 불가능한 죽음을 거쳐 가는 존재들이다. 모두가 그 허 밖에 있다는 것을 아는 것은 놀랍고 통쾌한 인식이다. 이 정신의 거소(居所)를 말한 이는 그 당대에 장자밖에 없었다.

존재의 전부인 생사가 그 허 속에 있다는 것은 더 이상의 것을 바랄 수 없는 절대 숙명의 조건이다. 더 앞으로 나아갈 수 없는 허무 속에 갇혀 있다. 사유의 끝이고 만물의 밖이다.

그렇다면 어떤 경우에도 승물유심 속에 있어야 한다. 여기까지 온 나그네의 생각에 존재 자체의 치유는 불가한 것 같다.

처세술이나 자기개발식의 치유가 아닌 높은 차원의 치유는 유위적이고 기획적이며 실용적인 것이 아닌 것 같다.

유애의 길을 가는 나그네는 곧 양식이 떨어질 것이다. 한 생명체로서의 한정된 시간 속에서 갈 수 있는 길은 얼마일까. 생과 죽음 앞에서 얼마의 자유와 건량(乾糧)이 필요할까.

그 어디에도 써먹을 곳이 없는 어떤 말이 필요했을 것이다.

오래된 새로운 언어

내사(來舍), 만물지화, 뉴(紐), 산언자(散焉者)는 장자의 언어들이다. 『남화경직해』에 전하는 이야기가 하나 있다.

먼 옛날에 한 도인이 조현(操絃, 악기 줄 다루는 법)을 가르쳤다. 평상시에 본령(本領)을 망진(忘盡)한 채 십 년간 줄에서 손가락을 떼지 못하게 했다. 그것을 폐각(廢擱)이라고 한다.

어떻게 줄을 누르고 놓는 법을 가르쳤을까. 청지이심(聽之以心) 즉 마음으로 듣게 하였다. 모든 감각과 악기를 잊고 심지(心知, 지각)를 응결(凝結)하게 하였다.

여기서 다시 기로 들어가는 바, 정신유념(精神愈斂, 정과 신을 모아 맑게 함)하여 기식유징(氣息愈徵, 기를 숨으로 불러들여 맑게 함)을 거쳐 영개유철(靈開愈徹, 신령을 열어 맑게 뚫다)했다.

이것을 유정하다 해야 할까, 무정하다 해야 할까. 심재, 미시유해, 결, 허실생백으로 향하는 인간에게 주어진 또 다른 길이었다.

마침내 장자는 안회에게 위행을 허락했고 두 사람은 심재를 전하고 얻으면서 은유적 장안(莊顔) 대화는 끝나간다. 나그네도 그들과 헤어져야 한다.

안회가 어떤 모습으로 위로 들어갔는지 상상할 수가 없다. 앞에 첩첩이 나타나는 슬픔과 만물을 다스리고 가는 그는 안회가 아니고 심재와 유(遊)였을 것 같다.

깨달은 자의 앞에 유정이 전개되지 않았을까. 그것은 살아 있음의 만남과 그 어쩔 수 없음을 아는 순간들의 연속이었을 것이다.

모든 체제와 삶은 사실 불가하고 측은한 것으로 결말을 짓는 것 같다. 그 당시의 모든 풍속과 인간은 무너져 없어지고 또 죽고 없다.

안회라고 하는 그 '나'는 지혜도 덕도 없는 사람이라는 말도 할 필요가 없다. 바람처럼 길처럼 당나귀처럼 그 나라로 들어갔을 것이다. 그곳엔 수많은 사람들의 주검이 널려 있었을 것이다.

생의 바람이 없는 허려(虛厲)와 병기(兵器), 형륙(刑戮)의 땅. 이미 나라가 아니었을 것이다. 장자는 그 인간 세상의 어느 한쪽도 이용하지 않았던 것이 아닐까.

이 위행은 사실 스스로 새로운 길을 걸어갔던 장자 자신의 이야기인지도 모른다. 그게 아니면 가지 못한 길을 누군가 가도록 대행케 한 상상의 길이다.

한밤중 집 밖을 나와 뒤돌아보았다. 불이 켜져 있었다. 그 집에 대고 이렇게 말해본다. 너의 주인은 어디 있는가.

우리 모두는 각각 누구였는지 아는 자가 없다.

캄캄한 그믐의 하늘을 쳐다본다. 금성은 간 곳이 없다. 해를 뒤따라간 것일까. 별들도 저물고 있다.

같은 하늘 아래에 수많은 인간들이 살아가고 죽어가는 곳이 이 지구의 인간 세상임을 문득 느낀다. 아무 말도 할 수가 없지만 전율한다.

나그네는 돌아가고 돌아오는 소리를 듣는다. 어수선한 발자국 소리와 말소리들이다. 저 발자국 소리가 끊어지는 날은 없을 것이다.

그것은 「양생주」가 전한 불과 같다.

『남화경직해』에서 서천지(徐天池)란 사람은 「인간세」가 나루도묘(羅縷道妙, 잘 짜인 비단처럼 도가 오묘하다)하고 자자정요(字字精要)하다면서 이런 말을 했다.

"생빛은 스스로 생길 수 없다[백불능자생(白不能自生]. 생기는 텅 비운 곳에서 생긴다[생이생어허(生而生於虛)]. 허 자체는 스스로 생기를 발하지 않는다."

생빛은 그러나 결에서 생긴다. 하나의 실(室) 속에 가득 찬 이 기(氣)는 없는 것이 아니다. 서천지(徐天池)는 그곳을 불폐(不閉)라고 하였다.

불폐는 열려 있다는 뜻이다. 서천지란 사람은 누구인지 분명하게 알 수 없지만 명나라 사람 서위(徐渭)가 아닐까.

서위의 자가 천지(天池)였다. 기인이자 천재 시인으로서 계처(繼妻)를 때려 죽여 칠 년간 죄수로 지내기도 했다.

인간 세상은 실로 난처(難處)한 곳이다. 인간 세상을 실제 존재로 보거나 이해 불가한 곳으로 보는 눈도 있다. 꿈이든 실재이든 반드시 곡진한 그 사정[필곡진기정상(必曲盡其情狀)]이 있다.

소위 길흉과 우환은 사람들과 함께한다. 악연과 권력에 이어진 기괴한 갱참(坑塹, 길고 깊게 판 구덩이)을 면해야 한다. 쓸데없이 이것을 받아들일 필요는 없다.

장자는 언제나 새롭다. 동한만 남쪽의 어느 마을 작은 하숙방에서 읽던 스무 살 때의 장자보다 육십 대에 와서 읽는 장자가 더 위대하고 아름답다.

묶임으로서 인간과 현실로 돌아오며 그 뉴(紐, 묶임)로서 다시 현실과 인간을 벗어나는 이 대화는 <내편>에서 가장 긴 대화였다.

9. 섭공자고의 위중(危重)

섭공자고가, 장차 사신이 되어, 제나라로 가게 됨에, 중니를 찾아와 말했다. "왕이 나를, 사신으로 보내는 일은, 매우 중요합니다. 제나라에서는, 사신을 맞이하면서, 아마도 떠받들고 존경하겠지만, 서두르지 않을 것입니다. 필부도 망설이고, 움직이지 않으려 할 텐데, 하물며 제후겠습니까. 나는 매우 두렵습니다. 그대는 일찍이, 나에게 알려주길 '무릇 크든 작든 범사는, 도가 아니면 기쁨을, 성취하긴 미흡하다. 만약에, 일이 성사되지 않을 때에는, 반드시 정령(政令)의 고난이, 일어날 것이며, 설령 일이 성사된다 하더라도, 반드시 음양(陰陽)의 고통이, 생길 것이다. 설령 성공을 하든, 설령 성공을 못하든, 뒤에 우환이 없는 자는, 오직 덕이 있는 자만이, 가능할 것이다.'고 말했습니다. 나의 음식이라고 해야, 먹는 게 조악하고, 좋지 않습니다. 불을 때고 밥을 지어도, 바람 쐬려고 하는 사람이, 없습니다. 지금 저는, 아침에 왕명(王命)을 받고, 저녁엔 얼음을 먹습니다. 나의 그 마음이, 애태움일 게요! 나는 아직, 일도 하지 않은 실정인데, 벌써 음양

161

의 고통이 일어났습니다. 만약에, 일이 성사되지 않을 때에는, 반드시 정령(政令)의 고난이, 일어날 것입니다. 이것이 양난(兩難)입니다. 신하 된 자로서, 그 임무를 맡기엔 족하지 않습니다. 자, 그대는 내게, 그 해줄 말이, 있을 것입니다."

□ 원문(原文)

葉公子高將使於齊 問於仲尼曰 王使諸梁也甚重 齊之待使者
蓋將甚敬 而不急 匹夫猶未可動也 而況諸侯乎 吾甚慄之 子嘗
語諸梁也 曰凡事若小若大 寡不道以懼成 事若不成 則必有人道
之患 事若成 則必有陰陽之患 若成若不成而後無患者 唯有德者
能之 吾食也 執粗而不臧 爨無欲清之人 今吾朝受命而夕飲冰
我其内熱與 吾未至乎事之情 而旣有陰陽之患矣 事若不成 必有
人道之患 是兩也 爲人臣者 不足以任之 子其有以語我來

▌ 저량諸梁 섭공자고의 이름. 성은 심(沈). 제량으로도 읽는다. │ 초의 대부(大夫). │ 심한 두려움 심률甚慄. │ 대우 대待. │ 아마 개蓋. │ 떠받들 장將. │ 망설일 유猶. │ 당신 자子 선생이란 부자(夫子)가 아님. │ 일찍이 상嘗 상(常, 항상, 평소)을 쓴 책도 있음. │ 알려줄, 이를 어語. │ 무릇 범凡. │ 미약할 과寡. │ 기뻐할 환懽. │ 만약, 설령 약若. │ … 때에는 즉則. │ 생길, 일어날 유有. │ 정령(政令) 도道. │ 인도지환人道之患 군신 사이의 환. │ 음양지환陰陽之患 정신적 심리적 고통. │ 밥 사食. │ 집조執粗 거친 음식을 먹다. │ 좋을 장臧. │ 불을 때 밥을 지을 찬爨. │ 하고자 할, 바랄 욕欲. │ 맑을, 서늘할 청淸 량(凉)의 가차, 량(凉)과 량(凉)은 바람을 씀. │ 머금을 음飮. │ 얼음 빙冰, 빙(氷)을 쓰기도 함. │ 그런가 여與 여(歟)와 같음. │ 마음 내內. │ 초조하여 애태울 열熱. │ 이미, 기旣. │ 당신 자子. │ 자, 래來 권유형 어미 조사.

예순세 살 때

다시 중니가 등장한 이 글에서는 가장 많이 등장하는 언어가 약(若)이다. 무려 일곱 번이나 나온다. 이럴 수도 있고 저럴 수도 있는 불확정의 미래와 앞일을 두고 설왕설래하는 모습이 보인다.

자상어(子嘗語)의 상(嘗)을 상(常, 항상)으로 쓴 경우도 있는데 그러면 중니와 섭공이 자주 만났다는 뜻이고 사(嘗, 일찍이)를 쓰면 지난날 그런 말을 한 적이 있다는 뜻이 된다.

사신의 임명과 관련된 개인의 고뇌와 임무는 남과 의논하기가 쉽지 않기 때문에 믿음이 없이는 토로하기 어려운 일일 것이다.

이런 사소한 일에서도 보이지만 중니는 춘추시대 외교와 권력투쟁의 크고 작은 번중(樊中)에 있었다. 장자식으로 말한다면 그는 번중으로 날아 들어간 새였다.

두 사람이 만난 때가 언제인지는 정확하지 않다.

섭공의 생몰연대도 밝혀져 있지 않다.

기원전 479년은 섭공이 초혜왕을 복위시킨 해(초혜왕 10년)로 공자가 열국 주유를 마치고 사망할 때이다. 이 두 사람이 만난 것은 그 무렵은 아닌 것 같다. 57년간 재위한 초혜왕은 공자가 죽고 나서도 47년을 더 통치했다.

초혜왕의 상왕인 초소왕(超昭王)이 기원전 489년에 죽고 십 년 뒤인 479년에 공자가 죽으니까 두 사람의 만남은 초소왕 말기가 아니었을까 싶다.

공자는 63세가 되던 해 즉 노애공 6년, 초소왕 27년(초혜왕 1년 전)인 기원전 489년에 채나라에서 섭(葉)으로 이동한다. 이때 섭공자고가 공자에게 정치에 대해 물었던 기록이 있다.

한 세월 전이었다. 제나라의 저구(杵臼)는 장공[莊工, 6년 재위, 영공의 아들, 장공 3년에 공자 출생]의 이복동생이었는데 대부 최저(崔杼)가 장공을 살해하자(장공이 최저의 아내와 사통했음) 군주[경공(景公)]가 되고(공자 4세) 최저는 우상(右相)에 앉는다.

경공은 호화 궁궐을 세우고 말과 사냥개를 즐겨 길렀으며 대신들은 서로 살해했다. 백성들은 무거운 세금과 혹형에 처해졌다. 공검역행(恭儉力行)한 안자(晏子)에 의해서도 안정을 찾지 못했다. 경공은 재위 58년 동안 폭정하고 방탕했다.

노애공, 제경공, 초소왕, 위영공이 겹치는 시대에 열국 주유를 하던 공자는 진나라와 채나라 사이에 머물렀던 적이 있었다. 점잖은 도인들은 전란 한가운데에 있는 이런 그를 좋게 보지 않았다.

오나라가 진(陳)나라를 공격했다(기원전 489, 공자 63세). 초나라는 진나라를 도와 오를 공격했다. 진나라가 불리해지자 초소왕은 직접 진의 동북지역 성보(城父)로 군사를 이끌고 나갔다가 공자를 초빙한다. 오나라에 승리할 수 있는 방법을 얻고자 했을 것이다.

진나라와 채나라는 공자가 초로 간다면 자기들이 위험해진다고 생각하고 공자를 7일간 광야에 포위하고 묶어둔다. 초왕이 초빙한 자를 함부로 해칠 수도 없었다. 자로 등의 제자들이 진군에 반발도 했지만 결국 초왕이 군대를 보내 구출한다.

이때 공자는 혼란 속에 빠진 진나라로 가지 않기로 결정하고 포(蒲)지방으로 간다. 그러나 반란을 일으킨 공숙씨(公叔氏) 사람들에게 붙잡힌다.

그들은 공자가 강대국 위나라로 가는 것을 막았다. '위나라로 가지 않는다면 우리가 선생을 석방시켜주겠다'고 하자 공자는 맹서한다.

그러나 동쪽 성문을 빠져나와 위나라로 향할 때 자공이 의아해서 묻자 "그 맹서는 강요이니 신도 듣지 않을 것이다"라고 했다.

반갑게 맞은 위영공이 공자에게 '포땅을 칠까요?' 하고 묻자 '치라'고 했다. 영공이 혹시 '포를 치면 옳지 않은 일이 없겠는가' 하고 묻자 공자가 '내가 정벌하자고 하는 자는 네다섯 명'이라고 했다.

영공은 공자를 보고 '선하다'고 하고는 포 지방을 정벌하지 않았다. '선하다'는 말은 진담이 아닌 야릇한 말인 것 같다.

섭공은 처음에 자로를 만났던 것 같다. 섭공이 자로에게 공자란 사람이 어떤 사람이냐고 묻자 대답하지 않았다.

나중에 공자는 '유야, 너는 어찌 대답을 하지 않았는가' 하고 탓했다. 공자는 섭공에게 접근하고 싶었던 모양이다.

그런데 섭공자고에게는 아주 허황된 일화가 있다.

그는 용을 아주 좋아해서 온갖 물건과 집의 벽 등에 용을 새겨 넣었다. 하늘의 용이 그 소문을 듣고 그 앞에 모습을 나타내자 혼비백산하여 달아났다. 이런 자를 섭공호룡(葉公好龍)이라고 하였다.

초나라와 제나라

춘추전국시대에는 인간 사회에서 일어날 수 있는 모든 일이 일어났다. 난세는 수많은 영웅호걸과 새로운 지혜와 사상을 불러냈고 한없이 부패했고 상상도 할 수 없는 일들이 도처에서 벌어졌다.

주나라가 천하를 관장할 때는 1,000개에 가까웠던 제후국들이 춘추시대에 와서는 100여 개로 줄어들었고 전국시대엔 50개의 나라가 남았다. 그중 살아남은 7개국이 전국 칠웅이다. 하나의 제국을 위해 모든 나라가 멸망을 향해 가고 있었다.

춘추시대의 최강국은 초나라이고 전국시대의 최강국은 진나라였다. 진나라와 한나라를 막아내기 위해 6국이 힘을 합쳐야만 했고, 한나라와 위나라는 진나라의 위협에서 벗어나기 위해 국력을 쏟았다.

초나라가 합종책(合從策)에 더 집중했더라면 오히려 초나라가 전국을 통일할 수도 있었을 것이다. 결국 초나라는 진나라 책사들의 전술에 번번이 넘어가 다른 제후국으로부터 신의가 없는 나라가 되고 말았다.

하지만 초나라는 광활한 영토에 비해 몇몇 도시 중심으로 발전한 까닭에 버려진 황무지가 많았다. 이는 백만 군사력을 가졌음에도 국력을 집중하지 못한 원인이기도 했다.

초나라는 진에게 멸망했지만 춘추전국시대에 영토의 너비로만 본다면 최강국이었다. 양쯔강 이남을 방치할 정도로 영토가 넓었지만 문화는 제나라에 미치지 못했다.

진나라는 국운을 걸고 초나라와 결전했고 그 남은 세력을 토벌하고 나서야 천하통일을 이룰 수 있었다. 그러나 통일왕조인 진나라에 저항하는 초나라의 잔여세력은 만만치 않았다.

진시황의 폭압 속에서도 이런 말이 떠돌았다.

"단 세 가구만 살아남아도 진을 멸망시킬 사람은 반드시 초나라 사람일 것이다."

사실 진을 멸망시킨 항우(서초 패왕)도 그 뒤를 이은 한고조(漢高祖) 유방(위나라 출신이란 설도 있다), 항우를 물리친 한신도 초나라 출신이었다.

제나라, 한나라, 위나라, 초나라, 진나라는 서로에게 만만한 나라들이 아니었다. 따라서 병법과 전술대로 국운과 운명이 결정되지 않았다.

　부침이 있었지만 제나라는 춘추전국시대를 통틀어서 강국이었다. 백만 대군을 가진 초나라에 비해 영토는 훨씬 작았지만 물산이 풍부해 문화와 사상 면에서 앞섰다.

　손무와 손빈, 맹자, 전단(田單), 명재상 관중과 안영 등의 인물이 그 나라를 지키고 있었다.

　그러나 제나라는 방탕한 사회였다. 특히 귀족들의 근친상간이 성행했다. 전란 속에서 사회적 불안이 극에 달했다. 관중 시대엔 900여 명의 기생을 모아 공창제를 실시하기도 했다.

　전국시대는 막을 내리고 제국을 통일한 진시황의 나라도 수십 년 뒤에 멸망한다. 한 민족 위에서 나라가 건국되지만 멸망하지 않는 나라는 없었다.

　「인간세」 끝에서 장자는 "산의 나무는, 스스로 원수가 되며[산목자구야(山木自寇也)] 옻나무는, 쓰임이 있으므로 쪼개진다[칠가용 고할지(漆可用 故割之)]"고 말하지만 대부분 그 나라 위정자들이 그 나라를 파국으로 몰고 가는 장본인들이다.

　원래 오랑캐 나라[형만(荊蠻)]로 일컬어진 초나라 섭공이 앙숙의 나라인 제나라로 왕명을 가지고 사신으로 떠나야 하는 것은 여간 두려운 일이 아니었을 것이다.

　섭공의 오심율지율(吾甚慄之慄, 나는 매우 두렵습니다)이란 말이 사태의 심각성을 말해주고 있다. '심경이불급(甚敬而不急, 떠받들고 존경하겠지만, 서두르지 않을 것입니다)'이 주목된다.

　『남화경직해』에선 "이 오 자(五字)가 능히 사람을 죽일 말[차오자능살인(此五字能殺人)]"이라 하였다. 이는 적국으로 가는 사신의 책무에 대한 심리적 압박감이 극한에 달한 것을 표현한 말이다.

장자 사후의 일들이지만 전국시대는 소진[蘇秦, ?-284, 동주(東周) 낙양 사람)]과 장의[張儀, 기원전 ?-310, 위나라 사람]라는 두 인물에 의해 종말을 맞게 된다.

둘은 위나라 귀곡자(鬼谷子)의 제자였다. 종횡술(縱橫術)을 배운 장의는 장자의 친구 혜시를 쫓아내고 위나라 재상이 된다. 그러나 3년 뒤 제나라가 합종을 써서 공손연을 재상에 올리자 장의는 진(秦)나라로 들어가 재상이 되었다. 그 후에 위나라 재상이 되고 나서 죽는다.

소진은 기원전 333년에 조, 한, 위, 제, 초 등 6국 합종에 성공하여 6국의 재상인 상인(相印, 재상의 인장, 지금의 유로연합 의장 같은 직위)을 가지게 되지만 장의의 연횡책(連橫策)에 밀려 실패한다.

장의(張儀)에겐 상어육백리(商於六百里)의 외교술이 있었다.

초회왕[楚懷王, 기원전 ?-296, 장자가 살아 있을 때] 16년 때의 일이다. 장의가 진나라에 와서 초나라에게 진나라의 땅 600리와 공주를 바칠 테니 진나라와 우호를 맺고 제나라와 연을 끊으라는 제안을 내놓았는데 초나라는 이 말을 믿었다.

초나라는 다음 해까지 땅을 주지 않자 진나라를 공격했지만 땅과 갑병(甲兵) 8만을 잃고 굴개 등의 장수들이 포로가 되었다. 전황을 엿보고 있던 한나라와 위나라가 초나라를 기습했다.

초회왕이 나중에 600리 땅에 대해 추궁하자 땅 6리를 주겠다는 이야기였다며 변명했다. 다시 진나라에서 땅을 줄 테니 화친하자고 하자 초회왕은 땅은 필요 없으니 진나라로 간 장의를 돌려보내라고 했다.

장의는 주저 없이 초나라로 들어와 주변을 설득하고 피 한 방울 흘리지 않은 채 진나라로 돌아갔다.

그러나 진나라가 혼인의 연을 맺자면서 회왕에게 진나라를 방문할 것을 요구했다. 회왕은 신하들의 만류에도 불구하고 진나라를 방문했다가 인질로 억류되어 초나라로 돌아가지도 못하고 장자가 죽기 10년 전에 죽었다. 특이한 왕이었다.

회왕의 죽음에 이어 그 아들 항양왕(項襄王)의 배척으로 굴원이 「이소」, 「어부사」 등의 명시를 남기고 멱라수에 빠져 죽던 그 시대였다.

전국시대의 외교는 전쟁의 전조이자 결과였다. 모든 사람은 죽고 몇몇 지혜만이 책 속에 남아 있다.

등나라

중원에 장자 이후의 세상과 이전의 세상이 있었다. 비전론자인 묵자가 태어난 등나라는 노나라의 속국으로 초나라도 섬기고 제나라도 섬겼지만 송나라에 멸망한다.

기원전 206년, 당시 패권을 장악했던 초나라의 항우가 취한 18제후왕 분봉(과거의 전국시대와 같은 판세) 이후, 초나라와 제나라는 철천지원수가 되었다.

제나라왕 자리를 인정받은 전도(田都)와 전안(田安)이 항우 편에 선 이유는 전담[田儋, 기원전 208년, 진(秦)나라 말기인 혼란기에 제나라를 재건하고 왕이 됨] 일족을 물리치기 위해서였다.

제나라의 전영(田榮)은 불만이 가득했다. 전영과 원래부터 사이가 나쁜 항우는 전도와 전안을 후원하여 전영을 견제하려 했다. 전담 일족의 힘은 항우가 예상한 것보다 강했다.

양국이 손을 잡고 한나라와 싸운다는 것은 불가능했다. 멸망하기까지 초나라와 제나라는 공식 비공식의 접촉을 가졌겠지만 역부족이었다.

한신이 유수전투에서 대승하면서 제나라가 멸망하고 초나라는 위기에 처했다. 결국 모두 사라지고 말 그 당대의 현재였고 인물이고 국가였다. 영웅호걸 유방[劉邦, 247-195], 소진 등은 장자보다 한참 뒤의 인물들이다.

「인간세」 이야기는 이 항우, 장의 시대의 이야기가 아니다. 훨씬 더 전의 일이지만 초나라와 제나라는 이렇게 늘 소국을 사이에 두고 으르렁거리며 각축했다.

그 제나라로 가야 하는 초나라 사신 섭공자고의 불안은 그야말로 잡(雜)하고 우(憂)했을 것이다. 큰 병이 난다면 몰라도 그가 할 수 있는 길은 제나라로 가는 길밖에 없었다.

중원 강대국 초나라에서 정나라로 가는 도성 영의 길목에 등나라가 있었다. 등나라는 이 나라 말도 듣고 저 나라 말도 들어야 하는 약소국이었다. 때론 타국이 전장으로 나가는 길을 내주기도 했다.

이 등나라의 위상은 『맹자』「양혜왕장구하(梁惠王章句下)」에 나온다. 등의 문공(文公)이 간어제초(間於齊楚, 제나라와 초나라 사이에 있다)라고 하자 맹자가 말했다.

"이는 내가 미칠 바가 아니나 굳이 말하라 한다면 한 가지 방법이 있습니다. 못을 깊이 파고 백성들과 더불어 지켜서 백성들이 목숨을 바치고 떠나지 않는다면 이것은 해볼 만한 일입니다."

문공도 자기 나라를 지키고 싶었다. 등나라는 주공의 열네 번째 아들인 착숙(錯叔)이 세운 나라였지만 노의 속국이었다.

초나라 문왕이 신나라를 공격할 때 등나라 왕 기후(祁侯)는 신하들의 만류를 듣지 않고 흔쾌히 신나라로 가는 길을 허락했지만 10년 뒤 등나라는 초나라에 짓밟히고 말았다.

이때 신하들이 '서제막급(噬臍莫及, 배꼽을 물려고 하는데 입이 닿지 않는다)하면 그때 어찌하겠습니까' 하고 간언했다.

기원전 678년에 초문왕이 등나라를 넘어 도성 신정성 가까이 초군을 끌고 올라오자 정나라 여공[汝公, 11년 재위]은 사신을 보내 제나라와 화친을 했지만 초나라와의 화친도 유효하다고 설득해 성공한 적이 있었다. 이로 인해 정은 초제 사이에서 줄타기를 했다.

이듬해 제나라 조회에 정 여공이 가지 않고 대부 숙첨(叔詹)이 갔다. 정나라가 초나라로 기운 것을 알고 숙첨을 객사에 감금하지만 숙첨은 감시병들이 허술한 틈을 타서 정나라로 도주한다.

이 사실을 보고 받은 정 여공은 초나라와 더 가까이 지내게 된다.

숙첨은 도주하지 않았으면 죽었을지 모른다. 이처럼 사신은 매우 위험한 책무를 띤 자들이다. 섭공자고가 그와 같은 처지에 놓여 있었다.

섭공자고는 누구인가

섭공(葉公)은 장관, 공(公)에 해당하는 벼슬이다. 자고는 심저량의 자(字)이다. 섭 지방의 우두머리로서 섭윤(葉尹)으로 불렸다.

이 무렵 음해를 당해 정나라로 달아난 태자건(太子建)이 살해되자 그의 아들 백공승[白公勝, 초평왕의 손자]은 오자서(伍子胥, 초평왕이 죄 없는 아버지를 죽이자 오나라로 망명한 뒤 초나라를 공격하지만 결국 그는 오왕 부차에게 자살을 강요받고 죽는다)를 따라 오나라로 달아났다.

초혜왕 2년(기원전 ?-432, 57년간 재위, 공자 64세, 기원전 487년)에 그를 불러 대부 백공(白公)으로 삼았다.

이 이야기는 아마도 공자가 한창 주유할 무렵의 이야기가 아닐까 싶다.

초혜왕 6년에 원수를 갚고자 영윤자서(令尹子西, 총리 혹은 장관)에게 정나라 공격에 대한 동의를 받았지만 병사를 일으키기 전에 진나라가 정나라를 공격했고 초나라는 정나라를 구원하게 되어 동맹을 맺게 되었다.

이에 분노한 백공은 자서를 죽이고 초나라 수도를 점령한다. 자서는 초평왕의 서자였다. 왕으로 추대됐지만 좌절된 적이 있었다.

백공은 나중에 초나라의 지원을 받은 섭공자고와 싸우다가 패하여 목을 매고 자살했다. 일찍이 섭공자고는 자서에게 백공을 귀국시키지 말라고 충고했지만 듣지 않았다.

섭공자고는 혜왕을 복위시키고 나서 영윤과 사마(司馬, 군무 책임자)직을 겸했다. 공자에게 정치의 가르침을 받은 기록이 있으니 장자의 이 글은 픽션이 아니다.

『논어』「자로편」에 섭공이 등장한다. 그 당시 섭공은 지금의 하남성 섭현(葉縣) 남쪽 지역의 수장으로 있었던 것 같다. 섭공이 정치에 대해 묻자 공자가 말했다.

정치는 "가까이 있는 사람은 기쁘게 하고 멀리 있는 사람은 찾아오게 하는 것이다[근자열(近者說) 원자래(遠者來)]"라고 하였다. 이 말은 섭공이 가까이 있는 사람들을 떠나게 만들었다는 이야기일 것이다.

하지만 지방의 목민행정관이 중앙 국군보다 정치를 잘하면 군주의 눈 밖에 나게 된다는 것을 공자는 말하지 않았다. 지방으로 파견된 관리는 중앙에 발을 맞춰야 했다.

그래서 섭공이 말을 더 하지 않았는지 모른다. 그런데 중니는 그런 것을 모르고 자기 말만 늘어놓은 것 같다.

『남화경직해』와 대부분의 책엔 자상어저량아(子嘗語諸梁也, 그대는 일찍이, 나에게 알려주길)부터 과부도이환성(寡不道以懽成, 무릇 크든 작든 범사는, 도가 아니면 기쁨을, 성취하긴 미흡하다)까지의 19자가 공자의 말이라고 한다.

하지만 다변한 공자가 예전에 그렇게 짧게 한마디만 했을 것 같지가 않다. 비교적 구체적으로 섭공자고가 중니의 말을 기억하고 있었을 것이다.

특히 유유덕자능지(唯有德者能之, 오직 덕이 있는 자만이, 가능할 것이다)는 섭공에게 도와 덕이 없다는 말이기도 하다. 인도지환 음양지환을 뒤에서 음양지환 인도지환으로 쓴 것도 위험을 강조한 어순일 것이다.

자상어저량아(子嘗語諸梁也)부터 유유덕자능지(唯有德者能之)까지가 공자의 말로 보는 것이 타당하다. 사신이 도와 덕으로 크고 작은 일을 잘 처리한다 해도 정령의 고난과 음양의 고통을 피하기 어렵다는 것을 지적한 말이다.

이 정령의 고난과 음양의 고통은 섭공자고가 할 수 있는 말이 아닌 것 같다. 섭공자고가 이런 지혜를 알고 있었다면 굳이 중니를 찾아올 까닭이 없었을 것이다.

또 섭공이 사신의 역할을 해낼 유덕자가 아니라는 것을 말하고 있다.

정령의 고난과 음양의 고통을 공자로부터 들은 적이 있었지만 그것을 더 자세히 듣고자 그 말을 기억해낸 것으로 보인다.

공자의 말(唯有德者能之)을 인용한 뒤에 자신을 '내[오(吾, 섭공자고)]'라고 말한 것도 위의 말이 공자의 말이라는 근거가 될 수 있을 것이다.

또 끝 문장 자기유이어아래(子其有以語我來, 자, 그대는 내게, 그 해줄 말이, 있을 것입니다)의 자(子, 그대, 당신, 너)는 공자이다.

앞서 왕사저량야심중(王使諸梁也甚重)에서 섭공(직위)이라 하지 않고 자기 이름 저량(諸梁)을 밝힌 것은 특이하다. 이럴 경우 대개 자신을 가리킬 경우 '나'로 번역한다. 그러나 고대엔 '나'라고 하지 않고 일인칭으로 자기 이름을 썼다.

이를 보면 두 사람은 꽤 가까이 지낸 사이 같다. 「인간세」에 등장하는 중니는 선생으로 나타나 있지만 이곳에선 섭윤이 중니보다 윗사람이 아닌가 싶다.

「인간세」 첫 문장에서는 알현의 뜻이 있는 견(見) 자와 간청의 의미가 있는 청(請) 자를 써서 안회가 중니(仲尼)를 뵙고 "떠나겠다고 여쭈었지만", 섭공의 경우 문(問, 방문) 자를 쓰고 맨 뒤에서 중니를 자(子)라 부르고 "래(來, 자 어서)"라 한 점에서 그렇다.

중니를 찾은 것이 조언을 얻기 위함뿐이었을까. 아니면 중니가 섭공에게 신세를 크게 진 일이 있었던 것일까. 섭공이 베푼 은혜의 빚을 받으러 온 사람처럼 중니를 당당하게 대하는 것 같다. 그런 의도의 섭공을 알고 중니도 섭공을 마구 대하는 느낌이 든다.

"그 해줄 말"의 그 기(其) 자와 "자, 그대는 내게"의 아래(我來)가 의미심장하다.

저쪽의 상수리나무

그러나 공자를 구출해간 영공은 공자를 등용하지 않았다. 공자는

"나를 등용하면 일 년이면 되어가고 삼 년이면 완성할 것"이라고 장담하고 위나라를 떠났다.

진나라로 갔더라면 그는 재상이 되었을지 모른다. 한편 그의 생이 거기서 파탄 났을지도 모른다.

이때 중모(中牟, 진국 내에 있었음)를 거점으로 반란을 일으킨 중모 대부 필힐[佛肸, 노나라 사람, 진(晉)나라 사람, 가신으로서 조간자를 배신함]이 공자가 갈 곳이 없다는 것을 알고 그를 초청한다.

공자가 조간자(趙簡子)를 편들지 않을 것을 알고 있었다. 이처럼 공자는 외부 세계에서 군주 등이 어떻게 자신을 생각하고 있고 이용하려 하는지를 알지 못했던 것 같다.

공자는 미련을 버리지 못하고 필힐에게 가려고 마음을 먹었다. 그러나 자로가 반대하기도 했지만 당시의 진국 상황이 혼란했기에 가지 않기로 한다.

하지만 공자는 '정말 견고한 것은 엷어지지 않고 참으로 흰 것은 물들어도 검지 아니한다.' '내가 어찌 박이랴![오두포과야재(吾豆匏瓜也哉)]. 어찌 매달린 박을 먹지 않을 수 있겠느냐[언능계이불식(焉能繫而不食)]' 하고 미련을 떨치지 못했다.

사실 공자는 광(匡, 위나라와 진나라의 국경)을 거쳐 진으로 갈 기회를 찾고 있었지만 조간자가 명독[鳴犢, 진(晉) 대부]과 순화(舜華) 등을 살해했다는 소식을 듣고 황하(黃河)를 건너지 못한다.

넓고 넓은 황하를 바라보며 건너지 못함을 하늘의 뜻으로 받아들이자 자공이 달려와 무슨 뜻이냐고 물었고 그는 이렇게 말했다.

"태중의 아이를 갈라 죽이면[고태살요즉(刳胎殺夭則)] 기린이 도성 밖에 오지 않고[기린부지교(麒麟不至郊)], 물을 마르게 한 연못에서 고기를 모두 잡아내면[갈택학어즉(竭澤涸魚則)] 교룡이 음양의 조화를 이루려 하지 않으며[교룡불합음양(蛟龍不合陰陽)] 둥지를 뒤집어 알을 부수면 봉황이 날지 않는다[이소훼란즉(履巢毀卵則) 봉황불상(鳳凰不翔)]."

생명과 자연은 서로 이어져 있기 때문이라는 말을 하고 공자는 추향(陬鄕, 모퉁이 시골)으로 돌아와 「추조(陬操)」를 지어 명독의 죽음을 애도했다.

그 역시 자연을 전혀 생각하지 않은 사람은 아니었지만 인간 중심 체제를 지나치게 주도한 국가 권력 중심의 이단적 인물이었다. 문명 이전의 고진인의 모습은 그의 글에 보이지 않는다.

결국 조간자, 범씨(范氏) 등은 내전을 벌이는 진으로 가지 않고 위나라로 가서 거백옥(蘧伯玉)의 집에 머물고 곳곳에서 신세를 진다. 그때 '외뿔소도 아니고 호랑이도 아닌 것이 저 광야를 돌아다닌다'는 옛 시를 자로와 안회에게 읊어주었다.

자로가 인이 부족해서냐는 물음에 한탄을 하자 안회가 '지극히 원대한 선생님의 도를 사용하지 못한다면 군주의 수치입니다'는 말에 공자는 커다란 위안을 받는다.

이때 공자가 육십이이순(六十而耳順)을 넘긴 62세였다. 춘추시대의 유혹은 끝이 없었고 그 유혹으로부터 공자는 종생토록 해방되지 못했다. 그를 경시하고 비웃은 사람들의 말에 어떤 일관된 진실과 까닭이 있었던 것 같다.

또 비읍(費邑)을 근거지로 반란을 일으킨 공산불요[公山弗擾, 가신으로서 계씨에게 반란을 일으킴]가 공자를 부르자 가려고 했다.

자로가 "갈 데가 없으면 그만두시지 어찌 굳이 공산씨에게 가려 하십니까?" 하자 "나를 부르는 사람이 있으면 나는 그 나라를 동방의 주나라로 만들리라!" 하고 말했다. 결국 자로의 반대로 가지 못했다.

공자가 위나라를 떠나 송나라를 거쳐 진나라에 도착했을 때가 62세였다. 진에서 3년을 보내고 63세 때 공자 일행은 초의 군사보호를 받으며 초의 영지 부함(負函, 실제는 채나라 땅)에 도착했다.

이 무렵이 그의 주유 전성기였을 것이다. 진에서 초로 가려면 반드시 채국을 통과해야 했는데 채나라는 초나라와 오나라가 번갈아가며 유린했다.

채나라도 문란했다. 경후[景侯, 고(固), 기원전 591-543]는 영후의 아버지이다. 아버지가 아들의 아내와 간통했다. 이것을 보고 아들이 아버지를 죽이고 즉위한다.

12년 뒤 초 영왕(靈王)이 영후를 신읍으로 유인해 술을 먹여 죽이고 채나라를 멸망시킨다. 그러나 초평왕이 영후(靈侯)의 어린 둘째 아들 여[廬, 평후(平侯), 19대]를 찾아내 채나라를 존속시켰다.

초평왕은 아버지 영왕(靈王)이 죽자 형 공자비(公子比)와 자석(子晳)을 죽이고 왕위에 올랐으며 태자 건의 아내를 진나라에서 받아들였는데 그 미모가 탐이 나서 자신이 차지한 인물이었다.

음란하고 문란하기는 어느 나라 조정이나 다르지 않았고 강국은 소국을 종속국가로 두어 전쟁과 세력 판도로 이용했다.

춘추시대의 진(陳)나라 영공(靈公) 때 대부 설야(洩冶)는 억울한 인물이다. 영공이 공령(孔寧)과 의행보(儀行父)와 함께 대부인 하어숙(夏御叔)의 아내 하희(夏姬)와 사통을 하고 나서 그녀의 속옷을 입고 조정에서 놀아났다.

이들을 본 설야가 공과 경(卿)들이 음란한 행동을 보이면 백성이 본받고 밖으로 좋지 않은 소문이 퍼질 것이라며 속옷을 거두라고 하자 두 사람이 그를 죽였다.

진 영공은 기원전 613년부터 599년까지 15년간 재위했다. 공자가 태어나기 오륙십 년 전의 일이었다.

장자가 태어나기 9년 전의 춘추시대 노나라에 설류(泄柳)란 인물은 노 목공[穆公, 현(顯), 기원전 411-378]이 그 어짊을 듣고 만나러 갔지만 문을 열어주지 않았다고 한다. 공자와는 다른 인물이었다.

섭공자고에게 사신(使臣)의 길을 말하고 있는 공자는 열국 주유에서 늘 실패했다. 나그네에게 그가 누구이든 점점 세월이 가면서 이해하기 어려운 존재가 인간이 아닌가 싶다.

초소왕은 공자에게 700사(社, 일사는 25가구, 일리(一里)와 비슷함)를 봉하려 했지만 초소왕의 서형(庶兄)인 영윤 자서(子西)가 반대했다. 자서는 왕에게 묻고 왕은 대답했다.

"사신 중에 자공보다 뛰어난 자가 있습니까" "없다" "사신 중에 안회보다 뛰어난 자가 있습니까" "없다" "사신 중에 자로만 한 자가 있습니까" "없다" "초나라 조상은 주왕으로부터 받은 봉지는 50리였습니다. 공자에게 주려는 봉지는 너무 많습니다" 했다.

결국 초소왕이 죽는 그해 63세의 공자는 다시 초나라에서 위나라로 떠나고 만다.

또 공자는 57세 때 위영공으로부터 "노나라에 있을 때 봉록이 얼마였는가" 하고 묻자 속(粟, 조) 6만(현재의 200석 상당)이라고 하자 말한 대로 주었다고 한다.

어찌해야 하는 것인가. 자고는 어둠 속에서 자신의 신세를 털어버리고 산으로 날아가는 작은 새가 되고 싶었고 군주에게 묶이지 않은 범부들이 새삼 부러웠을 것이다.

장석(匠石)의 꿈에 나타나 '나는, 쓰일 수 있는 곳이 없기를 구한 지, 오래되었다[여구무소가용구의(予求無所可用久矣)]'고 말한 상수리나무가 저쪽에 서 있는 걸 누가 알까.

10. 천명과 의리

중니가 말했다. 천하엔, 두 가지 대계(大戒)가, 있습니다. 그 하나가 천명이고, 그 하나가 의리입니다. 자식이, 부모를 사랑하는 것은, 천명입니다. 마음에서, 떨쳐버리기가 불가합니다. 신하가 군주를 모시는 것은 의리입니다. 군주가 없는 곳을, 찾아갈 수 없습니다. 하늘과 땅 사이에, 도망갈 곳은 없습니다. 이를 대계(大戒)라 이릅니다. 대저 성인(成人)으로서, 그 부모를 모시는 자는, 신분을 가리지 않고, 편안하게 모시는 것이, 지극한 효입니다. 사나이로써, 그 군주를 섬기는 자는 일을 가리지 않고, 편안하게 섬기는 것이, 광대한 충성입니다. 스스로, 그 마음을 모시는 자는, 앞에서 애락(哀樂)을 바꾸거나, 옮기지 않습니다. 그 어찌할 수 없음을 알고, 천명을 편안히 따르면, 지극한 덕입니다. 사람이, 신하와 자식이 되는 것은, 본디부터 어찌할 수 없는 것이, 있습니다. 섬김을 정성으로 행하면, 그 몸을 잊게 됩니다. 어찌 생을 기뻐하고, 죽음을 싫어할 겨를에, 머물 수 있겠습니까. 선생께서는 그, 가는 것이 좋겠습니다.

仲尼曰 天下有大戒二 其一命也 其一義也 子之愛親命也 不可解於心 臣之事君義也 無適而非君也 無所逃於天地之間 是之謂大戒 是以夫事其親者 不擇地而安之 孝之至也 夫事其君者 不擇事而安之 忠之盛也 自事其心者 哀樂不易施乎前 知其不可奈何 而安之若命 德之至也 爲人臣子者 固有所不得已 行事之情而忘其身 何暇至於悅生而惡死 夫子其行可矣

▋ 떨쳐버릴, 흩어질 해解. │ 섬길 사事. │ 찾아갈 적適. │ 도주할, 피할 도逃. │ 무소도無所逃 피할 곳이 없다. │ 대저 시是. │ 성인(成人), 사내(남자) 부夫. │ 부모 친親. │ 지위, 신분 지地. │ 불택지不擇地 신분을 가리지 않다. │ 불택사不擇事 임무를 가리지 않다. │ 광대할 성盛. │ 충지성忠之盛 충성을 다하다, 지(之)가 지(至)로 된 곳도 있음. │ 자사기심자自事其心者 스스로 그 마음을 모시는 자. │ 불역시不易施 바꾸거나 옮기지 않음. │ 베풀 시施는 옮길(移옮기다, 변하다)의 가차(假借, 어떤 뜻을 나타내는 한자가 없을 때 뜻은 다르나 음이 같은 글자를 빌려 대신 쓰는 것). │ 앞에 전前. │ 내하奈何 어찌하다. │ 따를 약若. │ 될 위爲. │ 행사行事 맡은 사명의 일. │ 정성 정情. │ ~면 이而. │ 망신忘身 자신을 잊다. │ 다다를 지至. │ 부자夫子 선생. │ 가의可矣 좋겠습니다.

신지사군(臣之事君)

과거엔 조정에 등용된 자들은 마음대로 사직하지 못했다. 사직서를 내더라도 국군이 허락하지 않으면 계속 일해야 했다. 등용이란 국군이 한 인재를 소유하는 제도였다.

공부해서 국군의 휘하에 들어가 재목이 되는 것이 모든 학생과 선비들의 꿈이었다. 농업이나 상업, 자기 기술이나 수완으로 살아가는 사람들을 빼고는 봉록을 받을 만한 곳은 국가 기관밖에 없었다.

섭공도 사신직을 사직하고 싶지만 그럴 수는 없었다. 국군이 임명한 자리와 벼슬, 사람은 그 자신의 것이 아니라 국군의 것이기 때문이다. 벼슬은 쓴 자는 이미 자신이 아니다.

국군은 얼마든지 사람을 바꿀 수 있고 새로 임명할 수 있다. 다만 국군의 마음과 이상과 현실에 맞는 인물이어야 한다. 그런 자는 누구든 쓸 수 있는 자가 국군이었다.

국군의 명과 청을 거절한 장자는 대단한 사람이다. 제자들을 앞세우고 한자리를 찾아 머나먼 길을 떠돌았던 공자는 벼슬을 구걸하며 돌아다닌 사람이었다.

지금 생각해보면 그 제자들이란 자들도 의심스런 바가 없지 않다. 결국은 그 스승에 그 제자들이 아닌가 싶다. 그들도 공자가 도를 펼치게 되면 한자리 차지할 생각을 했을 것이다.

장자는 중니가 말한 천명(天命)과 의리(義理)를 넘어서고자 했다. 인간으로서 그 누구 밑에 속하고 누구에게 사용된다는 것은 사실 이치에 맞지 않으며 부끄러운 일이다.

나그네는 아직도 그 말을 믿고 있었다. 비록 만신창이가 되더라도 나에겐 그 누구도 소용하지 못한 '나'가 있다는 것을 자신에게 말하고 싶었다.

장자는 나그네에게 그런 말을 귀띔해주는 사람 같다.

장자가 효(孝) 자를 잘 쓰지 않았다고 말한 적이 있지만「양생주」에서 '양친(養親)'의 의미)「인간세」의 효 역시 장자의 것이 아니다. 그에게 효는 말하지 않아도 효이다.

나그네는 이「인간세」에서 허실생백을 노래하고「제물론」에서 아름답고 아득한 영원의 상온(相蘊)을 노래한 장자의 마음을 느낀다.

장자가 제나라의 누구를 모시고 초나라의 누구를 사모하며 진나라의 누구를 따를 것인가. 자신을 멸망시킨 것이 무슨 덕이고 명예일까.

광자(匡子)

사실 공자는 모친의 죽음을 보지 못했고[공자불견모(孔子不見母)] 광자는 아버지(아버지에게 간(諫)한 까닭에 평생)를 보지 못했다[광자불견부(匡子不見父), 『맹자』「이루하(離婁下)」].

아버지는 어머니가 불륜을 저지르자 살해해서 마구간 바닥에 묻어버렸다. 광자는 아버지에게 어머니를 용서하고 무덤을 쓰게 해달라고 간청했으나 아버지는 끝내 허락하지 않고 죽었다.

결국 광자는 간자(諫子, 아버지의 잘못을 고치도록 말하는 자식)로 낙인찍혔다. 이 부자의 책선(責善)을 시비하는 것은 윤리의 가변성을 인정하는 것이다.

진나라가 위나라를 공격했을 때 위왕(威王)이 진나라를 물리치면 어머니의 무덤을 마련하도록 해주겠다고 하자 광자는 사절했다. 적의 진영으로 병사를 보내 깃발을 섞어놓자 진에 투항한 것 같다는 정탐자의 보고를 위왕은 믿지 않았지만 광자는 전투에서 승리했다.

'어머니 계(啓)가 아버지에게 지은 죄를 아버지가 용서하지 않고 돌아가셨으니 아버지의 허락 없이 어머니 무덤을 고친다면 이는 죽은 아버지를 속이는 일이 되기' 때문이었다.

어머니가 아버지에게 불륜을 저질렀지 아들에게 잘못한 것은 없다. 역시 아버지만이 어머니를 용서할 수 있을 것이다. 광자는 법이나 왕이 해결할 일이 아니라고 생각했을 것이다.

어머니가 다른 남자를 사랑했다면 그럴 만한 이유가 있었을 것이고 그것을 막지 못했다면 아버지에게도 잘못이 전혀 없다 할 수 없을 것이다.

어머니가 혼전에 사랑했던 남자가 있을 수도 있었을 것이며 아버지가 어머니를 그 남자로부터 빼앗은 것일 수도 있었을 것이다. 또 아버지가 어머니의 애정을 이끌어내지 못한 점도 있을 수 있다.

맹자는 아버지에게 간(諫)한 광자와 가까이 지냈다. 광자는 장자가 말한 '부득이(不得已)'에 갇힌 사람이었다.

관용봉, 비간처럼 국군으로부터 이용되고 버림받는 신하들이 한둘이 아니었다. 인간사 즉 인간과 인간 사이의 계급과 재물, 시비, 명예에는 그 어떤 일도 일어나지 말라는 법이 없다.

'흙투성이 허물을 벗고 매미가 빠져나오는 듯한 삶을 살았던, 그러나 혼탁한 세상에서 빠져나온 듯 티끌 하나 묻히지 않고 살아간' 장자 당대의 굴원[屈原, 기원전 343?-278?]은 군주로부터 배신당한다.

신하는 군주의 수족이고 군주는 신하의 주인이었다. 버림과 죽임은 군주들에게 다가간 자들의 업이다.

초회왕의 큰아들 횡[橫, 경양왕(頃襄王)]이 즉위하고 자란(子蘭)이 재상에 오르면서 굴원은 버림을 받는다.

굴원 시대에 초나라는 수구 세력인 친진파와 개혁 세력인 반진파로 갈라졌다. 이 무렵 진나라가 제나라를 공격하려 하자, 제나라는 초나라에 지원을 요청했다. 제나라와 초나라의 동맹을 끊게 하려고 진나라는 책사 장의(張儀)를 초나라로 파견한다.

초나라와 제나라를 분리하는 데 성공하지만 초회왕은 진노하고 진나라를 공격했으나 패하고 만다. 이때 회왕은 제나라와 손을 잡기 위해 굴원을 제나라에 파견했다.

이런 움직임을 눈치 챈 진나라는 초나라에 영토 반환을 제안했고 오히려 회왕은 영토보다는 장의를 보내라고 요구했다. 결국 장의는 초나라로 들어가지만 친진파의 모략과 언변술로 석방된다.

굴원이 귀국했을 때 장의는 벌써 진나라로 돌아가고 없었다.

10여 년이 지나 혼인을 맺자는 말로 회왕을 초청했다. 친진파의 권유로 회왕은 의심 없이 진나라로 갔다가 죽어 시체로 돌아왔다. 그 뒤 굴원은 간신 세력에 의해 물러나 한북(漢北, 양자강의 지류가 있는 북쪽)까지 떠돌며 시를 읊었다.

그때 그의 몸은 고목처럼 말랐다고 한다. 굴원은 백가쟁명 시대의 양자강(장강(長江), 아시아에서 가장 긴 강) 유역에서 중국 최초의 시인으로 탄생한다.

군신 관계는 예속 관계다. 초나라가 멸망해가는 유배지에서 시대와 인물에 대란 분노와 아픔을 뼛속 깊이 노래했다.

(전략) 紛吾旣有此內美兮(분오기유차내미혜) 이미 내 안에는 아름다움이 갖추어져 있었고 / 又重之以脩能(우중지이수능) 거기에다 빼어난 재능까지 타고났었지 / 扈江離與辟芷兮(호강리여벽지혜) 강리와 벽지를 걸치고서 / 紉秋蘭以爲佩(인추란이위패) 추란(秋蘭)의 노리개를 꿰찼다네 / 汨余若將不及兮(율여약장불급혜) 세월이 빨리 흘러 나는 따르지 못하니 / 恐年歲之不吾與(공년세지불오여) 세월이 나를 기다려주지 않은가 두려워 / 朝搴阰之木蘭兮(조건비지목란혜) 아침에는 언덕의 목란

을 캐고 / 夕攬洲之宿莽(석람주지숙망) 저녁에는 섬의 숙망을 캐노라.
(중략) 初旣與余成言兮(초기여여성언혜) 처음에는 나와 함께하시기로
언약하시더니 / 後悔遁而有他(후회둔이유타) 나중에 마음 바꿔 다른 이
를 따를 줄은 / 余旣不難夫離別兮(여기불난부리별혜) 난 이미 그까짓
이별 어렵진 않지만 / 傷靈脩之數化(상령수지수화) 잦은 변심에 멀리
신명(神明)만 아파라

「이소(離騷)」의 부분이다. 도와 양심을 세운 영수(靈脩, 내면의 빛)
를 지키다 굴원은 예순두 살에 왕을 원망하면서 멱라수(汨羅水, 호남
성 멱라현 상수의 지류)에 몸을 던져 죽는다. 이것이 고작 그 의리이
다.

장자와 동시대인으로서 굴원은 왕에게 목을 맨 안타까운 사람이었
을 것이다. 아버지가 굴원의 이름을 '정칙(正則)'이라 짓고 자를 영균
(靈均)이라 지은 것도 그의 숙명과 무관한 것 같지 않다.

굴원에게는 왕밖에 없었다. 돌이켜보면 세상을 바로 잡아보겠다고
궁궐과 군주를 찾아간 젊은이들은 모두 나라를 망치거나 버려지거나
간신들이 된다.

장자는 때론 숙명론자지만 그 숙명을 온전히 받아들임으로써 천명
과 의리를 초월하는 경향을 보인다. 장자 문학에만 있는 숙명 극복의
기이한 인간형들이다.

그 극복은 자연과 숙명을 온전히 받아들이는 '부득이'의 극묘(極妙)
이고 존사(存思)이다. 필연이고 수용이다. 그러나 장자는 구련을 넘는
소요를 항상 꿈꿨다.

직궁, 관중

하남성 섭현 남쪽에 오백여 가구가 사는 마을에서 직궁증부(直躬證父)의 사건이 있었다.

섭공이 말했다. "우리 마을에 직궁(直躬, 곧은 몸)이란 사람이 있소. 아버지가 양(羊)을 훔쳤는데 관에 증언을 했소."

공자가 말했다. "우리 마을의 직자(直者, 곧은 사람)는 그와 다르다. 아비는 아들을 위해 숨겨주고 아들은 아비를 위해 숨겨준다. 그런 가운데 곧음[직(直)]이 있다."

말을 더듬고 말을 잘 못했다는 한비자의 「오두(五蠹, 나무굼벵이 두(蠹)는 사물을 좀먹어 해독을 끼치는 사람이나 사물)」에 이 직궁 일화가 나온다. 법술을 제시한 『한비자』는 장자가 죽고 56년 뒤에 발간되었다.

그는 인의와 겸애를 주창한 유묵(遺墨) 사상을 위선이라 생각한 법가(法家)였다. 특히 군주는 공자가 될 수 없으며 평민들까지 모두 공자 제자처럼 생각하는 것은 불가한 일이라고 했다.

그는 「오두」에서 인의를 행하는 자를 칭찬할 바가 아니며 학문을 익힌 자를 등용할 바가 아니라고 하면서 섭공의 직궁을 등장시킨다. 여기선 직궁이 관아에 알린 것으로 나온다[이알지리(而謁之吏)].

한비자는 보고를 받은 "재상이 직궁을 '죽여버려라'[영군 왈(令君曰) 살지(殺之!)]" 했다고 기록했다. 이 부분은 『논어』에 없다.

그런데 한비자는 직궁을 평하길 "군주에 대해선 정직하지만 아버지에 대해선 옳지 않다고 판단하여 죄를 주었다"고 기술했다.

군주를 모시고 있는 재상이 직궁을 죽인 것은 아버지에 대해 옳지 않아서가 아니라 그보다는 더 중요한 이유가 있었을 것이다. 군주를 모시는 자신과 같은 신하로 직궁을 바라보았을 것이다.

아버지를 배신한 자를 왕에게 충성하지 않는 신하로 보고 죽였을 것이다. 왕이 권력을 찬탈했다고 모함하거나 비난하는 신하를 죽이지 않은 폭군은 거의 없을 것이다.

공자의 말처럼 아비의 죄를 감춘다고 좋은 것도 아니다. 아버지 편만 들고 아들을 죽이는 것은 곧음이 아니라 가부장제도 사회의 억압 윤리이다.

모든 아들들이 이 직궁처럼 행하면 그 나라는 공산국가의 홍위병의 나라가 될 것이고 공자의 말처럼 된다면 나라가 아이부터 모두 부패할 것이고 결국 도둑 부자(父子)의 나라가 될 것이다.

아비가 아들이 알 정도로 부정한 일을 한 것도 잘못이지만 비행을 저질렀으면 먼저 자수해야 했을 것이다. 사실을 알고 있는 아들은 아버지의 마음을 돌렸어야 했을 것이다.

섭공이 그 당돌한 아이를 속으로 어이없어 하고 있던 차 공자를 만나서 떠본 말이 아니었을까. 그런데 중니는 자기 마을의 아이는 그러지 않는다고 바른 소리를 했다.

섭공은 아마도 공사(公私)를 물은 게 아니었을까. 지방 관리라고 해서 공자가 한 말뜻을 몰랐을 리가 없었을 것이다. 또 섭공의 말이 그 아이가 잘했다고 한 게 아니었을 것이다.

그것은 『논어』 편집자들이 스승을 치켜세우기 위한 글이었는지도 모른다. 고지식한 것으로 볼 수 있다. 더구나 그곳엔 공자 말 다음에 섭공의 의견이 전혀 없고 스승의 말만 남겼다.

실질적인 책임과 관리 의무가 없는 사람의 말이 한 지역을 책임지고 있는 사람의 말과 같을 수 없다. 중앙을 따라야 하는 국경지역의 책임 자로서 섭공은 공자를 비웃었을지 모른다.

이 문답에서의 문제는 섭공은 책임자이고 공자가 학자라는 점에 있다. 한쪽은 송사를 다루고 구분하고 처벌해야 하는 섭지방의 책임 자인데 다른 쪽은 객관적 위치에 있으나 책임이 없는 관찰자일 뿐이다.

그런데 한 가지 의문은 이것이다. 그런 아이는 어디서 누가 만들었을까. 어른들과 그 사회가 만든 것이 아닐까.

한비자의 「난일(難一)」에 이런 이야기가 있다.

관중(管仲)이 병들자 환공이 말했다.

"군주가 오직 인육만을 맛보지 않았다고 하자 역아(易牙, 어금니 혹은 송곳니를 바꾼다는 뜻)는 자기 아들의 머리를 삶아 군주에게 바쳤습니다. 수조(豎刁, 머리카락이 헝클어진 더벅머리란 뜻)는 여자를 좋아하는 군주를 위해 궁궐 여자들을 단속하려고 스스로 거세해서 군주 곁에 있습니다. 군주를 50년간 모신 개방(開方, 사방으로 열린 자)은 모친을 버리고 오랫동안 벼슬하고자 돌아가지 않고 있습니다."

관중이 셋을 멀리하라고 부탁했다.

그러나 한비자는 이 관중을 어떤 이가 말하더라 하면서 간접적으로 비판했다. 군주는 공이 있는 자를 신하로 등용한다고 하면서 역아와 수조 같은 자가 있다 하더라도 그 군주를 어찌하겠는가 하였다.

지나치게 왕권과 법 중심의 통치를 꿈꾼 한비자는 때론 그럴듯하다가도 전인답지가 않았다. 너무 옳고 그름의 판단이 분명했다. 그는 자신의 말처럼 경상신(慶賞信) 형벌필(刑罰必)의 인간이었다.

관중은 제나라 사람이었다.

도척(盜跖)이 주는 위안

국가란 믿을 것이 못 된다. 모든 국가는 국민의 고혈을 **빼내** 가져간다. 그리고 그리 멀지 않은 미래에 대부분 멸망한다. 멸망하지 않은 나라는 없었다. 민족은 그 나라를 무너뜨리고 새로운 나라를 세운다. 고대로부터 현대까지 이것은 변하지 않았다.

요순이 천하를 가졌지만[요순유천하(堯舜有天下)] 그 자손은 송곳 하나 꽂을 땅이 없었다[자손무치추지지(子孫無置錐之地), <잡편> 「도척(盜跖)」].

아무리 대단한 일을 해도 장자와 유(有)에게 소외되는 사람들이 있다. 통치한다면서 인간과 세상을 어지럽힌 자들이 군주들이다.

이에 대해 장자는 더 높은 차원의 인간적 발현(發顯)을 서슴지 않는다. 구천 명의 졸개를 거느린 그 인물이 <잡편>의 도척이다.

그는 그 어떤 못난 군주보다 더 높은 이상을 가진 무인(武人)이었다. 장자는 혼자 효를 하고 한 군주에게 충성하는 것이 자랑이 아니라고 말한다.

안회와 자공과 함께 도척을 찾아간 공자가 무릎을 꿇고 이배하고서 그 신발이라도 보게 해달라고 간청했다. 공자의 친구 동생인 도척은 바른 소리만 하는 공구를 상대하지 않으려 했다.

그는 태산 같은 분노와 장강 같은 한을 가지고 숨어 사는 은거의 도둑이었다.

무언가를 훔치지 않은 사람은 꿈이 없는 사람이다. 재미있게 말해서 세상에 도둑이 아닌 사람이 있을까.

세상 사람들은 무엇인가를 하나씩 훔치고 엿보고 뛰어넘고 거리를 둔다. 장자는 군주란 커다란 도둑놈들이라고 한 적이 있었지만 그러나 그 도둑질도 아름다워야 한다.

서로 잘 살피고 잘 듣고, 말과 사람을 아는 것에 대해 사람들은 묵인하고 용서하며 때론 호감을 가진다. 때론 타자가 장애이기도 하지만 언제 어디서나 '남'이란 나만큼 중요하다.

"군주가 없는 곳을, 찾아갈 수 없습니다[무적이비군야(無適而非君也)]"란 말은 장자가 권력이 인간 사회에 광범위하게 영향을 미친다는 것을 인정한 것이다. 권력은 인간 사회의 재앙이자 희망이다. 전부는 아니지만 모든 삶 속에 스며있다.

다만 장자의 무적(無適)을 앞으로 (인간의 내면과 미래로) 나아가다, (상고, 무국가 시대, 요순 이전으로) 되돌아가다, (군주가 없는 곳, 산, 섬으로) 찾아가다, 어느 것으로 번역하느냐에 따라 뜻이 달라진다.

갈등과 꿈이 만들지 않은 국가는 없다.

"하늘과 땅 사이에, 도망갈 곳은 없습니다[무소도어천지지간(無所逃於天地之間)]"란 말은 장자가 정부주의자가 아니라는 것을 인정하는 것이지만 본질은 그리 간단치 않다.

유가 요에게 "날더러 장차 객이 되란 말이오[오장위빈호(吾將爲賓乎)]" 하고 물었다. 기산에 사는 유는 빈(賓, 손님, 객)을 거부했다. 즉 타자에게 묶이지 않고 나의 주체로 있겠다는 말이었다. 그러면서 그 유명한 말을 남긴다.

"뱁새가, 깊은 숲속에 보금자리를 튼다 해도, 깊은 산림의 나뭇가지 하나면 족하고[초료소어심림(鷦鷯巢於深林) 불과일지(不過一枝)], 두더지가 황하를 마신다 해도, 배만 채우면 그만이라오[언서음하(偃鼠飮河) 불과만복(不過滿腹)]."

그리고 "나는 천하를 위해 쓸데가 없습니다[여무소용천하위(予無所用天下爲)]" 하였다. 자신의 쓸데없음은 역으로 읽으면 '천하와 국가가 나에겐 필요 없다'는 말이 된다.

장자는 자신에게 굴복하지 않고 타자에게 아첨하지 않고 세상을 주유하지 않았다. 사지로 내몰린 충성들이 붕궐(崩蹶)했지만 장자는 자신과 우주를 찾아 노닐며 자존을 지켰다.

대부분의 권력은 파당 유지를 위해 편애하고 이익을 확대하고 자신의 공적을 과시하고 명성을 얻으려 한다. 그 권력과 위선은 자기 방어를 위해 타자를 공격하는 빌미를 만들기에 급급하게 된다.

모든 권력은 체제의 바다 위에서 흔들리는 한 척의 거푸집과 같은 배이다. 화려한 것 같지만 거짓의 등불과 같고 간신과 같고 버릇없는 불효자식과 같다.

하늘이 맑고 높은 날 눈이 어두워져 도척을 읽곤 한다.

도척은 장자가 그려낸 인물 중에서 가장 통쾌한 인물 중 하나이다.

망신(忘身), 자신을 잊으시오

어떤 이는 너 자신을 알라, 너 자신을 찾으라 했지만 장자는 자신을 잊으라, 자신을 여의라(喪我) 했다. 자신을 찾지 말라는 뜻이다.

전자는 사회로 향하면서 권력과 소통하려 하고 후자는 자연의 빛과 침묵 속으로 향하려 한다. 대체로 진인(眞人)은 후자 쪽에 숨어 있다.

상아는 무아와 조금 다른 의미이다. 잊는다고 잊어지는 것이 아니다. 상아는 자신을 자연 속에 무용한 것으로 숨겨두기 전까진 찾을 수 없는 자아이다.

섭공자고가 제자가 아니므로 하대할 수는 없었을 것이다. 섭공은 비록 섭지방에 있지만 언제나 중앙으로 떠날 수 있는 인물이었다.

그럼에도 두 사람에 대한 장자의 시선은 날카롭다.

공자는 한산(寒山)이나 장자처럼 재물을 가져다주는 관리들에게 호통을 치면서 물리친 일화가 없다. 안회는 말년까지 공구를 수행했고 공량유(公良孺)는 수레 다섯 대로 모시고 다녔다.

중니의 의식주는 풍족했던 것으로 알려져 있다. 마치 그 스승과 제자들은 유사(類似) 군신 관계 같았다. 장자의 고달팠을 생활과는 비교할 수가 없었을 것이다.

하늘과 인간에게 있는 부자간의 천명과 군신 간의 의리라는 두 가지 대계(大戒)는 역행할 수 없는 숙명이었겠지만 장자가「인간세」에서 보여주려 한 것은 그것이 아니었다.

장자는 의를 잊고 나이도 잊어라[망년망의(忘年忘義)] 했다. 그러니 이 글도 행간 사이와 이면, 은유를 세심하게 살펴 읽어야 장자의 마음과 사상을 찾아낼 수 있고 재미를 더할 수 있다.

그런데 장자는 왜 친(親 즉 효孝)을 말한 것일까. 공자와 다를 것이 없는 것일까. 그럴 리가 없다. 오히려 효와 충은 장자에게 불가피일 뿐이다.

효하지 않고 충하지 않을 수 있다면 하지 말아야 한다. 효와 충을 기다리는 아비와 국군이란 어리석은 존재이다. 그것은 본래 우리 삶 속에서 강조할 것이 될 수 없는 것이었다.

가는 곳마다 군주가 있고 어디에나 부모가 있다. 그들을 강조할 필요는 없다. 오히려 벗어나야 한다. 효의 도(道) 같은 것이 장자에게 매력적일 리가 없다.

이 세상에 부모와 군주가 없는 곳이 없고 도망갈 곳이 없지만 장자는 그들에게 묶이고 싶지 않았다. 그러나 군주의 손이 미치지 못하는 곳은 수없이 많다. 장자는 그 영역을 확장하고자 하였다.

장자는 그 대계 때문에 더 중요한 다른 것들을 놓치고 싶지 않았다. 그 이상의 무엇을 갈구하고 꿈꾸었다. 구습을 버리고 구각을 벗고 인간의 내면에 있는 새로운 자아를 찾고자 고투했다.

공구는 삼년상이 너무 길다는 재아를 향해 '어질지 못하다'고 비판했다. 묵자에 의해 이 효와 관련된 장례의 폐단은 신랄하게 비판되었지만 현대 사회에서 효는 사라져가는 유물이 되고 있다.

부자의 혈연관계는 없는 것으로 할 수 없는 것이지만 굳이 강조를 하면서 본의가 훼손되었다. 수많은 사상과 제국(諸國)에 의해 부자관계와 가부장제는 정치권력화의 수단으로 전락하고 말았다.

문장 속에서 장자가 어디 있는지 보이지 않을 때가 많다. 불가피한 두 가지 대계의 조건 속에서 장자가 이 말을 한 것은 피할 수 있으면 피하라는 말로 들리기도 한다.

솔직히 아들이 아버지의 과거를 책임질 필요가 있는 것일까. 자신의 생은 자신이 책임지는 것이고, 자신의 일은 자신이 책임질 수밖에 없다. 결국 장자는 공직자인 섭공에게 마지막 말을 던진다.

"선생께서는 그, 가는 것이 좋겠습니다[기행가의(其行可矣)]."

왕명을 벗어날 수 없다. 사신이 되었으면 그만한 대가는 치르고 목숨까지 걸어야 한다. 장자가 느껴지는 숙명의 비애, 공자가 느껴지는 권력에의 의미가 충돌하는 것 같다.

명의(命義, 육친과 군신)는 인간 사회의 근저를 이루는 것이지만 천하에 군주와 부모가 없는 곳이 없다는 말은 폭력적으로 들린다. 세상에는 그 둘만 있는 것이 아니다.

맑고 기이하고 재미있고 아름다운 것들이 세상엔 널려 있다. 그들은 대부분 숨어 있거나 방치되어 있거나 우리의 의식으로부터 아주 멀리 떨어져 있다.

부자와 군신의 관계라는 명의는 해방되어야 할 풀 길 없는 천명이자 핏줄의 이데올로기이다. 어떤 사상과 언어가 이것을 해체시킬 수 있을까.

산과 절, 바람, 풀, 별과 물, 심재, 감각 등에 군신이란 없다. 장자는 명의에서 벗어나 사회적 끈[뉴(紐)]을 풀려고 한다. 그럴수록 사람은 자유로워질 수 있지 않을까.

장자는 모든 아들과 아비, 아니 모든 사람들이 인간적으로 묶이지 말고 벗어나길 바란 것 같다. 하지만 장자는 그 말은 직접 하지 않고 있다.

대계에 충실히 하는 길밖에 없는 섭공은 왕으로부터 도망칠 수 없는 존재이다. 그는 「인간세」에서 가장 비극적인 끈의 존재이다.

공자의 언어들은 너무 오랜 세월 동안 인간과 사회 체제를 지배하고 지치게 한 과거의 사상이다. 장자에겐 아직도 그런 것이 없다. 혼자 있는 아버지가 아버지답다.

장자에게 자식이 있었을까.

가는 것이 좋겠습니다

그 마지막 말, "선생께서는 그, 가는 것이 좋겠습니다"란 말은 왠지 위압적이긴 하지만 중니가 존칭을 써서 섭공을 부자(夫子)라 한 것으로 보아 섭공이 윗사람이었다.

이 문장엔 중니가 아닌 누군가가 야유를 하는 것 같은 느낌이 있다. 이 미묘함은 장자의 입김 같다. 공자는 자고에게 특명을 내린 왕의 편에서 말하는 것 같은 뉘앙스를 준다.

장자의 공자식 화법은 나그네로 하여금 오해와 저항, 분노를 불러일으키게 한다. 그런 기미와 인기, 감정을 느낄 때 장자의 효적은 입 안에서 저작된다.

이 글은 전체적으로 구련을 말하고 있다. 하지만 모든 사람이 그 상황에 처해 있는 것은 아니다. 만사는 유위와 무용의 사회와 자연 속에 평범하고 느슨하게 산재해 있다.

그러나 피할 수 있는 일은 피할 수 있다면 피해야 하지만 자고는 피할 수 없는 직분의 기로에 처해 있다. 식사조차 제대로 할 수 없는 처지에 놓였고 그는 반드시 제나라로 가야만 한다.

자연 속에서 덕을 멀리하고 지혜를 버리고 조용히 살았다면 아무 일도 일어나지 않았을 것이다. 장자는 잠깐 사이에 그것을 누가 읽어 주길 바라는 눈치를 보이는 듯했다.

군주는 신하에게 복종과 충성을 바라고 아버지는 아들에게 효와 재물을 바란다. 어리석은 일이다. 아비로서 기이한 모양의 부(父) 자를 들여다보니 효의 의미가 아니라 두려움의 모양을 하고 있다.

대체 아비가 아들에게 무엇을 바란단 말인가.

순진무구한 아이들이 다 아비가 되지만 아비들에게선 알 수 없는 절망과 인욕의 냄새 같은 것이 풍긴다. 소름이 끼칠 정도이다.

두절, 낭패, 단절, 좌절 등등 살아가면서 겪어야 할 것들이 태산 같지만 그런 것을 하나하나 줄이고 소략해지는 것이 생의 귀결일지 모른다. 어른이 된 아이들을 아비의 품에 안는 것은 부끄러운 일이다.

충(忠) 자와 친(親) 자와 환(患) 자가 매우 불편하다. 군신을 부자로 엮어버린 사상은 얼마나 허황된 체제이고 인위인가. 저당 잡힌 극한의 명의를 부수고 자신의 날개로 날아가는 새를 떠올릴 뿐이다.

장자는 사람들이 이렇게 문장을 고쳐 읽길 바라지 않았을까.

‘부모가 자식을 사랑하는 것은 천명이다. 군주가 백성을 섬기는 것은 첫 약속이다.’

11. 사자(使者)는 말을 전한다

"청컨대, 제가 들은 것을, 다시 말씀드리고자 합니다. 대저 교제는, 가까울 때에는 반드시, 신의로써 서로 따라야 하고, 멀 때에는 반드시, 말로써 진실해야 합니다. 말은, 전하는 누군가, 필요합니다. 대저 전해져서, 양쪽이 좋아하거나, 양쪽이 분노하는 말은, 천하에 어려운 것입니다. 대저 양쪽이 좋아함은, 반드시 지나치게, 좋은 말을 많이 해서이고, 양쪽이 싫어함은, 반드시 지나치게, 헐뜯는 말을 많이 해서입니다. 무릇 지나침은 대략 거짓입니다. 거짓이면 곧, 그 신의는, 없어집니다. 없어지면 곧, 말을 전하는 자는, 재앙을 받습니다. 그러므로 법언에 이르기를, '그 평상의 실정을 전하되, 지나친 말을 전하지 않으면, 곧 온전에 가깝다' 했습니다. 또 기교로 힘을 다투는 자는, 밝게 시작하지만, 항상 어둡게 끝납니다. 커져버리고 나면, 곧 기이한 재주가 많아집니다. 예의로써 술을 마시는 자도, 다스리며 시작하지만, 항상 난잡하게, 끝납니다. 커져버리고 나면, 곧 기이한 풍류가 많아집니다. 모든 일이, 다 그렇습니다. 진실하게 시작하지

만, 항상 촌스럽게 끝납니다. 그 일의 시작은 단출하지만, 장차
그 일은 반드시, 커져서 끝납니다."

□ 원문(原文)

丘請復以所聞 凡交 近則必相靡以信 遠則必忠之以言 言必或
傳之 夫傳兩喜兩怒之言 天下之難者也 夫兩喜必多溢美之言 兩
怒必多溢惡之言 凡溢之類妄 妄則其信之也莫 莫則傳言者殃 故
法言曰 傳其常情 無傳其溢言 則幾乎全 且以巧鬪力者 始乎陽
常卒乎陰 大至則多奇巧 以禮飲酒者 始乎治 常卒乎亂 大至則
多奇樂 凡事亦然 始乎諒 常卒乎鄙 其作始也簡 其將畢也必巨

▌되풀이할, 대답할 복復. │ 무릇, 대저 범凡, 부夫. │ 쏠리게 할, 쓰러질
미靡 따를 순(順)으로 봄. │ ~이(하)면 곧, ~ 할 때에는 즉則. │ 진실하게
충忠. │ 있을, 존재함, 혹이 혹或 어떤 사람. │ 지나칠 일溢. │ 무리, 대략 류類.
│ 좋아할 미美. │ 분노할 오惡. │ 비슷한 것들 류類. │ 거짓, 허망할 망妄.
│ 없을, 어두울 막莫. │ 재앙, 화(禍) 앙殃. │ 법언法言 진리의 말. │ 실제의
사정 상정常情. │ 일언溢言 지나친 말. │ 기호전幾乎全 온전에 가깝다. │ 공,
힘 력力. │ 괴이한 기奇. │ 재주 교巧. │ 풍류 악樂. │ 모두 역亦 총(總)과
동의. │ 신실할 량諒. │ 천할 비鄙. │ 단출할 간簡. │ 마칠 필畢.

말을 전하는 사자(使者)

「인간세」는 장자의 다른 여섯 편의 글과는 대조를 이룬다.
인간의 세속적이고 음흉하고 추악한 면들이 드러나 있다. 「제물론」

의 만교밀(縵窖密)을 보는 듯하다.

안회, 섭공자고 등 다양한 인물이 등장하지만 전반부 인물들의 중심에 중니가 앉아 있다.

장자가 보여주고자 한 것은 먼지로 뒤덮인 세상 속의 높은 도가 아니다. 거꾸로 높은 하늘 아래에 있는 인간 세상을 보여준다.

그래서 이 글을 장자의 주장으로만 읽으면 재미가 없다. 장자는 간접 묘사를 통해 은유와 우언 등을 발견하도록 장치해놓았다. 눈이 어두운 나그네는 십 수 년 만에 그 의도를 엿볼 수 있었다.

「인간세」에선 세상 사람들이 몰래 만나서 무슨 이야기를 하는가를 엿보이고 있다. 「인간세」를 읽으면서 나그네는 어떤 의무를 가질 필요가 없다.

나그네는 세상을 바꾸고 처음과 나중을 뒤집고자 하는 사람이 아니다. 그 세상을 맘껏 구경하고 때론 참여하면서 일단 독서에 빠지는 데 그 목적을 둔다.

그래야 장자 여행이 자유로울 것이다.

그렇다고 나그네가 무책임하고 쾌락적인 사람은 아닐 것이다. 그런 비판을 하는 자들이 그럴듯한 가짜 희망과 미사여구로 사람과 세상을 위하는 척하면서 인간과 자연을 파괴하는 경우는 허다하다.

책임지겠다고 약속한 자들이 책임을 다하는 경우는 드물다.

미래 문명의 그 어느 특이한 시간 속에 숨어 사는 자야말로 이 자연과 인간을 위한 자들이 아닐까. 그들이 오히려 세상을 위하고 가난한 자를 기억하고 아파할 것이다.

누가 그곳에 앉든 어느 시간 속에서 숙명의 그 텅 빈 마음자리[예컨대 지리소(支離疏, 괴상하게 생긴 그가 앉아 있었던 그 시장 한쪽)]에 돌아와 앉을 수 있는 권력은 없다.

노동을 해서 열매를 얻어야 하는 것도 고통이 아니라 본래부터 이 자연과 인간 사이에서 즐기는 즐거움이기도 했다. 자연은 노동현장이 아니라 인간의 유희공간이었다.

과학과 문명, 국가와 자본, 기술, 생산과 소비, 균등과 분배 시비가 우리를 그 자연으로부터 탈취해갔다면 지나친 말일까. 나에겐 때론 그 어느 거대한 문명의 도시도 저 아무것도 없는 황무지의 풀들만 못하다. 오히려 구토를 느낀다.

서로 대치하고 있는 국가 사이엔 여러 문제가 내재되어 있다. 이때 우선 "말은, 전하는 누군가, 필요하다[언필혹전(言必或傳)]"는 말에서 길을 멈추게 된다. 말을 전하는 일에 목숨을 걸어야 하는 존재[혹(或), 어떤 사람]가 사신이다.

말을 가지고 체제와 현실이 다른 나라로 가는 것은 어려운 일이다. 약소국일 경우는 더 말할 나위가 없지만 대국 사이도 마찬가지이다. 전국시대는 말해 무엇 하랴. 환영해준다 해도 불안할 뿐이다.

세상에서 가장 어려운 일이 말을 전하는 일[전언(傳言)]이다. 나의 말이 아민 군주의 생각을 전해야 하기 때문이다.

누군가의 말을 가지고 누군가를 찾아가는 자의 마음은 어떤 것일까.

그런데 문득 인간 세상에는 별일이 다 있다는 것을 우선 인정하며 이 글을 읽고 여행해야 하겠지만 '말'을 가지고 가는 자의 모습이 기이하고 우스운 것은 왜일까.

이것은 국가를 다른 의미의 대상으로 바라볼 수 있다는 시야를 가지기 위한 한 의문이다. 그 시각을 가지는 것은 그 국가를 감시하기 위한 길이기도 하다.

사신은 말을 어디다 넣어 가지고 갔을까. 이렇게 생각하자 또 웃음이 터져 나올 것만 같다. 글자로 써서 통에 넣어갔을까 마음에 새겨서 넣어가지고 갔을까.

그 어떤 경우이든 사신이 자기 의견을 더하거나 명을 바꾸고 빼는 것은 매우 위험하고 불길해 보인다.

현장이 아닌 밀실에서 두 사람은 무슨 말을 하고 있는 건가. 이 질문을 던질 때 그들의 모습이 보이기 시작한다. 실로 기이한 밀실이 아닌가.

그들은 무엇 하는 누구인가. 어느 나라 사람인가. 그게 또 무슨 의미가 있는가. 그들이 왜 이곳에 등장했는가.

중니의 이름을 보는 순간, 이상야릇한 기류가 흐르는 것을 느낄 수 있지만 그것이 무엇인지 정확하게 알 수는 없다. 장자의 기류이다.

밀실(密室)과 그 바깥

섭공이 사신으로 외국에 가서 군주에게 말하는 것은 어렵지만 중니가 자고에게 하는 말은 어려울 것이 없어 보인다. 섭공은 상황의 당사자이고 중니는 단지 화자(話者)일 뿐이다.

중니는 자고가 바라는 바를 말하지 않고 누구나 알고 있는 것을 말해주는 것 같고 그 뒤로는 다시 섭공이 중니를 찾아와 물은 적이 없다. 이런 정도의 말은 섭공이 더 잘 알고 있지 않았을까.

이 자리를 떠나는 모습도 없지만 고맙다든가 흔쾌하다든가 정말 참고가 됐다든가 든든하다든가 하는 섭공의 화답도 없다.

중니는 상대방의 말을 더 들어 보지 않고 계속 자기 말을 하는데 이를 통해 나그네는 그가 말하는 것을 좋아하고 가르치는 것을 좋아하는 사람이라는 것을 알 수 있었다.

주유하면서 군주들과 나눈 모든 이야기를 정리해서 섭공 앞에 늘어 놓는 것이 아닌가 싶다. 자고에게 하는 말은 과거의 자신에게 하고 있는 말처럼 나그네에게 들린다.

자고에게 자신이 실천하지 못한 것, 그래서 얻지 못한 것들, 실패한 것들을 말함으로써 자기 생각을 분명하게 정리하는 듯하다.

군주들의 성격도 가지각색이었을 테니 그들 마음을 맞추려면 여간 힘든 일이 아니었을 것이다. 그는 자신이 한 말들을 실천하고 성취하지 못한 대표적인 사람이었다. 그러한 경험을 자고에게 전하고 가르치려는 의욕이 과해 보이기까지 한다.

그래서만도 아니지만 결국 나그네는 중니가 한 말 모두를 거꾸로 읽을 수도 있고 패러디도 할 수 있다는 생각이 들었다.

즉 중니는 신의를 따라하지 못했고 말로써 진실하지 못했고 자신의 말을 전해주는 사람이 없었다. 평상의 실정을 전하지 못했고 지나친 말을 했고 너무 쉽게 말했고 재능을 부린 것은 아니었을까.

또 예의를 잃고 난잡해졌던 것은 아니었을까. 시작은 밝았는데 과정이 엉망이 되고 촌스럽게 끝나버린 것이 아닐까.

돌이켜보니 알 수가 없다. 기억나는 것도 불분명하다. 왜 이렇게 된 것인지 알 수가 없다. 이상한 일이 아닐 수 없는 일들뿐이다.

노나라에서 임종할 그 무렵을 떠올리며 돌이켜보는 그의 과거 행적엔 이룬 것도 남은 것도 없다. 「인간세」 마지막에서 부른 한 광인의 노래만 남는 것 같다.

이것들은 두 사람의 밀실에 대한 상상의 끈들이다. 이 기이한 은유의 공간을 발견하면서 이런 것이 과연 가르침일까 하는 생각이 스쳐지나가는 것은 어쩔 수 없는 일이었다.

중니도 이런 말을 한 적이 있었다.

"말하고 싶지 않다[무언(無言)]."

하늘은 말하지 않는다고 했다. 천명과 부득이를 받고 현실 정치판이 아닌 자연과 원유 같은 곳으로 나아갈 마음도 없지 않았으나 말년의 행단(杏壇)이나 그랬을 뿐이었다.

그는 주유하면서 수많은 밀실의 말을 했을 테지만 그 대부분의 말들은 남아 있지 않다. 어떻게 이 하찮은 대화가 남게 되었는지는 알 수가 없다.

이 모든 것이 마냥 픽션일 수는 없을 것이다. 그렇다면 「인간세」는 거대한 장자의 공자 파괴일 것이다. 이것이 정말이라면 정말 놀랄 일이 아닐 수 없다. 대부분 회담과 밀담이 무서운 것은 권력이 세상을 조작하고 음모하기 때문이다.

그래서 인간 사회 속에서도 정치, 외교, 군사, 징세의 권한을 가진 자들이 모여 있는 곳에 덧없는 지혜의 변명과 덕의 위선으로 가득하기 마련이다.

이곳에서도 중니와 섭공의 미묘한 심리 갈등도 보이지만 상대국의 군주와 정세를 파악하기에 여념이 없다. 이 밀실은 장자가 나그네에게 준 선물이다.

여기서 나그네는 두 사람의 낯선 모습을 객관적으로 들여다볼 수 있을 것이다. 장자는 복잡하고 허망한 인간 세상의 모습을 그리며 보여주고 있다. 그러나 그들은 글 속에 갇혀 있어서 자신을 모른다.

중니의 말을 곧이곧대로 들어선 재미가 없다. 아무 말을 하지 않지만 섭공도 속으로 다른 생각을 하고 있었을 것이다. 그가 그리 단순한 현령(縣令)이나 정치꾼이 아니기 때문이다.

장자는 자신의 생각을 드러내지 않았다. 어떤 부류의 인간들을 보여줄 뿐이며 그 나머지에 대한 상상은 나그네의 몫이다. 그것이 이천 년 넘게 전해져왔으니 『칠원서』는 신성한 책이다.

자고는 이 허망한 세상 속에서 특히 장자의 글 속에 있는, 중니를 만난 여러 인간형 가운데 하나의 벼슬아치일 뿐이다. 특별한 인간으로 볼 필요가 없다.

그 밀실에서 중니와 함께 말을 나누었다는 사실이 여기 전개되어 있을 뿐이다. 「인간세」의 글은 장자가 숨겨둔 혹은 감금한 그 둘의 영원한 밀실이 되었다.

말을 다 들어줄 수 있는 사람도 정치도 학문도 없다. 그것을 모두 담아 해결할 수 있는 존재와 도구는 이 우주에 없다. 다 말할 수도 없다. 그저 일부만 기록되고 모든 것은 스쳐 지나갈 뿐이다.

그런데 여기서도 기이하게 장자는 나그네로 하여금 다른 것을 생각하게 만든다. 즉 이곳을 읽고 있으면서도 다른 것들을 기억하고 잊지 않게 한다. 기이한 일이다.

그게 무엇일까. 그것이 과거와 현재 혹은 미래의 무용이 아닐까.

그렇다, 이 글 밖에 있는 모든 사물들이 더 중요한 것들일지 모른다. 종이 역사에 남는 것들은 사실 그것에 달라붙어 있거나 정지한 것들이다.

문자도 그림자도 하루의 빛과 같다. 그 무용한 것들에 부사의한 인간의 그늘이 흔들린다. 그리고 그들이 소위 권력과 중심이라고 하는 것들도 시간 속에 불었던 한 자락의 바람 같다.

장자는 그것을 여기서 말하지 않았지만 나그네는 그것을 찾고 싶다. 즉 말하는 반대쪽의 것들, 그들이 더 매력적인 것 같아 나그네는 늘 두리번거린다.

문득문득 중심들이 사라져버렸다.

그러나 먼 길을 흘러가는 강물이나 그 강 언덕 위에 한 그루 소나무처럼 존재할 뿐이다. 사실은 할 수 있는 일이 아무것도 없다. 줄 수도 없고 받을 수도 없다. 시간과 글의 내용을 따라갈 뿐이다.

소통하고 있지 못하는 것들을 느끼는 것처럼 나그네를 놀라게 하는 것도 없다.

「인간세」는 마치 감옥처럼 거기 있을 뿐이다. 지금까지 몇 차례 그 감옥을 꺼내 읽었을 뿐이다. 아무렇지도 않게 그것을 읽었지만 나그네는 문득 전율 같은 빛이 그 책 속에 지나가는 것을 느껴야 했다.

그러나 누구나 여행에서 얻는 객창감이나 존재의 빛 같은 것이라고 덮어두고 만다.

어떤 오해와 추측

이곳은 이웃나라와 군주에 대한 밀담이 진행되는 곳이다. 그 방은 이미 허실(虛室)이 아니다. 그 방은 어느 누군가의 소란한 마음속 같다.

생백이 가득한 곳이 아니라 말이 가득한 곳이다. 그 방의 벽과 천장은 그 두 사람의 말을 가만히 듣고 있다.

불쾌한 풍경이다. 하지만 장자는 글을 계속 쓰고 있고 나그네는 장자의 글을 읽어간다.

즉 작문과 독서가 동시에 진행된다. 공자와 섭공 외에 필자와 독자가 함께 있다. 이때 만물을 아무도 보는 것 같지 않지만 모든 것이 서로 보고 있다는 것을 느끼게 된다.

이때 나그네의 귀는 그 작품 공간과 이야기에 흥미를 느끼며 그들의 만남 자체와 심리까지 엿들으려 한다. 장자가 나그네에게 그것을 보고 들으라고 하는 것 같다.

나그네가 발견하고 느끼고 싶은 것은 저 소란한 사회의 말이나 욕망이 아니라 벽의 시간이나 팔월의 평야에 가득한 벼와 바람, 빛이라고 해도 좋을 것 같다. 그곳은 그들과는 아무 연고가 없는 듯하다.

폐쇄된 공간 밖의 자연에서 다른 무엇들이 소요하고 있다는 것을 알게 되면서 동시에 어두컴컴한 밀실이 얼마나 괴이한 곳인가를 알고 싶어진다. 그것은 막고야산의 신인이 살던 동굴과는 전혀 다른 정신들의 공간일 것이다.

그때 나그네는 휩쓸리지 않고 함부로 참여하지 않고 동의하지 않는 무용의 마음 곁에 있게 된다. 함부로 자리를 바꾸지 않고 타자에게 가지 않는 것들이 있음을 본다.

문득 이 글 속에 장자가 없다는 것을 말하고 싶은 건지도 모른다. 장자는 이 글을 쓸 땐 책 속에 들어왔다가 집필을 멈출 땐 나가 있었을 것이다. 나그네는 장자의 그 부재를 느끼고 싶어진다.

그 후 누군가의 모든 '나'로부터 그 두 사람의 밀실은 더 어두워졌다. 사라진 모든 존재와 생각들이 보류되는 것 같았다. 그 생각들은 수백 년 전 상수리나무의 푸른 잎을 뒤에 두고 오늘로 오고 있었다.

낮은 사람이 높은 사람에게 말을 계속하는 경우는 드문 일이다. 어려운 일이 있어 섭공이 찾아왔으니 묻고 싶은 것이 무엇이냐고 물어야 하는데 그러지 않았다. 중니는 자신의 생각만 늘어놓는다.

구청복(丘請復)은 공구가 섭공에게 간청하는 것으로 안회의 청행(請行)과 같은 말이다. 가게 해달라, 말하게 해달라, 삼가 말씀 드리고자 한다는 뜻이다.

자기 말을 하게 해달라는 말도 이상한 말이다. 계속 첨언하려 한다.

쓸데없는 것이 쓸데없는 것이 아니라 쓸데 있으려는 것이 쓸데없는 것 같다.

그것은 무조(無詔)와 불교(不敎)를 떠올리게 한다. 가르치지 않는 가르침, 말하지 않는 가르침이 아닌 것들은 인간의 것이 아니다. 자연의 것이다. 중니는 계속 가르치려 한다.

그래서 그의 말은 고민 속에 있는 사람을 살피고 동정하기 위한 말이 아닌 것 같은 착각까지 들게 한다. 길을 열어주는 것이 아니라 오히려 길을 막고 힐문하는 것 같다.

여기서 공구가 섭공에게 정중하게 대하고 있지만 무언가를 팔고 있다는 느낌이 들었다. 중니가 지혜를 팔고 있었던 것일까. 즉 이곳이 말의 지혜의 밀매 장소였을까.

더 나아가 중니는 외교 사신을 밀실에서 배후 조종하고 교사(敎唆)하는 것 같은 느낌이 들기까지 한다. 그럴 리가 있을까.

그러나 독서는 이미 다른 길로 나아가고 책은 다른 길을 내놓은 것일까. 나그네가 요구하는 것은 일종의 재미일 수 있지만 중니가 말(지혜, 방안, 해답지)을 팔러 다니는 사람이라는 생각이 들었다.

어쨌든 구청복(丘請復)은 공자의 다른 일변을 여실하게 보여준다.

양쪽의 시비와 목적, 희노(喜怒), 양희(兩喜), 양노(兩怒), 재앙(災殃), 교투(巧鬪), 양음, 졸음(卒陰), 대지(大至, 허황되게 커져버리는 것) 등 두려운 말들이 튀어나오고 있다.

나그네의 마음을 속일 수는 없다. 이 말들은 모두 중니의 마음속에서 나온 것들이라고 생각하고 다시 읽어야 할 것들이다.

중니는 지금까지 「인간세」에서 인간이 지니고 사용한 최악의 말들을 나열하고 있다. 말은 그 사람의 마음이다. 그는 세상 걱정으로 가득 차 있다.

섭공이 찾아오기 전부터 이런 생각을 늘 하고 있었을 것이다.

안회에게 잡(雜)을 질책했던 중니는 왜 그리 잡하고 걱정이 많은 것일까. 세상과 인간을 위해서일까. 부질없는 일이다. 상대에게 걱정만 주는 '말'들이다.

"천자는 날마다 사해(四海) 안을 생각하되 전전(戰戰)하여도 오직 다스리지 못할까 두려워하였다."

이런 부류의 사람들이 군주였다. 그들은 전쟁광이었다. 당과 인민과 땅을 잃을까 늘 걱정에 사로잡혀 있었을 것이다.

세상을 지나치게 걱정하는 사람들이 많다고 좋은 것도 아니다. 그들이 세상을 자기 것인 양 착각할 수도 있다. 국가의 경우는 더 그런 것 같고 위험 수위도 훨씬 높다.

이런 시비와 목적, 희노(喜怒), 양희(兩喜) 등을 분명하게 구분 짓는 것은 반장자적이다. 장자의 자연은 그 누구의 것이 아니다. 특히 국가의 것이 아니다.

허실생백과 피결(彼闃)이 국가의 것이 아닌 것과 같다. 장자의 어느 말 속에 들어가서 내다보면 중니가 하는 말들의 내용들은 하나같이 위험해 보인다.

이 말들은 물이 파도치는 바다이고 다양한 인간군이 존재하는 현실 사회란 것을 장자식으로 바라보게 된다.

비정치적이고 비실용적이며 반인간적인 말과 존재들의 예외와 무용의 침묵을 잊을 때 밖에 나타난 현실적이고 감각적인 말들이 권력을 가지는 것 같지만 허무하다. 그 허무는 심재 같은 것이 아니라 쓰고 버린 잔재들 같다.

다시 보이는 인간 세상

장자는 여기서 무엇을 말하고 무엇을 숨겼을까. 장자는 언제나 다른 것을 말하고 그 무엇을 지우거나 숨기는 것 같다.

나그네는 더러 그 무엇을 찾고 느끼면서도 단 한번만 지나가는 시간을 헛되이 놓쳐버리며 세월을 보내는 것 같다. 그러나 그때에만 나그네는 자신만의 시간을 가지게 되고 그 안에 있는 것 같다는 생각이 든다.

시간이 가지 않을 때 '나'는 존재하지 않는 것 같다. 안타깝게 생이 마모되어갈 때만 '나'는 존재한다.

아무래도 나그네의 나는 있는 것 같지가 않다.

그는 해가 지는 어느 도시의 골목으로 돌아가는 사람이었고, 아직도 고층 사무실에 남아 있는 남자였다. 모든 변화와 행방이 그 도시 안에 있지만 그것을 모두 아는 자는 없다.

아무리 철저하게 일을 처리한다 해도 장자의 무위 소요를 따라갈 수는 없다. 오후의 지구를 지나가는 시간을 가질 수 없다. 그 순간순간 모든 것은 귀휴한다.

그에겐 어떤 덕도 체제도 없다. 이용도 없다. 그가 무엇을 하든 누구이든 지나가고 있을 뿐이다. 모두 도시 한가운데를 통과한다.

그 생사에겐 어떤 이익도 없다. 손실도 없다. 사실 '나'도 없다. 거대한 도시가 그곳에 있을 뿐이다. 죽음 밖의 도시를 본 적이 없다.

그러면서 한순간도 저쪽이 존재하지 않은 적이 없다. 나그네는 무지에 도착하여 사위를 살펴본다.

포정이 제도이립 위지사고(提刀而立 爲之四顧, 소를 해체한 칼을 손에 든 채 사위를 살피다)한 것과 같다. 그대가 있어 내가 있으니[비피

무아(非彼無我)] 내가 없어야 저쪽도 없어진다.

단지 이렇게 말할 수 있을 것 같다. 이 나그네는 자고가 아니구나. 나는 중니가 아니구나. 너는 어떻게 자고인가. 왜 공자 앞에 가 있는가. 알 수 없는 일이다.

그래도 자고는 괴롭다. 세상이 편하고 아무 일도 일어나지 않는 것 같은데 자고만 괴롭다고 해도 구제할 수가 없다. 그가 어디 있는지조차 모르니까 말이다. 그들은 밀실에 아무도 모르게, 아무에게도 발각되지 않도록 스스로 감추고 있으니 말이다.

그 속에서 중니는 혼자 무언가를 계속 말하고 있다. 실로 골계적이고 진기한 풍경이다. 왠지 단허(端虛)해 보이지 않는다.

이것은 연극 같기도 하다. 자고는 중니 앞에 머리를 조아리고 있고 중니는 자고의 근사지심을 보며 속으로 비웃는지 모른다.

'이 사람아, 이 벼슬아치야, 그것을 왜 나한테 가져와서 털어놓느냐.'

자고에게 무언가 말했지만 아무 소용이 되지 않을 것 같다. 그것은 중니의 일이 아니고 자고의 일이기 때문이다. 마지막으로 떠오르는 것은 이것이다. 자고는 불쌍한 사람이다.

그런데 장자는 이 「인간세」에 있지 않으면서 놀라운 풍자를 전개하고 나그네에게 고발장을 제출한다. 나그네는 수십 년 만에 그 고발장을 확인한다. 아니 이천 수백 년 만에 확인되는 것이기도 하다.

지나온 「제물론」을 기억한다.

"나와 그대는[이여약(我與若)] 시로, 쉽게 알 수가 없네[불능상지야(不能相知也)]. 이렇게 되면 사람들은, 고스란히 그 탐암을, 전해 받게 된다[즉인고수기탐암(則人固受其黮闇)]. 우리는 누구에게 말을, 바르게 하게 할 수 있겠는가[오수사정지(吾誰使正之)]."

송나라의 어느 누항의 다른 시간 속에서 살고 있었을 장자도 현실적으로 궁핍하고 방황하며 떠돌던 시절을 멈추지 않았다. 여든 넘게까지 산 장자에게 얼마나 파랑이 있었을까.

그런 그가 어떻게 이런 어마어마한 상상의 언어를 가지게 되었는지 알 수가 없다. 그 어떤 현실적 언어도 그 앞에선 한낱 농담이나 위선의 티끌에 불과한 것 같다.

그래서 어떤 문장들은 사람이 쓴 것 같지가 않다.

언제나 장자의 글을 읽을 땐 자기 소외의 아름다움과 자유의 가능성을 놓쳐선 안 될 것 같다. 허무가 단순한 허무가 아니고 소외와 방관이 단순한 소외와 방관이 아니다. 섬뜩하고 정치적이다.

그것을 감히 애인(愛人)이라 사랑이라 말하기는 낯 뜨겁다.

암시가 밝혀지지 않은 채 2,400여 년 뒤에까지 장자의 글이 품은 탐암(黮闇)과 밀약은 기묘할 뿐이다.

말

이곳에 등장하는 공자는 이런 말을 한 적이 있다.

"정나라에선 외교 문서를 작성할 때 비심(裨諶)이 기초를 만들었고 세숙(世叔)이 그것을 검토하고 그것은 실무자인 행인(行人) 자우(子羽)가 수식하고 동리(東里) 자산(子産)이 마지막으로 윤색을 했다."

즉 외교 문서를 네 사람이 썼다. 그만큼 과거와 현재, 미래를 동시에 생각하고 사안과 상대국 그리고 그 주변국까지 고려해야 하는 어려운 글이 외교 문서 즉 사령(辭令)이다.

단어 하나가 빌미가 되어 전쟁이 일어날 수도 있고 만사가 해결될 수도 있는 것이 외교의 사령이고 중책이다.

참 도움이란 뜻을 지닌 비심은 정나라 대부라고만 알려져 있다. 세숙은 세상의 아재비란 뜻이다. 성은 유(游), 이름은 길(吉), 자는 태숙(太叔).

그는 강대국 초나라와 진나라 사이에서 외교로 전란을 피한 유명한 사신으로 이름을 남겼다. 특히 자산(子産)의 뒤를 이어 40여 년간 집정했다. 그가 죽었을 때 공자가 눈물을 흘렸다고 한다.

그 당시 정나라엔 연못 등에 갈대가 무성했는데 그곳에 주로 도둑떼들이 은거하여 암약했다. 세숙이 그들을 모두 죽였다고 한다. 공을 세웠지만 그들에게 살아갈 수 있는 길을 열어주지는 못했다.

사람을 죽인 자는 사람을 죽인 자일 뿐이다.

행인(行人, 외교 업무를 관장하는 관직) 자우(子羽, 깃의 아들)는 대부 공손휘(公孫揮)의 아들이고 동리는 자산이 살았던 마을 이름이다.

자산은 진(晉), 초(超) 등의 강대국 사이에서 외교에 능했으며 농지를 정리하고 국가재정을 강화했다. 인습적 귀족법을 없애고 중국 최초의 성문법을 만들기도 했다.

그는 '천도는 멀고 인도는 가깝다'는 명언을 남겼다. 이로 보아 그도 이상적 국가를 만들고 싶었지만 뜻대로 되지 않았던 모양이다.

이상을 실현하면서 독재자가 되는 경우가 많다. 특히 자기 이상과 희망만을 강요하고 독촉하는 자들은 어느 분야에서나 독재자가 된다.

"백성을 사랑히는 것은 백싱을 해치는 시삭[애민해민지시아(愛民害民之始也)]"이라는 장자의 말이 문득 달처럼 떠오른다.

또 <잡편> 「서무귀(徐无鬼)」에서 설결(齧缺)이 허유에게 "어디로 가느냐"고 묻자 "요로부터 도망가고 있다[장도요(將逃堯)]"고 말했다.

이어 허유는 이런 말을 남겼다.

"저 요(堯)가 어진 일을 열심히 하는 것 같지만 천하의 웃음거리가 될 것이 두렵소. 훗날에 사람과 사람이 서로 물어뜯게 될 것이오."

도대체 이 무슨 해괴한 말인가.

공자가 만 스물아홉이 되었을 때 자산이 죽었다. 그때 공자가 역시 눈물을 흘렸다고 한다. 그 눈물은 사마우(司馬牛)에게 공자가 말한 인(訒, 말더듬, 말을 참음)이었을지 모른다.

꿈과 죽음은 막을 수 없다. 그 안에서 우리는 고통하며 몸부림치고 그리고 사라지지만 후대들이 다시 꿈을 꾼다. 꿈이 수렁이 되는 경우가 많다.

우리가 사는 곳이라고 해서 그곳이 반드시 희망이 가득한 곳이어야 하는 것도 아니고 본래부터 그런 곳도 아니었다.

사람들은 각자 자기 진실을 위해 싸운다고 믿을 것이다. 혹은 진실이라고 믿었던 것들 때문에 사람을 죽이고 스스로 죽임을 당한다. 나라를 지나치게 사랑한다거나 집착하는 자들 또한 위험한 사람들이다.

섭공자고가 사신으로 가게 된 제나라의 경공(景公)은 58년간(기이하게도 이 재위 기간은 공자가 출생해서부터 58세가 되던 해까지였다) 통치했다.

공자는 경공이 말 사 천 필을 가지고 있었지만 그가 죽던 날 아무도 그가 덕이 있다고 칭송하지 않았다고 한다. 백이와 숙제는 수양산 아래에서 굶주렸지만 사람들은 그들을 칭송했다.

공자는 "말이란 하고자 하는 내용을 전달하면 그만이다[사달이이의(辭達而已矣)]"라고 했다.

그렇게 간단할까. 전달하는 것으로 끝난다면 무슨 걱정과 후환이 있을까. 저승사자는 죽을 사람에게 죽음의 영장을 전달하면 그만이지만 인간은 그럴 수가 없다.

말은 대단히 복잡한 인간의 총체성 같은 것이다. 인간은 자신들이 쓰고 있는 그 말을 해석하려면 아직도 먼 것 같다. 그 말이 무엇인지 아는 사람은 없는 것 같다.

더구나 남의 말을 가지고 가는 것은 그 사람을 가지고 가는 것과 다르지 않기 때문에 더 어렵다. 문제는 말을 전달하는 것이 아니라 그 말의 내용을 해결하는 것이다.

공자도 세상을 피하고 싶은 마음이 없진 않았지만 그럴 뿐이었다. 그는 "현명한 사람은 세상을 피하고[현자피세(賢者辟世)] 그 다음은 지역을 피하고[피지(辟地)] 그 다음은 사람을 피하고[피색(辟色)] 그 다음은 말을 피한다[피언(辟言)]"고 했다.

이 사피(四辟)엔 흔들리고 소외된 공자의 마음이 있다. 달리 보면 자기 이상과 마음을 알아주지 않는 군주들에 대한 연민의 정을 표한 것이기도 한 것 같다.

그 피(辟) 자엔 선택권과 의지가 있다. 국가와 사회, 지역, 사람, 말 등 모두 내가 지킬 수 있는 것이 아니다. 떠나고 나면 누구나 그 나라와 그 지역, 그 사람들 속에 없게 된다.

그 누구도 억지로, 좋아하고 마음 붙이고 한곳에서 살라고 강요할 수 없다. 사람들은 그 세지색언(世地色言)에 묶여 살아간다.

말이 말 자신을 본다는 것은 불가능하다. 설령 그 말이 말을 본다면 그 말은 매우 흉측하고 우스꽝스러울 것이다.

말을 본다는 것은 내가 나의 내장을 어깨 앞에 걸어놓고 내려다보며 사는 것과 같은 것이 아닐까. 말은 그냥 뱃속에 넣고 사는 것이 좋지 않을까.

천하 통치는 헛된 짓이다. 사람들을 다스리는 일이 그렇다. 한 나라를 걱정하는 것보다 한 인간에게 돌아가는 것이 더 진실하다.

모든 인간을 위한다고 말하는 자들의 말은 믿을 것이 못 된다.

나그네가 굳이 관여할 바는 아니지만 권력과 국가는 어떤 형태로든 감시하고 통제해야 하는 골치 아픈 대상이자 존재인 것만은 분명한 것 같다. 권력을 믿는 자들은 대부분 재앙으로 굴러떨어진다.

한 사람도 해결할 수 없이 복잡한데 다른 나라로 말을 가지고 가야 하는 사람은 어떨까. 섭공자고는 중니로부터 벌써 음양의 재앙을 받았다.

섭공에게 이렇게 말할 수밖에 없을 것 같다. 그대에게 그대의 나라가 있기 때문이다. 군주가 그대에게 봉록을 공으로 주는 것이 아니다. 그런 일을 하라고 주는 것이다.

12. 말의 풍파와 승물유심(乘物遊心)

"대저 말이란 것은, 풍파입니다. 행함이란 것엔, 득실이 있습니다. 풍파는 움직이기 쉽고, 득실은 위험해지기 쉽습니다. 그러므로 화를 만들 까닭이 없습니다. 말은 교묘하게 꾸며지고, 구실은 한쪽으로 치우칩니다. 짐승은 죽을 때, 울음을 가리지 않고, 숨을 거칠게 몰아쉽니다. 여기서 사나운 마음이, 같이 생깁니다. 준엄함이 극에 달하면, 반드시 좋지 않은 마음을 가지고, 응하긴 하지만, 그렇게 되는 것을, 알지 못합니다. 참으로, 그러한 것을 알지 못한다면, 어찌 그 결말을 알 수 있겠습니까. 그러므로 법언에, 훈령을 고치지 말고, 성취를 강요하지 말라고 했습니다. 도가 지나치면, 보태게 되어 영을 고치게 되고, 성취를 강요하여, 일이 위태로워집니다. 좋은 일은, 오랜 기다림이 있어야 하고, 나쁜 것은, 고치기가 어렵습니다. 조심해야 하지, 않겠습니까. 그럼에도 불구하고, 마음을 노닐게 함으로써, 만물을 올라탑니다. 어쩔 수 없음에 의탁하고, '안'을 다스리면, 지극입니다. 어찌 보고를 꾸며, 만들겠습니까. 명을 전하는 것 외는 없습다. 그것이 그, 어려운 것입니다."

□ 원문(原文)

夫言者風波也 行者實喪也 風波易以動 實喪易以危 故忿設無
由 巧言偏辭 獸死不擇音 氣息茀然 於是並生心厲 剋核太至 則
必有不肖之心應之 而不知其然也 苟爲不知其然也 孰知其所終
故法言曰 無遷令 無勸成 過度益也 遷令勸成殆事 美成在久 惡
成不及改 可不愼與 且夫乘物以遊心 託不得已 以養中 至矣 何
作爲報也 莫若爲致命 此其難者

▌ 얻음 實실. │ 잃음 喪상. │ 以이 인(因)의 뜻. │ 위태롭게 할 危위. │ 만듦
設설. │ 까닭 由유. │ 교언巧言 말이 정밀하다. │ 치우칠 偏편 구실, 핑계 辭사.
│ 풀숲, 덤불 茀불. │ 기식불연氣息茀然 기식(氣息)은 숨, 호흡. │ 茀然은 숨
쉬는 모양의 발연이 아니라 덤불 모양으로 뒤엉킨 모양의 불연임. │ 사나울
려厲. │ 심려心厲는 마음이 포악한 것. │ 극핵剋核 엄함. │ 대지大至 커지다,
태(太)를 쓰기도 함. │ ~ 때에는, 곧 즉則. │ 불초지심不肖之心 나쁜 마음.
│ 참으로 苟구. │ 바꿀 遷천. │ 훈령 令영. │ 권할 勸권 강권(强勸). │ 보탤
익益. │ 오래 기다릴 久구. │ 불급不及 미치지 못함. │ 조심할 愼신. │ 그러함에도
차且. │ 탈, 오를 乘승. │ 유심遊心 마음을 노닐게 하다. │ 의지할 託탁. │
(과불급이 없는) 중용의 도, 마음 中중. │ 양중養中 안(마음)을 다스리다, 키우다.
│ 지의至矣 지극하다. │ 작위作爲 꾸며 만들다. │ 그 밖에 또 若약. │ 치명致命
명령을 전하다, 천명이 있는 한 있는 힘을 다하다, 목숨을 바치다.

무서운 말들

행자실상야(行者實喪也)는 보통 두 가지로 해석되었다.

하나는 "말이란 바람이나 물결과 같습니다. 행실에는 득실이 있습니다." 또 하나는 "말은 풍파를 일으키고 행실은 성공과 실패를 가릅니다."

앞의 문장은 별 문제가 없다. 공통적으로 "대저 말은 풍파입니다"로 번역되어 있다.

문제는 '행실(實喪)'에 있다. 실상(實喪)을 득실(得失)로 보느냐 실(實)의 상(喪, 잃음)으로 보느냐의 차이이다.

이 실(實)은 사신이 결코 빼앗겨선 안 되는 자국의 대의와 실리(實利) 같은 것이다. 그것을 잃으면 점점 회담이 위험해지고 실패하기 쉽다. 틀린 말이 아니다.

그렇다고 실상(實喪)을 득실로 본다고 해서 꼭 틀린 말도 아니다. 외교 회담에서 실만 챙길 수 없다. 잃음도 있다. 상대가 있기 때문이다.

이 두 문장을 대조적으로 볼 필요가 있다. 앞의 언(言)은 뒤의 행(行)과 대비가 된다. 그리고 풍파와 실상이 또 대조가 된다.

여기서 실상을 실(참)의 잃음으로 본 것은 곽상[郭象, 252-312]의 주(注)를 따른 것이고, 실상을 득실로 보는 것은 곽경번(郭慶藩)의 해석(解釋)에 따른 것으로 보인다.

문자 대비와 글자 수로 볼 때 곽경번의 해석이 타당해 보인다. 풍파에 비유된 말을 실상 즉 득실로 보고 그것들이 '움직이기 쉬움[이이동(易以動)]'과 '위태로움의 쉬움[이이위(易以危)]'으로 만난다고 보면 무리가 없을 듯하다.

사소한 것을 잃지 않으려고 중한 것을 빼앗길 수는 없지만 상대가 그 중한 것을 가지고자 할 땐 어떻게 해야 할까. 그것을 주고 상대방의 중요한 것을 달라고 해야 하는가.

서로에게 중요한 것은 요구해서는 안 되는 것일까.

사람이 만나는 순간에 바람이 불고 물결이 치기 시작한다. 회담은 두 나라가 말로 하는 씨름이다. 그러나 한쪽이 자신들의 중요한 것을 내주지 않고 다른 쪽의 중요한 것만 내놓길 바란다면 회담은 결렬될 것이다.

상대방의 약점과 결핍, 바라는 것을 담보로 압박하고 그 나라를 묶으려 할지 모른다. 한번 묶이고 밀리면 그 나라에 예속되기 쉽고 계속 불리해진다.

외교 회담은 정보와 지혜의 싸움이다. 동시에 자국 정부와 국민의 자존심에 상해를 입게 해선 성공한 회담이라고 할 수 없다. 양보할 수 없는 것, 요구할 수 없는 것을 안건으로 상정하는 것 자체부터가 위험한 일이다.

얻는 것이 있으면 잃는 것이 있을 것이다. 말이 시작되는 순간에 풍파는 일고 구체적인 실정과 현안이 거론되면서 격론이 벌어질 수도 있다.

경고 다음에는 제재(制裁)가 시작되고 볼모를 당하고 나중엔 전쟁이 일어날 수도 있다.

하지만 세상에는 두 나라만 있지 않다. 한 나라를 지나치게 압박하면 그 나라는 다른 상대국을 찾아 비밀 외교를 펼칠 수 있다.

정나라의 자산 같은 사람이 강대국 사이에서 자국을 존립시켰다. 열국이 서로 얽혀 있는 전국시대에 합종연횡 같은 것이 발생한 것도 외교 속에서 살아남기 위한 술책이었다.

결국 서로 배반하며 깨어지고 말았지만 퇴로를 인정하지 않는 대화는 서로 위험을 안게 한다. 그리고 날카로운 대립은 서로에게 상처와 불신을 주게 된다.

두 강대국이 싸울 때 어느 편에 설 것인가. 전세가 불리해진 나라를 버린다고 모든 문제가 해결되는 것은 아니다. 그 건너편에 있는 다른 강대국이 이기고 있는 나라의 후방을 공격할 수 있다.

바람이 불고 물결이 치는 중원이나 인간 세상에서 흔들리지 않는 인간과 체제는 없었을 것이다. 개인 사이와 나라 사이가 다를 것이 없다. 인간 세상의 만사는 서로 협상해서 처리하는 길과 충돌하고 싸우는 길이 있을 뿐이다.

재앙을 피하기 위해 "말은 교묘하게 꾸며지고, 구실은 한쪽으로 치우치게[교언편사(巧言偏辭)]" 된다. 결국 안에서 화가 생기고 밖에서 재앙이 찾아올 수 있다.

살아갈 길이 전혀 없을 때, 말의 길을 막을 때, 상대를 옥죄기만 할 때 국가도 인간도 사신도 반발하게 된다. 그것은 결국 압박하는 국가에게도 득 될 것이 없다.

강대국이 약소국을 억압하는 것을 장자는 이렇게 표현한 것 같다.

"짐승은 죽을 때, 울음을 가리지 않고[수사불택음(獸死不擇音)], 숨을 거칠게 몰아쉬고[기식불연(氣息茀然)], 사나운 마음이, 같이 생긴다[병생심려(並生心厲)]."

나라 사이에서도 이런 일이 일어나면 결국 테러와 전쟁이 벌어질 수 있다. 동물이 죽기 직전에 그 붙어 있는 자신의 생명을 지키기 위해 울부짖는 일들이 인간 사회에서도 수도 없이 벌어졌을 것이다. 그 자체가 비참함과 공포이다.

극핵태지(剋核太至)란 상대에게 가하는 지나친 준엄함이다. 그 다음에 반드시 주체할 수 없는 좋지 않은 마음[불초지심(不肖之心), 분노

혹은 저주와 복수]을 낳게 된다.

어리석은 것은 이런 사실을 그들이 알지 못한다[부지기연(不知其然)]는 사실에 있다.

장자의 말

'부언자풍파야(夫言者風波也)'를 유심히 들여다보면 그 문장 앞에 희미하게 장자란 이름이 보이는 것 같았다.

중니가 하는 말들 중에서 어떤 말은 장자가 하는 말로 읽어야 재미가 있고 또 어떤 말은 정말 중니가 하는 말로 읽어야 재미가 있다.

중니가 하는 말이란 모두 장자가 쓴 글이다. 장자가 하고자 하는 말을 중니가 하고 있다.

그렇더라도 다 그가 한 말이 아닌 것 같다. 어떤 문장은 정말 중니가 말한 것으로 읽어야 장자 문장이 기이해진다. 마치 공자 속에 장자가 들어앉아 있는 것 같다.

공자는 장자의 말을 지시대로 하는 것 같다. 실로 기이한 문장이 아닐 수 없다.

이 글들을 사실대로 읽는다면 장자에 대한 오해가 있을 수 있다. 그런데 그것은 장자가 의도한 수사일 것이다. 장자는 나그네가 외피를 의심하길 바랐던 것 같다.

또 장자의 말이라고 해서 중니의 말과 비슷한 것이 없는 것도 아니다.

장자의 비판은 직유를 버리고 은유를 선택한다. 이런 말법이 춘추전국시대 이전부터 있었던 것이 아닐까 싶다.

장자의 언어는 제국의 다른 문법과 구별된다. 대부분 사상가들의 언어는 사람을 구속하는데 장자의 말은 그 반대로 향해갔다. 그의 말이 간 곳을 시간은 아직도 따라잡지 못했다.

어떤 경우는 장자의 말 같지 않은 세속적 발상을 통해서 장자가 인간적이라는 생각을 하게 된다. 역으로 읽게 만들기도 한다.

그래서 '장자가 지금 공자에게 이렇게 말하게 한다'란 문장이 모든 문장 속에 숨어 있는 것 같다.

그 당시에 오해와 비난이 쏟아졌을 텐데 변명과 지문, 주 하나 달지 않았으니 장자는 대담하다. 그의 글은 아주 커다란 오해를 무릅쓰고 있고, 스스로 작품으로서 존재한다. 커다란 은폐(隱蔽)를 선택한 사상이자 문학이다.

그 시대를 통째로 부정하면서 어떤 내면에서 이 집필의 기획이 가능했는지 알 길이 없다. 주류 속에 있었던 영민한 사상가들은 장자를 무시하거나 공상가 정도로 취급하지 않았을까.

칠 편의 『칠원서』가 혹시 비밀리에 읽혔거나 제작되지는 않았는지 의문투성이이다.

수천 명의 공자 제자들이 『칠원서』를 두고 보기만 했을까. 장자 사후에 그 책이 어떻게 떠돌아다녔을까. 제자 몇몇이 『칠원서』를 가지고 아주 먼 지방과 깊은 산속으로 숨었던 건 아닐까.

아무도 그 책을 찾을 수 없게 되면서 오늘날까지 살아남았는지도 모른다. 진시황제 같은 인물이 특히 도척 같은 인간형이 그려져 있는 『칠원서』를 분서 제 일책으로 분류했을 법하다.

그들은 장자의 모든 저서를 분서했다고 믿었을 것이다. 그러나 일부의 것은 사라지고 없지만 어떤 연유에서인지 『칠원서』 전체가 불타지는 않았던 것 같다.

장자의 <외편(外篇)>과 <잡편(雜篇)>이 장자가 직접 쓴 것이 아니고 전국 말이나 한 초(漢初)에 완성되었다는 일설도 있지만 분명 <내편>(필자가 『칠원서』라고 이름 붙인 장자의 칠 편)은 진시황의 분서 시대를 거친 책일 것이다.

이 세상에 『칠원서』가 없다는 것은 상상할 수 없다. 이 책이 없다면 인류의 정신사에 일곱 권의 책이 없는 것만큼 공허했을 것이다.

그 후 누가 대붕(大鵬)의 비상을 쓸 수 있고 대종사(大宗師)와 진인을 창조할 수 있고 혼돈(渾沌, 흐리고 어두움)을 말할 수 있었을까.

『칠원서』는 인류의 위대한 사상을 담은 최고의 문학 작품이다.

어느 시대든 어느 누구든 장자를 따라갈 수는 없는 것 같다. 계속 지연되는 생과 미끄러지는 시간 속에서 장자의 글만이 저쪽에 앞서 가고 있다.

그는 항상 우리 속에 있으면서 저 밖 다른 시간 속에 있다. 나그네는 그것이 늘 기이하게 느껴졌다.

그는 이쪽을 망연히 꿈인 듯 바라보고 있다. 언제나 우리가 처해 있는 공간은 변해가고 시간은 지나간다.

『논어』는 표준적이고 딱딱한 말들로 가득 차 있다. 그래서인지 왕태, 신도가, 숙산무지 같은 괴이한 불구자들의 인물은 한 사람도 등장하지 않는다.

공자와 그 제자들이 그들을 보지 못했거나 그들의 눈에 보이지 않았다. 아니면 보여도 보지 않았을 것이다. 더구나 글로 쓸 필요를 전혀 느끼지 못했을 것이다.

그들이 보이지 않는 곳에서 정치 담론을 하고 돌아다녔을 것이다. 그들은 군주를 따라다니고 군자를 모방한 사람들이었다.

이런 면에서 나그네는 『논어』의 독자는 아닌 것 같다. 『칠원서』와

『논어』는 서로 비교할 책이 아니다. 특히 후자는 나이가 좀 들면서부터 통 재미가 없어지고 말았다.

말은 풍파

말은 바람과 물결을 일으킨다. 대저(大抵)란 모두 그렇다는 말이 아니라 대부분이 그렇다는 뜻이다. 말의 당사자뿐 아니라 그 말과 관련된 사물들에게 풍파가 인다.

말을 하면 안에서 무언가 빠져나간다. 안에 숨어 있는 혼이나 아름다운 무늬, 비밀, 어둠 같은 것들이 빠져나가는 것 같다.

말을 시작하면 바람이 불고 물이 흔들린다. 호수는 온통 물결로 가득해지고 대상을 비추지 못해 피차(彼此)는 차단되고 불통된다.

이 바람은 멀리서 들려오는, 혼자서 듣던 「제물론」의 요료(蓼蓼)한 바람소리를 떠올리게 한다. 작은 바람엔, 곧장 작게 조화하고, 회오리바람엔, 곧장 크게 조화한다[냉풍즉소화(冷風則小和) 표풍즉대화(飄風則大和)]. 말은 온 세상을 흔든다.

그 말은 보이지 않는다. 물결만 남아 흔들린다. 그런데 그의 입에서 계속 봇물 터지듯, 분노하듯 말이 터져 나온다면 그 호수는 밖으로 나와 세상을 뒤덮을지 모른다.

멀리서나 가까이서나 그 말하는 사람을 보고 있으면 기괴하다는 생각을 떨쳐버릴 수가 없다. 말은 그림자도 없고 색도 없고 모양도 없다. 입안에서 나와 공기 속으로 건너간다.

그 말의 주변에 있는 사람들이 모두 듣는다. 말은 모두 사람들의 마음속으로 들어간다. 조용히 사라지기도 하고 심하게 작동하기도 한다. 무서운 그림자이다.

그 사라지는 말이 어째서 그토록 커다란 힘을 가지고 있는 것일까. 말에 대해 뇌는 즉각적인 반응을 일으킨다. 소의 거대한 내장 속에 가득한 공생미생물처럼 움직인다.

말이란 무엇인가. 알 수 없는 존재이다. 세상은 말로 움직인다. 사실 장자의 전편도 말의 책이다. 어리석게 말하자면 말은 귀신과 같다. 또 만물, 만상과 같다.

그런데 말을 하지 않는 것이 말을 하는 것보다 좋은 것 같다. 말이 넘쳐나는 세계에서 일야(日夜)의 침묵은 말을 피하고 말이 없는 곳으로 이동한다. 후회가 되지 않는 말은 없는 것 같다.

그 순간순간 커다란 상실감과 후회가 생긴다. 말을 할 때 그 말들이 아깝다는 생각이 들지만 말을 하지 않을 수가 없다. 입은 말을 하라고 무참히 열려 있기 때문일까.

말은 기쁨을 주기도 하지만 시비가 되고 비평이 되고 흠집이 되기도 한다. 또 재앙이 되는 경우도 있다.

말에는 그 말하는 사람의 모든 것이 묻어난다. 장자에게 말은 도 다음의 것이다(「제물론」). 사람은 도를 밖으로 나타내지 못하고 도는 밖으로 나오지 않는다고 한다. 숨어 있는 무엇[도은(道隱)]이다.

이처럼 말도 자기 안에 조용한 자기 생령을 따로 가지고 있는 것이 아름다워 보인다. 그래서 말을 하는 것은 늘 위험하다. 조용함과 아름다움이 갑자기 사라질 수도 있기 때문이다.

오랫동안 마음에 있는 말이 있을 것이다. 의도와 목적, 이용이 아닌 그 '말'은 사실 사람을 움직이고 세상을 바꾸려 하지 않을 것이다. 나그네는 그 말을 생각하지만 떠오르지 않았다.

침묵으로만 존재하고 싶은 말이 있을 것이다. 저 어느 길가의 상수리나무처럼. 문득 바로 그 말이 숨어 있는 곳이 장자가 말한 그 결이며 허실생백이 아니었을까 하는 생각이 들기도 한다.

움직인 적 없는 동북아의 작은 하늘처럼 늘 우리 주위에 있으나 정말 인식한 적 없이 스쳐간 빗방울이나 눈송이 같은 말들은 없는 것일까.

본래 말은 해서는 안 되는 것이 아니었을까. 스스로 알 수 없는 질문을 던지고 그것을 알려고 한다. 말하지 않으려고 애쓰는 사람처럼. 그때만이 어둠 속의 상현달과 능선과 먼 도시를 보는 것 같다.

사람들과 함께 있을 때 그들의 입을 쳐다볼 때가 있었다. 가급적 말을 물고 있길 바라지만 생각지도 않은 순간 이미 말은 밖으로 나가 있었다.

벌써 마음이 흥분되고 끝없는 기억과 앎이 움직인다.

그것들은 상상할 수 없을 정도로 서로 빠르게 움직인다. 문득 무섭다는 생각이 들기도 한다. 얼굴 앞에 나 있는 입으로 하는 말이란 것이 기괴하다는 것을 다시 느끼게 된다.

여기서 나그네는 놀랐다. 중니가 궁궐의 말들을 하고 있다는 생각이 들었다. 중니가 섭공에게 경고를 하는 것 같다.

"훈령을 고치지 말고[무천령(無遷令)], 성취를 강요하지 말래[무권성(無勸成)]"는 말은 섭공이 그리하지 않은 걸 지적하는 것 같다.

생각할수록 기이한 풍경과 말들이다. 섭공은 어떤 문제가 있는 인물처럼 여겨지기도 하지만 그는 중앙과 연결되어 있는 인물이다.

중니가 섭공에게 구치하게 술 마시는 법까지 말해주는 지나친 친절을 보이는 것은 의심을 낳을 만하다. 중니가 섭공자고와 술을 자주 마셨던 것이 아닐까.

하지만 매우 두렵다[심률(甚慄)]고 고백한 자에게 별말을 다 한다는

226

생각이 든다. 교투(巧鬪), 편사, 극핵, 실언, 공포심 조장 등 이미 말의 풍파가 일어나고 말았다.

중니는 말을 잘하는 사람이 아닌 것 같다. 촌평(寸評)을 하자면 그에게는 하지 않은 말, 하지 못한 말이 없었다.

나그네는 섭공이 돌아간 뒤 중니가 혼자 남은 방에서 후회했을지 모른다는 생각이 들었다. 무슨 말들을 했는지 복기(復棋)했을까.

공포의 말

짐승이 죽을 때는 울음을 가리지 않고 숨을 거칠게 몰아쉰다[기식불연(氣息茀然)]는 것은 공포의 말이다.

왜 이런 험한 말을 지인에게 해주는 것일까. 섭공이 그 짐승인가. 비유를 꼭 이런 식으로 해야 하는 것일까. 공자란 사람이 그런 사람이었을까. 그렇다면 마음과 입이 험한 사람이다.

짐승이 죽을 때 내는 사나운 울음의 저항은 짐승이 자기 죽음을 알고, 죽지 않으려고 자신을 죽이려는 사람에게 포악한 마음[심려(心厲)]을 내는 마지막 발버둥이다. 그 마음은 얼마나 극한적일까.

자신을 죽이는 자에게 공포만큼의 저주를 퍼부었을 것이다. 시뻘건 눈에 이빨을 드러낸 채 발톱을 세우고 털을 곤두세우며 바위처럼 딱딱해졌을 것이다.

제나라에 사신으로 가야 하는 섭공에게 해주는 말 치고는 너무나 고약한 말이다. 섭공이 공자의 말을 제대로 들었을까. 정신이 혼미했을 것 같다. 섭공의 환(患)에 재(災)를 뿌리는 격이다.

그야말로 병생심려(並生心厲, 사나운 마음)의 말이자 불초지심(不肖

之心, 좋지 않은 마음)의 말이다. 섭공을 짐승 죽이듯이[수사(獸死)]
하고 기식불연(氣息茀然)으로 죽어간다는 말인가.

섭공이 그토록 마음에 들지 않았던 것일까. 과대황장(過大皇張)에
피해망상이 아닐까. 경우가 없고 가혹하기만 하다.

포악한 군주라도 사신을 이런 식으로까지 몰아붙일 수는 없는 일이
다. 중니는 지나치게 과장되게 말하고 있다. 자신이 섭공에게 한 말
그대로 과도(過度)하고 익(益)했다.

자고는 공포와 불안이 극에 다다랐을 것이다. 공자 자신이 기식불연
한 적이 있었던 기억을 환기한 것일까. 왕이란 그렇게 무서운 존재란
말일까.

적지로 떠나는 사람에게 주는 용기와 지혜의 말이 아니라 독약과
같은 말이다. 묘사되지 않았지만 섭공은 악담을 복약(服藥)한 모습으
로 다가온다.

극핵(極核)과 불초(不肖)를 우려하는 말이 극핵과 불초가 되었다.
과연 자고는 무엇을 얻었고 자고는 중니를 어떻게 생각했을까. 절망감
만 안고 돌아가지 않았을까.

제나라에서 중니에게 무슨 일이 있었던 것일까. 섭공이 중니에게
제나라로 동행하자고 청하길 바라는 것일까.

해방의 말

잡해지면 잡다해지고 그러면 걱정거리가 생기고 걱정거리가 생기
면 혼란스러워지고 그러면 아무도 구제할 수가 없게 된다.

장자는 사람들에게 어떤 상황에서도 사물과 노니는 것을 잊지 말기

를 바란다. 이 놀고 또 놀라는 오유(遨遊, 즐겁게 놂)는 우리를 편케 해준다. 모든 책무를 자연과 부득이에 맡긴다.

섭공은 섭공이고 중니는 중니일 뿐이다. 독자는 독자고 나그네는 나그네일 뿐이다. 고대는 고대고 지금은 지금일 뿐이다. 멀리서 나그네는 그들을 읽고 지나갈 뿐이다.

그러나 그 다른 자아가 다른 나였다는 것이 기억되는 것만 같다. 또 지금이 아니었던 과거는 없다는 것에 나그네는 자유롭지 못하다.

누가 해를 띄우는 것이 아니라 해는 스스로 동해에 떠오른다. 해는 밤이 다 지나가야 동해 수평선에 찾아온다.

스스로 일어나는 다리만이 다시 자신의 다리로 일어나 그 다리로 걸어갈 수 있다. 스스로 깨달아 걸어야 자기 걸음이다.

유심(遊心)은 생의 귀휴(歸休)를 선물한다. 쓸데없이 이곳저곳 돌아다녀봐야 귀휴만 못하고 이 사람 저 사람 만나고 다녀봐야 승물(乘物)만 못하다. 자기 몸 하나에서 우주 자연의 숨결을 불러들인다.

마음과 언어의 승물유심.

장자의 성어(成語) 중에 나그네가 가장 좋아하는 말 중 하나이다. 두려워하지 말자. 만물을 마음대로 가지고 놀 줄 아는 마음이 있다.

그 아무래도 쓸 수가 없을 것 같은 마음을 쓰고자 한다. 그러지 못하면 하늘의 달이 정말 쓸모없는 것이 되고 말지도 모른다.

쓸쓸해하고 절망에 빠진 친구에게 장자는 마음의 편지를 보내면서 그대 집 하늘에 와 있는 그 무용의 달과 놀기를 바라지 않았을까. 장자는 친구가 찾아오지 않았던 바로 그 사람이었을 것이다.

장자는 그만을 생각하면서도 우주와 구름과 현실을 소요하는 데 부족함을 느끼지 않았을 것이다. 장자의 거울에는 늘 절뚝이는 한 생의 나그네가 보이지 않았을까.

그에겐 정말 가까이 가고 싶어지는 바람 같은 고독과 무언, 쓸쓸함이 있었던 것 같다. 그에게 부족한 시간은 없었을 것 같다.

승물(乘物). 이 말처럼 멋지고 자유로운 말이 없다. 「제물론」의 방일월(旁日月)과 협우주(挾宇宙)가 그것이다. 마음을 그것들과 노닐게 하는 것은 최상의 경지로서 자기 생에 대한 여가이다.

그 어떤 사람이나 그 '늚의 자유와 도'를 가지고 있어야 하고 가질수 있어야 한다.

소요는 소유가 아니듯이 승물도 소유가 아니다. 마음도 사용하고 버릴 수 있는 존재가 아니다. 마음은 사실 나의 것도 아니다. 사실 내가 그 마음에 붙어 있는 것인지 모른다.

사람들은 그것을 의지대로 할 수 있는 것이라고 여긴다.

이 승(乘) 자엔 올라탄다, 올라가 손질한다는 뜻도 있고 유(遊) 자엔 나그네가 되다, 한 세월을 보내다, 아무 일도 시키지 않고 마음을 노닐게 한다는 과분한 뜻도 있다.

내가 언제 나의 마음을 아무 일도 하지 않게 하고 쉬도록 휴가를 준 적이 있었던가. 평생 혹사만 시켰던 것 같다. 아니 마음이 있는지도 몰랐던 것 같다. 버려진 마음이 아닐까.

장자의 유심과 소요라는 말에서 시작해 모든 말이 끝나도 여한이 있을 것 같지가 않고 꿈도 더 필요하지 않을 것 같다. 그것만으로도 배를 띄울 물은 깊고도 이미 드넓다.

무애의 바다로 나간 느낌이다.

더 바랄 것이 없는 마음, 한없는 즐거움, 천변만화, 구만리장천을 날아도 결코 심심하지 않을, 무궁한 마음. 그곳이 장자의 나라 같다.

마음은 중(中, 마음을 관통한 모양의 글자, 이 중 자는 여자란 설도 있다)이다. 그 마음은 꿰어 있어서 빠지지 않는다. 장자는 마음에 머무르는 최상의 거처에 있다. 그 마음은 남의 마음이 아니다. 자신의 마음이다.

만물에 올라서게 하고 그 마음을 놀게 하는 것은 소유와 소비가 아니다. 알 길 없는 즐거움의 생육이다. 죽음과 종말이 두렵지 않은 순환의 여행이기도 하다.

나 아닌 대상을 지배하고 소유하기 위한 승물유심이 아니고 스스로 타자와 자연이 함께 자유롭기 위한 병유(竝遊, 함께 자유롭게 노니는 것)의 길이다. 거기엔 생사구분이 있지 않을 것 같다.

승물유심엔 더 큰 용기와 결단이 필요하다. 천하를 지배한다고 착각하는 자들과 비교할 수 없는 경지가 장자에게 있었다.

비록 작은 벌레와 살고 있어도 그들의 통치보다 더 아름다운 비밀을 공유할 수 있었을 것이다. 고독한 자에게 그런 것이 모일 것이다.

양중(養中)의 중은 가운데, 안, 내부 즉 마음이다. 기의 단서가 올라오고 만상의 기가 드나드는 수많은 구멍(竅), 결(関), 생백의 허실)이다. 그곳이 장자의 마음이 드나드는 비밀통로 같다.

단지 나그네의 몸에서 나오는 말이 풍파가 되지 않기를 바란다.

인간의 말처럼 신비하고 위험한 것이 없다. 안에 말을 저장하고 있으면 그 말이 어떤 생물감 같은 존재감이 느껴진다. 나그네도 그것을 안에 가두어 기르고 싶다.

그것은 쓰거나 선택할 수 있는 대상이 아니다. 생이란 그 생명 자체를 느끼고 함께 놀아야 하는 대상이기 때문이다. 말이란 것도 쓸데없이 해서는 안 되는 그 무엇임이 분명하다.

나그네는 저 자연 속에 있다. 나그네는 저 자연의 아이이다. 부디 자신을 잃어버려라. 자신을 찾지 마라. 일신을 다스리고 그 안에서 자주 쉬어라.

그때 너는 너를 찾게 될 것이란 말을 믿어야 하는가.

망아 속에 조용히 있는 나 자신을 쓸데없이 찾아 돌아다니고 싶지 않다. 그러지 않으면 점점 나그네는 자신이 존재하지 않게 되는 것 같다.

승물유심은 말을 타고 가지만 그 어디서부턴가 말이 사라질 것이다. 거기서부터 나그네는 무엇을 타고 가야 할까. 그대는 그런 것이 필요 없다고 생각할지 모른다.

고백하건대 나그네는 수십 년 동안 그것을 잊은 적이 없다. 그 자체가 대단한 것이 아니라 그 자체가 외로운 소요였다.

사실 이 승물유심은 특사로 외국에 나가는 사신의 업무와는 별개의 것이다. 이것은 공자의 말이 아니라 장자의 말이다. 이곳에서도 역시 장자가 숨어 있다는 것을 느낀다.

장자의 도가 언어의 옷을 입고 몸을 가려놓았다. 볼 수만 있다면 빛나는 대목이다. '탁부득이이양중(託不得已以養中).' 후, 곳곳에서 숨을 내쉬는 소리가 들린다.

자연의 빛이 사라지고 어둠 속에 있는 마음속으로 들어갔다.

13. 안합과 거백옥

    안합이 장차, 위(衛)나라 영공(靈公)의 태자(太子)를, 보좌하게 되어, 거백옥(蘧伯玉)을 찾아가 말했다. "여기, 사람이 있습니다. 그 품성에, 자연이 부여한 살기(殺氣)가, 있습니다. 그와 함께하는 방법이 없게 되면, 곧 나의 나라가 위태로워지고, 그와 함께하는 방법이 있게 되면 곧 나의 몸이 위태로워집니다. 그의 지혜는 고작, 남의 허물을 알기엔 족하지만 그 행한 것의 허물을, 알지 못합니다. 이런 사람을 내가 어떻게 해야겠습니까." 거백옥이 말했다. "좋은 질문입니다. 경계하고 삼가, 당신의 몸을, 올바르게 해야 합니다. 몸을 따르는 것만 한 같아짐이 없고, 마음을 화합하는 것만 한 같아짐이 없습니다. 비록 그러나, 그 두 가지에는, 우환(憂患)이 있습니다. 따르더라도, 안으로 들어가려해선 안 되고, 화합하더라도, 밖으로 나타나선 안 됩니다. 몸이 따르다가, 안으로 들어가 버리면, 장차 뒤집히고 부서지고 무너지고 엎어집니다. 마음이 화합해서, 밖으로 나타나면, 장차 소문이 나고, 이름이 나고, 요상해지고, 재앙이 됩니다. 그가 또 갓난아기가 되면, 역시 그와 함께, 갓난아기가 되십시오. 그가 또 경계 없이 하면, 역시 그와 함께, 경계 없이 하십시오. 그가 또 모나게 하면 역시 그와 함께 모나게 하십시오. 그를 꿰뚫어 흠 없음에 들어야 합니다."

□ 원문(原文)

顔闔將傅衛靈公太子 而問於蘧伯玉曰 有人於此 其德天殺 與之爲無方 則危吾國 與之爲有方 則危吾身 其知適足以知人之過 而不知其所以過 若然者 吾奈之何 蘧伯玉曰 善哉問乎 戒之愼之 正汝身哉 形莫若就 心莫若和 雖然 之二者有患 就不欲入 和不欲出 形就而入 且爲顚爲滅 爲崩爲蹶 心和而出 且爲聲爲名 爲妖爲孽 彼且爲嬰兒 亦與之爲嬰兒 彼且爲無町畦 亦與之爲無町畦 彼且爲無崖 亦與之爲無崖 達之 入於無疵.

▌안합顔闔 노나라 현자. │ 보좌할, 스승 부傅. │ 방문할 문問. │ 거백옥蘧伯玉, 춘추시대 위나라 대부(大夫). │ 품성 덕德. │ 하늘이 부여한 천天. │ 살殺 살기(殺氣). │ 방향, 방법 방方. │ ~(하)면 곧 즉則. │ 갈, 겨우, 고작 적適. │ 소이所以 소행(所行, 행한 것). │ 어찌 나奈. │ 경계할 계戒. │ 삼갈 신愼. │ 너 여汝. │ 단정하는 어조사 재哉. │ 같을 약若. │ 따를 취就. │ 수연雖然 비록 그러하나. │ 장차 차且. │ 전멸붕궐顚滅崩蹶 뒤집히고 부서지고 무너지고 엎어지다. │ 밖으로 나타날 출出. │ 소문 성聲. │ 괴이할 요妖. │ 재앙 얼孽. │ 갓난아기 영嬰. │ 밭두둑 정町, 밭의 경계(50이랑, 50묘) 휴畦. │ 정휴町畦 크고 작은 경계. │ 끝, 모날 애崖. │ 무애無崖 분수없이, 멋대로 행동함. │ 흠, 사마귀 자疵 허점. │ 꿰뚫을 달達.

애공과 안합

안합(顔闔)은 한 인간의 마음을 기묘하게도 전하고 있다.

"그와 함께하는 방법이 없게 되면, 곧 나의 나라가 위태로워지고, 그와 함께하는 방법이 있게 되면 곧 나의 몸이 위태로워진다[여지위무방(與之爲無方) 즉위오국(則危吾國) 여지위유방(與之爲有方) 즉위오신(則危吾身)]."

살기가 강한 태자와 같아지면 분명 자신의 심신은 다 망가질 것이고 자신과 철학을 지키려고 가까이 지내지 않으면 등 뒤에 있는 자신의 나라와 백성들이 위태로워진다.

안합과 거백옥의 이 문답(問答)은 『칠원서』 전편에서 매우 인간적이고 실존적 미학이 담겨 있다. 특히 위의 18자는 섬세하기 이를 데 없다. 앞에서 안회와 섭공과 나눈 중니의 대화보다 거백옥과 안합의 대화가 더 문학적이고 인간적이다.

특히 다른 여지가 없는 그 말은 실존적이다.

선택 앞에서 자유로울 수 있는 사람은 없다.

물은 자기만의 물줄기로 흘러갈 수는 없다. 물은 처음엔 한 물줄기로 내려가다가 다른 물줄기를 만나 함께 흐른다. 그 함께 흐름을 거슬러갈 수 있는 물은 나그네가 지나가는 자연 속에서는 있을 수 없다.

중류로 내려오면 본래의 자기는 어느새 사라진다. 중류를 지나면 하류엔 이미 사방에서 흘러 내려온 수많은 물로 뒤섞여 있다. 나의 물줄기는 보이지 않는다.

가장 불행하고 힘든 것이 악연의 지속이다. 사람은 태어나 의지대로 살아가는가, 예정대로 살아가는가. 그 의지란 것이 꼭 아름다운 것이기만 한 것일까.

안합은 전국시대 노(魯)나라의 현인이자 시은(市隱, 산으로 들어가지 않고 도시에서 숨어 사는 은자)이다. 노나라의 애공(哀公)이 안합에게 물었다.

"공자를 등용하여 나라를 다스리면 나아지겠는가[유추(有瘳)]."

안합이 대답했다.

"위험한 일입니다. 중니는 깃털로 장식하고 게다가 채색(彩色, 화장을 함)을 하고 화려한 말만 늘어놓으면서 작은 것을 큰 것처럼 말합니다. 본래 성품을 왜곡해서 백성에게 보여줍니다."

그러면서 그는 중니가 "수호심 재호신(受乎心宰乎神)" 한다고 했다. 공연히 심신을 지치게 하고 시비에 사로잡혀 있어 피곤할 뿐이란 뜻이다.

공자는 스스로 "69세가 되었으나 지극한 가르침을 얻지 못했다[이지우금육십구세의(以至于今六十九歲矣)]"는 말을 한 적이 있었다.

한 어부가 "지금 당신은 군후(君侯)나 공경(公卿)의 권세가 없고 아래로는 대신과 관료가 없는데 제멋대로[(천(擅)] 예악을 꾸미고 인륜을 정해 백성을 제도하려 하니 너그럽지 못하고 일만 많소[불태다사호(不泰多事乎)]" 하고 공자를 비웃었다(「어부편」).

그는 국가를 하나 만들어 자기 이상대로 운영하고 싶었던 사람이었던 것 같다. 그러나 군주는 어쨌든 아무나 되는 것이 아니었다.

또 안합은 애공이 공자를 등용하려 하자 '그가 당신과 친합니까?[피의여여(彼宜汝與)]' 하고 의아해하기도 했다.

공자의 나라 애공이 안합을 좋아했던 것 같다.

그전에 안합이 도지인(道之人)이란 말을 듣고 예물을 보냈다. 사자가 집[누려(陋閭, 길가에 세울 문 정도의 좁은 집)]을 찾아가니 삼베옷

[저포지의(苴布之衣)]을 입은 사람이 소의 등을 쓰다듬고 있었다.

"왕으로부터 잘못 듣고 찾아온 것 같습니다. 그러면 사자죄(使者罪, 전령, 명령을 잘못 전해서 짓는 죄)가 될 텐데 다시 분명하게 알아보고 찾아가십시오" 했다.

사자가 되돌아가 알아보고 다시 찾아갔지만 그 사람은 어디로 갔는지 찾을 수가 없었다. 그 사람이 안합이었다.

안합을 가리켜 진오부귀(眞惡富貴, 정말 부귀를 싫어했다)라 했다.

거백옥은 지금 안합이 가려고 하는 위나라 사람이다. 백옥(伯玉, 최고의 옥)은 자이고 이름은 거원(蘧瑗)이다. 외유내강한 사람으로 영공 때 대부를 지냈다.

공자는 그를 비교적 자유로운 사람이라고 평했지만 장자는 그에 대해 육십이 되던 때 지난 오십구 년 동안의 자기 잘못을 알았으며 육십 평생 육십 번 변했다고 했다.

만물은 생겨나지만[만물유호생(萬物有乎生)] 그 근원을 볼 수 없다[이막견기근(而莫見其根)]. 죽어 나가지만 나가는 그 문을 볼 수가 없다[유호출(有乎出) 이막견기문(而莫見其門)].

거백옥에게 상대적 시비의 앎에서 벗어나 거시적이길 바랐던 것 같다.

숨겨진 앎을 알려고 하지 않는다[부지이후지不知而後知]. 장자는 <잡편(雜篇)> 「즉양(則陽)」에서 그 '뒤의 앎[후지(後知)]'이 없는 것은 커다란 어리석음[대치(大癡)]이라 했다.

사람은 말로 살아간다. 삶은 수많은 상처와 반성과 경험이 말로 쌓여 있다. 또 생사 너머에서도 보아야 하는 것이 사람이고 현실이다.

노담은 천하를 두루 여행하고 싶다[천하유(天下遊)]는 백구[柏矩, 즉 백나무 곱자란 뜻]에게 "그만둬, 천하는 도리어 이곳이야[이의 천하유

시아(已矣 天下猶是也)]"라고 했다.

결국 백구는 원대로 제나라에 갔지만 고인[辜人, 저자에서 죄인을 찢어 죽이는 책형(磔刑)]만 보았다. 그는 죽은 죄인을 밀어 반듯하게 눕힌 뒤 조복(朝服)을 벗어 덮어주고 죄인과 위정자를 향해 통곡했다.

"그들이 몸을 쉴 새 없이 괴롭히는구나[궁인인지신(窮困人之身) 사무휴시(使無休時)]. 문제의 인간세이다.

그들이 꿈꾸는 자연의 지극한 무익생(無益生, 무공 무기의, 득 없는 생)은 다른 말로 무용지생(無用之生)이 아닐까.

그 무용의 생은 「소요유」의 대목(大木)에도 있고 이 「인간세」의 역사수와 지리소(支離疎)에도 있다.

그러니 어떤 경우이든 그가 누구든 그 실정과 내막을 들여다보면 존재하고 꿈꾸는 인간의 길은 지극하고 어리석다.

장오(長梧)란 곳의 한 국경지기는 공자의 제자 자뢰[子牢, 금뢰(琴牢), 위나라 사람]에게 정치를 말해주었다.

자신이 옛날에 벼농사를 지을 때 조잡하게 땅을 갈고 함부로 김매기를 해서 그 수확이 멸렬(滅裂)했다고 반성하면서 심경(深耕)과 숙우(熟耰, 흙덩이를 잘게 부수고 김을 맨다)를 말해주었다.

장자는 자뢰의 말을 전해 듣고 '몸을 다스리고[치형(治形)] 마음을 다듬는 방법[이심(理心)]'이라 공감하면서 네 가지를 거론했다.

그 하늘을 무시하고[저기천(杅其天)] 그 본성에서 떠났으며[이기성(離其性)] 그 참모습을 버렸고[멸기정(滅其情)] 그 신묘함을 잃어버렸다[망기신(亡其神)].

이는 만사를 인위적으로 대하기 때문[이중위(以衆爲)]이라고 첨언했다.

장자는 다시(多事)와 잡다(雜多)를 매우 경계하며 살았던 것 같다.

복잡한 사람이 소요한다는 것은 어울리지도 않을 뿐 아니라 불가한 일일 것이다.

장자 같은 소요주의자도 자연에 어긋나는 나태와 무지, 사보타주를 인정하지 않았다. 장자의 소요와 무기(無己, 무아), 부지는 단순한 무사와 자아, 앎이 아니다.

천하가 따로 없다. 먼 곳에선 이곳이 먼 곳이다. 이곳에 있으면서 그는 이미 저 먼 곳의 이쪽에 있다. 그가 있는 곳이 바로 지평 너머이다. 내가 현실 이곳에서 충실한 것은 그대가 저 먼 곳의 현실에서 충실한 것과 다르지 않다.

그러나 공자는 마지막에 한탄을 했을 뿐 자기 과오를 깨닫지 못했다.

공자 역시 향년 육십에 예순 번이나 생각을 바꾸었다[공자행년육십이육십화(孔子行年六十而六十化)]. 처음엔 옳다 하고 나중엔 잘못이라 했다[시시소시(始時所是) 졸이비지(卒而非之)].

모두가 말의 반성이다. 그들에게 말은 곧 삶이었다.

천변만화하는 자연 속에서 함께 천변만화하는 것이 장자의 꿈이었을 것이다. 그 변화에 생사 분별은 있을 수 없다. 변화만이 있다.

인의와 예지 등에 의한 체제, 도덕은 그 변화의 그늘일 뿐이다.

계찰과 거백옥

계찰(季札)이란 사람이 있었다.

오(吳)나라 초대 군주인 수몽(壽夢)이 왕으로 삼으려 했던 넷째 아들이다. 그는 아버지가 왕으로 삼으려 하자 사양했고 형 제번(諸樊)이 또 왕위를 주려고 하자 사양했다.

그 제번이 죽자 그 형 여제(餘祭)가 왕위에 올랐는데 그가 또 죽었다. 이매(夷昧)가 왕위에 올랐지만 그가 또 죽자 주위에서 계찰에게 왕권을 주려 했지만 받지 않았다.

이매의 아들 요(僚)가 즉위했다. 공자광[公子光, 합려(闔閭), 제번의 아들, 후에 월(越)과 싸우다 부상을 입고 죽었다]이 전제(專諸)를 앞세워 요를 살해하고 왕위에 올랐다.

그 계찰이 위나라를 지나가다가 거백옥을 만났는데 그를 군자(君子, 덕이 높고 사표가 되는 사람을 칭하며 임금이 될 만한 자란 뜻이 있다)라고 칭했다.

공자가 위나라에 갔을 때 그 거백옥의 집에 머문 적이 있었다.

공자가 57세 때 진(陳)나라로 가려고 송나라의 광(匡)을 지나갈 때 안각[顔刻, 공자 제자로 노나라 사람]이 수레를 몰았는데 광 땅 사람들이 공자를 의심했다.

공자의 모습이 양회[陽虎, 계평자의 가신으로 권력을 장악함, 공자가 17세 때 계씨(季氏)가 잔치를 열었는데 초대받은 공자를 양호가 가로막은 일이 있었다. 그로 인하여 둘 사이는 처음부터 좋지 않았다]와 닮았다고 의심을 받아 5일간 위험에 처한 적이 있었다.

여기서 공자가 종자(從者) 영무자[寧武子, 위나라 사람]로 하여금 위나라의 신하가 되게 하여 공자 일행은 광에서 풀려났다.

또 일설에는 자로(子路)가 검무를 추며 노래하자 그에 화합하는 공자를 보고 광 사람들이 놀라 포위를 풀고 물러갔다고 한다.

제자가 칼을 치며 노래하고 스승이 춤을 추었다니 기이한 풍경이다.

여기서 공자는 초나라와 오나라의 침공에 위태로운 진나라로 가지 않는다.

또 가난한 송나라, 조나라로도 가지 않고 여유가 있는 위나라로 향한다. 제자를 미리 보내서 거할 곳으로 자로의 처형인 안탁취(顔涿鄒)와 거백옥의 집을 정한다.

공자는 한 달간 위나라 복양(濮陽)으로 돌아가 거백옥의 집에 도착해서 진(陳) 채(蔡) 섭(葉)나라 등을 출입했다. 한때 노나라 추(陬, 모퉁이, 굽이진 곳이란 뜻)에 갔다가 다시 위나라로 돌아온다.

이렇게 57세부터 68세 말년 가까이 노나라를 거점으로 두고 다른 나라를 떠돌아다녔다.

이때 위대부(衛大夫) 사어(史魚)로부터 소개받은 거백옥에 대해 공자는 이렇게 말했다.

"거백옥은 군자다. 나라에 도가 있을 때는 벼슬을 하고 나라에 도가 없으면 걷어서 감출 줄 안다."

어느 날 공자가 거백옥에게 보낸 사자가 돌아왔다. "선생은 지금 무엇을 하고 있습디까?" 하고 공자가 묻자 사자는 "선생은 허물을 적게 하고자 해도 잘되지 않는다"고 했다고 말했다.

쓰이지 않은 장자의 계보

장자와 그 시대 무명의 시은(市隱, 도시 뒷골목의 은자)들은 공자나 그 제자들과 달리 권력을 멀리하면서 저항하고 풍자하고 비웃었다.

송나라 조상(曹商)이란 사람이 사신이 되어 진(秦)나라로 가게 되었다. 떠날 땐 몇 대의 수레밖에 제공되지 않았는데 진나라에 도착하자 진왕은 그에게 수레 백 대를 붙여주었다.

조상은 귀국하여 어떤 연유로 장자를 만나게 되었다.

장자는 가난한 마을[궁려(窮閭)], 좁은 뒷골목[애항(阨巷, 통로가 막힌 좁은 골목)]에서 곤군(困窘, 피곤하고 고달프게)하게 살고 있었다. 마침 신을 삼고 있었다[직구(織屨)]. 목덜미는 비쩍 말랐고 안색이 누렇게 떠 있었다[고항황혁(槁項黃馘)].

조상이 말했다.

"나는 만승의 천자를 한 번 깨우쳐주고 백 대의 수레를 쉽게 받았다."

장자가 말했다.

"진왕은 병이 나면 의사를 부르죠. 종기를 터뜨려 고름을 뺀 자[파옹계좌자(破癰潰痤者)]에게 수레 한 대를 주고, 치질을 핥아서 고친 자[지치자(舐痔者)]에겐 수레 다섯 대를 준다더군. 아래쪽을 치료할수록 수레가 많아진다지. 그대는 그 치질을 설마 고쳤는가. 잠깐, 수레가 많기도 하군. 그대는 당장 물러가라[자행의(子行矣)]!"

초나라 위왕이 두 차례 장자를 초빙했지만 모두 거절했다. 현인을 하찮은 관직에 앉히려 하는 것을 사기포서(使驥捕鼠, 쥐를 잡기 위해 천리마를 달리게 한다)라고 한다. 노애공이 사자를 보내 찾았지만 안합도 거짓말을 하고 도망갔다.

천지와 권력, 다스림으로부터 도망간 전설의 인물들이 있다.

선양을 거절한 기산의 허유가 그 첫 번째 인물이다. 요가 천하를 자주지보(子州之父)에 선양하려 했지만 심한 우울증에 걸려 있어서 그 병을 고치는 중이라 그럴 여유가 없다고 사양했다. 또 순이 자주지백(子州之伯)에게 선양하려 했지만 사주지보와 같은 말을 했다.

마지막으로 순이 선권(善拳)에게 천하를 성양하려 했다. 이때 선권이 자신은 이 우주 속에 있다고 하면서 이런 말을 한다.

"겨울엔 모피를 입고 여름엔 갈포(葛布)를 입는다. 봄엔 밭을 갈아

씨앗을 뿌리고 가을에 수확한다. 몸을 쉬게 하고 식사하는 것으로 족하다. 해가 돋으면 일하고 해가 지면 쉰다. 천지 사이에서 소요한다 [소요어천지지한(逍遙於天地之間)]. 마음은 뜻대로 스스로 만족한다 [심의자득(心意自得)]. 어찌 천하를 다스리겠는가."

마지막으로 농사를 지으며 살아가는 친구 석호(石戶)를 찾아갔지만 그는 순을 나무란 뒤 처자식을 데리고 바다 건너 섬으로 들어가 평생 돌아오지 않았다. 이것을 종신불반(終身不反)이라고 한다.

이들은 곧 타이형체(墮爾形體, 너의 형체를 버리란 뜻,「재유(在宥)」), 상아(喪我)를 얻은 도인들이다. 그들은 자신이 살고 있지만 실은 자신이 없는 생을 살았던 것 같다.

살아서 이미 죽은 자들이었다. 그런데 그 죽음은 암흑이 아닌 것 같다. 그들은 비사회적이고 신비한 마음을 가진 고립된 사람들이었을 것이다.

즉 자신들을 사용하여 헐고 망가뜨린 적이 없었다.

허유, 자주지보, 자주지백, 선권, 석호 등은 존재하면서 존재하지 않았다. 이보다 아름다운 생이 있을까. 그들은 혼돈무지 속에서 살며 그 안에서 나오지 않았다.

근원으로 돌아가되 근원을 알려고 하지 않고 바람과 물결, 나무처럼 노닐었다. 그러기 위해서 홍몽(鴻濛)이란 도인은 선선호귀의(僊僊乎歸矣) 하라고 했다. 가벼이 춤을 추며 위로 올라가는 것을 선[僊, 선(仙)과 동자(仝字)]이라 한다.

육신의 모든 감각은 마음으로 돌아가려 하고 마음은 마음의 시원으로 돌아가길 꿈꾼다. 시원이 선귀(僊歸)이다.

공자 같은 사람은 애공이 사자를 보내 예물을 보내면 십리 밖까지 나가 제자들과 함께 서서 사신이 오기를 기다렸을 것이다.

이 글은 공자를 비판한 안합이 공자가 머물렀던 거백옥의 집을 찾아간 기록이기도 하다.

위나라의 괴외

여기 등장하는 위영공(衛靈公)의 태자란 영공(靈公)의 아들 장공(莊公)인 괴외(蒯聵, 새끼줄로 꽁꽁 묶은 배내 귀머거리란 뜻)를 가리킨다.

영공은 자기 아내의 부정을 알아차린 아들 괴외를 꺼려했다. 그가 죽자 부인이 영공의 유언이라면서 영(郢)을 국군에 앉히려 했지만 본인이 사양하여 장공의 아들 출공을 임금으로 삼았다.

이것이 조부손(祖父孫)의 삼대의 권력투쟁이다.

태자 괴외는 어머니가 타국 남자와 저지른 부정으로 인하여 심신과 영혼이 망가졌다. 불안하고 의심이 많고 방탕했고 잔인했다. 살육(殺戮)의 기가 있어 사람들이 두려워했다.

아버지 괴외에 의해 아들 출공이 축출되는 쿠데타가 일어났다. 자로[子路, 공문의 최고 연장자, 공자가 노나라 사구였을 때 계손씨의 가신으로 보내지면서 정계에 발을 들여놓는다]는 출공에게 의리를 지키고자 출공의 아버지에게 저항했다.

그 와중에 칼이 얼굴을 스치면서 갓끈이 떨어지자 군자는 죽더라도 갓을 벗지 않는다면서 갓끈을 다시 매고 그 자리에서 죽었다.

자로는 죽은 다음에 염장(塩藏)을 당했다. 이 사실을 전해들은 공자는 집안에 있던 소금을 전부 없애버렸다.

이들 사이에는 숨겨진 이야기가 있다.

성질이 사나운 괴외 장공이 12년 만에 그 아들 출이 지배하는 위나라로 귀국했다. 이때 자로는 괴외의 생질인 공회(孔悝) 밑에서 벼슬을 하고 있었다. 공회는 괴외를 옹호하지 않았다.

괴외의 누나인 공회의 어머니는 괴외를 옹호했다. 공회 어머니, 즉 괴외의 누나는 자기 남편(공회의 아버지)이 죽은 뒤 자기의 하인(下人)인 혼양부(渾良夫)를 사랑했다. 누나의 부적절한 사랑을 동생인 괴외가 묵인하고 정치적으로 이용했다.

위나라로 들어온 괴외는 공회의 집 채소밭에 있는 움막에 숨어 있었다. 긴박한 정황 속에서 공회 어머니는 아들 공회를 정변에 참가시키는 맹세 의식에 쓸 소가 필요했지만 그럴 경황이 없자 대신 돼지를 가지고 갔다.

병사 다섯을 데리고 온 괴외와 창을 들고 있는 그의 누나는 잠복 장소에서 공회를 인질로 삼아 충성을 맹세하는 높은 대(臺)에 강제로 오르게 했다.

이때 공회의 가신인 혁어(奕魚)가 출공에게 위나라를 떠나 노나라로 도주할 것을 건의했고 이 모든 정황이 자로에게 통지되었다. 난령(欒寧)에 의해 망명은 실행되었다.

출공이 망명해 있는 4년 동안 위나라는 임금이 세 번 바뀌는 대혼란을 겪는다. 다시 출공이 위나라에서 돌아와 재위하지만 1년 만에 위나라는 멸망한다.

그해가 기원전 476년, 공자가 죽은 지 3년 뒤이다. 장공과 출공 부자의 권력투쟁은 16여 년 동안 지속되었다.

노나라의 안합이 위나라 거백옥을 찾은 것은 그 괴외가 태자 때였다.

안합 당신은 영아(嬰兒)

위나라에서 노나라의 안합을 괴외의 사부로 모셔가게 된 내막은 알 수가 없지만 살기가 있는 태자를 가르칠 만한 인물을 나라 밖에서 찾은 것은 어떤 사정이 있었던 것 같다.

자국에서 태자의 사부로 천거된 거백옥이 극구 사양하면서 노나라의 안합이 적격이라고 추천했을지 모른다.

태자는 자국의 거백옥을 잘 알고 있었을 것이다. 가까이 있는 사람은 새롭지가 않고 경계심도 생기지 않을 수 있으니 태자를 위해 낯선 인물을 모시기로 하자는 거백옥의 의견을 수렴했는지도 모른다.

그렇다면 이 두 사람의 대화는 미묘해진다. 안합은 내막을 모르고 있고 거백옥은 내막을 알고 있는 것이 된다. 그래서일까. 거백옥이 안합에게 진실한 말을 해주는데도 왠지 미안한 마음을 감추고 있는 것처럼 느껴진다.

다른 한편 처음부터 위나라의 거물인 거백옥을 제외하고 노나라의 안합을 태자 사부로 모시는 것으로 볼 수 있다. 거백옥에겐 위나라 조정에 대한 불만이 있었는지도 모를 일이다. 그렇다면 안합이 미묘한 마음으로 거백옥을 만나는 것이 된다.

거백옥이 태자를 가르친 적이 있다면 앞의 말들은 그로부터 얻은 결론일 수 있다. 그렇다면 이 말들은 자신은 태자를 무자(無疵)의 경지에 이끌어주지 못했다는 고백이기도 하다.

역여지위영아(亦與之爲嬰兒). "그가 또 갓난아기가 되면, 역시 그와 함께, 갓난아기가 되십시오"라는 말을 이해했다면 매우 씁쓸하지 않았을까. 안합이 아이라도 되어야 한다는 말이 된다.

특히 거백옥은 전멸붕궐(顚滅崩蹶)이라는 무서운 말을 쓰고 있다.

인간의 내부가 파괴되는 것은 한 국가가 멸망하는 것보다 더 두려운 것 같다. 아주 끔찍한 언어들이다.

　나그네의 눈에는 안합과 거백옥의 대화 중심에 태자가 숨어 있는 것이 보인다.

취화(就和)의 마음

　「제물론」에서 장자는 정처(正處)와 정미(正味)와 정색(正色)이 없다고 했다. 절대 기준이 없다는 말이다. 즉 모든 존재는 자기적이고 상대적이란 뜻이다.

　이제 장자는 가르치지 말라[무조(無詔)]는 불교(不敎)를 말하려 한다. 위의 삼정(三正)과 무관치 않은 말이다.

　가르침을 주고받는 것은 유전자를 가진 것들의 본능이다. 그럼에도 그들은 알 길 없는 어떤 한계와 슬픔 같은 것을 내포하고 있다.

　민추원(民鰍猨, 사람과 미꾸라지와 원숭이)의 처미색(處味色, 거처와 맛과 색)은 같을 수가 없다. 원숭이들에게 미꾸라지의 생태를 가르칠 수 없는 것과 같다.

　노나라의 현자가 살육의 기운이 가득한 태자를 어떻게 가르쳐야 할까.

　그 선생은 누구보다 조심해야 해야 하지 않을까. 정치적 구설수와 풍파, 전란, 국사, 당파, 인물의 회오리바람에 휩쓸릴 가능성이 높기 때문이다.

　그런데 두 사람의 대화는 태자를 인수인계하는 것 같다. 안합은 거백옥이 태자를 가르친 적이 있다는 것을 알고도 그 사실을 모르는 척 '유인어차(有人於此, 여기 한 사람이 있습니다)' 하고 슬쩍 태자의 살기를 거론하면서 방도를 묻는 것 같다.

그 질문은 현자가 태자 하나를 가르치지 못했습니까 하는 불만과 무시의 변설일 수도 있다. 그러니 당신이 가르쳐서 실패한 것이 무엇인지 말해보라는 뜻이기도 하다.

사실 태자를 가르치는 방법을 이렇게 자세하게 말하는 것으로 보아 두 사람 사이에 미묘한 감정의 흐름이 있는 것을 나그네가 느끼는 것은 그리 어려운 일은 아닐 것이다.

또 그런 것이 전혀 아닐 수도 있다. 거백옥이 재화와 벼슬을 거부한 은자 안합을 단순히 추천한 것일 수도 있을 것이다.

어떤 경우라도 풀 수 없는 세 가지 의문이 있다. 왜 안합 같은 은자가 태자의 스승이 되었을까. 왜 장자는 그들을 이 자리에 앉힌 것일까. 왜 거백옥을 찾아간 것일까.

하지만 어떻게 거백옥이 안합을 함정에 빠뜨렸겠는가.

이제 곧 노나라의 안합 같은 은자(隱者)도 태자를 제대로 가르치지 못했지 않느냐는 소문이 퍼질지도 모른다. 그 소문이 태자를 더 깊은 궁지로 몰아넣게 될 것이다.

그러면 안합도 위나라의 함정에 빠지게 될 것이다.

사실 그 후 아버지 영공으로부터 태자 괴외는 자신의 아들 출에게 권좌를 잃게 되는 희대의 사건이 일어나게 되니 말이다.

혹시 안합에게 자문을 해주는 거백옥이 중니와 모종의 계산을 했던 것은 아니었을까. 중니와 거백옥이 태자를 궁지에 몰아넣기 위해 안합을 불러들인 것일 수도 있다.

그러나 그 상상을 가로막을 어떤 증거도 없고 증명할 수 있는 자료도 없다. 단지 장자의 글을 읽고 이런저런 생각에 잠겨볼 뿐이다 어쩌면 이 글이 사실이라면 공자의 제자가 그 권력투쟁의 와중 속에서 죽고 말듯이 안합도 잡혀와 처형되거나 어느 거처에서 암살되었을지도 모른다.

태자 주변에는 반드시 태자의 반대 세력과 태자의 살기를 부추기는 존재들이 숨어 있었을 것이다. 이런 정치 상황과 운명을 태자가 모르고 있지만은 않았을 것이다.

여기서 나그네는 문득 괴외의 마음이 궁금했다. 은자인 안합은 혹시 태자를 불쌍히 여기고 그의 상처를 치유하려는 마음을 가졌던 것이 아니었을까.

안합과 거백옥의 대화에서 태자를 둘러싼 이런저런 중요한, 사장되어버린 고뇌는 그려지지 않았다. 장자도 어쩌면 그것은 밝히지 않았는지 모른다.

여기서 남는 의문은 이것이다. 안합이 살기 있는 태자의 화광동진한 스승이 될 수 있을까. 하나가 되면서 둘일 수 있을까.

취화(就和)라는 거백옥의 말에는 바른 길로 가시라는 가르침의 인애가 묻어 있는 것도 같다. 함께 어울려 지내라는 말은 왠지 슬프다.

너무나 섬세하고 예리해야 하는 인간의 길, 함부로 갈 수 없는 위험한 길 그것은 「양생주」에 나오는 그 칼의 말을 찾아오는 듯하다.

한 마리 소 전체를 해체했으나 그 서 있던 소의 원형을 잊을 수가 없게 하는 말이 그들의 말 저쪽에 있는 것 같다. 그 죽은 소의 골육(骨肉)과 함께 포정도 죽어간 것이 아닐까.

이 기묘한 마음의 취화는 심리적이다. 이런 비밀을 의심하고 사상하게 하는 2,400여 년 전의 장자 문장에 놀랄 뿐이다.

장자에게서 이 취화가 슬픈 것은 그것이 유위이기 때문이었을 것이다. 상대의 정신 속으로 들어가야 하고 누군가를 닮게 만들고 자신을 희생해야 하기 때문이다.

전멸붕궐(顚滅崩蹶), 성명요얼(聲名妖孽)! 멀리 있는 것 같으나 이 두려운 것들은 사람들 사이에 있다. 사람들이 일으키는 말의 풍파 속에 언제나 크고 작은 재앙은 돌아다닌다.

태자(太子) 괴외는 난폭하고 불행한 사람이었다.

우리의 삶이 진정 무슨 목적과 까닭으로 투쟁하는지 알 수가 없다. 어쩌면 목적도 까닭도 없는 것인지 모른다.

장자는 「우언(寓言)」에서 열 가운데 아홉이 우언(寓言)이고 일곱이 중언(重言)이라고 했다. 그리고 치언은 날마다 생겨나 시비를 초월한 다고 했다.

14. 당랑, 호랑이, 말

"당신은, 저 사마귀를, 알지 않습니까. 화가 나면, 그 팔뚝을 휘두르고, 수레바퀴에 맞섭니다. 그 당해서 이길 수 없음을, 알지 못합니다. 이것이, 그 재능의 뛰어남인 것입니다. 경계하고, 삼가십시오! 자만이 쌓이고 나서, 당신이 그것을 범하는, 뛰어난 자가 되면, 위험합니다. 당신은, 저 호랑이를 사육하는 자를, 알지 않습니까. 함부로 산 동물을, 그에게 주지 않습니다. 그것을 죽이는, 그 노기를, 위해서입니다. 함부로 동물을, 통째로 그에게 주지 않습니다. 그것을 찢어발기는, 그 노기를, 위해서입니다. 그 배고픔과 배부름의 때를 맞춰, 그 노기의 마음을 꿰뚫어야 합니다. 사람과 친한 호랑이는, 다른 종류지만, 자기를 길러주는 자를 아첨함은 순리입니다. 그러므로 그 길러주는 자를 죽임은 거스름입니다. 무릇, 말을 사랑하는 사람은, 똥을 참대광주리로 받고, 오줌을 대합(大蛤)에 받습니다. 어쩌다가, 모기와 등에가 달라붙어 있다고, 불시에 그것을 때리면, 곧 재갈을 부수고, 머리를 흔들어대며 가슴을 부술 것입니다. 뜻이, 지극한 곳에 있어도, 사랑을 잃는 일이, 있습니다. 삼가지 않을 수, 있겠습니까."

□ 원문(原文)

汝不知夫螳蜋乎 怒其臂以當車轍 不知其不勝任也 是其才之美者也 戒之愼之 積伐而美者以犯之幾矣 汝不知夫養虎者乎 不敢以生物與之 爲其殺之之怒也 不敢以全物與之 爲其決之之怒也 時其飢飽 達其怒心 虎之與人 異類 而媚養己者 順也 故其殺者 逆也 夫愛馬者 以筐盛矢 以蜄盛溺 適有蚊虻僕緣 而拊之不時 則缺銜 毁首碎胸 意有所至 而愛有所亡 可不愼邪

▌ 당랑螳蜋 사마귀. │ 의문사 호乎. │ 팔뚝 비臂. │ 당할, 맞설 당當. │ 맡을 임任. │ 차철車轍 수레바퀴. │ 당할, 저항할 임任. │ 재주, 성질 재才. │ 훌륭함, 뛰어남 미美. │ 너 이而. │ 자만, 공적이 쌓이다 적벌積伐. │ 범지犯之 지(앞의 계신(戒愼)과 차철(車轍))를 범하는 것. │ 위태할 기幾. │ 함부로, 감히 감敢. │ 줄 여與. │ 다스릴 위爲. │ 지지之之 산 동물의. │ 성낼 노怒. │ 전물全物 산 동물 통째. │ (이로 살을) 끊을 결決 찢어발김. │ 때맞출 시時. │ 주릴 기飢. │ 배부를 포飽. │ 두루 미칠, 꿰뚫을 달達. │ 여인與人 사람과 친하다. │ 무리, 종류 류類 사람과 친하지 않은 산속의 호랑이. │ 아양 떨, 아첨할 미媚. │ 기살자 其殺者 자는 양기자. │ 거스를 역逆. │ 화살, 똥 시矢. │ 담을, 받을 성盛. │ 참대광주리 광筐. │ 대합 신蜄 일설엔 제기(祭器)라고도 함. │ (물에) 빠질 닉, 오줌 뇨溺. │ 때맞출, 어쩌다 적適. │ 문맹蚊虻 모기와 등에. │ 종, 붙을 복僕 복연僕緣 떼 지어 붙은 모양. │ 칠 부拊. │ 이지러질, 없어질 결缺. │ 재갈 함銜. │ 흔들, 무너뜨릴 훼毁. │ 부술 쇄碎. │ 가슴 흉胸. │ 뜻할, 사욕, 사심 의意. │ 죽을, 잃을 망亡.

나는 당랑

자연과 함께 생명은 천변만화한다. 그 대자연에서 얻은 장자의 지혜는 위대한 언어와 사유를 낳았다. 사마귀 이야기는 장자의 대표적 우화(寓話)이다. 사마귀를 버마재비라고 한다. 버마는 범이고 아재비는 아저씨의 낮춤말이다.

어린 시절 손등에 생긴 흑자(黑子, 바이러스)를 사마귀라고 했다. 숲에서 사마귀를 잡아 그 꺼끌꺼끌한 사마귀에 입을 대주면 사마귀가 갉아먹었다.

불쑥 튀어나온 초점 없는 이상한 점들이 박혀 있는 사마귀의 유리 눈알은 무서움을 자아냈다. 초점이 없었다.

장자 시절의 이 당랑은 황라사마귀였을까. 이것은 경절(脛節)의 끝이 날카로운 넓적다리에 노란 점이 있다. 뒷날개를 비벼대면서 무서운 소리까지 내지만 날지를 못한다고 한다.

장자가 자연에 접해 있는 도시의 뒷골목에서 살았다는 것을 알 수 있다. 장자는 자연 속의 영물(靈物)에 관심이 많았다. 그는 동물과 곤충, 나무와 대화를 나누었다.

두 팔을 휘두르는 당랑의 모습은 가관이다. 그가 사람이라 생각하는 순간 웃음은 사라진다. 무엇 때문에 너는 분노하듯 수레를 가로막고 팔을 휘젓고 있는가.

분명 하소연하며 분노하는 것 같은데 알 길이 없다.

그에겐 어떤 억울함이 있기에 저렇게 소리 없는 몸부림을 치는 것일까. 장자는 그날 밤 그 당랑을 생각했을 것이다. 평생의 당신 마음에 저 당랑이 없었다고 말할 수 없을 것이다.

'나는 한 마리 당랑인가.'

나 자신이 저 수레바퀴 자국으로 다시 기어들어가는 당랑이 아닌가. 웃음이 나오다가 슬픈 생각이 들었다. 그러나 오히려 저토록 절규적인 몸짓을 가진 당랑이 부럽기도 했다.

그는 자신을 던지고 온몸으로 울고 있지 않은가.

양평 시골길을 산책하다가 장자 시대의 그 당랑을 보았다. 여전히 오만하고 무서운 모습을 하고 있었다. 변하지 않은 당랑이 왠지 슬프고 덧없었다.

두 눈이 툭 튀어나온 그는 뻣세고 날카로운 두 팔을 칼처럼 휘두르면서 소리쳤다. 아무 소리도 들리지 않았다.

그 어떤 당랑에게는 성대가 없는 것일까. 스스로 그것을 제거한 것일까. 날개를 쳐서 소리를 대신 내는가. 무슨 형벌이라도 받고 태어난 것일까.

당랑은 자기 자신을 뒤돌아보게 하는 거울이다. 자기중심적인 사람, 어리석은 사람, 타자의 고통을 모르는 사람, 현실을 외면하는 은자를 비판하기 위한 비유로 표현되기도 했다.

당랑 이야기는 태자를 비판하기 위한 우화지만 말을 함으로써 거백옥은 자기 생각을 입 밖에 내놓은 셈이 되었다. 안합은 아무 답을 하지 않고 웃고만 있는 것 같다.

인간 세상은 까마득한 길 위에 있다. 장님처럼 두 손바닥을 펴서 더듬으며 살아가야 하는 곳이다. 말의 칼날과 함정이 곳곳에 숨어 있다.

2,500년 전의 번개가 뇌리를 쳤다. 역시 밤하늘 구름 속의 번개처럼 짧고 빠르게 밝은 빛이 지나갔다. 마치 오늘 일처럼 그때도 그랬다.

『한시외전(漢詩外傳)』에 이렇게 전한다.

제장공(齋莊公)이 죽고 180여 년 뒤 장자가 태어난다. 장공의 이름은 광이다. 그는 대부 최저(崔杼)에 의해 즉위하지만 그의 아내와 사통하여 최저에게 살해된다.

이 장공이 수렵을 나가는데 당랑이 앞을 가로막았다. 두 발을 들고 차륜을 막아서기에 어자(御者)에게 묻자 이렇게 말했다.

"이 곤충은 앞으로 나아갈 줄만 알고 물러설 줄을 모릅니다. 자기 힘을 헤아리지 못하고 경솔히 적을 대하는 자입니다."

사마귀에게 인간 세상의 언어와 역사가 존재할 리 없고 또 있다고 해도 서로에게 소용없는 것들이다. 한 지구 위에 함께 존재하지만 서로는 무관한 존재들이다.

그러나 당랑은 장자에게 풀 수 없는 아름다운 인간세의 화두를 던져 주었다. 그것은 창작이 아니라 제나라 군주의 일화였다.

조조는 문학을 매우 사랑했다. 장자가 죽고 94년 뒤에 태어난 그의 아들 조식(曹植)은 머리가 좋고 시를 잘 지었다.

문제[文帝, 조비(曹丕)]가 된 형은 조식을 늘 경계하고 견성왕, 동아왕, 진왕 등이 되어 새 봉지(封地)로 떠돌게 했다.

팔십 편의 시를 남긴 조식은 늘 당랑과 함께 지낸 것 같다. 자신을 한탄하며 점점 괴이한 자신을 만들어간 것일까.

그는 생명이 아주 짧은 씽씽매미[당(蟷), 좌변에 충(虫) 자)], 사마귀[당(螳), 랑(螂)과 동자(同字)]와 어리석은 듯한 쇠똥구리[랑(蜋), 사마귀]를 좋아했다.

이들은 굼벵이가 우화(羽化)한 것들이다.

그것들을 모아놓고 감상하고 울음소리를 들으며 부(賦, 미문)와 시의 운을 지었다고 한다.

누가 양호자(養虎者)인가

태초에도 호랑이에게 살노(殺怒)와 결노(決怒)라는 잔인성이 있었을까.

왜 지상의 동물들은 서로 잡아먹고 잡아먹히는가.

그렇게 된 것이라고 말할 수밖에 없지만 꼭 그래야 하는 이유도 마땅치가 않다. 서로 잡아먹고 먹히기보다는 그러지 않는 것이 더 자연적일 것 같다는 생각이 없지 않기 때문이다.

생명은 생명을 섭취해야 생존할 수 있다. 자연법칙에 의해 생명들은 서로 희생이 되고 포식자가 된다. 비정상적인 자연의 불가피성이다. 안할 수 있다면 안하고 싶은 것이 먹이행위이기도 하다.

고대 국가의 군주들은 화려하고 사나운 맹수들을 잡아와서 동물원에 가두어놓고 즐겼다. 군주들은 잔인하게 포악한 그들의 생포와 고통을 즐겼다. 그 맹수들은 군주의 불안을 정화시켰을 것이다.

군주 곁에 있는 양호자들은 호랑이의 배고픔과 배부름을 잘 이용하여 그때그때 그들의 고유한 본성을 삭제하며 임시적으로 순화시켰을 것이다.

울 밖에서 호랑이가 울부짖는 모습을 보면서 두려움을 느끼고 또 호랑이가 산속으로 돌아가고 싶어 하는구나 하는 것을 사람들은 느끼곤 했을 것이다.

또 호랑이가 빼앗긴 그 무엇을 동정하기도 했을 것이다. 어른들은 약간의 불안과 호기심으로 아이들은 놀라움으로 그들을 들여다보았을 것이다.

나그네는 모든 인간이 호랑이었는지도 모른다는 생각을 했다. 정말 자신 안에 가두어진 호랑이를 확인하며 살아가는 것일까.

인간 세상에서 살아가는 우리도 호랑이처럼 무엇인가를 잃고 본향을 상실한 존재들일지도 모를 일이다.

그런데 이 호랑이 이야기에서 다시 확인하고 싶은 것이 있다.

그것은 마지막 문장 "그러므로 그 길러주는 자를 죽임은[고기살자(故其殺者)] 거스름입니다[역야(逆也)]"이다.

또 다른 문장을 읽어본다.

"사람과 친한 호랑이는, 다른 종류지만[호지여인(虎之與人) 이류(異類)], 자기를 길러주는 자를 아첨함은 순리입니다[이미양기자(而媚養己者) 순야(順也)]."

대부분 '호지여인(虎之與人) 이류(異類)'를 '호랑이는 사람과 종류가 다르다'고 했지만 이것을 '사람과 친한 호랑이는, 다른 종류지만'으로 보아야 하지 않을까.

나그네는 보통 산속의 호랑이와 사육되는 호랑이를 구별해야 한다고 생각했다.

사람과 가까이 지내는 자 즉 '호지여인'의 호랑이가 양기자를 따르는 것은 순리이다. 그러므로 길러준 자를 죽이는 것은 자연의 순리가 아니다. 그러면서 대개는 양기자를 물어 죽이는 것은 사람이 그 호랑이의 본성을 따르지 않았기 때문이라고 설명한다.

우선 직역을 쉽게 풀면 이렇다.

'자기를 길러준 호랑이가 양호자를 따르는 것은 순이고 자기를 길러준 호랑이가 양호자를 죽이는 것은 역(逆)이다.'

그러나 사실 그 말들은 틀린 말이다. 사람이 길러준 호랑이가 사람을 따르는 것은 (사실) 역이고 사람이 길러준 호랑이가 사람을 죽이는 것은 (사실) 순이 맞을 것이다.

왜냐하면 울안에 가둔 호랑이의 본성을 먹이와 기포(飢飽)로 속이거나 지운 인간 중심의 말이기 때문이다.

자연의 법칙을 인간화하려는 것이 문화이고 사상이다. 그 문화가 대단해도 다른 생명들에게 적용되지는 않는다. 물론 비슷한 점도 있겠지만 인간은 동물과 구별되려 한다. 그러나 자연과 동식물에게 인간의 관여와 배려는 해악이 될 것이다.

거백옥은 이렇게 말해야 하지 않았을까. 양호자가 호랑이를 따르는 것이 순리이고, 호랑이를 따르지 않는 것이 역이다.

이 호랑이는 태자이다. 궁궐에 호랑이가 갇혀 있는 형국의 우화이다. 만인이 버린 태자를 장자가 편들고 나선 것일 수도 있을 것이다. 장자의 철학이 보이는 원리를 이해할 필요가 있을 것이다.

여기서 인간이 아닌 호랑이와 취화해야 살아남을 수 있는 안합을 바라보게 된다. 모든 사람이 안합처럼 호랑이를 가르쳐 사람으로 만들어야 하는 것은 아닐 것이다.

맹수를 인간화하려는 인간 중심의 문화적 착각의 해결책보다 그러한 숙명과 정황에 놓인 인간이 세상에 얼마든지 존재한다는 것을 보여 주는 것에 장자 철학의 미학과 개안이 있다.

하지만 뜻을 확장하면 이 호랑이는 태자의 호랑이만이 아니다. 인간 속에 있는 다른 호랑이가 될 수도 있다.

우리는 모두 호랑이일 수 있다. 어떤 지혜와 구속, 숙명에 의해 인간화하고 있다면 본래의 우리는 무엇이었을까. 잃어버린 동물의 본능이 모두 강제로 삭제되었거나 세척된 다른 존재들이 아닐까.

현재의 사회적 환경 속에 갇힌 상태보다 더 자유로웠던 그 어떤 호랑이 시절의 기억을 빼앗기고 불안과 억압 속에서 인간이 살아가는 것인가.

그래서 늘 무엇인가를 찾아 헤매는 존재로 전락한 것일까. 사실 그러한 상실감이 없는 사람도 호랑이의 기억을 못하는 유전자도 매력이 없는 불행한 존재일지 모를 일이다.

우리는 자신 안의 신성한 호랑이를 발견하지 못하고 추방된 밖에서 살고 있다면 이 장자의 호랑이를 다시 해석해야 하지 않을까.

반윤리적인 것이 아니라 망각을 되찾는 자신을 발견하는 일이 아닐까. 나그네의 생각은 허전하기만 했다.

어떤 이는 그 호랑이를 잘 기르며 확장되어가고 어떤 이는 그 호랑이를 계속 잠재우고 있거나 죽이고 있을 것이다. 또 남의 호랑이를 모시거나 기르며 살아가는 사람도 있을 것이다.

아주 훌륭하게 기른 호랑이를 대동하고 사는 사람도 있고 호랑이 없이 살아가는 외로운 사람도 있을지 모른다.

그러나 이 두 사람의 이야기는 신계(愼戒)를 중시한다. 두 사람은 문화라는 작은 영역에 갇혀 있는 두 마리의 인간적 호랑이 같다.

다만 자연의 변화와 신계를 발견하는 것은 사람이라고 특별날 것이 없고 모든 생명체가 동일할 것이다. 오히려 사람이 자연의 본능과 변화로부터 둔감해졌을 것이다.

슬픈 이야기

이곳에는 예외가 있다.

어느 날 사육당하는 호랑이가 자신의 본성이 죽어가는 것을 깨우쳐서 양기자를 물어죽일 수 있다. 매일 고깃덩이를 던져 주면서 자신을 다스리거나 무시한 것을 알아차린 경우이다.

양호자가 호랑이와 인간을 구분하지 못하고 호랑이에게 너무 친숙하게 행동한 결과일 수 있다. 신계를 잃고 호랑이와 사람의 경계가 허물어진 재앙이다.

호랑이는 호랑이일 뿐이다. 거백옥의 말은 호랑이가 맹수라는 사실을 잊지 말고 태자의 심기나 살기를 건드리지 말라는 뜻이다. 이 말은 모든 감각과 본능의 영역, 그리고 존재와 숙명의 조건을 존중해야 한다는 뜻일 것이다.

모든 비유에는 하자가 있기 마련이다. 호랑이를 인간화하는 것은 불가하다. 그리고 아무 소용이 없다. 또 어떤 가르침이 불가함을 말하고 있다. 호랑이를 가르치지 않으면 아무 문제가 없다.

하지만 태자는 인간이 아닌가. 여기에 안합의 부득이가 있다. 그래서 문제가 되는 것이고 이야기가 있게 된다. 그렇다고 고통과 문제와 이야기를 만들기 위해 호랑이를 사육하고 위협을 겪어야 할 이유는 없다.

다만 세상이 그리되어 있고 그런 경우의 일들이 일어나고 그런 상황에 사람들이 처해 있을 뿐이다. 현자는 결코 이런 복잡한 일에 처하지도 엮이지도 않을 것이다.

장자는 안합이 처하게 될 특수한 상황을 이야기하고 있다. 장자는 두 사람의 대화를 보여줄 뿐 자신의 의견을 개진하지는 않고 있다. 중요한 것은 장자는 그 어느 편에도 서 있지 않다는 점이다.

형취(形就, 상대의 행동을 따름)와 심화(心和, 상대의 마음과 하나가 됨), 즉 취화(就和)의 어려움을 말하는 우화로 읽는 것이 더 흥미롭다. 그런 다음 우화가 심상치 않은 문제를 다루고 있다는, 우회적 심각성을 발견하게 될 것이다.

자연 속에는 먹이를 주는 자를 따르며 애교를 부리는 존재들로 가득하다. 그 자연이 지니고 있는 복잡한 법칙을 도피하거나 비판할 수는 없는 일이다. 때론 장자의 글을 정색하고 읽지 말고 문학 작품으로도 읽어야 하는 이유가 여기에 있다.

호랑이가 양호자를 따른 것은 한때일 것이다. 호랑이는 사람이 아니다. 하지만 호랑이도 오랜 세월 사육되면 정말 호랑이의 본성을 아주 상실할지 모른다.

그러나 이곳의 호랑이는 호랑이가 아니라 태자이다.

나그네가 양호의 비유를 벗어나 떠나고 싶어도 그것은 무용의 길이다. 쏟아지는 산모롱이의 비바람을 맞는 나무에게 무엇을 편들고 위함이 있을 수 있을까.

인간세에 포로가 된 채 불행하게 사육사가 던져주는 한 덩이의 고기를 먹으며 구경거리로 전락한 호랑이는 어떤 심정일까. 고향을 떠나와서 나날을 보내는 그의 눈과 거동은 절망적일 것이다.

태자의 고향을 묻는 것이 아니라 우리 모두의 본향이 어디인지 나그네는 묻고 싶어진다. 온 곳이 없이 존재하다가 죽어가는 존재가 있을 수 있는 것일까. 그것이 인간인가 하는 정도의 생각에서 멈추게 된다.

높은 바위를 올라타고 자신의 영역에서 으르렁거리던 모습은 찾아볼 수가 없다. 인간의 사회와 지혜가 얼마나 무서운 것인가를 보여주는 예화이기도 하다. 어떤 아이는,

"호랑이가 불쌍해요! 어른들은 왜 호랑이를 울에 가두고 구경을 시키나요? 우리 보고 용감하라고 그러는 거예요?" 하고 물을지 모른다.

"아저씨, 호랑이를 풀어주면 안 되나요?" 하고 맑은 눈으로 나그네

를 쳐다볼 것 같다. 어서 풀어주어 호랑이가 산으로 돌아가게 해달라고 말이다.

고대의 일이지만 이런 면에서 인간은 교활하고 잔인하며 파괴적인 존재였다. 인간은 그 호랑이의 마음을 상상하지 못했을 것이다.

호랑이는 인간에게 잡혀와 한낱 구차한 비유가 되었고 그 양호는 미봉책의 계략에 불과할 것이다.

어느 날 한 남자가 먼 길에서 나그네를 찾아왔다. 그가 길러준 호랑이가 사람을 물어죽였는데 어쩔 것이냐고 물었다. 나그네는 꿈속에서 얼른 '피가 다릅니다' 하고 말했다.

태자를 넘어서

생명 그 자체와 생명들 사이에는 큰 단절과 소통이 함께 있다.

장기와 장기 사이, 뇌와 마음 사이, 신경돌기와 혈액 사이, 감각과 이성 사이가 모두 유기체적으로 소통되는 것은 아니다.

때로는 인간끼리의 소통보다 동물과 사람의 소통이 더 아름답고 원활할 때가 있다. 왜냐하면 말이 통하지 않기 때문이다.

그들은 말 이상의 말 즉 마음과 몸짓과 눈빛으로 통한다. 모든 생명의 영혼 안에 근본이 같은 무언가가 있을 것이다. 불가사의한 기의 합류에 의해 응결된 각각의 존재는 한 시원의 생명체이다.

생명의 근원은 밝혀지지 않을 것이다.

한바탕 혼돈의 기가 각각의 생명덩이인 육체 즉 그 사지와 골육 그리고 순환계와 신경망이 모든 세포의 디엔에이와 사유를 만들었다고 한다면 그것은 놀라운 일이 아닐 수 없으며 상상만 해도 전율적인 광경이다.

그러나 인간은 그런 것에 별로 놀라지 않는다. 인간은 이미 다른 것일 수가 없는 종결된 존재이기 때문이다. 그것도 너무나도 오래된 유전자들의 존재이기 때문이다.

그 안에 있는 통일성의 시원은 아직도 미지수이며 혼돈으로 남아 있다. 그것에 가끔 가까이 가는 경험을 할 때, 아련한 추억의 신기루 속에 어슬렁이는 한 존재의 그림자가 어른거린다.

그는 지상의 나그네 같다. 그는 '나' 자신으로 건너온 저쪽의 다른 존재라는 것을 깨닫지 않은 채 과거를 기억하지 못하고 미래를 상상하지 못하고 어슬렁거린다.

우리 모두 그런 존재들이다. 여기 거백옥이 자신과 같은 또 다른 한 사람에게 무엇인가를 말하고 있는 기이한 풍경은 뭐라고 말할 수가 없을 정도이다.

정신을 차려 현실과 책으로 돌아오지만 그 부지(不知)의 연기는 깨끗이 사라지지 않는다. 가르침과 사육에 대해 말하고 있는 장자는 사실 다른 것을 말하고 있는 것인지도 모른다.

그의 언어 안에는 호랑이 아가리 같은 더 큰 의문이 도사리고 있는 것 같다. 그러면서 둔감은 슬그머니 현실 속에 갇힌다. 즉 숙명의 순응에 해당하는 것 같다.

해가 뜨고 있는 지구의 경계선 그 안쪽에 무엇들이 움직이는지를 구체적으로 상상하는 것은 불가하다. 분명한 것은 생명체가 그 안에서 이미 움직이고 수많은 시간을 꿈처럼 경과해 왔다는 사실이다.

자연을 바꾸거나 수리할 수는 없다. 자연은 수정하고 개선할 수도 없다. 그런데 자연은 어느새 너무 깊은 상처를 가졌다. 그 상처가 인간 혹은 문명사회에 침투할 것이다.

이젠 자연 자체가 「양생주」의 불기휵(不蘄畜)의 번중(樊中)이 되었다. 그 번중은 의외로 급속히 황폐화할 것이다. 세계엔 아무것도 없다고 느껴지고 나그네의 골수도 아마도 텅 빈 무사유의 공간으로 남게 될 것이다.

인간이 백 년 이상 반성하지 않는 이상은 캄캄한 미래가 차례차례 선약되어 있을 뿐일 것이다. 어김없는 시간의 경과라는 고통을 통과해야 할 것이다. 인류는 앞으로 백 년간 기형이 될 것이다.

인간이 호랑이의 본성에 맞춰야 하는 특별한 방법도 책무도 이유도 사실은 없다. 그저 자연은 내버려두는 것이 자연에 대한 최고의 경지이다.

새로운 문명의 지옥으로 들어서는 이 구시대 말기의 폐허 위에서 세울 만한 기념비가 있는가. 자연 속에 사는 자는 가장 적은 양의 자연을 사용한 사람들이었다. 그들이 진인이었다.

인간과 문명의 무사(無事)란 자연에게 바쳐야 할 선물이다. 수많은 지혜와 사물이 호랑이를 인간으로 만들고 호랑이를 파괴했을 것이다.

마땅히 그 호랑이가 사람을 물어 죽였을 것이다.

애마자(愛馬者)는 누구인가

말똥을 광주리에 받고 그 오줌을 대합(大蛤)에 받는 자들은 누구일까. 말하지 못하는 말이 말하는 사람보다 더 좋을 수 있다.

어떤 시인은 사람보다 달을 더 사랑했고, 수석과 평생을 살았던 시인도 있었다. 말은 말도 하지 않지만 마부가 자신에게 어떤 말을 해도 절대 남에게 전하지 않는다.

말은 영물이다. 주인을 잘 알아보지만 결코 아부하지 않고 그 감정의 변화를 드러내지 않는다. 우뚝 서 있을 뿐이다. 살아 있는 바위 같다. 쳐다보고 있으면 그가 좋아서 어찌해야 할지 모를 정도이다.

어느 쾌청한 오전에 주인이 말을 데리고 나와서 등에 껑충 올라타면 말은 기분 좋아한다. 등에 올라탄 주인은 꼿꼿하게 세운 허리가 찰랑찰랑 기분 좋게 흔들리는 것을 느낀다. 두 다리에 힘을 주어 조이면 말은 알아차리고 앞으로 나아가기 시작한다.

사람을 태우고 달리는 말의 모습은 일체감을 준다. 두 존재가 한 몸이 된 아름다운 모습이다. 머리는 구부리지 않고 높이 쳐들고 두 앞발의 무릎에선 아름다운 말발굽의 소리가 울려 퍼진다.

말의 입장에서 사람들이 구사하는 그 수많은 말은 전혀 의미가 없다. 한두 마디의 말과 동작이면 둘 사이엔 모든 것이 소통된다. 그런 것을 보면 인간은 쓸데없는 말을 너무 많이 가지고 있는 것 같다.

때로는 말이란 귀찮고 느린 존재 같다.

고독한 장자는 여기서 무엇을 말하려 한 것일까. 과연 사마귀, 호랑이, 말은 무엇인가. 당랑은 당랑이고 호랑이는 호랑이이고 말은 말일 뿐이다.

이것들은 특별한 무엇이다가도 다시 어리석게 아무것도 아닌 것이 된다. 장자의 비유는 비유를 거부하고 물자체로 남는 경우도 많았다. 만물은 그것들대로 위엄이 있다.

그래서 장자의 언어는 정색하고 읽다가도 긴장을 풀고 읽을 때는 다른 맛을 낸다. 하지만 아주 신계를 풀게 하지는 않는다.

그는 아무도 실험한 적이 없는 미답의 광막한 언어를 소요했다. 그러면서 누구보다 자기 삶을 지켰다. 말로 하는 신계가 아니라 몸으로 신계하였다.

어떻게 사물을 대해야 하는 것일까.

위영공(태자의 아버지)이 대부 미자하(彌子瑕)를 총애했다. 미자하는 모친이 아프다는 전갈을 받자 군주의 수레를 타고 가서 문병하고 돌아온 일이 있었다. 이는 월형(刖刑)에 처할 일이었지만 영공은 오히려 효성이 지극하다며 그를 두둔했다.

또 군주의 과수원에서 복숭아를 먹다가 남은 것을 영공에게 바치자 군주를 사랑하는 마음이 지극하다면서 칭찬을 아끼지 않았다.

미자하는 교만하고 동시에 간사해졌다.

사관을 지낸 대부 사추[史鰌, 자는 史魚, 子魚]가 소인인 미자하를 가까이 하지 말라고 한 충간(忠諫)을 영공은 무시했다. 사추는 임종할 때 자기의 시신을 창문 밖에 내놓되 염하지 말라고 유언했다.

영공이 문상을 와서 박장(薄葬, 장례를 아주 간략히 치르는 것)을 보고 그 아들에게 까닭을 묻자 '살아서 임금을 바르게 이끌지 못했으니 죽어서도 예를 갖출 필요가 없다'는 유언을 전했다. 죽은 뒤에도 임금에게 간(諫)하는 것을 시간(尸諫)이라 한다.

영공은 그때서야 거백옥(蘧伯玉)을 등용토록 한 사추의 진언(進言)에 따라 미자하를 쫓아내고 거백옥을 등용한다.

거백옥은 정치 거물이었던 반면 안합은 조용한 은자였던 것 같다.

이렇게 장자 시대 이전의 상반된 두 인물을 마주하게 한 것에는 장자의 어떤 뜻이 있었을 것이다. 세심하게 읽어야 할 장자의 문장이다.

그들은 서로에게 말이었을까. 기다리거나 추종하지 않는다면 그 누구의 말일 필요가 없는 것처럼 그 누구를 자신의 중심에 두지 않는 사람들도 있었다.

어떤 이들은 자신을 소유해줄 다른 인간과 지혜를 찾아가기도 한다. 장자는 무엇에 소유되고 갇힌 자가 아니었다.

나는 누구를 등에 앉혀놓고 달리는 말일까. 그 주인을 내려놓고 싶다. 말을 올라타는 순간부터 나는 이미 내가 아닌 것 같았다. 내 등 위에 누구를 앉히지 말 일이다.

다 잊고 살다가도 그 어느 날 긴 여름 하루가 땅으로 떨어지는 맹꽁이가 우는 저녁에 문득하니 말의 귀가 기척을 듣는 것 같았다.

나그네는 그때만 살아 있었던 것 같다.

물고상루(物古相累)

어느 날이었다. 장자는 조릉(雕陵, 독수리의 무덤)의 울타리를 산책하고 있었다.

갑자기 남쪽에서 한 마리 이상한 까치가 날아왔다. 날개 너비가 일곱 자(당시 한 자는 23센티미터, 161센티미터)쯤 되고 눈이 한 치(2.3센티미터) 되는 까치였다.

까치는 장자의 이마를 스쳐 밤나무 숲에 가 앉았다.

'저건 대체 무슨 새일까? 날개는 큰데 높이 날지 못하고 눈은 크나 보질 못하는군.'

바짓가랑이를 걷어 올리고 장자는 새를 향해 재빨리 다가가 살시(殺矢)를 펴 그 새를 쏘려 했다. 그때 문득 시원한 나무 그늘에서 자신을 잊고[망신(亡身)] 울고 있는 매미 한 마리를 발견했다.

나무 그늘에 숨은 당랑 한 마리가 자신을 잊은 채 매미를 보고 있었다. 이상한 까치는 이때가 기회다 하고 자신을 잊고 당랑을 노리고 있었다.

장자는 깜짝 놀라서 중얼거렸다.

'아 만물은 본래 서로 묶여 있구나[물고상루(物古相累)].'

장자가 살아 있던 그 2,400여 년 전의 한여름이 오늘의 여름보다 더 짙푸를 것 같다.

나뭇가지 사이의 시원한 그늘에서 쉬고 있는 매미를 보고 있는 사마귀, 사마귀를 보고 있는 까치. 그리고 그것들을 동시(同視)하고 있는 한 인간. 그런데 처음엔 자연스레 눈에 띄어서 보았을 뿐인데 이상한 마음이 자기 안에서 생기는 것을 그들은 느꼈다.

그것은 눈이 하는 말로서 저놈을 집어삼킬 수 있다는 생각이었다.

아 그런데 이들에게 그런 마음이 언제부터 생겼던 것일까.

내가 그 매미라면 내가 그 사마귀라면 내가 그 까치라면. 나그네는 갑자기 생명체들의 응시와 긴장, 관계를 떠올릴 법했다.

장자는 이 세 마리의 팽팽한 균형을 깨트리지 않았다. 그 어느 한쪽이 달려들어 공격했다면 그 숲은 파괴됐을 것이다. 아무도 모르게 그들은 마음으로만 상대를 어디론가 데리고 간 것 같다.

정말 아무 일도 일어나지 않았다. 매미가 죽은 일도 없고 사마귀가 까치의 입에 물려 파닥인 적도 없었다. 모두 꿈이었으니까.

안합과 거백옥의 이야기 속에서 나그네는 엉뚱한 말을 떠올리고 있었다.

말이 산에서 사람을 만나 울어버린 일화가 있다.

중국 내륙에 태행산(太行山)이 있다. 그곳은 기원전 600년대 초에 춘추시대 진나라의 거점이었다. 진(秦)은 목공[穆公, 임호(任好), 기원전 660-621]이 동쪽의 하서(河西)를 정벌하고 서쪽의 서융(西戎)을 쳐서 춘추오패(春秋五霸)의 군주가 되었다.

진목공의 신하 중에 말의 감식과 선별에 뛰어난 손양자[孫陽子, 백락(伯樂)]라는 사람이 있었다. 어디선가 온 천리마가 소금 수레를 끌고 이 태행산을 넘고 있었다.

어느 날 그곳을 지나가는 손양자를 보고 그 천리마가 크게 울었다. 손양자는 수레에서 내려 말을 보고 눈물을 흘렸다.

그러자 말이 땅을 내려다보며 큰 한숨을 쉬고 다시 하늘을 우러러 크게 울었다.

말이니 눈물을 흘릴 수 없었을 것이다. 커다란 말이 온몸으로 울었다고 한다. 한이 얼마나 컸으면 태행산에서 하늘을 쳐다보고 울었을까.

그 말은 누구였을까. 그것도 자신을 고른 사람을 그 높은 산길에서 만났으니 세상과 자신의 운명이 슬펐을 것이다.

그는 이런 말을 남겼다.

"천리마는 뛰어난 것을 얻으면 그 조잡한 것들은 잊고[득기정이망기조(得其精而忘其粗)] 그 안을 얻으면 그 밖의 것은 잊는다[득기내이망기외(得其內而忘其外)]."

손양자가 모든 것을 잊는다 해도 천리마를 잊을 수는 없었고 천리마는 그 험한 산길에서 울 수밖에 없었다.

태행산맥은 북동쪽에서 남서쪽으로 400킬로미터에 걸쳐 뻗어 있다. 이 산의 서쪽에 산서성이, 동쪽에 산동성이 있다.

안합이 거백옥을 만나는 곳에서부터 애마자의 비유가 나오는 이곳까지를 『남화경직해』에선 별도의 항목으로 두고 「사적국시일건(使敵國是一件, 적국으로 가는 사신의 제일의 건)」이란 소제목을 붙였다. 그리고 마지막 '장석(匠石)' 이야기에 「전태자시일건(傳太子是一件, 태자의 스승이 되는 제일의 건)」이란 소제목을 붙였다.

장자가 구분한 것일까, 편자가 구분한 것일까.

「인간세」는 어릴 때 읽어도 좋고 젊어서 읽어도 좋고 노년에 다시 읽어도 좋다. 인간의 한계와 우매함을 노래한 최고(最高, 最古)의 작품이다.

15. 장석과 상수리나무 이야기

장석이, 제나라로 가다가, 곡원에 이르러, 사당의 상수리나무를 보았다. 그 크기가, 수천 마리의 소를 가릴 수 있고, 둘레는 백 아름이나 되었다. 그 높이가 산으로, 십육 미터쯤 솟아 있고, 끝으로 가지들이 있는데, 가히 그 배를 만들 만한 것이, 두루 수십 개가 되었다. 구경하는 사람들이, 장을 이룬 것 같았다. 장백은 거들떠보지 않고, 가던 길을, 멈추지 않았다. 제자가 그것을, 정신 놓고 바라보다가, 장석에게 달려와서 말했다. "제가 큰 도끼와 작은 도끼를 잡고, 선생님을 따른 이래로, 이같이 뛰어난 재목을, 일찍이 본 적이 없습니다. 선생님께선 감히, 쳐다보지도 않고, 발길을 멈추지 않으시니, 어찌 된 일입니까." (장석이) 말했다. "버려둬. 말할 것도 없다. 쓸모없는, 나무야. 사용해서 배를 만들면, 곧장 가라앉는다. 사용해서 관이나 덧널을 만들면, 곧장 빨리 썩고, 사용해서 기물을 만들면, 곧장 빨리 망가진다. 사용해서 대문과 방문을 만들면, 곧장 진이 흐르고, 사용해서 기둥을 만들면 곧장 좀이 슬지. 이것은, 재목이 못 되는, 나무야.

쓸 수 있는 곳이, 없어. 그러니까 이처럼, 오래 살 수 있었지."

❑ 원문(原文)

　匠石之齊 至乎曲轅 見櫟社樹 其大蔽數千牛 絜之百圍 其高
臨山十仞 而後有枝 其可以爲舟者 旁十數 觀者如市 匠伯不顧
遂行不輟 弟子厭觀之 走及匠石曰 自吾執斧斤以隨夫子 未嘗見
材如此其美也 先生不肯視 行不輟 何邪 曰 已矣 勿言之矣 散木
也 以爲舟則沈 以爲棺槨則速腐 以爲器則速毀 以爲門戶則液樠
以爲柱則蠹 是不材之木也 無所可用 故能若是之壽

▌목공 장인 장匠. │ 장석匠石은 고대의 장인(匠人), 자는 백(伯). │ 지之.
│ 끌 채(수레의 앞 양쪽에 대는 긴 채) 원轅. │ 곡원曲轅 지명. │ 나타날 견見.
│ 상수리나무 역櫟. │ 토지신 사社 사당(祠堂), 역사수櫟社樹는 사당(祠堂)을
지키는 상수리나무. │ 주사위, 가릴 폐蔽. │ 잴 혈絜, 깨끗이 할 결. │ 내려다
볼, 어떤 곳에 나올 림臨 하늘로 나와 있음. │ 길 인仞. │ 여덟 자. │ 끝,
뒤 후後. │ 널리 사방으로 방旁. │ 불고不顧 거들떠보지 않다. │ 이룰, 따를
수遂. │ 버릴, 그칠 철輟. │ 마음에 찰 염厭, 염관厭觀은 넋을 놓고 바라보는
모양. │ 달릴 주走. │ 쫓아가 따를 급及. │ 스스로 자自. │ 큰 도끼 부斧. │
작은 도끼 근斤. │ 따를 수隨. │ 수긍할, 감히 긍肯. │ 없을, 말 물勿. │ 산목散木
쓸데없는 나무. │ 가라앉을 침沈. │ 버릴 이已. │ 어조사 의矣. │ 쓸, 사용함,
임용함 이以. │ 배 주舟. │ 덧널, 외관(外棺) 곽槨. │ 빨리 속速. │ 썩을 부腐.
│ 상처 입을 훼毁. │ 지게, 집 호戶. │ 진 액液. │ 진 흐를 만樠. │ 나무굼벵이,
좀먹을 두蠹.

나무의 묘사

높이가 팔십 자쯤 되는 것을 산이라 할 수 있을까. 이것은 산이 아니라 구(丘)라 해야 옳을 듯싶다. 기고임산(其高臨山)을 나무가 산을 내려다본다고 해석하는 것도 합당해 보이지 않는다.

그것은 임(臨) 자 때문이다. 대부분 임(臨)을 '낮은 곳으로 내려다보다'로 해석하는데 이는 '어떤 곳에 나와 있는 모양' 즉 돌출을 나타내는 글자로 보는 것이 맞는 것 같다.

"그 높이가 산으로, 십육 미터쯤 솟아 있다'로 하고 싶었다. 직송(直竦) 즉 나무가 하늘로 나가 우뚝 솟아 있는 모양을 보여주었다.

아마 이것은 산의 스카이라인 위로 솟아 있는 대수를 그린 것 같다. 그런데 장자는 하늘 밖으로 나간 나뭇가지를 묘사하지 않았다. 가지 끝이 하늘에 닿아 있는 모습을 보지 못한 것일까.

「소요유」에 등장한 이 대수(大樹)가 「인간세」에 등장했다.

장자가 살던 곳곳에 대수가 있었던 모양이다. 장자 문학의 중심에는 늘 한 그루 나무가 서 있다.

장자는 나무를 사랑한 사람이었다.

숭엄하고 오래된 그리고 장대하고 쓸모없는 나무. 그 대수를 장자는 평생 닮으려 했던 것 같다. 장자는 나무가 구걸해서 살았던 적이 없음을 알고 있었던 것일까.

늘 가까운 주변을 산보하면서 그는 극지를 갔다 온 사람보다 더 먼 것들을 발견하고 말할 수 있었다. 사시사철 소요하면서 나무를 바라보고 즐기고 함께하지 않은 날이 없었을 것이다.

장자가 있는 곳은 늘 한 그루의 대수가 있다. 자연의 세월과 전국시대의 세월과 인간의 세월 그리고 장자 자신의 시간과 함께.

그것들하고 무관한 우주의 낮과 어둠, 아침과 저녁, 비와 눈바람 속에서 그 모두를 보아왔을, 자신 앞을 지나가지 않은 사람들을 기다리거나 찾아갈 필요가 없었던 대수가 그곳에 있었다.

어느 날 목수 석(石)은 제자와 함께 길이 구불구불하다는 뜻을 가진 곡원(曲轅)을 지나게 되었다. 어느 시골행의 출장길이었을 것이다. 장석이 집을 지을 땐 수레에 도끼, 작두, 톱, 먹통 외에 직선자[직척(直尺)], 직각자[곡척(曲尺)], 쇠사슬자[연척(鏈尺)], 줄자[권척(卷尺)], 접음자[첩척(疊尺)] 등을 싣고 다녔을 것이다.

저 멀리 하늘까지 올라가 있는 커다란 상수리나무가 나타났다. 어찌나 큰지 수천 마리의 소를 태양으로부터 가릴 수 있을 것 같고, 둘레는 백 아름이나 되는 영물이었다.

그런데 백 아름이나 된다고 했지만 사실 오늘날의 계량으로 환산하면 나무 높이는 이십여 미터밖에 되지 않는다.

일 인(仞)은 여덟 척이니 십 인은 약 팔십 자이다. 그 당시 주척(周尺)으로 환산하면 약 십육 미터쯤 되는 나무였다. 그리 큰 나무가 아니다.

나무가 산을 내려다본다는 말은 어울리지 않았다. 길이 꼬불꼬불했을 곡원 어느 언덕에 사당이 자리 잡고 있지 않았을까 싶다.

장자의 과장법이 여기서는 자기 균형을 깨뜨린다. 한 문장 앞뒤가 어긋나지만 그것도 다 그럴 만한 이유가 있을 거라는 생각이 든다. 장단이 없지만 장단이 아주 없는 것도 아닐 것이다.

그 나무 높이를 장자가 자로 재었을 리 없을 것이다. 앞서 말한 것처럼 이것은 파란 산의 능선 위로 우뚝 솟아 산 밖의 하늘로 나가 있는 모습을 그린 문장이다.

장석이 지나가는 그 길에 나도 나타나 잠시 쉬는 한 나그네가 아니었을까. 고대의 역사수를 읽을 때 그곳에 있는 것 같은 생각이 들었다.

장석을 아는 바 없지만 쳐다보지도 않고 휑하니 지나친 한 나그네가 '나'였을지 모른다. 얼마나 많은 장자의 독자와 은자와 나그네들이 이곳에서 쉬다가 갔을까.

그들은 지금 어디 있을까. 아직도 「인간세」 속에 그 대수만 우뚝 서 있는 것 같다. 그날의 바람이 작고 귀여운 상수리나무의 우듬지를 건들고 간다.

눈을 뜨고 쳐다볼 수 없이 맑은 하늘 아래 씽씽매미가 여름을 울어 대고, 우울하고 춥기만 한 모든 것이 꽁꽁 얼어붙은 겨울엔 죽음의 대지 위를 하얀 눈송이들이 날아다녔다.

한 젊은이가 뒤따르는 그 앞엔 뒷짐을 지고 빠른 걸음으로 가는 한 남자, 그가 내가 아니었을까.

초행길이 아닌 것 같았다. 품새로 보아 대처를 구름처럼 떠돌아다니며 집을 짓는 목수 아치였다. 이마가 박달나무처럼 단단해 보였다.

궁에선 음의 연속성을 가지고 길이를 상정했지만 자연 속에서 살아가는 대다수 사람들은 길이를 재는 법을 손가락에서 찾았다.

인체기원설이 가장 오래되었다. 손가락을 펼쳤을 때의 인지와 장지의 길이를 기본으로 척(尺)을 정했다. 사람의 몸 중에서 눈앞에 가장 가까이 가져다 놓고 생각할 수 있는 도구가 손가락이었을 테니까.

현재 한 자는 30.3센티미터지만 고구려 척(尺)은 35.6센티미터이며 주척(周尺)은 20센티미터 정도였다. 한나라 척(漢尺, 이때부터 십진법을 사용함)은 23.7센티미터 정도였다.

춘추전국시대이니 주척을 적용해야 할 것이다. 십 인이란 십육 미터 밖에 되지 않는다. 이 정도의 상수리나무가 어떻게 백 아름이 될 수 있을까. 아마도 십인은 실물의 크기가 아닐까 싶다.

그러니 또 수천 마리의 소를 가릴 정도의 나무 그늘도 백 아름의 둘레도 과장이다. 어떤 것은 사실대로 보고 또 어떤 것은 과장해서 바라본 것 같다.

장자는 보이는 대로 보았던 것 같다. 과장하고 싶지 않은 것은 과장하지 않았고 과장하고 싶은 것만 과장했다. 그래도 문장이 하등 이상할 것이 없다.

추억의 사람

누가 대대로 사당에서 살아온 쥐가 되어 역사수를 본 것일까. 그러다가 때론 사람의 눈으로 또 때론 나무 위를 날아다니던 까치의 눈으로 보았던 것일까.

볼 때마다 그 크기와 높이와 척도는 달랐을 법하다.

어느 날 아침 안개라도 끼면 언덕도 거대한 산처럼 보였고 또 어느 날은 하늘까지 닿을 것처럼 보였던 산이 자그만 언덕처럼 작게 눈 속에 들어오기도 했다.

이 나무는 장자의 인물들처럼 기형적인 나무이다. 장자의 말을 곧이 곧대로 들어선 안 될 것 같다. 다른 엉뚱한 말을 하고 나그네의 예감 사이를 피해 다닌다. 장자의 언어 소요이다.

수천 마리 소를 가릴 정도의 나무라는 것은 우주 만물에 크고 작은 것이 없다는 장자 특유의 사유법을 반영한 것이다. 장자는 사실과 문법, 대상의 부합에 맞추지 않고 그 당시 자신의 마음에 비춰지는 대상의 모습을 중시한 것 같다.

장자는 분명 나무와 산의 높이를 그 위에서 하시(下視)했을 것이다. 나무의 상부 허공으로 단걸음에 걸어 올라가 그 커다란 나뭇가지들을 탐스럽게 내려다보았다.

그러고는 그 밑에서 나무를 쳐다보는 자신을 내려다보았다.

그전까지만 해도 이런 시선과 문장이 없었다. 그 첫 편인 「소요유」에서부터 언어가 청천에 오르는 자유를 구사하기 시작했다.

부감법이 장자로부터 시작된 것일까. 그것은 공간과 시간에 걸려 있는 사물을 초월하는 시선이었다.

물론 장석은 본척만척 지나갔지만 장자는 그 무용의 나무를 알아보고 있었다. 장석이 대단한 목수라지만 장자의 인물일 뿐이다. 주인공과 작가는 상반된 생각을 하고 있다.

이 장석은 고대 이전의 대목(大木)이었다. 이름은 석이고 자는 백이다. 자귀나 도끼 같은 연장을 잘 썼고 아귀를 빈틈없이 맞춘 인류 최초의 목수라고 할 수 있다.

한유[韓愈, 768-824, 당나라 사람, 어릴 때 고아가 되어 형수가 길렀다, 유가를 따르고 도교와 불교를 배척했다]는 이런 말을 했다.

"장석은 지나가면서 거들떠보지 않고[장석과지이불예(匠石過之而不睨)] 백락은 만났더라도 뒤돌아보지 않는다[백락우지이불고(伯樂遇之而不顧)]고 말했다."

말을 감별하는 눈과 마음을 지닌 백락은 춘추시대 사람으로 이름이 손양자(孫陽子)이다. 그는 인재를 등용하는 사람으로 비유된다.

나그네는 문득 한여름 속에서 그만 지친 나머지 아버지를 뒤따라가지 못한 것을 기억이라도 해낼 것 같았다. 세상의 모든 석장은 소년 시절의 아들을 데리고 모처를 떠돌았던 것일까.

나그네는 소년이 되어 아버지를 따라 대처를 떠돌아다니며 온갖 나무를 보고 싶어졌다. 그 어린 시절만 살았으면 싶었다.

그때가 성하의 계절이 아니었을까. 어디선가 들려오는 가문 날의 실개울 소리가 갈증을 쫓는 두 귀를 씻어주었을까.

문장도 수많은 선택의 기로에서 한 줄기만 선택되어 간다. 글을 쓴다는 것은 불가피한 선택이라 다른 문장으로 가지 못하는 것이 꼭 새삼스러운 일만도 아닌 것 같다.

우리는 떠나지 않고 늘 그 문장 속에서 살고 있었다.

곡원에서의 반성

「인간세」에서 장자가 보여주는 이 상수리나무 이야기는 무위의 철학이다. 또 아름다운 반성이자 우화이다. 수많은 어른과 어린이들이 이천 수백 년 간 공감해온 최고의 서사이다.

장자 외에 이처럼 아름답고 높은 인간과 나무의 교류와 소통을 이야기해준 사람이 있었을까.

천진무구한 이 글 속에 장자는 살아 있는 것 같다. 그는 어떻게 그 난세에 이 같은 평화로운 풍경을 볼 수 있고 나무를 발견하고 아름다운 만남의 꿈을 가질 수 있었을까. 천양의 글이다.

훌쩍 곡원을 지나간 장석의 소요(逍遙)도 그립다.

다시 눈구멍 밖의 광활한 자연을 내다보게 한다. 인간이 지닌 꿈이 아무리 지고해도 허무로 귀속한다. 살아 있는 것들 앞에 지나가는 것이 없는 것 같지만 그 무엇들이 그들을 남김없이 데리고 간다.

그 속에서도 장자의 글은 아름답다. 자기 생의 시간 안에서 내가 아무리 그를 생각한다 하더라도 그 어딜 나가본 적이 없는 역사수를 안다고 할 수는 없을 것이다.

장자의 글은 허무를 관통하며 아름다움을 수놓는다. 기이하다. 글이 허무하지 않다.

나그네는 반짝이며 멀리까지 윤기를 보내는 나뭇잎의 얼굴 하나조차 되지 못한다. 그 추억들은 모두 어디에 있는 것일까. 소년은 그 먼 곳에서 그 빛을 본 것 같다.

무엇이 시간의 기억 속에서 사라지고 아주 없어진 것일까.

그렇더라도 그것을 아름다운 변화라고 말하고 그 이상의 무엇이 없어도 좋다고 할 수 있을 것이다. 그래서 그것들이 시가 되고 무용이 되길 바란다.

사람들이 상수리나무 아래에 문전성시를 이루었다.

그들 머리 위에는 거대한 나무의 그늘이 드리워져 있다. 모두가 거의 서로를 모르는 사람들. 말 몇 마디 섞고는 자리를 털고 일어나 가던 길로 나선다. 그들은 그렇게 헤어진다.

조금 뒤 빈자리가 생기자 먼 길을 걸어온 또 한 사람이 들어와 앉는다. 양지와 그늘은 조금씩 사람들 모르게 정강이 밑으로 이동해간다. 가끔 그것들이 떨리는 것도 같다.

사람들은 저마다 나무를 쳐다보면서 한마디씩 하기를 주저하지 않는다. 그때 한 남자가 지나쳐 갔다. 그 장석이란 자였다. 늘 잘난 척하는 자였다.

천하제일의 재목을 찾아 산천을 누볐을 장석이 그 나무를 지나친 것엔 두 가지 이유가 있었다. 하나는 건드려서는 안 된다는 앎의 확신, 또 다른 하나는 정말 쓸모없는 나무라는 것이다.

그는 쓸모가 없는 나무는 거들떠보지 않았다. 이것은 진짜 쓸모없음을 무시한 것이다. 그 의미를 알고 있는 것은 아니다.

장석은 득실과 유무용에 민감한 사람이었다. 그러니 나무 그늘 밑에서 쉴 줄도 몰랐던 것일까. 무용한 나무의 그늘조차 거부한 장석이었다.

유용한 것들은 대부분 남에게 선택되어 쓰이거나 죽임을 당하거나 버려진다. 장석은 자신이 자르고 깎고 다듬었던 나무 외의 나무를 한 번도 생각해본 적이 없었다.

그러니 상수리나무를 쓸데없이 쳐다볼 일이 없었다.

그는 오직 유용한 나무만 찾아 떠돌아다녔다. 집과 문, 배, 문짝, 사당 등에 쓰이는 수많은 목재를 켜고 깎고 다듬고 만들어 썼지만 그런 것을 하는 목수일 뿐이었다.

반듯하게 잘 자란 나무들에게 그는 저승사자였을 것이다. 그가 지나가면 나무들이 벌벌 떨었을 것 같다. 이 역사수는 그가 다가오자 저 사람은 나를 쳐다보지도 않을 것이란 걸 알고 있었을 것이다.

그래도 무시를 당하는 역사수는 섭섭했다. 그가 정말 뛰어난 목수라면 자신은 소용 있는 것만 골라 벌목한다는 것의 유위의 의미를 알았을 텐데 그러지 못했다.

그가 지나가면 숲속의 잘난 나무들은 그에게 자신을 내보이려고 경쟁을 했을까. 그 유용의 의미를 알았다면 장석은 유용한 재목들을 마냥 좋아할 수만은 없었을 것이다.

수행불철(遂行不輟)은 장석의 자기 확신에 찬 매우 단호하고 위험한 지식을 반영한 사자(四字)이다. 장석을 한마디로 수행불철이라 할 수 있다.

이 또한 모욕적인 말이지만 그가 그 말뜻을 알아들었을까.

쓸모 있는 것만 찾아 수행불철하는 것은 반인간적 반생태적 철학이고 기술이며 체제인 아주 위험한 발상이다.

그러나 사실 이 세계엔 무용한 것들로 가득하다. 유용한 것은 소수이며 선택되어 잘려나간다. 남의 눈에 띄어 마음에 든다는 것은 선호

할 일이 아님에도 수많은 소수는 그 속으로 사라져간다.

어느 시대 어느 인물도 이 쓰임에서 제외되고 해방되기 어렵다.

자신들의 생각과 체제 외의 것들을 무용한 것으로 갈라놓는 자들은 때론 모든 존재와 체제 이면의 적이 되기 쉽다.

그들은 지켜주고 먹여 살려야 하는 무용한 것들을 자기 수단과 장애로 이해할 수 있는 위험에 처하기 쉽다.

산에서 하늘을 향해 울던 천리마의 울음이 들리는 듯하다. 지명과 선택은 일종의 재앙이다.

그는 유배자였을까, 죄인이었을까, 충신이었을까. 만나고 선택되고 헤어지는 세상만사는 슬프다.

무용한 것은 서로 만나도 지혜와 재앙을 발생시키지는 않는다.

다른 '그 길'에 대해

"버려둬. 말할 것도 없다. 쓸모없는, 나무야[이의(已矣) 물언지의(勿言之矣) 산목야(散木也)]."

헐레벌떡 뛰어온 제자에게 장석은 상수리나무를 뒤돌아보지도 않고 말했다. 오만과 비하가 뒤섞인 말이다. 앎을 가진 자는 상수리나무와 제자를 일언지하에 무시했다.

석장의 얼굴이 보이는 듯하다. 저 멀리 두 사람의 등 뒤에 있는 상수리나무가 거대한 실루엣을 드리운 채 정오의 햇살에 불타고 있었을 것이다.

어둑한 한낮의 어둠은 고목의 침묵 같았다.

제자가 뒤돌아보는 것이 보였다. 스승을 따라가는 제자는 다시 뒤돌아보지 않았다. 구름 한 점 없는 하늘과 산, 인가, 모든 자연과 모든 생명에게 한여름이 불덩이처럼 떨어지고 있었다.

한 줌의 인생인 일개 목수가 거수의 전생(全生)을 왈가불가하며 걸어갔을 것이다. 어디선가 장석으로서는 상상도 할 수 없는 일이 일어나고 있는 것 같다.

무엇을 안다는 것, 무엇을 전한다는 것, 무엇을 말한다는 것, 무엇을 가르친다는 것은 두려운 일이다. 어떤 불가능했던 존재들이 사위에 너무나 가까이 다가와 서 있는 시간 같고 칠흑어둠 같다.

장석은 나무를 수도 없이 자르고 깎고 꿰맞췄지만 나무와 말을 해본 적은 없었다. 나무와 자신의 기술 외엔 아무 관심이 없는 사람이었다.

지금까지 그는 충실한 목수일 뿐이었다. 목수를 벗어나지 않았고 또 벗어날 생각을 해본 적도 없는 자였다. 자기 생 안에서만 살아가고 있었다.

어떤 대상과 상상과 이야기를 하지 못하는 것은 아주 불완전한 경우에만 가능한 일이다. 즉 바람이나 나무와 말을 할 줄 모른다면 그것은 자기 마음과 대화를 나누지 못하는 불통과 같다.

소통을 거절하는 것은 기술만을 믿는 장석의 특장일 것이다. 그를 자신의 손이 만지고 있는 것이 무엇인지 의심해본 적이 없는 사람이라 할 수 있다.

소용없는 것을 다룰 줄 모르고 버려두거나 유용한 것으로 전환시키지 못하면 소요와 일탈을 기대할 수 없을 것이다. 그 또한 불구적인 일탈과 소요일 뿐이다.

그러나 정말 무용한 것들은 절대로 쓸데없이 유용이 되지 않으려고 할 것이다. 이런 말도 사실은 무용 쪽에 서보아야 알 수 있는 것이지만 불가능한 것은 아닐 것이다.

그렇다면 모든 사물이 한시적 유용의 가치 안에만 머물고 말 것이다. 이용될 때만 그 존재성을 가지는 사물은 불행한 것이다.

유용만 계속 선택되고 사용된다면 그 내부는 핍진해지고 생명력을 상실할 것이며 사물과 언어는 손상될 것이다. 나그네에게 그것은 곧 생명과 사물의 죽음이라고 생각되었다.

무용한 것들만 저 깊은 자연 속에서 오직 자신의 전생을 누릴 것이다. 유용은 유용에 의해 스스로 고갈되고 존재의 의미를 잃고 말 것은 너무나 자명한 내일의 모습이다.

그렇다고 무용이 자신을 사용해 달라고 하지는 않을 것이다. 그들은 이 세계 속에서 계속 침묵할 것이다. 유용은 거덜이 나고 무용에게 사신을 보낼지 모르지만 그러나 그들은 이미 무용을 사용할 줄 모를 것이다.

하나의 걱정은 이것이다. 오랜 세월에 걸쳐 사용되고 버려진 유용에 대한 허기와 갈망을 계속 충족시킬 수 있는 또 다른 유용의 발견과 생산이 가능할까.

과연 미래에도 그 필요성과 소비 욕망이 인간 내부에서 지속적으로 발생할 수 있을까. 그것조차 바닥이 나버리는 사태에 봉착하는 것은 아닐까.

이 부지의 앎은 결국 죽음 앞에서나 가능할까. 아니면 죽어서 그 시신이 그것을 경험하게 되도록 내버려두어야 하는가. 알 수 없는 일이다. 죽음은 삶을 기억하거나 상상하지 못할 것이다.

하지만 이 유용은 아무래도 무용 밖으로 노출시킨 장자의 암유 같다. 그 직관의 말은 아직 분명하지 않은 기호로 나그네의 마음을 뚫고 지나간다.

먼 미래에서 보낸 질문의 답장이 먼 과거로부터 아직 이곳에 도착하지 않았다. 나그네는 그 예언의 뜻을 알고 싶어진다.

현실에선 대부분 무용이 삭제되거나 묵살되거나 버려진다. 사실 그것은 어리석은 유용들의 손해이자 실수이다. 무용을 보상하거나 복원하려면 그들의 중심에 있는 유용이 자신의 모든 욕망을 다 바치고 희생시켜도 불가할 것이다.

무용은 유용을 안고 있는 사실상의 풍경과 배경이다. 모두 유용만 지향하고 선택하는 것 같지만 그러나 무용 없이 유용이 존립할 수가 없다.

만물이 무용이 되어줄 때 그 하나하나의 사물들이 서로 슬픈 유용이 될 것이다.

나그네에게 유용만이 중심인 세상은 슬프고 비참해 보인다. 무용만이 한쪽에 방치되고 소외된 거리는 편향된 불구의 시장이고 사회이다. 진정한 행복과 여유는 무용을 공히 자연의 시간으로 나누고 선하게 쓰는 데 있을 것이다.

무용과 유용의 불공정한 체제의 지속은 인간에게 불안한 세상이 될 것이다. 그 자연에는 지금 이 순간에도 무한의 시간이 지나가고 있다. 그곳에 생명의 영원성과 즐거움이 있을 것이다.

그것들은 아직까지도 무용의 것에 의해 일부 사용 가능한 어떤 은혜일 뿐이다.

나그네에게 주는 나무의 말

장석은 무언가 알고 있는 영리한 사람이다.

이 나무로 배를 만들면 곧 가라앉고 관이나 덧널을 만들면 곧 썩고 기물을 만들면 곧 망가진다는 것을 알고 있다.

그 앎의 분별과 알아차림 자체가 나쁜 것이 아니나 그 앎으로 인해 스스로 오만해지고 그 대상을 무시하는 것이 문제가 된다. 기물을 만들면 곧 진이 흐르고 기둥을 만들면 곧 좀이 슨다.

침부훼만두(沈腐毀樠蠹)는 풍자적으로 말해서 인간에게 당하는 상수리나무의 욕됨이다. 쓸모없음의 위대한 희생이자 아이러니이다.

그 욕됨의 시비를 어떻게 말해야 할까.

가라앉고 썩고 상처 입고 진액이 흐르고 좀이 슬지 않는 존재는 없다. 이 다섯 글자가 사람의 것이다. 사람은 나무보다 더할 것이다.

나무의 입장에서 베어지고 잘리고 껍질이 벗겨지고 깎이고 못 박히고 어떤 형체가 되어가는 그 모든 끔찍한 과정을 생각하면 비극적이지만 실로 황당하고 우스꽝스런 일이다.

어떤 사람은 권력과 재화 앞에 나아가 자신을 써주기를 간청한다. 궁궐 안에서 세상을 피했던 동방삭은 등용에 성공했지만 공자는 제국을 떠돌면서도 모든 군주들로부터 거절당했다.

장자는 그러지는 않았다. 자신을 팔러 다니지 않았다. 또 군주를 기다리지도 않았다. 그는 험난한 세속의 가장 작은 형문에 은거했다.

인간에게 채용되길 바라는 나무는 없을 것이다. 장자는 인간에게 채용되는 인간을 어떻게 바라보았을까. 아마도 슬프게 바라보았을 법하다.

문득 장자가 닮고자 했던 그 다른 모습이 그 상수리나무 같다. 그는 인간에게 무엇을 부탁하거나 구걸한 적이 없었다. 찾아가거나 기다리는 것이 자신에게 없기를 바랐을 것이다.

전국시대가 사라질 것을 장자가 몰랐을 리 없다. 그 시대가 멸망하고 다 지나가리라는 것을 예감했을 것이다. 그 혼란의 시대 속에서 나무를 쳐다본 사람은 장자 한 사람이었다.

그 상수리나무는 장자의 스승이었다.

제태공[齊太公, 화(和)]이 산굴(山窟)에 있는[거산혈지중(居山穴之中)] 자신을 찾아온 것을 두고 남백자기는 은연중에 그가 자신을 찾아오도록 소문을 낸 것이라고 반성했다.

그러나 나 장자는 상수리나무를 세상에 알리고 싶지 않았을 것이다. 알려지면 누군가 찾아오기 때문이다. 남백자기는 '남을 슬퍼하는 자가 스스로를 슬퍼해야 함을 잊고 있는 것이 슬프다'고 하였다. 요즘은 이런 사람이 없을 것이다.

나그네는 화살을 손에 쥐고 죽은 원숭이가 떠올랐다.

오왕(吳王)이 산으로 올라오자 원숭이들이 두려워 숲속으로 도망갔다. 한 마리 원숭이가 날렵하게 나무 사이를 건너뛰며 재주를 부리고 있었다.

왕이 화살을 쏘자 재빨리 화살을 잡았다. 놀란 왕은 시종(侍從)에게 계속 화살을 쏘라고 명했다.

결국 그 원숭이는 화살을 손에 쥔 채 죽고 말았다. 재주가 지나쳐 죽음의 재앙이 된 자였다.

장자는 자기 당대에 가장 치열하게 살았지만 그 당대에만 머물고 싶지 않았다. 그는 그 시대를 버리고 자기 삶의 터전 너머 더 멀고 넓은 곳으로 떠나온 다른 영혼이었다.

장자는 도성 밖의 어느 상수리나무에 가 있었다. 그가 거기 가 있는 것을 아는 자는 없었다. 그 나무가 인간 사회를 향해 중대한 선언을 할 모양이었다.

인간은 숲과 나무 없이 이 지상에서 존재할 수 없다. 그럼 앞으로 어떻게 될까.

사실 모든 인가와 도시는 산과 나무들로 둘러싸여 있다. 그러므로 인간의 도시는 그 숲에게 막대한 공기 사용료를 지불해야 할 것이다. 그러나 오히려 그들은 숲을 파괴하고 해치고 있다.

이 우화가 세상을 움직이고 아름답게 만든다. 한번 크게 웃고 지나가면 될지 모르지만 나그네에겐 사라져가는 숲의 아픔이 마음에 남는다. 나무의 서식지를 빼앗고 파괴한 것이 인간의 도시이다.

그러나 누가 무용의 가치를 높이려고 나무의 희생과 이용의 수난을 폭로하고 그 책임을 물을 수 있을까. 장자가 인류를 상대로 황당무계한 재판을 벌이려는 것은 아닐 것이다.

만약 그렇다면 그 무용의 모든 가치, 나무의 희생과 은혜는 일시에 무너지고 지구와 인류는 유용에 의해 파멸할 것이다. 불행하게도 무용은 무용일 때에만 가치와 의미가 있다. 무용의 숙명이다.

재판을 해서 무용이 이기면 무용이 유용이 되는데 그때 무용은 사라져버린다. 상수리나무는 인류를 고소하지 않을 것이다. 그는 아무도 모르는 곳에서 무용의 소박한 삶을 영위하길 바랄 것이다.

나뭇가지에서 떨어지는 낙엽을 손바닥에 받으며 가을이구나, 할 뿐이다. 그가 할 수 있는 것을 그 이상에 두지 않았다. 산인(散人)이라도 진인은 그 길을 걸을 것이다.

그런 의미에서 무용이 드러나는 것은 위험하다. 모든 무용이 유용이 된다는 것은 상상할 수 없다. 무용이 없는 자연은 이미 자연이 아니기 때문이다.

유용을 좇는 자들은 유용을 좇아갈 것이다. 하지만 무한히 유용을 좇아갈 수는 없었을 것이다. 인간의 줄기찬 욕망은 꺼질 줄 모르는 불길이기 때문이다.

이 세계는 인간이 올라탄, 멈출 줄 모르고 달려가는 불붙은 말과 같다.

나그네로서 이런 비의를 말할 까닭이 없을 것이다. 무용을 세상에다 알리고 싶은 마음이 없기 때문일까.

그럴 것이 세상 사람들이 무용을 꼭 좋아하지만도 않을 것이다.

그래서 도달할 수 없는 어떤, 왠지 그 어느 사람도 동의하지 않을 것만 같은 부당한 무용의 발언을 예감하게 된다. 하지만 여전히 남아 있는 그 미결의 의혹이 나그네를 붙잡는다. 마치 끊어지지 않는 누수 소리처럼.

무용은 무용을 아는 정신만이 누릴 수 있는 어떤 광막한 여분의 세계이다. 대부분 언젠가는 그것을 발견하고 쓰려 하겠지만 그것을 선택하는 사람은 예외적인 사람들일 것이다.

어느 최종의 자리에 서게 됐을 때 장자의 말을 선택하고 그 말뜻을 사랑하게 될 것 같다. 세상 사람의 말을 버리고 그들이 떠들며 가는 길로 가지 않을 것이다.

"이것은, 재목이 못 되는, 나무야. 쓸 수 있는 곳이, 없어. 그러니까 이처럼, 오래 살 수 있었지."

모욕적인 말이다. 이 말이 어느 시대에도 깨어나고 싶지 않았을 상수리나무의 영혼을 건드렸을 것이다.

무용한 것은 만들어지고 이용되지 않으므로 귀휴할 수 있지만 무엇에 이용된 유용의 존재는 이용되고 가차 없이 버려진다.

만물을 쓸데없이 쓰지 않는 것, 사람을 쓸데없이 만나러 다니지 않는 것, 인의를 함부로 맺지 않는 것, 가급적 혼자 조용히 지내는 자가 진인일 것이다.

자연 속에서 아무것도 하지 않는 사람이 상인(上人)이다. 한 자락의 여름 산바람처럼. 모든 것에 참여한 자들과 그 선동자들이 세계를 파괴해왔다면 지나친 말일까.

한 번도 사용하지 않은 그것의 이름을 불러 보고 싶다. 그 얼굴도 보고 싶고 손도 만져 보고 싶지만 상수리나무는 얼굴도 손도 없다.

아침부터 그늘을 드리운 거대한 상수리나무.

또 하루를 받아 노경의 하루치 생을 즐길 것이다. 그 누가 그 마음과 허무와 생을 알까. 이 지상에 널려 있는 그 무엇 하나를 부르거나 사용한 적 없는 역사수의 무한한 시간들이 그 주변에 모여 있다.

보이지 않던 것들이 신기루처럼 보이고 들리지 않던 것들이 해조음처럼 들린다.

나그네는 모든 것을 등지고 그 안으로 들어가고 싶었다.

16. 목신(木神)의 현몽

장석(匠石)이 돌아왔다. 사당의 상수리나무가, 꿈에 나타나 말했다. "너는 어찌 나를, 나쁜 것에다 견주느냐. 너는 어찌 나를, 무늬목에다 견주느냐. 대체 아가위나무, 배나무, 귤나무, 유자나무 열매와, 풀씨 따위의 종속(從屬)들은, 익자마자 떨어뜨린다. 떨어뜨림은, 곧 욕됨이다. 큰 가지는 꺾이고, 작은 가지는 잡아 뜯긴다. 이는 그 재능으로, 그 생이, 고통을 받는 것이다. 그러므로 그 천명을 마치지 못하고, 중도에 일찍 죽게 된다. 스스로 세상에게 공격하게 하여, 범속해진 것이다. 사물이, 이와 같지 않은 것이, 없다. 그래서 나는, 쓰일 수 있는 곳이 없기를 구한지, 오래되었다. 몇 번 죽을 뻔했지만, 지금에야 그것을 이루어, 나는 '큰 쓰임새'가 되었다. 나에게 쓸모가 주어졌다면, 이 같은 거대함을, 어찌 얻을 수 있었겠느냐. 그럼에도 너와 나는, 모두 물(物)이다. 어찌할 것인가, 그 물을, 관찰해서! 죽은 것과 같은, 쓸데없는 사람이, 어찌 또, 산목(散木)을 알겠느냐."

❏ 원문(原文)

匠石歸 櫟社見夢曰 女將惡乎比予哉 若將比予於文木邪 夫柤
梨橘柚果蓏之屬 實熟則剝 剝則辱 大枝折 小枝泄 此以其能 苦
其生者也 故不終其天年 而中道夭 自掊擊於世俗者也 物莫不若
是 且予求無所可用 久矣 幾死 乃今得之 爲予大用 使予也而有
用 且得有此大也邪 且也若與予也皆物也 奈何哉 其相物也 而
幾死之 散人 又惡知散木

▌돌아갈 귀歸. | 나 여予. | 어찌 장將. | 악할, 나쁘게 악惡. | 아름다울
문文. | 아가위나무 사柤. | 배나무 리梨. | 귤나무 귤橘. | 유자나무 유柚.
| 풀 열매 라蓏 나무 열매는 과(果). | 살붙이, 따를 속屬. | 익을 숙熟. |
종자 실實. | 떨어뜨릴, 찢을 박剝. | 박즉욕(剝則辱)이 차욕(且辱), 즉욕(則辱)
으로 된 곳도 있음. | 욕볼 욕辱. | 꺾일 절折. | 업신여길 설泄 잡아 뜯기다
예(좌변 손 수(扌)에 세(世) 합자. 잡아당기다)를 차자(借字)한 것. | 일찍 죽을
요夭. | 칠 부掊. | 칠 격擊. | 부격掊擊은 공격. | 기댈, ~에게 어於. | 범속할,
용속할 속俗. | 만약, 그럼에도 차且. | 얼마(몇 번), 몇 하마터면, 위태할 기幾.
| 기사幾死는 몇 번 죽을 뻔했다. | 이에, 이리하여 내乃. | 득지得之 지(무용의
도)를 얻다. | 약여여若與予 너와 나. | 다 개皆. | 만일 차且. | 어찌 나奈
여하(如何)와 같음. | 볼, 관찰할 상相. | 무리, 사물 물物. | 가까운, 거의 같을
기幾. | 또 우又.

장석귀(匠石歸)의 상상

도약일까, 출몰(出沒)일까. 아니면 도주일까. 그의 글에서는 만물의

냄새가 풍긴다.

문자의 곳곳이 시원(始原)이다. 시원이 아니라면 시원이 아주 가까운 곳에 와 있는 것 같은 느낌이 든다.

이 나무의 신이 갑자기 이 글에 존재하기 시작해서 인간의 잠 속에 현몽한 것은 이것이 최초가 아닐까. 이 역사수의 신은 지금부터 내가 존재하기 시작한다는 징후도 없이 불쑥 존재해서 말하기 시작한다. 근원과 절차를 필요로 하지 않는다.

이 책 속의 세월 속에서는 장석도 역사수도 죽고 2,400여 년이 지나 책만 남았다. 다시 더 빠른 시간이 흘러간다. 상이 흔들리지 않는 인물이 없다.

언제였던가. 한 인간이 대수를 발견하고 늘 그 앞에 찾아와 쳐다보다 가곤 했다. 그것은 인류가 이 지구 위에 존재하기 시작한 이후 처음이 아니었을까.

사시사철 변해가는 그 아름다운 나무는 그것을 바라보는 자기 자신이었다. 나무는 죽어 없어졌지만 원이 없는 생을 살았을 것이다.

아무도 기록하지 않은 그 전설의 상수리나무 한 그루가 장자의 「인간세」 편에 혼자 우뚝 솟아 있다.

장석이 돌아왔다는 '장석귀(匠石歸)'란 문장과 인간의 꿈속을 찾아온 '역사수(櫟社樹)' 사이에 상상의 문자들이 묻혀 있다.

그날 갔다 돌아오는 길일 수도 있고 이틀 뒤의 귀로일 수도 있다. 석장은 아마도 등목을 하고 해가 지는 마당에서 목재를 확인한 뒤 제자와 함께 저녁을 했을지도 모른다.

저녁은 모든 동물과 사람이 귀가하는 시간.

돌아오는 길에 장석이 덩그러니 혼자 남아 있는 상수리나무를 지나치지 않았을 리가 없다. 남아 있는 사람은 없었다. 거수 혼자 그곳에 있었다.

장석은 갈 때보다 더 빠른 걸음으로 지나쳐 갔다. 저물음은 길을 재촉하기 마련이다. 제자도 쳐다보지 않고 발돋움했다.

장석이 지나가는 나라는 평화롭다. 먼 산으로 날아가는 새들도 있고 마을로 돌아오는 가축들도 보인다. 강물과 시간조차 자기 집으로 돌아가는 모습을 하는 저녁이다.

그 저녁 뒤에는 밤과 잠이 기다리고 있다. 멀리 붉은 노을이 피어났다 사그라진다. 자연 속에서 사람들이 전쟁을 한다니 믿어지지 않는다.

저녁이 오지 않는 산야와 마을은 없다. 집집마다 굴뚝에서 연기가 피어오른다. 땅거미가 지고 짐승들도 조용해지며 어여뻐진다.

평화에 대한 묘사는 없지만 「인간세」의 나그네들은 이곳을 그냥 넘어가지 않았을 것이다.

오래 머물고 싶은 장석귀(匠石歸)이다.

어둠 속의 마을 곳곳에서는 소곤거리는 말소리가 들렸다.

그날 장석은 집에 돌아와 일찍 잠들었을 것이다. 하루걸음이든 며칠 걸음이든 고단하기는 마찬가지였다.

장석은 고단한 몸을 누이고 곧장 잠들었다. 사람은 누워서 잠들고 나무들은 선 채로 잠든다. 누워서 죽음처럼 자고 있는 장석은 꿈을 꾸는지 중얼거렸다.

나무의 신은 잠들어 있는 그러니까 꼼짝 못하고 누워 있는 장석의 머릿속으로 들어가 장석 앞에 나타났다.

"당신이 장석인가요? 배를 만들면, 곧장 가라앉는다고요? 관이나 덧널을 만들면, 곧장 빨리 썩는다고요?"

장석은 깜짝 놀랐다.

장석의 스승

상수리나무만이 대용(大用)을 말할 수 있을 것이다.

그는 아무것도 쓰지 않고 아무것에도 쓰이지 않는다. 이것은 자연 그 자체가 된 것이다. 자연 스스로 어디에 비유되며 어디로 가져가서 쓸 수 있는 것이 아니다. 자연은 신이고 시간이고 생명이고 죽음이다.

결국 삶과 죽음도 그 안에 있고 그 삶도 죽음도 쓸 수가 없는 것이다. 정확히 말해서 자신도 자신의 육신을 다 사용하지 못하고 그 생도 자신을 사용하지 못하며 죽음은 더 말할 나위가 없다.

더더구나 죽음이 삶을 사용할 수는 없다.

고단하고 핍진한 삶은 쓸모없는 그 무엇으로 저 자연 아무 데서나 뒹굴고 있는 것 같다. 그래서 이 장석귀의 귀(歸)는 아름답다.

떠나온 것은 돌아가야 하는데 누구도 돌아갈 수가 없다. 쓸데없는 삶을 살고 혹은 소비하고 미래로 나아가 버려질 뿐이다.

모든 생명은 사실 말한 적이 없지만 영원히 쉬고 싶어 한다고 생각한다. 그 어떤 욕망도 명예도 영원한 귀휴의 갈망을 앞질러 갈 수는 없을 것이다.

나그네의 마음은 멈추지 않고 계속해서 그 무용의 저녁과 캄캄한 밤으로 돌아가고 있다. 나그네가 없어도 일출과 일몰은 지속된다.

그 끝없는 반복과 공전을 알고 있으면 된다. 그 출몰(出沒)에 바라는 것도 없다. 나그네는 그 시간 속에 가 있고 싶었다.

저 우주에 내가 사용할 수 있는 것은 아무것도 없다. 쳐다볼 수 있을 뿐이다.

그런데 나도 나를 사용한 적이 한 번도 없었던 것 같다. 무정하고 슬픈 일이기도 하다. 그러고 보니 저 밤하늘의 별 하나 지상의 바람 한 자락 사용한 적이 없었다.

다른 나그네들은 어떻게 생각할지 모르겠지만 삶이란 그저 고달픈 영육인 것 같을 때가 많다. 그러니 지체 없이 아낌없이 소요할 일은 어디 있는 것일까.

장석은 깊은 잠에 곯아떨어졌다. 내일 아침이 있으리라는 기약도 없이 잠들었다. 별만 빛나는 캄캄한 밤과 하나가 되었다.

장석은 자신과 천지를 잊고 자고 있었다. 조용히 하늘을 향해 서 있는 나무와는 분명히 다르지만 어찌 보면 비슷한 곳도 있었다. 기척도 하지 않고 코로 숨만 쉬며 누워 있는 것이 그랬다.

하지만 장석이 누워 자는 모습은 이상하고 슬퍼 보인다. 인간들은 저러고 조용히 자다가 아침 해가 뜰 양이면 일어나 세수를 하고 밥을 먹고 일을 시작한다. 그 반복이 그들 인생의 전부이다.

문득 이상하다는 생각이 들었다.

장석의 꿈속에 나타난 상수리나무는 놀랐다. 자신이 자신의 몸에서 밖으로 나온 것은 이번이 처음이었다.

그는 사당 옆에 서 있는 자신이 거기 있는지 궁금하고 한편 무서웠다. 어떻게 자신이 밖으로 나올 수 있었을까. 그것도 인간의 꿈속에까지!

이런 생각이 스쳐갔다.

어둠 속에 혼자 서 있는 저 나무는 지금 자신이 밖에 나와 있는데 무엇을 하고 있을까. 이렇게 밖에 나오는 것이 아닌 것 같기도 했다. 그러나 이미 나왔다.

게다가 목신은 자신이 장석에게 쓸데없는 것을 가르치는 것이 아닌가 하는 의구심이 들었다. 가르침이 재앙이 되고 앎이 흉기가 될 수 있기 때문이었다.

그럴 리가 없겠지만 상수리나무도 장자를 알고 있는 것 같았다.

목신은 쓸데없이 이곳에 오래 있고 싶지 않았다. 꿈속의 시간이란 사실 측정하기 불가한 찰나일 것이다.

나무는 자신의 집으로 어서 귀가하고 싶었다.

저 밖에 있을 자신이 걱정이 되었다. 나무가 자신을 기다리고 있는 것 같았다. 나무는 텅 빈 집 같았다. 그래도 나무는 자신을 부르지 않는 것 같았다.

목신과 나무는 서로가 주인이 아니었다.

세상에 나무가 사람의 영혼 앞에 나타난 것은 이것이 처음이 아닐까. 대체 상수리나무에게 무슨 일이 일어나고 있는 것일까.

상수리나무는 자신을 보아도 참 이상했다. 주변엔 자신밖에 없었다.

이것이 스스로 모르는 석삼극무진본(析三極無盡本, 천지인 셋이 무수히 나뉘어져가도 본래의 근본에 이른다)일까.

"장석아 일어나라, 나 역사수다! 네가 그렇게 잘났고 쓸모 있는 사람이냐?"

장석은 깜짝 놀랐다.

어제 낮의 현실은 까마득히 잊은 채 자고 있던 장석은 놀라 잠자리에서 일어나 앉았다. 목신이었다.

목신의 형상을 빤히 바라보면서 기억하려고 마음속에 담으려 했지만 통 그 상이 그려지지가 않았다.

장석은 문득 무섭다는 생각이 들었다. 여기가 어디일까. 곡원은 아닌 것 같았다.

목신은 어디로 들어온 것일까.

나무의 말소리도 나중엔 기억나지 않을 것 같았다. 그러나 지금 꿈속에선 너무나 분명한 공기 덩어리들이 그의 입에서 자신의 귀로 건너오는 것이 보였다.

그는 자신도 모르게 그 말을 기억해두려고 애를 썼다. 꿈속의 거리와 시간이 불분명했다. 존재하지 않는 다른 시간 같았다.

장자 역시 그 목신의 모습을 구체적으로 묘사하지 않았다. 나도 그중 한 사람이지만 2,400여 년 전부터 지금까지 장자의 나그네들은 이 역사수의 멋진 등장으로 무한한 상상의 즐거움을 누려왔을 것이다.

과연 목신의 모습은 어떤 것이었을까.

분명한 것은 말을 한다는 사실이다. 말은 인간만 하는 것이 아니었던가. 모른다는 것 그 이상은 알 수가 없는 일. 목신도 자신을 알 수 없었을 것이다.

의심은 곧장 사라지고 목신의 말만 들렸다.

그러고 보니 장석은 상수리나무에게 한마디도 하지 못하고 말았다. 참 신기한 귀몽이었다.

상수리나무의 겸손

상수리나무의 최후 고백은 눈물겹다.

"몇 번 죽을 뻔했지만[기사(幾死)], 지금에야 그것을 이루어[내금득지(乃今得之)], 나는 '큰 쓰임새'가 되었다[위여대용(爲予大用)]."

아, 몇 번 죽을 고비가 있었다니[기사(幾死)]. 천수를 누린다는 것은 아무리 깊은 곳에 있어도 아무리 사람들 눈에 잘 띄는 곳에 있어도 어려운 일이다.

유목 시절에, 지금은 모두 죽고 없지만 동네 아이들이 어른들과 함께 말뚝을 만들 나무를 찾아 이곳을 지나갈 때도 있었다.

그래서 나그네에게 "나에게 쓸모가 주어졌다면[사여야이유용(使予也而有用)], 이 같은 거대함을 어찌 얻을 수 있었겠느냐[차득유차대야야(且得有此大也邪)]"는 말은 눈물겹다.

지금까지 살아남았다는 사실을 생애 처음으로 말하는 순간이다.

살아남는다는 것이 어찌 요행이 아닐까. 나무가 스스로 움직여 깊은 산으로 갈 수 없는 이상 상수리나무는 그 자리에서 얼마나 마음을 졸이면서 자신이 쓸모없는 것으로 남아 있기를 바랐을까.

그것은 다름 아닌 자기 생명에 대한 애착에서 비롯됐을 것이다. 유일한 자신을 사랑하고 인식하지 못하는 것보다 안타까운 일은 없다. 상수리나무는 자신을 가장 사랑한 존재라고 할 수 있을 것이다.

나그네에게 이 위대한 친구가 「인간세」 속에 있다는 사실만으로 여행의 의미는 충분했다.

장석의 생명과 고래의 생명과 상수리나무가 지닌 생명의 본질은 똑같다. 겉모양만 다를 뿐이다. 장생과 영원한 생명을 찾는 문제에서 삶만 가지고 해결되지는 않을 것이다.

생은 생사의 반쪽일 뿐이다. 그 죽음을 초월하는 영원의 문제는 앞으로 장자가 피력하겠지만(사실 「제물론」에서 그 영원의 문제가 해결된 바 있지만) 여기서는 나무가 한 인간을 비판한다.

무용이 되기까지는 수많은 오해가 있었음을 나무는 고백한다. 무용물이 되기까지는 정말 오랜 시간이 필요했다.

아, 그 세월이 얼마나 될까.

진정으로 상수리나무는 "쓰일 수 있는 곳이 없기(無所可用)"를 갈망했다고 고백하고 있다. 이처럼 아름다운 말이 더 있을까. 유용했던 것들은 다 어디로 가고 없는 것일까.

놀랍다. 누가 쓸모없는 것이길 바라겠는가 하고 생각할 때 상수리나무도 쓸모없음의 고독을 지니고 있음을 알 수 있었다.

상수리나무는 자기 생을 초극한 나무다. 수많은 회유가 따랐지만 자신은 꼭 그러고 싶지 않았다. 무용이 자신을 지키는 유일한 문장이자 결(闋, 구멍)이고 환도(環堵, 작은 집)이길 바랐다.

그 나무 자체가 지닌 무용이라는 본질이 불평등한 차별의 논리로 차용될 수는 없다. 상수리나무를 선택한 영이 그곳에 거주했기 때문이며 또 모든 존재가 유용 쪽으로 이동하기 때문이다.

유용을 소외하는 존재는 있을 수가 없고 무용을 따를 수 있는 유용은 사실 없다. 무용은 무용이고 유용은 유용이다.

오늘 낮에 장석이 지나가면서 불고(不顧)하고 긍시(肯視)함으로써 말해선 안 되는 생사의 비밀을 밝히게 됐지만 커다란 모험이고 위험한 발설이 아닐 수 없었다.

이 발설은 다시 오지 않을 것이다. 무용은 장자 문학의 극지이다. 함부로 올 수 없는 곳이다.

장자도 인간과 세상, 자신을 한탄했을 것이다.

'아 여기서 무용의 도를 말하게 되었구나.'

세상이 모르게 버려둘 것을. 무용을 말한다고 세상이 움직이는 것도 아닌 것을.

무용의 진실은 아무리 말해도 전해지지 않는 것이기도 할 것이다.

장석 산인(散人)

장자는 귀인이 되지 말고 산인이고자 했던 것일까.

유용을 좇는 사람들 중에 어느 누가 무용을 말할 수 있을까. 그것이 진실이라도 표출하기란 쉬운 일이 아닐 것이다.

상수리나무의 무용이 목수의 꿈에 찾아와 '말'을 할 수 있었다는 것은 나무와 인간의 불가능한 일대 소통이 열린 커다란 사건이었다.

일찍이 이러한 소통은 없었다.

인간과 인간의 소통도 어려운데 목수와 상수리나무의 소통은 의외의 사건이다. 이 세계에서 다른 길을 연 곳이 바로 「인간세」의 역사수 이야기이기도 하다.

그러나 여전히 역사수 밖의 인간 세상은 '훼욕(毁辱)'과 자만으로 가득 차 있다. 그래서 여전히 삶은 박(剝, 떨어뜨림)이며 욕(辱, 욕됨)이며 절(折, 꺾임)이며 설(泄, 잡아 뜯김)이다.

결국 유용은 유용대로 당하고 무용은 무용대로 버려지는 곳이 인간 세상이다. 잔인하고 무서운 곳이다.

놀라운 것은 나무가 아픔을 느끼고 치욕을 전달하는 이 고통이 탈인간중심주의의 통쾌한 사유라는 점이다. 대부분의 사람들은 나무에게 무슨 아픔이 있겠느냐고 생각할 것이다.

세상의 모두가 인간 중심의 벽을 둘러치고 있다. 인간은 언어로 만물과 소통하는 것 같지만 소통이 보이지 않는 폐쇄 사회 속에 갇혀 있다.

우리는 그 바깥에 있다. 다시 그 바깥에서 장자는 그들을 바라본다.

'찢어져 뜯기는 생 나뭇가지는 얼마나 아플까.'

그곳에 햇살과 그늘과 물, 나무와 매미, 사마귀, 까치와 새들이 살고 있다. 울고 빛나는 것들이 그의 중심이며 생명줄이다. 즐거움이며 노래이다.

그것들만이 자연의 빛이라고 할 만한 것이라고 장자는 이야기하고 있는 것 같다. 그러면서도 그 존재끼리의 긴장도는 어느 누구도 따라 갈 수가 없을 정도로 예리하다.

이런 생각은 이 역사수의 이야기를 읽으면서 이 책 밖에 있는 자연을 잊지 않음에서 가능할 것이다. 멈추지 않은 오래 지속된 사유에서 길이 스스로 열렸을 것이다.

사람들이 물과 함께 잠드는 것을 알까. 잠들면서 흘러가는 물을 본 적이 있을까. 우리가 그들 곁에서 산다는 것을 정말로 알 수 있을까. 나무가 그 물에 적셔지는 것을 안다고 할 수 있을까.

아무리 보아도 보는 것 같지가 않은데 어떻게 그것을 볼 수 있을까. 보아도 보아도 꿈인 것을! 그러니 알 수가 없는 일이다. 게다가 우리는 자야 하고 또 깨어나야 하고 그리고 나중엔 죽는다.

'큰 쓰임새'의 무용은 장자가 그토록 그리던 완성된 삶의 모습이다. 이 삶은 아무도 사용할 수가 없는 무용의 완성이다.

자연이 알 리가 없으므로 장자가 알아야 했다.

그러나 상수리나무는 자만하지 않고 같은 생명을 가진 사람에게 이렇게 말한다.

"그럼에도 너와 나는[차야약여여야(且也若與予也)], 모두 물(物)이다[개물야(皆物也)]."

장자가 인간을 물(物)로 보았다는 점이 매우 특이하고 흥미롭다. 「덕충부」에서도 사람들을 물로 보지만 만물제동 속에 인간을 제외하거나 소외시키지 않았다.

인간의 오만과 독자성을 인정하지 않겠다는 의미보다 측은지심이 있었던 것이 아닐까.

부격(捬擊)의 존재들

"그러므로 그 천명을 마치지 못하고, 중도에 일찍 죽게 된다. 스스로 세상에게 공격하게 하여[자부격어세(自捬擊於世)], 천해진 것이다[속자야(俗者也)]." 사(楂) 리(梨) 귤(橘) 유(柚) 라(蓏)에 따라붙는 박(剝) 욕(辱) 절(折) 세(泄)는 무서운 말들이다.

열매와 씨, 크고 작은 가지들이 부러지고 찢어지고 꺾이고 낚여 차이는 것을 보며 장자는 전율했던 것이 아닐까. 이런 것을 보면 장자의 성격은 아주 섬세하고 예민하다.

이 부격(捬擊)의 의미는 피할 수 없는 풍파이다. 즉 숙명의 말이다. 부격이란 스스로 자신을 현혹시켜 구렁텅이에 빠진 존재의 모습이다. 모든 괴로움과 갈망이 피워낸 꽃이다.

꽃을 피우니 사람들이 보러 찾아오고 열매를 맺으니 사람들이 따서 가져갈 것이다.

그 나무는 자신의 꽃을 계속 피워야 하고 사람들은 그 꽃을 계속 기다린다. 욕망의 꽃이다. 모든 인간의 이름인 부격자(捬擊者). 인류사의 대부분은 이 부격의 역사 속에 갇혀 있는 것이 아닐까.

부(捬) 자는 속을 풀어 헤치고, 가렴주구하고, 공격하고, 넘어뜨리고, 엎어뜨리고, 둘로 가른다는 뜻을 가지고 있다. 격(擊) 자는 치고, 두드리고, 다투고, 싸우고, 부딪치고, 충돌하고, 때려죽인다는 뜻이 있다.

끔찍한 이 문자가 「인간세」에 있다. 승물유심하되 사람과 세상에 대해 계신하는 까닭은 그것들이 부격이기 때문이다.

이 부격에 대한 경계는 「양생주」에서 포정이 칼을 손에 들고 주위를 네 번 살피던 제도이립(提刀而立)과 사고(四顧)와 유사하다. 부격이

행해진 인간세와 자연엔 피투성이의 현실이 있을 뿐이다.

산야와 과원에서 일어나는 사리귤유라들이 겪는 끔찍한 풍경을 장자는 평화로 보지 않았다.

이 사리귤유라가 바로 인간 세상이고 현실이다. 나무들의 수난으로 비유한 것이지만 인간사는 그에 비견할 바가 아닐 것이다.

나무와 호랑이와 말, 당랑에게 사실 인간은 필요 없는 존재이다. 인간에게 권리가 없음에도 제국주의처럼 동식물의 생에 관여한다. 자연을 파괴하고 동식물을 멸종시키고 이용하는 존재가 인간이다.

수많은 생명이 함께 살아가는 지구라는 거처에서 가장 우매하고 어리석고 폭력적이며 야만적인 존재가 인간이라는 것은 부정할 수 없다. 그들은 자신의 입장에서만 모든 것을 판단하고 결정한다.

어느 시대에도 자연의 굴곡과 갈등, 고통, 무늬를 완전하게 읽어낸 자는 없다.

「양생주」의 마지막 말, 그 손가락[지(指)]과 섶나무[신(薪)]와 불[화(火)]이 떠오른다. 불은 무엇이며 손가락과 섶나무는 또 무엇인가. 그 말의 주인공과 매개, 정신은 또 누구인가.

인간이 자연과 인성을 파괴하고 이용하면서 자연이 파괴되고 생명들이 죽어 없어졌다. 그와 동시에 모든 인간은 돌이킬 수 없는 부격의 존재가 되었다.

사실 인류는 매우 위험하고 소모적인 그 생산의 강요, 소비와 파괴의 잔인한 유희, 노동의 욕망과 충족, 소비 경쟁 속에 꼭꼭 묶였다.

나그네로서 민망하고 미안한 말이지만 인류는 너덜거리고 다급하고 비참한 자업자득의 존재로 전락한 지 오래되었다.

그 징후는 상고부터 시작된 영원한 현실이다. 신성함은 그 어디에도 없다. 추악하고 기괴한 몰골로 변해버린 것이 인간 세상이다.

장자에게 장석은 상수리나무에 비견할 수 있는 존재가 아니다.

"어찌할 것인가[나하재(奈何哉)], 그 물을, 관찰해서[기상물야(其相物也)]!"

"죽은 것과 같은[이기사지(而幾死之)], 쓸데없는 사람이[산인(散人)], 어찌 또, 산목(散木)을 알겠느냐[우오지산목(又惡知散木)]."

역사수는 자신과 장석을 역시 물(物, 장자는 「덕충부」에서 사람을 물이라 했다)이라고 말한다. 인간은 부정할지 모르지만 이는 너와 내가 동등하다는 뜻이다.

게다가 역사수는 장석을 산인으로 보았다. 자연 속의 대부분의 생명체는 사실 침묵 속에 있지만 인간은 (나무들에 비해) 유별나게 문제가 복잡하고 말이 많은 시끄러운 존재이다.

스스로 산목이라고 하면서 자신을 낮추는 이 지혜만이 인위와 유위로 만들어낸 것이 아닌 어떤 의식이 자연을 닮은 최고의 모습이라고 할 수 있을 것이다.

상수리나무가 말하는 산인은 단순히 쓸모없는 사람이 아니라 무용을 알지 못하고 그 무용을 쓸 줄 모르는 사람을 이른다. 만물을 다 사용할 줄 모르는 사람을 쓸모없는 사람이라고 말하는 것 같다.

자신도 자신을 모르는 쓸모없는 산인이라는 말을 새겨들어야 할 말이다. 모든 나그네는 한없이 존귀하지만 한없는 산인이었다. 그들이 이 자연의 주인들이었다.

한없이 높은 존재로서 세상을 보는 것보다 한없이 낮은 존재로 세상을 보는 것이 편하고 아름다워 보인다.

인간은 생각보다 자기중심적이고 편애적인 동물이다. 본질적으로 심각한 자체 모순과 장애가 내장된 불완전한 지구상의 한 존재이다. 나그네에게 인간은 그것만 불가사의해 보이는 것 같다.

그들은 모든 생명체로부터 그 어떤 존경과 부러움의 대상은커녕 이미 재앙과 저주의 대상이 되고 만 것 같다. 그들 스스로가 이미 그것을 인정하고 면괴스러워하기 시작했다.

예컨대 강역(江域)과 임해, 내륙의 자연을 파괴하고 수백만 혹은 수천만 인구가 살아가는 수많은 대도시를 지구상에 건설한 인류가 나그네에게는 조금도 자랑스럽거나 부럽지가 않다.

상수리나무의 말은 집을 짓고 배를 건조할 줄 알고 관을 짤 수 있다고 해서 쓸모 있는 인간이 아니라는 것이다.

반복적인 창조와 파괴의 존재가 인간이다. 그것이 어떤 의미와 자부심이 되는 것인지 의심스럽다.

여기서 나그네에게 놀라운 것은 상수리나무가 장석을 죽은 자처럼 바라보는 것 같다는 점이다. 나그네만이 느끼는 것은 아닐 것이다. 그들은 살아 있지만 자신들의 운명을 바꾸지 못한다는 그 시선이 따갑게 느껴진다.

살아 있는 사람들이 실은 모두 죽어 있는 것인가. 어떻게 생사 구분이 우리에게 없어진 것일까. 나무의 말을 완전히 이해할 수는 없지만 느껴지는 것이 있었다.

이해가 거의 불가능한 말로 나그네는 겨우 이해할 뿐이다. 살아 있지만 나도 그대도 죽은 사람이라니 놀랍다.

하지만 얼마 뒤, 나그네는 자신이 죽어 있다는 것을 인정하게 된다. 그때 나라는 나그네는 없다. 지금 숨 쉬고 있을 뿐이다. 나그네는 말도 할 수 없고 그 무엇도 생각할 수가 없다.

나그네의 꿈은 있지 않는 것일까.

아무것도 할 수 없다. 그때를 생각하면 나그네는 이미 없는 물의 한 기억과 망각, 실종에 불과하다. 얼마나 많은 사람들이 그리되었는가, 놀랍기도 하지만 불쾌하다.

그런데 이상하다. 나에게 이보다 더 커다란 위안과 허무를 주는 말은 없을 것 같다. 살아가기 위해 나를 가짜 희망 속에 던져주는 말보다 허무를 던져주는 말이 더 희망적이다.

장자의 인간에 대한 비애가 느껴진다. 아마 무정(無情)일 것이다. 삶이란 죽음 한쪽에 잠시 붙어 있는 의식의 한 편린일 뿐인가. 그야말로 물인가, 삶은 기물(其物)이며 기사(幾死)인가.

2,400여 년 전의 장자가 묘사한 고대의 상수리나무가 「인간세」 속에서 나에게 이렇게 말하는 것 같다.

"사람을 이용하지 말고 사람에게 사용되지 말아요. 그것이 최상의 삶이라고 나는 지금 생각해요."

슬픈 생각이 들어서 지워지지가 않는다. 그러나 그 슬픔 자체가 위안이 되었다. 상수리나무만이 할 수 있는 말이다.

「소요유」와 「제물론」

무용은 감당할 수 없는 실존의 말이다. 유용한 존재들이 어리석다는 말이기도 하다. 그런데 정말 아무 곳에도 쓸 수 있는 것이 없는 것이라면 대단한 것이 아닐까.

혹여 그것이 심재와 허실생백, 결이 아닐까. 또는 저 일월성진이 아닐까.

무용이란 나라는 자아가 '큰 쓰임새'가 되었다는 말을 쓸 수 없는 것이 된다. 너무나 거대해서 그것을 손에 넣고 쓸 수가 없다. 언어와 마음과 우주를 사람이 쓸 수 없는 것과 같다.

여기에 장자의 가없는 허무와 불가함이 있다. 「소요유」와 「제물론」을 기억한다.

천지가 나와 나란히 생겨났다면[천지여아병생(天地與我並生)] 만물과 나는 하나이다[만물여아일(萬物與我一)]. 이 '나'가 인간만이겠는가.

장자의 영원한 생의 즐거움은 다른 저쪽 세계가 없다고 해도 천변만화하는 천지 만물과 자연의 소요로도 넘친다.

무용은 현세와 자신의 생에 국한되지 않고 모든 생의 시간과 연결되어 있을 것이다.

협우주, 방일월의 자유한 천공(天空) 소요가 단지 이 지상의 것일 수만은 없다. 상수리나무가 말한 '커다란 쓰임[무용(無用)]'이란 손에 넣을 수 있는 것이 아니다.

17. 장석, 역사수의 말을 전하다

　　장석이 깨어나서, 해몽(解夢)을 하자, 제자가 말했다. "쓸모없음을 구하려고, 만일 마음을 정했다면, 어째서 사당나무가 되었을까요?" (장석이) 말했다. "십오해라! 너는, 말을 하지 마라. 그 역시, 겨우, 의탁한다. 이에 자기를 알지 못하는 자들이, 꾸짖고 망신을 준다고 여겼을 것이다. 사당나무가 안 되었으면, 거의 잘렸을 것이다! 고식적으로 그가, 그곳을 보존함은, 많은 사람들이 함께함과는 다르다. 도리라 여기고 사당나무를 기린다면 역시 멀어지지 않겠는가!"

　　❏ 원문(原文)

　　匠石覺而診其夢　弟子曰　趣取無用　則爲社何邪　曰密　若無言
彼亦直寄焉　以爲不知己者詬厲也　不爲社者　且幾有翦乎　且也
彼其所保　與衆異　以義譽之　不亦遠乎

▍(잠에서) 깰 교覺. │ 볼, 점칠 진診. │ 목적을 정하고 향할 취趣. │ 뜻,

구할, 취할 취取. | 만일 그렇다면 즉則. | 사社 사당나무. | 심오할, 은밀할, 남에게 알리지 아니함 밀密『남화경직해』에서는 묵(黙)으로 봄. | 겨우, 일부러 직直. | 기탁할 기寄. | 이에 언焉. | 이위以爲 여기다, 생각하다. | 망신 후訴. | 미워할 려厲. | 후려訴厲 후병(訴病) 꾸짖어 망신을 줌. | 하마터면, 거의 기幾. | 자를 전翦 전(剪)과 통용. | 그럼에도 불구하고, 구차스럽게, 고식적으로 차且. | 지킬, 보전할 보保. | 민심, 무리 중衆. | 여중與衆 함께하는 수많은 것들. | 상정, 보통마음 의義 도리. | 이의以義 도리라 여기다. | 칭찬할, 기릴 예譽. | 멀어질, 큰 차이가 있음 원遠.

꿈을 풀다

아침이 왔다.

장석은 꿈에서 깨어나 혼자서 해몽하고 있었다.

다른 날보다 조용한 아침 같았다. 문득 자신이 새삼스럽고 낯설었다.

아주 먼 마음속에서 들리는 듯 해조음과 아침 햇살 같은 음색들이 내면에서 반짝였다.

이름도 모양도 없는 그 섬약한 것들이 사위의 능선 주변에 찾아와 세상을 밝혔다. 그것들은 어느 대지 밑에서 올라와 허공으로 춤을 추는 도약의 힘 같았다.

'나무가 꿈속에 찾아오다니!'

장석은 중얼거리며 꿈에 나타난 나무의 신을 혼자 곰곰이 생각해 보았다. 아무리 생각해도 그 얼굴이 떠오르지 않았다.

사람의 모습을 한 것도 아닌 것 같았다. 그렇다고 전적으로 나무의 모습을 하고 있는 것도 아니었다.

이 사실을 누구에게 말해야 할까. 아니면 혼자만 알고 있어야 할까.

숙고하다가 제자에겐 말해주어야 할 것 같았다. 모든 것이 제자와 함께 곡원을 지나가다 일어난 사건이 아닌가.

대목은 아침마다 찾아오는 제자를 방으로 불러들였다.

꿈을 해몽(진기몽(診其夢)의 진(診) 자는 해몽하는 것임)했다고 하지만 장자는 장석의 해몽을 남기지 않았다.

제자가 '참 이상한 꿈입니다, 선생님' 하고 말할 줄 알았는데 대뜸 따지고 들었다. 이 소리 또한 상수리나무가 들었다면 어처구니없는 말이었을 것이다.

"쓸모없음을 구하려고, 마음을 정했다면, 어째서 굳이, 사당나무가 되었을까요?"

어제 장석 자신이 한 말보다 더 비판적인 의문을 드러냈다. 제자도 어젯밤에 무언가 골똘히 생각했던 것 같다.

문득 장석은 이 소문이 세상에 잘못 퍼질 수도 있겠다는 생각이 들었다. 소용없음의 이야기를 알아들을 사람이 없을 것이기 때문이다.

장석은 단속을 우선 했다. 그리고 이 이야기를 많이 늘어놓고 싶지 않았다.

그러나 꿈에서 현실로 돌아온 장석의 첫마디는 이것이었다.

"밀(密)!"

이 밀 한 글자가 「인간세」의 주제를 감추고 있는 듯하다. 말로 전하기가 어려웠겠지만 고진인(古眞人)들은 높고 아름다운 말을 아끼고 조심했을 것이다.

장석이 이 밀 자를 말해준 첫 번째 사람은 역시 자신의 제자였다. 사람에게 스승의 말을 전하는 제자는 중요하다. 제자가 아니면 그의 말을 전해줄 존재는 책 외에는 없다.

이 밀 자엔 **빽빽할**, 빈틈없음, 심오함, 은밀할, 알기 어려움, 남에게 알리지 아니하다는 등의 뜻이 있다.

밀 자 바로 뒤에 너는 말하지 말라는 뜻의 약무언(若無言)이 나오기 때문에 앞의 밀 자는 마음을 조용히 닫아주는 의미가 있다. 부지에 도달한 장석의 아침 마음인 것 같다. 그것은 매우 신성하게 여겨진다. 그것은 문합(脗合, 입술을 꼭 맞춤)과 같은 것이 아닐까.

즉 이 꿈 이야기를 다른 사람들에게 하지 말고 너의 마음에만 담아두라는 뜻이거나 "심오하여라!" 하고 자득(自得)하는 혼잣말 그 자체일 것이다.

상수리나무의 말에 장석은 말문이 막혔던 것으로 보인다. 그 다음 제자를 쳐다보고 "너는 말을 하지 마라" 하였다.

이때의 말이란 무엇일까.

'말'을 하지 않음은 그 말을 물고 있는 것이 된다. 말을 하게 되면 순식간에 사라져버린다. 말은 멋진 날개를 펼칠 것 같지만 허무해지기 쉽고 재앙이 되기 쉽다.

사람들이 그 진의를 별로 의미 있게 받아들이지 않을 수도 있고 비난할 수도 있다. 옛날에 용이 여의주를 물고 있는 것은 진리를 말하지 않으려 함이 아니었을까 하는 생각이 문득 지나갔다.

알고 있는 것을 함부로 말할 것은 아니다. 그 말은 누구의 평가를 받을 필요가 없으므로 쓸데없이 남들에게 던질 필요가 없는 말이다. 모든 말이 모든 사람에게 필요한 것도 아니다.

사실 "쓸모없음을 구하려고, 만일 마음을 정했다면, 어째서 사당나무가 되었을까요?" 하는 제자의 질문은 당돌하고 놀랍지만 장석의 대답은 의외였다.

장석은 꿈에 나타난 목신을 자신의 신으로 소중하게 생각했을 수도 있다. '내 꿈에' 나타났으니 내 것이다. 너는 입 다물고 잘 들으라는 말이 아니었을까.

장석은 낮에 제자 앞에서 상수리나무를 무시한 것을 기억했다. 부끄러움을 느꼈다. 여기서 장석은 장자에 의해 「인간세」에 불려 나온 고대의 인물이지만 춘추전국시대에서 가장 아름다운 범부가 되었다.

말을 이용하거나 누구를 지배하려고 하는 어느 교언편사의 사상가보다 인간적이고 매력적이다.

나그네는 그를 만나고 싶었다.

일찍 깨달은 자가 아니라 어느 날 우연히 자연스레 깨달은 것이 더 아름다웠다.

어디선가 그의 향기가 났지만 찾을 수가 없었다. 군주와 집정자들을 만나 정치 담론과 척결을 일삼던 무서운 사람들은 그곳에 없었다.

가장 먼 변방에서 살았던 한 목수. 목신이 산인이라 말하도록 허락한 장자의 사람 장석, 그가 혹시 장자가 아니었을까.

다루기 힘든 옻나무를 관리하던 미관말직의 장자가 목수가 아니라는 법도 없다. 그렇다면 장자는 무용을 버려두고 목재를 찾아 돌아다닐 수밖에 없었던 자신을 발견한 것이 된다.

결국 정말로 무용한 것은 사용할 수가 없다. 이것이 장자의 불가피(不可避)와 절망이 아니었을까. 장자라고 한계가 없을 리 없었을 것이다. 그 한계와 불가, 절망이 장자 철학의 숙명을 강화했을 것이다.

나그네는 그 무용의 이상을 실현할 수 없다고 판단했다.

문득 단허와 면일이 떠올랐다. 모든 것이 짓밟히고 파멸해가는 전국시대 속에서 그의 글은 한 마리 새가 날개를 치대고 울면서 하늘로 날아오르는 것 같다고 말하고 싶다.

다른 장석이 되다

"도리라 여기고 사당나무를 기린다면[이의예지(以義譽之)] 역시 멀어지지 않겠는가[불역원호(不亦遠乎)]!"

장석이 제자의 질문에 답하였다. 그는 답이 겸손해졌다. 불역원호는 부정문으로써 다시 되묻는 것으로 생각이 여지를 남겼다.

어제 낮의 말법과 전혀 다른 말법이다.

사람들이 사당나무에 대한 도리라 여겨 그를 기리고 그에게 기도를 한다면 이것은 얼토당토않은 일로 비화될 수 있다. 그런 것은 역사수도 장자도 바라는 바가 아니다.

나그네가 생각하기에 이 말은 장석이 비록 상수리나무를 새롭게 다시 보았어도 상수리나무를 우상화하는 것은 거부하는 말이다. 일정한 거리를 유지하려 한다.

상수리나무는 무용으로서 유용의 존재로 있어야 한다. 자신은 인간이고 그는 나무이다. 상수리나무를 모시고 살 수는 없는 노릇이었을 것이다.

박수가 될 사람은 상수리나무의 장수와 영험과 말을 과장해서 그를 믿고 그의 말을 팔아 살아갈지 모른다. 장자에게 그런 가능성은 전혀 없어 보인다.

그것은 반장자적이고 반무용적이다. 상수리나무의 무용이 섬겨지고 우러러지는 것은 다른 경계를 넘어버린 것이 될 것이다.

이런 면에서 장석은 과도하지 않은 일반인의 의식을 가지고 있는 사람이다. 아무리 상수리나무가 신묘해도 장석 자신을 속일 수는 없는 일일 것이다.

사당나무는 신하들이 모시는 군주와 민간인들이 믿는 권력이나 재화, 신이 아니다. 무용은 무용으로 있을 때 진짜 무용이다.

무용에 관심을 두거나 전혀 모르고 살아간다는 것은 어려운 일이다. 무용은 유용의 사리귤유라의 박욕절설(剝辱折泄, 떨어뜨림과 욕됨, 꺾임, 잡아 뜯김)을 적확하게 보는 눈에서 나타난다.

유용이 없는 곳에 무용은 없다. 모든 것이 무용으로 존재하기 때문이다. 무용이 드러나선 곤란하다. 숨어 있는 것만이 자연의 빛을 누릴 수 있는 무용일 것이다.

그러니 장석은 앞으로 이 상수리나무의 꿈 이야기를 남들에게 하지 않을 것 같다. 장석은 고대에서 말의 선법을 만난 행운의 남자이기도 하다.

삶의 본령은 의리도 명예도 아니다. 명예와 존경을 받아야 할 이유가 없다. 나무들은 자신으로서 그렇게 서 있을 뿐이다. 인간은 아직 저 나무들과 같은 삶의 형식을 가지지 못했다.

사실은 이럴 것이다. 세상을 아무리 충일하고 완전하게 살아낸다고 해도 결코 자연의 순일한 무위에 도달할 수는 없을 것이다. 장자의 삶과 생각은 자연의 지극한 무위에 도달하고자 하는 끝없는 도전일 것이다.

그런 의미에서 인간과 나무의 두 존재가 있는 이 책의 독실(獨室)은 왠지 무한에 가까운 매력을 발산한다. 장자 언어는 우리를 숙명 속에 가두어두고서도 기이하고 독특한 해방감을 선물한다.

안회와 공자의 밀담을 듣고 싶지 않다. 안합과 거백옥의 밀실로도 가고 싶지 않다. 나그네는 오히려 상수리나무와 장석의 그 길과 침묵 사이로 가고 싶다.

스승과 제자는 공안과는 다른 절대 순수에 도달한 관계이다.

장자는 적어도 이 두 사제(師弟)를 통해 앞의 두 사제를 신랄하게 비판하고 있는 것 같다.

그것도 뒤에 등장시켜 앞을 말없이 비판한 셈이다. 이것을 읽을 때만이 「인간세」가 깜짝 놀랄 기획의 글이 된다.

두 사람 사이에 상수리나무가 존재하고 있다는 것은 하나의 시적 구조이다. 이것을 영원이라 하지 않으면 무엇을 영원이라 할 수 있을까.

불멸의 아름다운 이야기이다. 길가에서 오늘도 그 상수리나무가 나그네들의 얼굴을 기억하고 있는 것 같다.

일개 목수 둘이 최고 철학의 주제인 무용을 말과 침묵으로 주고받는 이 생략된 문단에서 약간의 엄숙함과 놀람과 웃음이 함께하고 있는 것 같기도 하다.

특히 제자가 장석의 말을 듣고 가만히 있다는 것이 흥미롭다.

무용을 얻기 위해 꼭 나무로 태어나야 하는 것은 아닐 것이다. 나무로 태어난 것은 선택이 아니라 숙명이다.

솔직히 우리는 존재와 사물의 내막을 알 수가 없다. 그러므로 겸허하고 신계하는 것은 그 또한 어쩔 수 없는 일이다. 말을 하지 말라는 장석의 말은 인간과 세상에 대한 단절이 느껴지기도 하지만 왠지 그 한계와 불통이 꼭 싫지만도 않다.

오히려 그 내적 한계와 의사 불통의 안으로 들어가고 싶다. 그 속이 구멍이고 허실생백이고 심재일까. 신은 그곳에서 살고 있는 걸까.

"심오해라!"

장석은 혼잣말을 하고 있다. 그 누구와의 대화도 필요가 없는 곳에 당도했다. 그 부지와 감탄만이 그에게 있다.

꿈으로 신의 말을 받고 그것을 인간이 말로 전하는 이 법을 무엇이라고 하는 것일까. 진리와 서사의 특이한 민간전승이 아닐 수 없다. 백 아름의 둘레와 수천 마리의 소를 가릴 그늘을 드리운 상수리나무는 이 「인간세」 속에 늘 존재한다.

배나 집이나 짓고 살던 두 사람이 이전과 다른 사람이 된다고 세상과 체제가 부서지고 갱신되는 것은 아니다. 그러나 무언가 커다란 말의 한 세계가 열린 것만은 부정할 수 없는 사실이다.

감히 소목으로서 듣도 보도 못한 무용(無用)과 대용(大用)을 논하고 있으니 기이한 아침이라 하겠다.

만물이 모두 무용의 존재들이다. 유용한 것은 사실 없다. 무용의 존재를 일일이 찾을 수 없으며 극히 일부만 사용할 뿐이다.

어쩌면 장석도 소외된 명장(明匠)이었는지 모른다.

그래서 제자와 함께 곡원의 길로 접어들었고 상수리나무를 꿈에서 만났다. 소외된 자가 아니고선 인목(人木)의 대화를 얻을 수 없었을 것이다.

어렸을 때부터 산천을 떠돌며 공예를 익혔지만 자신은 목공(木工)에 불과했다. 오늘부터 장석은 자연 속의 한 물(物)이 되었다. 이는 「양생주」에서 문혜군이 포정의 말로 새로운 생을 얻은 것과 같다.

목수 철학자

장석은 단순한 목수에서 마음과 말의 목수가 되었다. 어제의 그 장석이 아니었다. 자신도 자신이 새롭고 신기했다.

지금까지 장석은 자기 삶에 대해 의심이 없었다. 자신은 오직 목수로서 족했다. 목수는 나무로 집이나 다리, 배, 장롱, 관 등을 만들면 그만이었다.

그러나 목수란 달리 말하면 나무들의 조물주이다. 수많은 나무로 수많은 집과 배, 관을 만들었을 장석은 그야말로 나무들에게는 공포의 대상이었을 것이다.

그런데 장석은 그런 생각을 해본 적이 없었다. 다시 말해 나무들이 피를 흘리며 죽어갔다는 사실을 까맣게 잊고 있었다.

어느 나무가 객관적으로 목수의 도끼에 깎이기를 바라겠는가. 목수를 보고 모든 나무들이 벌벌 떨었을 것이다.

그런데 장석은 오늘 이전까지 자신과 나무에 대해 다른 가치와 감정을 가지고 있지 못했다. 모든 가치가 유용의 허구였다.

그는 이제 목수 철학자가 되었다. 그렇다고 그는 글을 쓰지는 않았을 것이다. 깨달은 것을 마음에 담고 다니다 잃기도 하면서 자기의 세월을 보냈을 것이다.

그것으로 족해야 하는 것이 무용을 추구하고 무용 쪽으로 아주 영영 이동해간 자의 모습이다. 장자도 결국은 그와 같은 사람이 아니었을까.

자신의 기술과 손을 느끼면서 항상 자신이 하는 일을 인식하며 하루하루를 보냈을 것이다. 특히 나무라는 무정물에 대한 인식이 싹텄을 것이다.

괜찮은 것들을 골라 문짝을 만들고 도리 구멍을 파고 문짝을 달고 용마루를 올렸지만 그것은 알 길 없는 행위였다.

먼 산골짜기와 갈색 능선들이 자꾸 자신의 눈에 와서 걸렸다가 떠나가곤 했다. 그렇게 먼 곳을 본 적이 없었다.

애상에 불과한 것일까, 상실인 것일까. 그 느낌과 발자취, 생각조차

도 이상하다는 느낌이 들었다. 아이가 된 것일까. 그러나 아마도 장석은 그 이상으로 무리하게 사물을 정리하거나 앞으로 나아가지 않았을 것이다.

부지의 숙명을 안고 안타깝게 삶을 살았을 것이다.

나그네는 아무 일 없이, 아무 혜택 없이 혼자 있으면서도 행복한 것 같았다. 하얀 나뭇결을 만지고 밀면서 장석은 기이한 마음의 결(闋) 속으로 다가가고 있었을 것이다.

어디선가 장석이란 목수가 망아 속에서 땀을 흘리며 자신의 뼈 같은 나뭇결을 도끼로 깎고 있는 것 같다.

한 목수가 세상을 건너가다가 곡원에서 혼자 살아가는 상수리나무를 만났다는 사실은 장자의 위대한 기억이며 상상이다.

수많은 사람들이 살다가 죽어간 것처럼 미래에도 헤아릴 수 없는 사람들이 이 지구에서 태어나 살다가 죽어갈 것이다.

남아 있는 자가 없다. 오직 그것만이 분명한 사실이다. 혼자 살아간다는 것도 다시 보면 기이한 일이다.

천변만화가 일어나고 지나간다. 그것을 마음에 다 담거나 글로 쓸 필요가 있을까. 아무 소용이 되지 않는 일이기도 할 것이다.

하지만 장석은 자신의 일에 마음을 쏟지 않은 적이 없었을 것이다. 자신의 몸과 자신의 일만이 겨우[직(直)] 자신의 존재를 확인할 수 있는 현실의 꿈이고 사실이었다.

아프지 않고 슬프지 않고 고단하지 않은 생이란 없을 것이다.

어느 날 장석의 마음 바닥엔 비걱대며 가는 마차의 수레바퀴도 그것을 끌고 가는 우마도 노장이 꽉 쥐고 서 있는 지팡이도 우두커니 서 있는 한여름의 가옥들도 모두 무용한 것들로 바라보였다.

그것들이 전혀 말을 하지 않는다는 것도 알게 되었다.

장석은 얼마나 먼 곳을 떠돌았을까.

무용의 길

그 무엇을 사용할 수 있는 사람은 누구일까. 누가 무엇을 사용한다는 말일까.

어떻게 마음으로 그것들을 사용할 수 있느냐는 질문에 가로막힌다. 주변에서 낮은 햇살들이 파란 풀잎을 흔들고 지나가는 소리가 난다. 말 없는 거수(巨樹)의 발치에 와서 쉬는 사람들이 먼 하늘을 내다보는 것조차 그곳에선 무용이다.

흰 구름이 하늘에 걸려 있고 「소요유」에서 불던 한 자락 그 소화(小化)의 바람이 불어간다. 문득 무용이 지배하는 세계라는 것을 아무도 알지 못할 뿐이라는 생각이 들었다.

그 생각도 흘러가고 있다. 가끔 현재의 '나'에게로 다시 끌어당겨보지만 역시 그것 전체도 흘러가고 있다.

모든 것이 허공에서 울던 빗방울과 바람 같다. 지난 날 자신이 느끼리라곤 상상도 못했던 것들이다. 그 모든 것이 사용할 수 없는 존재들이라는 것을! 그러나 이제 알아도 늦지 않았다.

순간 속에 알면 모든 것과 통하는 것 같았다. 앎은 찰나 같고 그 앎이 바로 영원의 실체 같았다.

세상에 어떤 목수가 있기에 저 아름다운 노거수를 전벌(剪伐)해서 대체 어디로 가져가 노거수보다 아름다운 집을 짓는단 말인가.

커다란 가지를 치고 두꺼운 껍질을 벗겨내고 먹줄을 치고 가운데를 줄로 켜서 무엇을 만든단 말인가. 누구의 기둥을 만든단 말인가. 그

참극한 나무를 생각한 적이 있었던가.

사용한다고 하지만 사용하는 것이 아닌 것 같다.

사람들의 후려(詬厲)가 우려되지만 장석의 논변이 만만치 않다. 그 모두가 모함이고 누명이고 오해였다.

모든 나무가 훌륭한 재목이 되려고 자라고 있고, 기다리고 있다는 것은 나무들과는 무관한 인간 중심적 생각이다.

나무의 꿈은 성문(城門)의 동량으로 쓰이지 않고 아무도 모르게 살다가 천명을 다하는 것이다. 자신을 인간에게 나타내 용마루로 써 달라고 외치는 춘양목은 없을 것이다.

인간을 위해 나무가 희생한다는 것은 얼마나 얼토당토않은 것일까. 그것은 인간의 위선보다 더 무서운 것이리라.

이 노거수가 얻은 생명의 대용(大用)을 이길 존재는 없을 것이다. 비록 스스로 세월에 쓰러질 것이나 끝까지 이용되진 않을 것이다.

인간 사회는 다르다. 대부분의 인간은 생명과 시간을 피소유자의 것으로 임대하고 채용되길 바라며 문서와 명령의 지배 체제 안에서 생존하려 안간힘을 쏟는다.

그래서 장석은 상수리나무를 이렇게 해석해내기까지 한다.

"고식적으로[차야(且也)] 그가, 그곳을 보존함은[피기소보(彼其所保)], 많은 사람들이 함께함과는 다르다[여중이(與衆異)]."

사유의 한 방법이다.

상수리나무의 생은 많은 사람들이 함께 모여 사는 사회와는 다르다. 인간이 체제에 예속된 것 같지만 그 속에 갇혀야 하는 것도 아니다.

다른 삶을 찾지 말아야 하는 것도 아니다. 탈주할 기회와 이유를 상실하고 현실에 묶여 있는 것은 사실 고식적인 선택이다.

그러나 우리가 세상의 먼지를 뒤집어쓰고 하루하루 살아가는 것은 부득이이다.

상수리나무의 장수(長壽) 역시 더 큰 무용에서 본다면 대단한 것이 아니다. 그는 영원한 생명의 즐거움이 무위의 허무라는 것을 이미 알고 있었던 것 같다.

그렇다고 역사수가 자신의 천수 속에서 하나의 자연으로 서 있는 것을 나그네라는 것을 나그네는 알 수 있을까.

천수는 비유일 뿐이다. 단지 사용되지 않은 것만큼 다른 것을 놔두고 누릴 수 있다는 것을 나그네는 조금 느낄 뿐이다.

상수리나무의 몸에 '겨우' 혹은 '일부러'란 뜻의 직(直) 자가 눈에 띈다. 상수리나무에 의탁해 있는 것은 그 영혼이거나 정신이거나 목신일 것이다.

장자는 육체 속의 정신이 만물에 있는 것과 동일한 생명을 가지고 있다고 믿는 것 같다. 절대 그것을 드러내지는 않으면서 더 깊은 곳에 숨겨두는 것만 같다.

사실 나그네가 발견하고 싶은 것은 바로 그것이지만 그것을 말하기는 곤란하다는 것을 알아가고 있는 것 같았다.

한편 그는 철저한 유물론자로서 영원 같은 것을 회피하거나 인정하지 않는 것도 같다. 유무와 장단, 시비, 가치 등에 대한 판단을 늘 유보하며 어느 한쪽으로 치우치지 않는다.

이 경계선이 장자의 존재와 우주에 대한 앎의 계신이 아닐까. 그래서 글자 하나가 생각을 바꾸어 놓는다. 차(且) 자에는 그럼에도 불구하고란 뜻도 있지만 구차스럽게, 고식적으로란 뜻도 가지고 있다.

"고식적으로 그가, 그곳을 보존함은, 많은 사람들이 함께함과는 다르다."

이 문장은 상수리나무의 마음이 상수리나무를 떠나지 못하고 있음을 강조한 말이기도 하다. 상수리나무가 자기의 육체인 집이기 때문이고 애착하기 때문이다.

장자는 몸을 부정하는 사람이 아니다. 그의 진지(眞知)는 인간의 육체 안에서 위대한 소요를 행하는 것에 두고 있다.

결국 노거수는 인간 장석을 통하여 자신의 무용을 전하게 되었다.

역사수는 자신이 유용한 존재라고 말하지 않는다. 다만 위여(爲予)의 대용(大用)이라고 했다. 그래야 밤 우주 속에서 혼자 가만히 숨 쉴 수 있었을 것이다.

저 신비한 밤과 함께하는 숨쉬기의 소요만이 고요했을 것이다. 그것으로 그 어떤 누추한 삶도 부족하진 않았을 터.

그때 그는 가장 까마득한 우주의 어둠 끝에까지 다가갔다 올 것이다. 그때 수많은 아침이 밝아오곤 했을 것이다.

그러나 이 무용의 사유는 아무도 알 수 없는 영역이다.

다만 현재의 그 상수리나무는 없는 상수리나무란 말만 남아 있을 뿐인가. 그래서 피역직기언(彼亦直寄焉, 그 역시, 겨우, 의탁한다)이 「인간세」를 떠받치는 것이 아닐까. 이 문장의 속뜻은 좋아서 이 나무에서 그 영혼과 생명이 살아가는 것도 아니라는 말이 되는 것 같다.

나무와 사람 안에 있는 생명의 근원은 어디일까. 게다가 그 생명을 이용하고 착취할 수 있는 것일까.

'역시'도 중요한 부사이다. 모두가 그렇다는 뜻이기 때문이다. 즉 다른 '무용의 나무들처럼'이라는 뜻이다. 자기와 같은 수많은 무용의 존재들처럼 무용을 피하거나 외면할 수는 없다.

그도 수많은 존재의 숙명 중에서 무용으로 선택된 나무일뿐이다. 그 무용의 존재들이 이 세상을 사실은 가득 채우고 있다. 저 자연은 무용의 세계이다.

자신과 같이 수많은 무용의 존재를 옹호하면서 자기 숙명을 극적으로 변경하는 모습은 본능적이다. 무용은 무용으로 있고 싶지 유용으로 있고 싶진 않을 것이라는 우매함의 예감은 그 어떤 상황과 논리에서도 승자가 될 것 같다.

역직기(亦直寄)여, 모든 삶이 그 일우에 머물지 않는 생명은 없을 것이다.

문도 없고, 독도 없다[무문무독(無門無毒)]. 한 거처에서[일택이(一宅而)], 어쩔 수 없이[부득이(不得已)], 지내는 것이[우어(寓於)], 곧 희망이다[즉기의(則幾矣)].

누가 한곳에 머물렀으며 또 누가 세상을 떠돌았는가.

대저, 잠시도 머물지 못하니[부차부지(夫且不止)], 이를 좌치(坐馳)라 이른다[시지위좌치(是之謂坐馳)]. 부지와 좌치는 인간 사회의 고정틀이다.

상수리나무는 나아가지 않고 머무르게 되었고 그래서 모든 것을 바라볼 수 있게 되었다.

목수 장석은 벌써 아침나절에 만물제동 속에 있었다. 그 무의식에서 벗어나지 않기를! 잠시 벗어나도 늘 그곳으로 돌아와 있기!

「인간세」를 지키는 마지막 말

이 역사수 이야기에서 가장 극적인 것은 목재를 다루는 기술자에 불과한 한 목수가 다른 사람으로 변하는 것에 있다.

"꿈으로 아침에 다른 생을 얻었다."

뿌연 안개를 밀치고 산에 들어오는 아침 햇살을 맞으며 세숫물 앞에서 장석은 이 모든 것이 꿈같았다. 모든 것이 불분명했지만 분명해지는 그 무엇이 있었다.

이전에 없던 일들이 일어나기 시작했다. 장석은 다시 어제 아침을 기억하고 싶었다. 꿈을 잊고 싶지 않았다. 그는 역사수몽과 가장 가까이 있는 그날 아침이고 싶었다.

장석은 혼자 중얼거렸다.

'꿈을 꾸고 난 다음날 아침 나는 일어나 중얼거렸지. 나는 목신을 만났다. 그것도 생시보다 더 생시 같았다. 그럼에도 불분명하다. 그렇다면 생이란 것도 그런 것이 아닐까.'

꿈속에서 아주 먼 미래로 나아간 것 같았다. 눈을 뜨면 언제나 그곳은 한 그루 상수리나무 아래였다. 장석은 자족을 느꼈다. 없지만 있는 것 같았고 있지만 없는 것 같았다.

"아 아름다운, 쓸데없는 상수리나무!"

석장은 그 후 소용없는 사람처럼 살았을 것이다. 살아 있어도 죽은 것처럼 숨 쉬고 살았을 것이다.

북쪽 능선 너머에서 바람이 불어오고 그 너머에 다른 산과 들이 있고 그 산맥이 폭우를 받아주고 그 너머에서 새벽이 왔고 그 새벽빛은 이 마을을 지나갔다.

셀 수 없는 세월 동안 그래왔다.

계절이 넘어가고 바람이 불고 낙엽이 지고 눈이 날렸다. 그곳에 자신의 생이 놀고 있다는 것을 알 리 없었다.

석장이 언제 사라졌는지 아는 사람은 없지만 자신을 잊고 살다가 어느 날 유순하게 여한 없이 잘 죽었을 것 같다.

종국의 인생은 인응인순(因應因順)밖에 없다. 죽음은 어찌할 수 있는 것이 아니다. 오롯이 모두를 다 받아주어야 죽을 수 있다.

생략된 죽음이란 없다.

하고 싶은 말은 이것이었다. 마침내 완전한 무용에 이른 것을 자신이 어떻게 알랴. 우주도 자아도 찾지 말아야 한다.

어디서 언제 아침이 오고 저녁이 왔던가. 누가 저녁과 아침을 맞았던가. 극히 일부의 요행일 것이다. 무한의 무용은 아침 그 자체였다.

상수리나무의 말은 최고 지혜의 말이었다.

'너와 나는, 모두 물이다(若與予也皆物).'

헤아릴 수 없는 만물의 그 사용할 수 없음이 어우러지는 것이 장자의 나라이다. 그 나라는 산목과 산인의 나라이다. 어떤 삶도 쉽게 갈 수 있는 나라가 아니다.

나그네를 이끌고 가는 것은 국가와 정치가 아니라 자연과 숙명이다. 나를 찾아오게 하고 놀게 하는 것은 무용한 말들이었다.

그날 이후, 석장은 아침마다 역사수가 있는 방향을 의식하고 그와 함께했을 것이다. 아침과 함께하고 한낮과 함께하고 저녁과 함께했을 것이다. 그리고 그 나무를 기억하다 잠들었을 것이다.

일종의 장석의 소요가 시작된 셈이다. 그 누구에게도 없는 자신만의 소요이다. 그는 늘 '저어쪽'이 있게 되었다.

조금조금 무용으로 가는 길은 사람들이 모르는 곳의 재미가 있는 길이다. 석장은 새로운 생의 기쁨을 느꼈다. 그것은 저 허무와 곁에서 온 친구였다.

파란 하늘에서 상실(橡實)이 떨어질 때가 되었다.

18. 권곡(拳曲)과 축해(軸解) 난상(爛傷)의 대목

남백자기가 상구를 여행할 때, 큰 나무를 보았는데, 특이함이 있었다. 사마(駟馬) 수레 천 대를, 묶어 놓아도, 그늘이 그곳을, 덮어 가릴 만했다. 자기가 말했다. '이것은, 무슨 나무일까. 이것은 필시, 특이함이 있는, 재목일 거야!' 고개를 쳐들고 본즉, 그 작은 가지들은 굽어서, 마룻대와 들보로, 쓸 수가 없었다. 머리를 숙여 들여다본즉, 그 굵은 밑동은, 속이 갈라져서, 관과 덧널로, 쓸 수가 없었다. 그 잎을 핥자마자, 입이 곧장 문드러져, 상처가 났다. 잎을 냄새 맡자마자, 사람이 취해 정신을 잃고, 사흘을 낫지 않았다. 자기가 말했다. '이것은 과연, 재목이 못 되는 나무이다. 그러니까 그 크기가 이 지경에 이르렀다. 아, 신인도 이 나무처럼, 재목이 아니다!'

□ 원문(原文)

南伯子綦遊乎商之丘 見大木焉有異 結駟千乘 隱將芘其所藾
子綦曰 此何木也哉 此必有異材夫 仰而視其細枝 則拳曲而不可

以爲棟梁 俯而見其大根 則軸解而不可以爲棺槨 咶其葉 則口爛
而爲傷 嗅之 則使人狂酲三日而不已 子綦曰 此果不材之木也
以至於此其大也 嗟乎 神人以此不材

▌ 남백자기南伯子綦 「제물편」에 나오는 인물. │ 여행 유遊. │ 상구商丘
양(梁) 송(宋) 지역으로 현재의 하남성 일대. │ 상(商)은 은왕조의 유적지,『남화
경직해』엔 구(丘)가 구(邱), 구(丘)의 동자로 되어 있음. │ 네 필의 말이 끄는
수레 사駟 바깥 두 말을 참(驂), 비(騑), 안쪽 두 말을 복(服)이라 함. │ 대
승乘. │ 숨을 은隱 그늘로 봄. │ 행할 장將. │ 덮을, 가릴 비芘. │ 쑥, 덮어
가림 뢰藾. │ 이 차此. │ (감탄사) 그럴 것이란 의미의 영탄조 부夫. │ 고개를
쳐들고 볼 앙仰. │ 자세히 볼, 살펴볼 시視. │ 가늘, 작을 세細. │ 권곡拳曲
굽음. │ 마룻대 동棟 용마루 밑에 서까래(각桷)가 걸치게 된 나무, 상량(上樑).
│ 들보 량梁 칸과 칸 사이에 세운 기둥 위를 건너지른 나무. │ 대개 들보는
현인을 뜻함. │ 머리를 숙일 부俯. │ 뿌리, 밑동 근根. │ 안, 굴대 축軸. │ 갈라질
해解 축해軸解는 목문산(木紋散, 나뭇결이 고르지 않음). │ 핥을 지咶. │ 문드러
질 란爛. │ 냄새 맡을 후嗅. │ 정신을 잃을 광狂. │ 숙취 정酲. │ 불이不已
그치지 않음, 낫지 않다. │ 이以 그럼으로써, 그러니. │ 이 차此 나무를 가리킴.
│ 차호嗟乎 아하.

두 번째 대목

무용은 사용할 수 없는 마음과 같은 것이다.
최후에는 그 무용의 존재로 자신도 돌아가고 싶었던 것 같다. 그때
나그네는 한 진인을 만날 수 있지 않을까.

한 생애에서 군주를 만나는 것이 꿈인 사람이 있고 진인을 만나는 것이 꿈인 사람이 있다. 그 두 사람은 다른 사람일 것이다.

나무처럼 캄캄한 곳까지 내려가서 실뿌리까지 깊어지는 마음에 도달하는 사람은 아무래도 가장 낮은 곳에 있는 존재만이 가능할 것 같다.

장자는 사람이 만물의 영장이기 위해선 그들을 이용하고 파괴하는 것보다는 그 무용의 존재들이 나타내는 뜻을 찾아 함께 그곳에 있으며 깊어져야 한다고 생각했을 것이다.

사용한 것은 닳고 버려지기 마련이지만 사용하지 않은 것은 훼손되지 않고 버려지지 않는다. 아무리 아름답고 희생적인 것이라도 다 닳아 없어지는 것엔 목적과 이용의 의도가 작용한다.

남곽자기의 이 대목(大木)은 「인간세」에 나오는 두 번째 나무이다.

인간의 천명은 무엇과 교환할 수 있는 것이 아니다. 그 어디에도 그것과 바꿀 수 있고 대체할 수 있는 것이 있을 수 없다. 장자는 그것을 누리는 것을 중시했던 것 같다.

천수를 누린 그 위용을 자세하게 묘사하지 않았지만

"보라, 얼마나 아름다운가! 얼마나 큰가!"

하고 장자는 남곽자기를 통해 감탄하고 자랑하고 있다.

장자는 그 아름다움과 거대함을 노래하기 이전에 그 흠을 지적하면서 그 나무가 살아온 세월이 결코 평탄하고 수월치 않았음을 공감한다. 그 문자들은 인간에 대한 애정보다 더 깊은 면이 있다.

사람은 표현을 하지만 그 나무들은 말을 하지 않는다. 그래서 나그네에게 장자의 노래는 결코 편애로 느껴지지 않았다. 장자 혼자서 사랑하는 무용의 나무가 어떻게 편애가 될 수 있을까.

나그네는 대목의 결(闋)과 심재(心齋)를 생각하면서 높다랗게 하늘로 올라간 나무의 가지가지마다 걸려서 놀다 갔을 숱한 바람과 햇살의 친구가 되고 싶었다.

그것들은 대체 나무에게 무엇이었을까 하고 생각하곤 했다. 그 생각과 의문이 생의 어떤 축적과 성취보다 좋았던 순간들로 기억되었다.

더 바랄 것이 없는 무용의 세월 속에서 그 독신은 진정한 자유의 시간과 평온한 공간 속에서 완전한 자아로 우뚝 서 있었을 것이다. 있으면서 없음에 도달해 있는 모양 같다.

그때 시간과 공간은 하나가 된 것이 아닐까. '나'란 것이 있기도 하고 없기도 할 것이다.

나그네는 그와 같은 사람을 그 나무에서 보는 것 같았다. 그 나무와 그 사람이 겹쳐져 있는 것처럼 보였다.

여행을 하다가 남백자기가 본 대목은 무문(無門)과 무독(無毒)의 경지에 있었다. 그대들은 나를 찾아오지 못한다, 찾아올 수 없다고 말하고 있는 것 같았다.

정작 누가 그곳을 찾아갈 수 있을까. 그를 만날 수 있을까. 그 눈보라를 그 아래서 처다볼 수 있을까. 나뭇가지마다 비가 치는 날 그의 말을 감히 들을 수 있을까.

아니 그런데 저 자연 속에 그가 존재하기라도 하는가. 장자는 그것을 어떻게 발견했을까. 세상 사람들이 처다보지도 않아 이젠 아주 눈에서도 사라지고 마음에서 잊혔을 무용의 나무.

장자의 눈에 그 무용의 나무들은 도처에 흩어져 우뚝우뚝 우람하게 솟아 있지만 아무도 그들을 사용할 줄 모른다. 그 짧은 시간 속에 얼마나 많은 것들이 사라져버린 것일까.

그 무용을 사용할 수 있는 자는 건들지 않고 마음과 눈으로만 보고 말하며 소요하는 자일 것이다. 스스로 하나의 꿈처럼 서로 지나쳐

갈 뿐이다. 그러면서도 그리워하고 또 망각할 것이다.

이 신비한 교차와 망각을 누가 보고 노래한 적이 있을까.

그 나무를 발견한 자는 남백자기였다. 먼 곳을 여행 온 현자의 눈에 띄었다. 남백자기가 도착한 곳은 상지구(商之丘, 상구(上邱)라고도 함)였다.

그곳은 상의 언덕 혹은 상의 무덤이란 곳이다. 이곳은 은나라의 유적지로서 황허 강가에 세워진 은나라 땅이었다. 벌써 이 시대부터 이 지상에서 최초로 빈부와 계급이 형성되기 시작한 나라였다.

인간은 불과 몇 개의 유용만 가지고 미래로 싸워 갔다. 헤아릴 수 없이 많은 무용을 두고 유용을 쫓아 질주해 왔지만 결국 그 유용은 재화의 쓰레기가 되어 자연과 인간을 불구화하고 황폐화시키고 있다.

나무의 입장에서 본다면 인간은 무용을 잃고 다시 무용을 찾지 못할 것이다. 인간의 죄과는 어떤 변론과 경우에도 정당화될 수 없을 것 같다.

희망과 반성

남백자기가 본 나무는 이름이 없다. 장자가 그 나무의 이름을 부러 달지 않았을 것이다. 나무에게 이름이 무슨 소용이 있는가. 본래 나무는 이름이 없었다.

사람들이 지은 이름이라고 해봐야 그게 진짜 이름일 리 없다. 모두가 사람들이 붙인 가짜 이름들이다. 무명으로 있고 싶은 존재들이다.

이름은 유용의 대표 명사이다.

이름이 있는 것들은 분별되고 무섭다. 개성을 내세우고 자기 특장으로 싸우려 한다. 권력과 명예와 공적을 탐하고 그것을 위해 가해자가 되기도 한다. 시비와 이익, 집단과 패권을 챙기고 과시한다.

더구나 이 나무의 작은 가지들은 굽었고[권곡(拳曲)] 밑동은 속이 갈라졌다[축해(軸解)]. 또 잎엔 독이 있고 악취를 뿜어낸다.

그들은 태생부터 사람들이 다가오는 것을 거부했다. 인간처럼 두려운 존재가 이 지상에 없다는 것을 나무들은 알고 있었던 것 같다. 사람들은 나무에게 인지 능력이 없다고 여길 것이다.

그 나무는 바람과 비를 피한 적이 없다. 밝아오는 동을, 저무는 해를 밀치고 가로막은 적도 없다. 모든 것을 사랑하고 포용하고 자신을 열어두었던 나무였다.

사람은 옛사람과 지금의 사람이 다르지만 모든 나무는 그때의 나무나 지금의 나무나 같다. 나무는 변하지 않았다. 나무에겐 수저와 손과 입이 없다.

그 나무들에 비해 인간의 모습은 그리 아름답지는 않은 것 같다. 인간들은 인간들이 중심이라고 생각하면서 살아온 존재들이다. 그들이 아무리 나무를 생각한다고 해도 다 이용하려고 하는 것이다.

유용 제일의 사회를 향한 문명 속에 갇힌 인류의 치열한 부정과 투쟁의 결과는 이미 자기 고립을 겪으면서 더 많은 비용과 희생을 강요하게 될 것이다.

앙상한 형해에 얇은 옷을 걸친 미래 인간은 별다른 신비도 매력도 없는 과학적 존재로 변해버린 채 이 지상 곳곳을 어슬렁거릴 것이다. 뇌가 없는 텅 빈 로봇처럼 말이다.

그 사회에 진인은 한 사람도 없을 것이다.

이런 면에서 장자는 대다수의 인간과 문명의 편에 서 있지 않은 것 같다. 그리 생각하면 그의 뼛속에는 이 세계와 인간, 존재, 자연에 대한 애정이 넘치는 건지 고갈된 건지 알 길이 없다.

장자가 대목과 지리소를 사랑하는 것은 우둔을 사랑하는 마음과 같은 것이 아닐까. 인간이 너무 지혜롭고 영리하기 때문이 아니었을까.

장자가 자연의 모습을 찾아볼 수 없는 기제화한 통제적 세속사회에서 벗어나 저 버려져 있는 듯한 자연 속의 대수(大樹)를 찾아간 것도 「인간세」를 「소요유」와 연결하기 위한 세밀한 구성으로 보인다.

자기 존재의 숙명을 잃지 않고 오롯이 자신을 간직하고 있는 존재가 저 자연 속에 멈춘 듯 서 있는 대수였다. 그것을 발견한 것이 장자 사상에서 가장 커다란 변화였을 것이다.

그는 슬프더라도 인간의 본래 숙명을 찾고 싶었던 사람이었다. 그 어떤 의상도 이기도 무용한 것이라고 감히 말할 수 있는 철학자가 바로 장자였다. 그만큼 「인간세」에서 이 거목은 등장인물 이상의 중심 존재이다. 아무리 훌륭한 인간과 평생 밀담을 나누었다 해도 이 나무의 불교(不敎)만 할까.

공자와 안회, 섭공자고, 안합, 거백옥 등의 인물과 대별되는 중반 이후의 이 목물(木物)들에 마음을 돌리는 것이 저 인간 사회를 바로 보는 길일지 모른다.

장자는 모든 항변과 유용 뒤편에 펼쳐져 있는 무용의 자연을 보지 못하는 것을 보게 해주었다. 안 보는 것을 보게 해주었다. 장자가 하려는 말을 나그네식으로 좀 강하게 말한다면 이런 것이 아닐까.

"제발 좀 저들을 가만히 놔두세요."

나그네는 우주 만물에 대해 인간이 함부로 사용할 수 없는 세계들이라는 의식을 가지고 있는 사람이 장자라는 생각이 들었다.

이런 면에서 장자는 반문명적이라는 오해의 누명을 뒤집어씌우기엔 너무나 위대한 사상가이다. 반면에 그가 반인간적 반사회적 철인이라는 생각이 더 강하게 다가오기만 한다.

그가 생각한 이상적 인간과 사회, 우주의 주제는 평화일 것이다. 어떤 학자들은 장자의 사상은 어릿광대의 사상 또는 표현 가능한 문예적 광기일 뿐이라고 말할지 모른다. 그러나 그것 역시 무용의 등 뒤를 전혀 보지 못하는 무지일 뿐이다.

허무맹랑한 사람은 지구를 다 써버리고 우주 밖으로 나가면 그만이지 않느냐고 말할지 모른다. 농담으로도 할 말은 아닌 것 같다.

문명의 우주 개발을 멈추어야 할 것이다. 그 경비로 지구와 인간을 살려야 할 것이다.

하지만 인간의 반사회성과 장자의 무용사상이 문명의 중심에 선다면 그것은 장자를 농락하는 세상이 될 것이다. 얼마 남지 않은 무용을 유용으로 대체하여 써버린다면 그것은 공포의 지구일 것이다.

인간의 본성과 자본주의는 무용의 자연을 남김없이 긁어내 사용해서 자신의 내부를 고갈시키고 자연을 탕진하려 할 것이다. 그때 인간이 그곳으로부터 철수할 수 있을지는 장담할 수 없다.

인간은 썩어 문드러진 자신의 팔다리를 뜯어먹고 다시 자신을 재생하려 할 것이라고 믿기 때문이다. 본능이 문제일까, 정화가 과제일까.

당분간 그 둘은 평행선을 그으며 의기투합해 갈 것이다. 그럴듯한 그 의기투합은 결국 종말로 치달을 것이다.

수많은 쓰레기와 폐기물을 그대로 던져놓은 채 아무런 가책도 의무도 없이 그곳을 버리고 떠날 것이다. 자연을 파괴하고 다시 회복시킨 문명은 거의 없었다.

자연이 파괴를 복원했을 뿐이다.

좀 더 재미있게 본다면 자연을 단지 자재나 원료의 대상으로만 대하면서 이용하고 파괴해온 것이 지난날의 문명 같다. 모두가 인간의 편리를 위해서만 작동했다.

이 거대한 그러나 고독한 지구라는 행성 위에서 저질러지는 일들은 그리 아름다워 보이지 않는다. 돌이킬 수 없는 극한 상황으로 내몰리라는 법도 없지 않지만 극기를 견디고 다시 무용의 삶으로 과연 인류가 돌아갈 수 있을까.

누구는 이렇게 혀를 찰 것이다.

"그럴 리가!"

나그네는 유용화의 한계와 욕망이 아직까지는 다 점령되지도 고갈되지도 않았다고 착각하고 믿는 마음 한 자락이라도 간직하고 싶은 것일까.

그래서 장자처럼 그 대목(大木)을 너무 자주 찾지 않기를 바랄 뿐인가. 나그네는 그저 무용으로서 한 그루의 나무가 거기 서 있기를 바란다는 말을 자신에게 할 수 있을 뿐이다.

반성이든 희망이든 나를 돌아보는 일이 마지막 생애의 일일 것이란 예감이 있기 때문이다.

그 어떤 생도 반성하고 희망하지 않는 삶은 없을 것이다.

비극의 예언

나그네에게 대목은 거울 같다.

북어처럼 말라버린 정신들은 존재가 목말라 하는 영원한 이슬 한 방울을 그 기이한 부리 속에 온전히 받아 삼킬 것인가. 목만 축이고 나면 다시 벅찬 노동을 스스로 강요하면서 쓸모 있는 존재로만 전락할 것인가.

그 숙명을 거꾸로 세우려는 가없는 회귀의 소요가 마치 작은 새의 날개처럼 파닥이는 것이 천애의 하늘 속에서 갈망하고 있지만 그 결과는 알 수 없는 일이다.

사실 장자는 『칠원서』 <내편> 말미에서 세계 종말의 예언을 보여주지만 그 미래란 짧은 시간은 인간의 정신 속에 날아다니는 독 묻은 날개 같다.

미안한 말이지만 종말에서 돌아보는 지구의 모든 시간, 존재, 기억은 불붙어 날아가는 소지(燒枝) 한 장에 불과할 것이다. 마치 인간이 갈망했던 몇몇 문자가 불타고 있는 순간일 수 있다.

나그네는 때론 이런 미래의 종말 밖에서 돌아볼 때가 없지 않지만 저 수없이 금이 간 하늘의 유리창을 쳐다볼 수가 없다.

최저의 무용은 최고의 유용보다 지난할 것이다. 우주적 생사초월의 무용이 최상의 광막한 무용이 될 수 있을까. 거기까지 우리의 생각이 갈 수 있고 그것을 중심에 두고 살아갈 수 있을까.

악취가 나고 진액이 흐르고 속이 굽고 결이 갈라져야 쓰이지 않는다. 비극적인 숙명 미학의 언어이자 세계와 존재 조건에 대한 장자의 저항이다.

이것이 인류의 모습일 것이다.

누가 무용에 목말라 하고 무용의 존재를 그리워할까. 이것을 이해하지 않는다면 장자의 글은 해독할 수 없는 무시무시한 이상 문자의 나열들이다.

어떤 체제 유지의 존재들은 오직 자신들이 만든 유용에만 갈망의 목을 축이도록 허용할 것이다. 이것이 미래 사회의 모습이라면 장자는 저 거대한 도시 그 어느 구석에도 존재하지 않을 것이다.

하지만 (다행히 혹은 불행하게도) 길은 그쪽으로 향해 갈 것이다. 말은 그 종막 쪽으로 달려갈 것이다. 말은 종말을 다 보고 있는 것 같다. 그 종말은 너무나 가까이 와 있는 것 같기도 하다.

"애[차호(嗟乎)], 신인도 이 나무처럼, 재목이 아니다[신인이차부재(神人以此不材)]!"

이 마지막 문장은 단순한 것 같지만 세상이 다 함께해도 넘지 못하는 그 고비에 대한 장자의 한탄이다. 저 산을 넘을 수 있을까. 지혜의 인간은 똑똑하기 때문에 넘을지도 모른다.

'그러나 그곳은 고통의 바다가 아닐까.'

사위의 능선이 만만하게 출렁이지만 넘을 수가 없다. 나를 이 집에 두고 내가 그 능선을 넘어갈 수는 없다. 여러 난관들이 주위에서 나를 지키고 탈주를 차단한다.

발사는 계속 지연되고 있다. 어느 날 밤 아무도 모르게 자신을 발사할 것이다. 아니 자동으로 스위치가 작동하고 점화되고 곧장 지체 없이 발사될 것이다.

그때 저 어둠의 지상에서 상상한 적도 없는 놀라움의 광경이 오로라처럼 펼쳐지는 것이 아닐까. 아니면 아무것도 없든가.

그래도 나그네는 할 수 없는 일이라고 생각했다.

나그네의 뼈는 이 지구의 묘에 묻힐 것이다. 달의 거친 표면의 그림자처럼 그 흔적만 남을지 모른다.

이미 그 달의 크레이터가 나그네의 눈에는 지구의 먼 미래의 모습처럼 이 지구에서 바라보였다.

인류는 하루 한 번씩 지구를 공전하는 기쁨의 달에서 살았는지도 모른다. 그 달에서 인간은 이 지구로 도피한 것이 아닐까. 텅 빈 저 달은 지구의 거울일까 미래일까.

발코니에서 보는 달도 나무처럼 거울 같다. 아니 그게 아니라 이젠 허구 같다.

이 글은 사실 목신과 신인(神人)의 쓸모없음에 관한 비유이다. 지금까지 나그네는 「인간세」를 잘못 읽었는지도 모른다.

허무의 청천 아래쪽에 신인도 굴속에서 잠시 있었고 나뭇가지들은 대목에 붙어살았다. 모든 곤충들이 구멍을 찾아 돌아가고 바닥에 떨어져 죽는다.

허실생백도 불을 켜 어둠을 밝히지 않는다. 그 어둠이 허공 속의 굴처럼 떠 있다.

전율적인 풍경이다. 어느 것 하나 전율적이지 않은 모습이 없다. 우리에게 이젠 두려움조차 없어진 것일까. 폐기물처럼 던져져버린 것일까.

언어는 죽고 의식도 다 망가지고 오직 욕망만이 고층빌딩처럼 솟아올라가는 도시처럼 비대해졌는가.

그 속에 도대체 누가 있는 것일까, 나그네는 알 수가 없었다. 나그네가 아는 존재와 이름은 없다. 아름다운 인간의 얼굴도 제대로 보이지가 않았다.

언어나 기호 속에 들어오지 않는 시간처럼 난해한 것도 없다. 저 방임된 무용의 거대한 세계에 대해 사람이 할 수 있는 것은 아무것도 없는 것 같다.

다만 나그네는 무용을 하나라도 더 늘려야 할 것 같다.

장자의 글은 구제할 길이 없는 사회와 인간을 위해 쓴 글이 아니다. 그것은 그들의 체제와 숙명을 보여주는 글이며 모두 오롯이 겪고 나서 한 사람도 남김없이 무로 돌려보내는 숙명의 통로 밖을 보여준다.

그 통로로 들어가는 곳은 아주 작은 구멍 같다. 모두 바늘 끝 같은 그 구멍을 통과할 것 같다. 나그네는 그 구멍이 무서웠다. 모든 존재가 그 구멍을 빠져나가야 한다면 고민할 것도 없다.

죽음 혹은 탈주 다음, 말할 수 없는 어떤 선물을 안겨주지 않을까 하는 헛된 생각에 잠시 빠져버린 자신을 얼른 건져낸다. 그리고 문득 소요할 시간이 그리 많지 않다는 것을 느낀다.

그들이 남김없이 죽은 것처럼 나도 곧 죽을 것이다.

나그네는 늘 그 죽음을 살아가는 나무 앞에 서 있다. 수십 년간 매일 그 앞에 서 있었지만 대체 낯익지 않은 것이 죽음이다.

이것이 「인간세」를 읽는 나그네의 슬픔이다. 나그네는 다른 행성의 존재 같고 「인간세」는 그 지구인들의 이야기 같다. 인간은 그곳에서 살고 죽는 존재일 뿐이다.

말은 끊어지고 생각은 심연으로 떨어진다.

일대 광경(光景)

차호(嗟乎)!

이 감탄사는 남백자기가 혼자 대목을 바라보는 깨달음의 말이다. 그 두 글자 안에 모든 것의 부정과 새롭게 긍정하려는 의지가 있다.

장자가 커다란 두 거울을 하늘에 번쩍 들어 빛을 마주치게 하는 것 같다.

숨겨진 처음 감탄은 아마도 대목의 유용에 눈이 번쩍 뜨였던 그 처음 마음일 것이다. 그러나 얼마 뒤 자기는 스스로 자신의 오해를 불식시키고 바른 앎에 도달한다.

석장은 제자와 함께 역사수를 보았지만 남백자기는 혼자 여행을 했던 모양이다. 말을 붙일 제자 한 사람 없이 말이다.

적막한 깨달음이다. 제자가 없으니 누구에게 '말'을 전할 수가 없다. 묵필이 있다면 글이라도 남겨두지. 전하지 못한 채 혼자 가지고 가버린 깨달음도 수없이 많았을 것이다.

깨달음을 전해줄 사람이 없지만 그는 홀로 여행하는 나그네로서 홀로 깨달았다.

깨달음의 마음은 가없는 것 같다.

넋을 놓고 무용의 대목에게 남백자기는 말한다. 이 일대일의 관계 및 풍경은 사실 기이하다.

나무가 꼭 말을 알아들을 것처럼 나그네는 말하고 있다.

곁에 누가 있는 듯 중얼거렸다. 그 불분명한 중얼거림만이 진실일지 모른다. 이 혼잣말은 대상과 말을 꾸미고 바꿀 이유와 목적이 없을 것이다.

모든 밀담과 일방적 계획이 위험한 것은 합의 속에 만물에 대한 경시와 피해가 발생하기 때문이다.

남백자기의 무용 대수는 나무의 이름이 없다. 아니 장자가 일부러 밝히지 않았다. 대수에게 이름이 무슨 소용이 될까. 대수에게 이름이란 본래부터 없었을 것이다.

그 이름이란 것도 사람들이 가져다 붙인 가짜 이름이다.

울타리를 쳐서 거수(巨樹) 앞에 간판을 세우고 그 나무의 나이와 이름을 적어놓기도 하는데 진풍경이다.

나무의 입장에서 본다면 자기를 울에 가둔 원숭이나 강아지로 취급한다고 생각할지 모른다.

이런 대수를 만난다는 것은 기쁨이다. 누구에게 한 번도 사용된 적이 없는 대목. 그 앞에 서 있는 그가 누구이든 왜소해 보인다.

신발을 신고 옷을 걸쳤지만 그 한 인간의 모습이 그렇게 초라해 보인 경우는 없었다. 그것은 모두 나무의 우아함과 부드러움과 아름다움 때문이다.

그들은 정말이지 어마어마한 일을 하면서도 정작 아무 일도 하지 않는 것처럼 그 길가에 멈춰 있다. 그러니 누구도 그 앞에서 현자일 수 없을 것이다.

그뿐일까. 대목은 아무 공도 세우지 않고 아무 이름도 없고 아무개란 자아도 없다. 지혜도 덕도 언어도 없다. 또 아무것도 말로 가르치지 않는다.

줄 것이 없으니 자신에게 가까이 오지 말라고 하는 것 같다. 그래도 지혜로운 자는 아무도 모르게 그 나무를 찾아갈 것이다.

남백자기의 여행의 목적이 무엇인지는 모르겠지만 결국은 그 나무를 만난 것이 가장 큰 일이 되었다. 중요한 것은 사라지고 무용이 남았다.

그곳에서 정말 아무런 쓸모가 없는 것들을 느끼고 돌아왔을 것이다. 이 지상에선 그곳에서만 그나마 순수한 귀휴가 잠시 가능하지 않았을까.

만물을 사용할 수 없다는 마음을 내는 것은 위대한 깨달음인 것 같다. 평범한 것 같지만 그 속에 있는 진리가 장자의 이 「인간세」 속에 숨어 있다.

무한한 유용은 사람의 영혼을 피곤하게 만든다. 또 진정한 무용이 아닌 쓸데없는 것이 되고 만다. 사람과 만물을 이용하는 자는 장자에게 결코 아름다운 자가 아닌 것 같다.

인생에서 모든 유용을 떨쳐버리고 싶은 때가 얼마나 많았을까. 인간은 너무나 많은 일을 하고 있고 자신도 모르게 이용당하고 있다. 그것을 또 즐거움으로 착각한다.

나그네는 혼자 중얼거렸다.

'그 이상의 원을 가져서 무엇 할 것인가. 아무것도 사용할 수 없는 것을!'

생은 왠지 나그네 앞에서 어떤 후회만 남기고 실컷 저물어갈 것만 같다. 아무것도 가지고 있는 것이 없을 것 같다.

그가 누구고 무엇을 했는지 알 바 아니다. 오직 하늘 아래 서 있거나 누워 있는 한 인간, 그는 바람처럼 지나가는 나그네일 뿐이다.

남백자기의 중얼거림인 것 같았다.

'우리가 나그네로 여기서 만났지만 다시 만나지는 못할 것이다.'

아득한 여행길

본래 인간도 무용한 존재가 아니었던가.

남백자기의 유(遊) 자는 대목을 볼 수 있는 사람다운 말이다. 놀지 않고는 자유를 누리기가 어렵다.

진정한 자유란 정치적 자유 같은 것이 아니라 무한대로 풀어놓은 바다 위의 물결 같은 것이어야 한다.

시간을 아까워하지 말고 자신을 위해 지루할 정도로 남김없이 써야 하지만 저 거리의 사람들에게는 시간이라는 것이 없는 것 같다. 어딘 가에 모두 영혼과 말과 시간을 저당 잡힌 존재들처럼 어슬렁거리고 있다.

저 대목처럼 일하지 말고 쉬라고 말해주는 사람이 없다. 걱정하지 말라고, 너의 책임이 아니라고 격려하는 말이 없는 시대가 길게 이어지고 있다.

　본래 인간은 일하는 존재가 아니었다. 그러나 인간은 언제부턴가 몸이 부서지도록 일하는 벌레가 되었다. 일만 하는 인간처럼 불행한 존재는 없다.

　인간은 쓸데없이 노동으로 평생을 바치는 자기를 쉬게 하거나 무용을 쓸 줄 모르는 인간이 되었다. 나그네는 쓸데없이 그 원인과 목적을 여기서 일일이 말하고 싶지 않았다.

　다만 그 쉼과 무용을 지닌 사람을 저 현대라고 하는 허울을 뒤집어쓴 도시에서는 찾아보기 어렵다. 그들은 한마디로 너무 많은 일을 하고 너무 많은 것을 가지고 있다.

　남백자기가 나그네였기 때문에 대목을 볼 수 있었다.

　시간이 없는 바쁜 사람들은 가로수와 하수구 구멍조차 본 적이 없었을 것이다. 현대 사회에선 나그네를 찾아볼 수가 없다.

　놀지 않는 눈에 들어오는 것은 분방함뿐이며, 정말 보아야 할 것들은 도망가고 없다. 유용이란 이름 아래 정말 쓸데없는 것들에 둘러싸여 고단한 노역을 지속할 뿐이다.

　그것이 종국에 다다를 이연피역(薾然疲役, 고달픔의 끝, 꽃 한창 필 이(薾)는 빨리 흐를 황(湟) 자의 의미가 있음, 덧없음과 쓸데없음,「제물론」)이다.

　사용할 수 없는 무용을 찾아가고 싶어진다.

　인위적인 것을 거부하는 장자의 사상 속에서 '재목이 못 되는 나무[부재(不材)]'는 아름다운 괴상(怪狀)으로 존재하고 다시 새로운 주제와 대상으로 다가왔다.

　그래서 차과부재지목야(此果不材之木也)의 과(果) 자 해석은 좀 섬세할 필요가 있겠다 싶다. 즉 '과연' '절대' '마침내' 어느 말을 써야 할까.

재목이 못됨의 섭섭함보다 자연 속에 있는 방치가 더 장자답다. 아니 섭섭함이 있으랴. 저 서 있는 아무 쓸데없이 하늘에 올라 홀로 천수를 누리고 있는 나무의 모습이라니.

한없이 부럽다. 무사가 부럽고 자유가 정지가 부럽다. 아무도 위하지 않으면서 홀로 타고 있다. 결국 남백자기는 할 말을 잊었을 것이고 그 지경에서 헤어지게 되었으니 아쉬웠을 것이다.

멀어져가는 남백자기가 대목의 우듬지에서 보이는 듯했다. 그 꼭대기에서 보는 풍경은 어떤 것일까. 그 우듬지가 어느 아이였을지 나였을지 알 수가 없다.

결국 남백자기 자신이 그 누구의 재목이 되지 않은 나무를 찾아가는 여행길이 되었을 것이다. 그러나 어디를 둘러보아도 군주의 사람이 되지 않은 사람이 없고 이윤을 따라가지 않는 사람이 없다.

대목이 말을 한 것이 아닌가 싶었지만 남백자기는 뒤돌아보지 않았을 것이다. 자신이 가는 길은 오직 과거의 회오와 생의 은둔만이 씻어줄 것 같았다.

돌이켜보면 과실이 없는 날이 없었다.

장자 나그네는 한 시절 「소요유」를 여행하면서 이런 말을 한 적이 있다.

"장자가 낸 기이한 길을 따라 바람과 날개의 깃으로 소요한다. 그것은 만물유전의 흑암 속에 있겠지만 언어의 길가에 있는 대수(大樹) 밑에서 쉴 수밖에 없다. 그래서 꿈의 현실인 도시 밖에서 아득할 뿐이다."

이름 없는 대목

처음에 남백자기는 대목을 처음 보고 '이재(異材)'를 생각했다. 장석은 궁시(肯視)했지만 자기는 다시 대목을 쳐다도 보고 내려다도 보았다[앙시(仰視) 부시(俯視)].

이 이재의 심리가 바로 이해의 단서이고 모든 사회적, 인간적 시비의 발단이 된다. 여기서부터 모든 길이 갈라지기 시작할 것이다.

남백자기는 가만히 관찰했다. 이것이야말로 인간의 편에 서지 않게 되는 위험한 최초의 눈길임을 알면서 무엇인가를 가만히 들여다본다는 것은 시비와 선악으로 갈리는 지혜의 길목이다.

자기는 여기서 자신을 갑자기 수정한다. 곧이어 그럴 만한 나무가 아니라는 것을 깨닫는다. 장석은 다음날 깨달았지만 남백자기는 그 자리에서 당장 깨달았다.

순간 자기는 놀라지만 다른 마음의 동요를 느꼈다. 긍정의 마음은 그 나무를 다른 차원으로 바라보게 되었고 그 속에서 신인(神人)을 보았다. 그러나 그 신인은 도처에 숨어 있는 존재였다.

이처럼 자기는 그 나무를 유심히 쳐다보고 내려다보았다는 점에서 오만했던 장석과는 다르다. 즉 나그네 남백자기가 본 대수는 어쩌면 자기 안에 있는 대수일지도 모른다.

저기 서 있는 쓸모없는 대목이 바로 자기 자신이라니! 참으로 고독하고 아름답지 않을까.

쓸모없이 살아가는 한 인간과 쓸모없이 서 있는 한 대목의 만남은 「인간세」의 한 절정이다. 장자가 모두 묘사하지 않았지만 한 나그네로서 그것을 상상하기는 그리 어려운 일이 아닐 것이다.

그곳에는 자신이 모르는 자아가 있을 것이다.

그렇다면 장석과 남곽자기는 근본적으로 나무와는 다른 차원의 인간이었다. 이것이 인간의 한계를 발견한 순간이었는지도 모른다.

장자도 자기도 현실 속에서는 잘 보이지 않는 저 대목이 수많은 가지를 뻗고 잎을 피우는 나무의 상부를 보았을 것이다.

땅속 사방으로 뻗어나간 뿌리를 상상했을 때 이것이 끊을 수 없는 생이요 경이로움이 아니고 무엇일까.

그 대목이 존재하는 모습에서 모든 살아 있는 생명들의 불가피한 생존을 볼 수 있다. 무용한 것들조차 이렇게 살아남기 어려운 투쟁을 이어간다면 유용한 것들은 얼마나 더 어려운 시간 속에 처해 있는 것일까. 상상조차 할 수 없다.

그래서 생이 아름답기도 하지만 끔찍하기 그지없기도 하다.

모든 인생이 멈추지 않고 뛰어가는 말을 타고 있는 형국 속에 있으니 무용 같은 것을 생각할 겨를이 있을 수가 없다. 장자가 말한 대몽(大夢)이다.

"그 잎을 핥자마자[지기엽(咶其葉)], 입이 곧장 문드러져, 상처가 났다[즉구란이위상(則口爛而爲傷)]. 잎을 냄새 맡자마자[후지(嗅之)], 사람이 취해 정신을 잃고, 사흘을 낫지 않았다[즉사인광정삼일이불이(則使人狂酲三日而已)]."

이 대목은 말을 타고 가는 사람이 아니고 한 자리에 정지한 나무이다. 이 나무는 앞의 역사수보다 한 단계 더 적극적인 세계 부정을 보여주는 것 같다.

남백자기는 정말 쓸모없는 나무의 진체(眞體)를 보았다. 상수리나무는 상수리 열매라도 맺지만 이 나무는 아무것도 인간에게 주지 않는 나무인가.

꽃을 피우고도 열매를 맺지 않는 것인가. 남백자기가 생각해왔던 신인이 이런 존재인가.

죽을 때까지 생각해도 알 수 없을 것은 아마도 신인은 쓸모없이 저렇게 덩그러니 서 있는 대목 같다는 말일 것이다. 정작 장자가 하고 싶었던 말은 대목이 아니라 신인이었던 것일까.

신인이 사라진 시대에 그 나무만을 대신 보고 가는 나그네 길일 것이다. 그 길이 또한 기이한 길이다. 어쩌자고 그런 길이 이 지상에 쓸데없이 있는 것일까. 알 수가 없다.

그렇다고 아주 유용한 존재만이 사랑받거나 아름다운 것은 절대로 아닌 것 같다.

나그네로선 그 어떤 경우에도 기이하다 여기는 신인의 의미가 바로 그 소용없음의 대목이란 점은 부정될 수가 없을 것 같다.

남백자기의 허무가 거기 서 있는 것 같다. 그 대목을 무엇이라 말할 수 있는 사람들은 다 사라지고 없는 것 같은 황량한 세속에서 산목들은 살고 있는 것 같다.

늘 생각해오던 자기 철학의 이상적 실물을 만난 그는 상구에서 신을 만난 것이나 다름없었을 것이다. 이로써 자기 필생의 해답을 얻은 셈이 되었다 해도 무방할 것이다.

이 무용의 사상은 매우 두려운 사상이다. 무용이 오해될 수도 있다. 하지만 승물유심하고 광막지야로 나아가도 무용과 소요는 끝까지 인생을 사로잡을 것이다.

대목이 아니 우리의 자아가 사실 홀로인 것은 상대적이지 않고자 하는 욕망의 절대 가치를 드러낸 생의 또 다른 목적일 수 있다.

그것이 저 붕새의 비상(飛翔)이며 소요(逍遙)이며 우주 속의 경계 너머로의 사라짐이 아닐까. 그것은 가없는 일이다.

그곳은 빛이 오지만 끊어지고 다시 어둠으로 뒤바뀐다. 그곳은 존재와 말이 사라져버린 그 너머의 세계이다. 그 어떤 인생의 시간도 다가 갈 수 없는 심연의 어둠이다.

장석과 남백자기가 영원한 것을 얻은 것 같지는 않다. 다만 풀 길 없는 무용의 진리를 얻은 것만은 부정할 수 없을 것이다. 무용의 진리 는 모든 유용을 엎어버릴 수 있는 대부정의 진리이다.

그 끝에 이 지상의 마지막과 아슬아슬한 시징(始徵)이 다시 시작될 지는 알 수 없는 일이다. 하지만 그 너머의 모습을 장자는 이 세계의 거울에서 이미 보는 듯하다.

유용의 세계에만 머물지 않을 때, 항상 유용한 것들만 사용하지 않을 때, 우리의 의식과 전혀 무관한 곳에 무용한 것들이 있다는 것을 알게 될 때 비로소 인간적인 것을 넘어 우주적인 사유가 시작된다고 해야 하지 않을까.

재목은 없다

「인간세」가 쓰인 지 이천사백 년이 가까워지지만 아무것도 이루어 진 것은 없다. 오히려 후퇴했다. 장자의 인간세만 깃이 날카롭고 빳빳 해졌다.

사람들의 감각과 영혼은 점점 퇴화하고 작은 인간으로 변하면서 스스로 자신들의 인형이 되어왔다. 그것이 그들의 길이었다. 신성성과 위대함은 사라졌다.

그들의 운명은 반인간적(오히려 반인간화가 인간적이라고 주장하 면 그 변명과 논리에 더 동의할 것이지만) 소형 인간이 되는 것인지도 모른다.

그 꿈이 인간의 유전자 안에 있고 인간은 그 유전자를 따라가야 하는 존재라면 그것을 거부하고 변경할 수 있는 인간과 길은 이 지상에 없을 것이다.

저 이름도 없는 대목의 신인이 그저 그 시대의 나무와 똑같이 그대로 거기 서 있다는 것은 신비한 일이다. 그들에게만 우리가 다 잃어버린 본래의 어떤 시간의 경과와 주름, 무늬가 있는 것 같다.

이제 인간은 이미 시간을 느낄 수가 없게 된 존재가 아닌가 싶다.

결국 언어와 지혜를 가진 자들만 나무가 지닌 고요 밖의 저 번연하고 쓸데없는 만사 속에서 뛰어가고 있을 뿐이다.

신인이 재목이 되지 못하는데 사람이 재목이 될 수 있을까. 즉 신인도 유용한 것이 될 수 없는데 인간이 유용한 것이 될 수 있을까. 무엇이 무엇에 대해 유용한 것일까.

유용이란 것이 과연 있는 것일까. 나그네는 그것이 없다는 생각이 자꾸 들었다. 확신해 보기 위해서 중얼거려 본다.

'이 지상에 정말 유용한 것은 하나도 없다. 아무것도 가지고 싶지 않은 마음도 있다. 그럴 땐 어떻게 해야 하는가. 나그네는 소요해야 한다. 다른 길은 없다.'

이 대목에서 사라진 신인의 모습이 인간 세상에서가 아니라 기괴하도록 오래 산 나무에서 발견되었다. 그것이 남백자기의 이 현상 세계에 대한 슬픔 같다.

그 슬픔을 감당할 수 없어 대목의 나뭇잎 하나에 의탁하게 되는 것이 아닐까.

그 나뭇잎 하나만 못하다는 마음이 일지 않는 한 어떻게 무용의 그늘에 들어설 수 있을까.

그 슬픔에 해당하는 것은 인간 세상에는 쓸모없는 나무와 같은 존재가 없음에서 오는 일말의 덧없는 감정이다.

　아무 쓸모없는 나무의 그늘 밑에서나 잠시 동안만 아무 쓸모없는 무한의 시간이 지나가는 것을 느낄 수 있다면 나그네는 더 바랄 것이 없을 것 같다.

　다시 말해서 더 바랄 것이 없는 이 세상에서 더 바랄 것이 없을 것 같다. 정말 무용한 것들로 넘쳐나는 세상에 정말 더 무용한 것들은 보이지 않을 것이다.

　장자의 불기(不羈)는 두려운 말이다. 신인도 재목(材木, 재능, 유용)이 아니라는 말은 신인도 쓸데가 없다는 뜻이다. 그것이 장자가 꿈꾸는 완성된 지혜의 모습이 아닐까.

　이 무용의 철학은 여기서 다시 난해해지는 것 같다. 마음으로도 말로도 풀어낼 길이 없을 듯싶다.

　어디로 귀휴해야 하는 것일까.

　장자의 「인간세」는 인간을 건져주는 곳이 아니라 무용의 난해를 보여주는 곳이다. 그럼에도 나그네는 장자에 빠져드니 그의 글은 세월이 가도 기문(奇文)이다.

　나야말로 한 주먹의 첨단이라고 인류가 자랑하는 그 허무맹랑한 시대 속에서 세상의 권곡(拳曲)이요, 축해(軸解)며 난상(爛傷)이고 광정(狂酲)이 아닐까.

19. 상서롭지 않음의 상서로움

　송나라에, 형씨(荊氏)란 곳이 있는데, 개오동나무와 잣나무, 뽕나무가, 잘 자랐다. 그 한두 줌 이상의 것은, 원숭이 말뚝을 구하는 사람이 그것을 베고, 서너 아름이면, 높고 탁 트인 들보를 구하는 사람이 그것을 베고, 일고여덟 아름이면, 관을 구하는 귀인과 부상(富商)이 그것을 벤다. 그래서, 그 천수를 완료하지 못하고, 큰 도끼와 작은 도끼에 의해, 중도에 일찍 죽어, 버려진다. 이는 재목의 환난(患難)이다. 그러므로, 제사를 지낼 때, 이마가 흰 소와, 코가 위로 젖혀진 돼지와, 치질(痔疾)을 앓는 자는, 강을 찾아갈 수 없었다. 이것은 모두, 무당과 박수가 알고 있는 것들로서, 상서롭지 않게 생각하기 때문이다. 이것이, 그 신인이, 커다란 상서로움으로 생각하는, 까닭이다.

❏ 원문(原文)

宋有荊氏者 宜楸柏桑 其拱把而上者 求狙猴之杙者斬之 三圍四圍 求高名之麗者斬之 七圍八圍 貴人富商之家求樿傍者斬之

故未終其天年 而中道之夭於斧斤 此材之患也 故解之以牛之白
顙者 與豚之亢鼻者 與人有痔病者 不可以適河 此皆巫祝以知之
矣 所以爲不祥也 此乃神人之所以爲大祥也

▎우공구주(禹貢九州)의 땅이름 형荊. | 발양(發揚)할, 옳을 의宜. | 개오동
나무 추楸. | 잣나무 백柏. | 뽕나무 상桑. | 아름 공拱 두 주먹 굵기. | 한
줌 파把 한 주먹 굵기. | 원숭이 저후狙猴. | 말뚝 익杙. | 끊어질, 벨 참斬.
| 둘레, 아름 위圍. | 고명(高名) 높고 큰, 명은 대(大). | 아름다울, 마룻대
려麗 들보 려(欐). | 상록교목의 회양목 전樿. | 전방樿傍은 관. | 옆, 곁 방傍.
| 완료할 종終. | 천년天年 천수(天壽). | 중도지中道之『남화경직해』를 따름,
중도이(中道已)로 되어 있는 책도 있음. | 일찍 죽을 요夭. | 기댈 어於. |
재목, 재주 재材. | 근심, 걱정 환患. | 원한, 화를 씻어버릴 해解 황하의 봄
제사. | 이마 상顙. | 돼지 돈豚. | 올라갈 항亢. | 코 비鼻. | 치질 치痔.
| 찾아갈 적適. | 무축巫祝 무격(巫覡), 무당과 박수. | 지지知之 지(之)는
부정한 앞의 것들. | 소이所以 까닭. | 생각할 위爲. | 이리하여, 기(其)와 같은
뜻으로 그 내乃.

추백상(楸柏桑)의 존재들

장자는 송나라에서 태어났다. 지금의 하남성 일대이다.

장자의 정신은 한 나라에 머물러 있지 않았다. 『칠원서』에는 많은
인물과 지역이 등장하는데 장자가 여행을 하면서 직접 그 기인들을
만났던 것으로 생각된다.

여행지의 새벽과 나무, 구름과 진애(塵埃), 바다, 풍속, 시간, 죽음

등을 통해 낯선 앎과 생기를 얻었을 것이다. 대부분 낯선 지방을 떠도는 나그네가 될 때 그의 사상은 활착하고 결실을 맺고 어떤 새로운 확신에 도달하곤 했을 것이다.

그러나 늘 그는 한 나뭇가지에 오래 앉아 있기를 거부했다.

그때마다 장자는 도약하고 벅차게 날아올랐다. 바람처럼 떠돌지 않고서는 그 방대한 예화와 소재, 서사들을 다 생각해낼 수는 없었을 것이다.

이 사물과의 여행과 대화가 상상 외로 방대한 장자의 글이 탄생하게 된 하나의 근거일 것이다. 거기서 무용의 사상도 잎을 피웠을 것으로 보인다.

광막지야, 혼돈방황은 그 말 그대로 장자의 끝없는 대지의 지평선 너머로의 사라짐의 인식과 나타남의 새로운 세계로 중첩되면서 열려나가는 상상의 여행을 뜻하는 것이라고 본다.

장자가 분명 지나쳤을 이 격리된 유배지와도 같은 형씨는 송나라의 땅으로 지금의 호남(湖南) 광서(廣西) 지역이다. 그 나무들처럼 그곳은 형씨들이 모여 살던 소국이란 설도 있다.

장자도 송나라의 멸족한 왕족의 한 핏줄이란 설이 있지만(그래서 장자가 광범한 지식을 섭렵하고 새로운 사상을 전개했을지도 모를 일이다) 형씨들의 선조도 제나라의 귀족이었다. 주로 위나라로 와서 살게 되었으며 진나라, 연나라 등으로도 그 핏줄들이 퍼져나갔다고 한다.

말하자면 장자와 형씨의 가계사가 비슷한 점이 있는 것이다. 그래서 여기 나오는 나무들은 앞의 백 아름이 되는 역사수나 천승의 마차를 품을 수 있는 대목이 아니라 잔 나무들에서 시작한다.

그마나 다행인 것은 그 나무들의 이름을 명기했다는 점이다. 더구나 작은 거목이 아닌 나무들에게 이름을 일일이 붙인 것은 비편애적 작가의 의도일 것이다.

전국시대의 칠웅은 동쪽이 제나라(황해와 관련이 깊음), 남쪽이 초나라, 서쪽이 진나라, 그 가운데에 위(魏)·한(韓)·조(趙)나라이다. 거대한 섬들처럼 국가들이 떠돌며 뱃머리와 선미가 서로 충돌하고 부서지고 무너져갔다. 장자가 살았던 몽현은 위나라의 중앙에 있었는데 그전에는 송나라 땅이었다.

그 형씨 중 대표적인 인물로 위나라 형가(荊軻)가 있다.

그는 독서를 좋아하는 사색형 인물로 예리한 칼을 잘 사용했다고 한다. 전국시대 말기에 협객(俠客)으로 산 그는 형경(荊卿), 형숙(荊叔)이라고도 했다.

연나라 태자 단(丹)이 형가의 친구인 전광(田光)과 사귀었다. 전광은 어질고 지혜와 용기가 대단했다. 진나라에 인질로 있을 때 냉대를 받은 단이 진시황[진나라 31대, 이름 정(政)]에게 원한을 갚으려고 하자 전광은 자신의 늙음을 통탄하면서 형가를 소개했다.

복수의 길을 떠나면서 태자가 "선생께선 이 일을 누설해선 안 된다"고 하자 전광은 그 자리에서 스스로 목을 찔러 죽었다.

전국시대 말기엔 연왕 희 28년(기원전 227년, 장자 작고 59년 후)에 진나라에서 이런 일이 있었다.

진나라 장군인 번오기(樊於期)가 가족이 모두 사형을 당하자 연(燕)나라로 도망하여 단에게 투항했다. 그러자 진에서 그의 목을 가져오는 자에게 금 천 근을 내걸었다.

번오기는 복수를 해서 가족의 원통함을 풀기 위해 칼로 목을 찔러 죽으면서 자신의 목을 태자에게 바쳤다.

형가는 사신으로 번오기의 목과 비수(匕首)를 넣은 상자에 진시황이 탐내는 연나라 독항(督亢)의 지도를 넣어 가지고 진에 들어가서 기회를 보아 왕을 죽이려 했다.

형가는 진시황에게 지도를 펼쳐 보일 때 비수로 왕의 가슴을 찔러 죽이려 했지만 실패하고 그 자리에서 죽었다.

형가가 사신으로 떠나기 전 역수(易水, 하북성)에서 태자 단과 헤어지면서 부른 노래는 유명하다. 이때 친구 개백장이인 고점리(高漸離)가 치는 축에 맞춰 형가는 역수를 내려다보며 노래 불렀다.

"바람은 쓸쓸하게 불고 역수 강물은 차구나[풍소소혜역수한(風蕭蕭兮易水寒)]. 장사가 한 번 떠나면 다시는 돌아오지 않으리[장사일거혜불부환(壯士一去兮不復還)]. 호랑이굴을 더듬어서 이무기궁으로 들어가노라[심호혈혜입교궁(深虎穴兮入蛟宮)]. 하늘을 우러러 기운을 마시니 하얀 무지개가 드리웠다[앙천허기혜성백홍(仰天噓氣兮成白虹)]."

장자가 볼 때 인의(仁義)의 재앙에 불과하지만 목숨을 걸고 복수하러 가는 형가의 슬픈 「역수가(易水歌)」는 처절하기만 하다.

형가는 쓸모없는 사람이 되지 못했다.

진나라 왕이 그에게 어떤 죽음의 잔치를 벌였는지는 알려지지 않았지만 끔찍하기만 하다. 인간이 인간을 따르고 믿는 것이 실은 허무한 일이다. 쓸모없는 노거수를 뒤돌아보면 할 말을 잊게 된다.

태자 단 역시 진나라가 연을 침공하자 왕인 아버지가 태자를 베어 죽인다.

형씨로는 그 외 송나라의 형사(荊嗣) 당 말기에 형호(荊浩, 일생 관직에 나가지 않고 그림에만 전념했다), 명나라의 형운(荊芸), 청나라의 형도건(荊道乾) 등의 인물이 있다.

이 형씨란 땅은 무용의 땅이 아니다. 갈아엎고 베어내고 심고 또 베어내고 갈아엎고 씨를 뿌리는 유용을 재생산하는 땅의 상징적 지명이다.

우임금의 아버지가 치수를 위해 사용하다가 하늘의 벌을 받게 된 식양(息壤, 무한 증식하는 흙)과 같은 땅이다.

무용의 땅이 아닌, 생사가 쉬지 못하고 반복하는, 사용과 재사용만을 위해 존재하는 이 피곤한 땅은 바로 인간 사회와 다름없다.

개오동나무, 잣나무, 뽕나무가 매우 잘되었던지 다른 나무들이 범접을 못했을 것 같다. 추백상 오직 세 가지 나무의 주산지이다.

형씨 땅은 세 종류의 나무를 주로 키워냈던 것 같다. 그 땅에서 한두 줌의 나무에서부터 일고여덟 아름의 나무로 길러 그때그때 필요에 따라 베어 썼던 모양이다.

형씨 땅 사람들은 추백상만 잘되는 줄 알았을 것이다. 그들은 다른 수종에 대해선 잘 알지 못했을 것이다.

유용의 틀이 만든 사회처럼 그들만이 빼곡하게 이미 그 땅을 지배했을 것이다. 그 한두 줌 이상의 것은 원숭이 말뚝을 찾는 사람이 베어가고 서너 아름은 들보를 찾는 사람이 베어가고 일고여덟 아름의 나무는 관을 구하는 귀인과 부상(富商)이 베어갔다.

『남화경직해』에선 이 전방(樿傍)을 관방(棺旁)이라고 했다. 관은 시신만 넣은 것이고 곽(槨, 덧널)은 부장품을 함께 넣는 관이다.

곽 안에 시신을 넣는 관을 넣기도 했다. 고대의 곽은 대단히 컸을 것이다. 이 전(樿)은 상록교목의 회양목으로 단단하고 결이 좋아 도장이나 빗, 관 등을 만들었던 모양이다.

고대엔 대부분 사자를 거적에 싸서 매장했지만 거상과 귀족들은 좋은 나무로 관을 썼다. 장자가 볼 때 기이한 일이었을 것이다.

사람은 죽어서 나무의 관 속에 들어가 땅에 묻혔다. 한번 죽어 땅속으로 들어간 사자는 다시 돌아오지 않았다. 어떤 소년은 그것을 이상하게 생각했을지도 모른다.

조선시대 벽송(碧松)의 제자 일선(一禪) 선사는 제자들에게 숨이 끊어지거든 자신의 시신을 산에 내다버려 굶주린 짐승들이 뜯어먹게 했다.

그는 다비 고통을 벗고 열반에 드는 다비(茶毘) 장례를 거부했다. 그에게 죽음 자체는 아무 쓸모없는 것이었다. 무용은 지극한 허무일까.

이 고명지려(高名之麗)의 고명(高明, 높고 탁 트임)은 누각(樓閣)을 말하며 려(麗)는 려(欐)로서 들보를 뜻한다(『남화경직해』).

서너 아름이 되면 눈여겨 봐두었다가 한 세월 뒤 누각의 들보로 썼다.

단단하고 결이 고운 형씨 땅의 나무들은 다 자라면 결코 버려지는 예외가 없었다.

장자는 나무가 어떤 모양으로든 쓰이거나 변형되는 것을 아파했던 것 같다. 자신의 모습을 잃고 괴이한 기둥이나 상자, 문짝 등이 되어버리기 때문이기도 해서였겠지만 그것들 모두가 원형을 잃고 파괴되기 때문이었을 것이다.

장자는 나무가 오직 한곳에서 자신으로 있다가 자신의 모습대로 생을 다 누리고 종생하길 바랐던 것 같다. 사람은 말할 것도 없을 것이다. 나무처럼 죽은 사람의 시신을 가지고 들보나 장롱을 만든다는 것은 상상조차 할 수 없는 일이다.

아무도 눈여겨보지 않은 하늘 높이 밝고 높은 누각의 들보를 장자는 찡한 마음으로 바라본 것 같다.

소외된 자의 발견

고대 이전부터 황하에 봄이 돌아오면 사람들이 강에 나가 출렁이는 물에게 제사를 지냈다고 한다. 천자가 죄로부터 풀려나고 복을 구하는 [해죄구복(解罪求福)] 제사를 큰 강에 나가 지냈는데[적하이제야(適河以祭也)] 이를 해사(解祠)라고 했다.

이 봄 축제의 제사 때 모든 사람들이 원한과 재앙을 씻어 강물에 흘려보냈다. 이 제사는 그들에게 하신(河神)이 생명과 복의 근원임을 과시했다.

그때 이마가 흰 소와[우지백상(牛之白額)], 코가 위로 젖혀진 돼지와 [돈지항비(豚之亢鼻)], 치질을 앓는 자[인유치병(人有痔病)]는 강을 찾아갈 수 없었다[불가이적하(不可以適河)].

정작 가장 복을 갈망했던 자들이 축제 밖의 마을 안에 제외되어 있었다. 그 당시 사람들은 그 소를 면불순(免不純), 그 돼지를 형불미(形不美)라고 했다.

장자는 봄 강물의 제사를 맞아 만인이 모이는 축제장에 나가지 못하는 불행한 자를 생각했다. 강으로 나간 모든 사람들을 빼고 마을에 남아 있는 치질 환자를 생각하는 자는 한 사람도 없었을 것이다.

치질이 있는 자는 불용(不用)했을 것이다. 사람들은 신이 그것을 보기 싫어한다고 여겼다.

『남화경직해』에선 예공(穢恐, 더럽고 두려운 것)해서 불향(不享, 제물로 받아주지 않다, 흠향해주지 않다)했다고 기록되어 있다.

그들은 하신의 제물이 되지 않았다. 마을에 남겨진 자들은 제물로 바쳐지지 않았다. 다행일 수 있다. 소외가 부당한 무용을 얻게 했다.

그 소외의 사상을 그들이 이해하지 못할 수도 있었을 것이다. 오직 축제에 참여하지 못한 서운한 마음과 자기 숙명에 대한 미움만 남아 있었던 것은 아닐지, 또 그것이 신인의 마음과 같은 것인지는 의문이다.

이러한 장자의 의도를 당사자들이 받아들였는지, 혹은 장자 철학에 반대하고 비난을 퍼붓지는 않았는지 알 길이 없다.

그 백상(白顙)과 항비(亢鼻), 치병(痔病)에 대한 장자의 옹호가 오히려 차별을 가중시켰을 수도 있었을 것이다. 그러나 그런 의도로 장자가 그들을 옹호한 것은 아닐 것이다.

그것이 그들의 의식을 감옥에 가두는 일이 되었는지 해방시키는 역할을 했는지는 알 길이 없다. 더구나 그들이 장자의 이 글을 읽었을 것 같지가 않다.

그리고, 그럼에도 불구하고 당분간, 아니 그 언제까지나 여전히 적하(適河)는 그들에게 허용되지 않았을 것이다. 그러지 않고 그들이 자유롭게 강으로 나갔다면 그것은 무용이 아니게 된다.

그런데 그 소외의 마음과 숙명에 대한 고투의 극복 없이 무용에 도달할 수 있을까. 이것이 그들과 모든 인간에게 던져진 장자의 조궤(弔詭)이다.

그래서 흠향하지 않은 신은 잘못된 민중이 만들어낸 잘못된 신이라 할 수 있다. 신조차 그들을 무용으로 던져 놓는다면 신은 유용만을 쫓는 세속성일 것이다. 그러므로 장자의 신이 있다면 그는 무용의 신이어야 할 것이다.

결국 장자는 신을 바꾸고 싶어 한 사람이었다.

"무당과 박수가 알고 있는 것들로서[개무축이지지의(皆巫祝以知之矣)], 상서롭지 않게 생각하기 때문이다[소이위불상야(所以爲不祥也)]."

"이것이, 그 신인이[차내신인지(此乃神人之)], 커다란 상서로움으로 생각하는, 까닭이다[소이위대상야(所以爲大祥也)]."

이것은 구습을 부정하는 발언이다. 새로운 신인을 통해 정상적이라고 하는 것들의 부정형과 불순을 지적한 사고의 대전환점이라 할 수 있다.

여기서 장자가 더 치열하게 지리소(支離疏)를 등장시켜 그 기막힌 몰골을 보여주는 것을 보면 장자가 단순한 철인이 아니라는 것을 알 수 있다.

인간에 대해 신의 마음을 가지고 있었던 것으로 보인다.

이곳은 백상(白顙)과 항비(亢鼻), 치병(痔病)이 지리소와 함께하고 모든 정상적인 것들이 오히려 불구성으로 나타나기 시작하는 기묘한 심리 현상을 낳는 곳이다.

장자의 이 발언은 지금의 시선으로 볼 때는 별것 아닌 것 같지만 그 당시 사람들은 상상도 할 수 없는 정치적·제의적·이단적 발언이었을 것이다.

사람들과 무당이 불결하다고 생각하는 바로 그 이유 때문에 장자의 신인은 그 소와 돼지와 사람을 오히려 커다란 상서로움의 존재[대상(大祥)]로 받아들인다.

장자의 이 마음은 대체 어떤 마음일까.

시기하는 무리들의 무고로 혹형(酷刑)을 받다가 107세에 입적한 혜가[慧可, 기원후 487-593]의 마음일까. 마흔이 넘어 출가한 늦깎이 문둥이 승찬[僧璨, ?-606]이 말한 "말과 생각이 많으면 진실에서 멀어지는” ‘신심명(信心銘)’일까.

장자의 이 말은 거의 불변의 진리를 나타낸다. 사실 모든 인간과 생명의 정치적, 사회적 평등을 주창한 것과 같다. 당대 풍속과 제의정치를 포함한 만인의 잘못을 지적한 만물제동의 발언이었다.

고칠 수 없는 불문율에 대한 부정의 발언은 고대사회에선 아무도 수긍하려 하지 않았을 것이다. 가장 민감하고 위험한 고대사회 전반에 던지는 장자의 인간을 위한 혁파의 말이었다.

이처럼 무용을 내세우면서 인간을 옹호한 말이 또 있었을까.

장자의 이 대상(大祥)은 모든 차별과 불구성을 거부하는 감옥 같은 마음속을 비춘 빛의 말이다. 이로써 더 이상 넘어설 곳이 없는 인간 사회에 도착했고 또 마지막 문장이 완성되었다고 할 것이다.

인간이 입고 있는 그 숙명의 몸에 대한 온전한 해석이 이루어진 것이기도 하다. 그러나 이천 수백 년간의 미래 역사 역시 그 진리를 묵살했을 것이다.

장자는 만상의 불구가 이 우주 속의 지구 위에서 살고 있는 인간에게 있음을 보여주었다. 장자는 신의 마음을 읽었다. 만물은 정상이 아니고 모두가 백상이고 항비이고 치병이다.

콧구멍이 이마에 있어도 돼지이고 간장이 밖으로 나와 들고 다녀도 사람이고 발굽이 없어도 소이다.

어쩌다 그렇게 태어난 것이 숙명이다.

모든 인간의 육신과 그 탄생은 그야말로 숙명이다. 인간이 백해구규 육장으로 움직이고 그것들과 그 인간은 죽는다는 것 자체가 완전한 불구성이다.

유용의 형(形)

아마도 그 형씨란 땅이 세 구분으로 나뉘어 나무를 길렀던 모양이다. 형이 가시나무와 형장(刑杖)을 뜻하는 것도 무관하지 않은 듯싶다. 형씨 땅은 형장의 땅이기도 하다.

한두 줌 넘게 자라 잘릴 것들은 서너 아름으로 자랄 수 없고 서너 아름에서 잘릴 것들은 일고여덟 아름으로 클 수가 없다. 그 한쪽엔 원숭이 말뚝용 나무들이 자라고 맞은편엔 들보용 나무들이 크고 있고 그 뒤엔 관으로 쓸 미목들이 서 있었을 것이다.

관으로 쓸 나무가 다 베어져 나갈 무렵이면 그 자리에 원숭이 말뚝용 나무를 심고 원숭이 말뚝용 나무가 다 잘려나가면 남은 것들 중에 들보로 쓸 나무를 남겨둔다.

또 들보로 쓰고 남은 것들 중에 백 년 이상 살아남은 것은 켜서 관으로 쓴다. 관으로 쓸 나무를 다 베어내면 그곳에 원숭이 말뚝용 나무를 심었을 것이다.

끝없이 심어지고 키워지고 베어지고 잘리고 들보가 되어 공중에 한 세월 그 나라가 망할 때까지 걸려 있기도 했다. 누가 그것을 쳐다보고 나무의 충성이고 명예라 할 수 있을까.

대패질해서 길이와 폭, 아귀를 맞춘 문짝이 되어 결국 폐하게 됨으로써 기괴한 쓰레기로 버려질 것이다.

그들은 그저 사물이고 재목일 뿐 신령스러운 존재가 아미 아니다. 나무의 수령(樹齡)이나 수영(樹影), 목신 따위는 존재하지 않는다. 나무에 대한 외경이 없다.

수많은 나무를 베어갔을 사람과 그 낫, 도끼를 상상한다. 그 어떤 나무에조차 비할 바 못 되는 나그네는 벌써 두려움에 떨 수밖에 없다.

내가 내 생명을 운영하고 목숨을 붙이고 살기 때문이다.

오직 그것만이 '나'라고 하는 자아일 것이다.

모든 불안과 공포로부터 벗어나고자 하는 것이 생명의 몸짓이다. 이것을 부정하는 말은 일단 거짓일 가능성이 농후하다.

많은 사람들이 필요로 하고 추구하고 강요하는 의리나 용기, 약속 같은 것은 나그네에겐 그다지 필요하지 않을 것 같다.

오직 햇살과 바람에 춤추는 나뭇가지들의 잎만 있으면 하루가 족할 것 같다.

장자가 형씨 땅에서 본 생명주의를 나그네는 확인한다. 그 생명주의 는 진보할 필요가 없다. 장자의 말로서 족한 것 같다. 추가와 보강, 수정이 필요 없다.

생명주의의 그 주의(主義) 정도라면 목숨을 걸어야 할 일이겠지만 아무도 그렇게 하지 못한다. 이미 생명에 대한 주의 자체가 무력해진 시대 속에 인간학과 윤리학조차 그들 편에 서지를 못하는 것 같다.

어쩌면 생명 자체까지도 쓰레기처럼 훼손되어버렸는지 모른다.

인간에게는 아무것도 해서는 안 되는 영부가 있다.

나그네는 사람의 영부를 가리고 육체의 근육과 뼈를 팔고 정신을 넘기는 것이 무용에 대한 유용의 허무로 보기 때문에 장자의 숙명론에 동의한다.

그 동의 아래에서만이 굳이 일일이 말할 것도 없는 인간 존재와 목적, 행동, 인지 등이 제대로 보이지 않을까. 그런데 지구에서 노역하 지 않는 무용한 인간의 모습을 볼 수 있을까.

장자는 지혜나 명예에 끌려가지 않으려고 몸부림친 생명 중심의 사상가였다. 이 형씨 땅이 장자가 말하고자 하는 그 유용의 참혹한 실상을 여실히 보여주고 있다.

유용만을 찾는 인간 사회에서 천수를 누리기가 지난하다는 것을 말하며 그 땅의 사회를 인간의 영혼에 고발했다. 그 항소는 2,400년이 지난 지금도 유효하다.

이 지구는 잠시라도 자기 생명을 쉬게 할 수도 누리게 할 수도 없는 문명이 연옥 사회가 된 지 이미 오래전일 것이다.

이 지구는 대체 누가 왜 어디로 끌고 가는 시간일까.

나그네 역시 불가피하게 그 슬프고 고달픈 지상에서 살고 있을 뿐이다. 하지만 그것에 전적으로 동의하지 못하는 나그네로서의 나 자신을 찾지 않을 수가 없다.

하나의 자기 몸을 받아 이 세상을 살아간다는 것은 눈물 가시의 길이 아니고 무엇일까. 장자가 종교로 전환 귀의하지 않은 것은 기이한 도력이자 이성(理性)이라 할 것이다.

형씨 땅의 나무들은 공포에 떨고 있다. 산의 주인은 그렇게 나무를 수도 없이 길러냈다.

가장 잘 자란 나무는 죽음의 관으로 만들어서 시신과 함께 땅속에 묻힌다. 「인간세」에 이런 나무가 있다는 것을 생각한 적이 없었다. 남아 있는 나무가 있을 리 없고 무용의 인간이 남아 있을 리가 없다.

형씨 땅의 나무들이 나 자신인 것 같은 고통과 괴로움을 느낀다면 망상일까 과장일까.

그 작은 나무의 종아리들이 보이는 듯하다. 흙에 덮인 그 밑동이 안쓰럽지 않을 수가 없다. 그 잎이며 가지가 죽음의 공포에 떨고 있다. 곧 찢어지고 잘리고 버려지고 어디론가 개처럼 실려 갈 것이다.

어느 비구의 전생은 돼지였다.

부라후마닷타 왕이 갠지스강 상류인 바라나시에서 나라를 다스릴 때였다.

보살은 그 나라의 어느 마을에서 운반업을 하는 장자의 집에 소로 태어나 동생과 함께 살고 있었다. 형 이름은 대적(大赤), 동생 이름은 소적(小赤)이었다.

대적과 소적의 주인은 같은 마을에 사는 양반집 아들과 결혼하기로 약속한 딸이 있었다. 장자는 돼지에게 죽을 먹이며 애지중지 키웠다.

돼지에게 죽을 주는 것을 보고 소적이 대적에게 불평을 했다.

"운반업이 잘되는 것은 우리 형제 덕이 아닙니까. 우리에겐 풀과 짚을 주고 저 돼지에겐 죽을 주지 않습니까. 무엇 때문에 저 돼지는 저런 대접을 받습니까."

대적이 말했다.

"소적아, 저 대접을 부러워하지 마라. 저 돼지는 죽음의 음식을 먹고 있는 거란다. 저 가족들은 딸의 결혼 날에 손님을 대접하려고 저 돼지를 잘 먹여 기르는 것이란다. 며칠 지나면 사람들이 와서 저 돼지를 그 집에서 끌어내 죽여서 손님들을 위해 요리하는 것을 너는 보게 될 것이다."

그 뒤 얼마 지나지 않아 사람들이 와서 정말 무니카를 끌어내더니 죽여서 그 몸을 자르고 썰어 여러 가지 요리를 만들었다.

대적이 소적에게 말했다.

"너는 저 무니카를 보느냐."

"형님, 나는 그 무니카가 받은 음식의 과보를 보았습니다. 그 음식보다는 우리가 먹는 풀이나 짚, 벼 등이 백배 천배 좋은 것으로서 오래 사는 근본이 되는 것입니다."

이 대적이 전생의 부처였다. 부처가 소로 있을 때의 이야기이다.

부처도 윤회했다. 생명은 두루 돌고 돈다. 멈추어 있는 시간이 없듯 정지한 생명도 없다. 모두가 부산히 움직여갈 것이다.

나중에 깨우쳐 윤회를 완전히 끊은 무여열반에 들면서 만고(萬苦)로부터 해탈했지만 아무나 무가 되거나 무를 얻을 수 있는 것이 아닌 것 같다.

만물이 윤회하는 것은 대화(大化)이며 현실이다.

'그곳'은 지극한 사유 끝에 도달할 수 있는 지고한 극지일 것이다.

저 형씨 밭에서 스스로 원하지 않고서도 겪게 되는 기이한 고통과 착취를 본다. 그곳이 「인간세」이다. 책 밖의 '인간세'이다.

저 무용한 듯했던 대적은 언제 어떻게 소의 생을 마쳤을까. 평생 짐을 나르며 그나마 천수를 누리고 죽었을까. 설령 소용없더라도 누가 감히 그의 생을 비하할 수 있을까.

죽음을 건너지 않아도 되는 생은 없을 것이다. 태어남의 일들이다.

문장이 무용한 대상(大祥)의 존재들

무엇이 필요한 것이고 쓸모 있는 것일까.

몽골 초원의 푸른 하늘과 흰 구름 아래서 풀만 뜯어먹는 수천수만 마리의 말들을 바라본 적이 있다. 거기서 나그네는 자신이 오 센티미터도 안 되는 하나의 눈알이었음을 깨달았다.

장자는 지금 사용되지 않는 것들을 발견하고 그들과 함께 한껏 소요를 즐기는 것만 같다. 그 소요에서 사용되는 것들의 아픔을 느끼고 사용되지 않는 것들의 기쁨을 느낀다. 그러나 그들의 삶을 어찌할 수가 없다.

장자가 굳이 말하지 않았지만 그곳이 인간 세상이다.

개미와 흙알갱이의 그림자들처럼, 흔들리다 멈춘 살구꽃처럼, 정오의 흰 구름처럼, 종일 내리치는 강설처럼 나그네는 개선과 변경이 불가한 무용으로 변화하길 바란다.

용 같기도 하고 제웅 같기도 하고 혼돈 같기도 하고 돌 같기도 하고 귀신 같기도 하고 사람 같기도 한 그들. 그 틈으로 상서로움을 잃어버린 현대의 거대한 허구와 허우대를 본다.

모두가 영혼이 없는 설치미술품 같다.

지구는 영혼 없는 공전과 자전을 계속하고 자신을 갱신하려 하지만 불가능할 것이다. 정화의 속도보다 부패의 속도가 더 빠르다.

신인이 죽은 세상에는 유용의 물건들로 넘쳐나고 그것들이 향후 모든 길을 가로막는 쓰레기가 되고 있다.

마지막으로 여기서 가장 무서운 말은 저후(狙猴)이다.

원숭이들을 기르는 자가 그것을 묶어둘 말뚝을 구하는 눈이 곳곳에서 반짝인다. 쓸데없이 과하게 총명한 자들이다.

사람들은 원숭이 말뚝을 구하러 형씨 땅을 돌고 있다. 조용한 자연의 정원 속에 침입한 그들은 저승사자 같지만 원숭이들이 달아나면 곤란한 인간들이다.

또 그들은 권력을 위임받은 존재들처럼 대목을 찾아 숲속으로 들어선다. 체제를 과시하고 권력과 인덕 앞에 사람을 불러 모으고 이윤을 올릴 수 있는 동량과 거짓 우상을 세우기 위해서이다.

또 고관과 대상이 죽어 그 죽음을 가장 좋은 관에 모시기 위해 수백 년 된 대목을 지목하고 톱으로 켜고 쪼개고 잘라 대패질을 한다.

아침에 물을 뿌리며 숫돌에 간 낫을 들고 낫날을 번쩍이며 나에게 다가오는 원숭이 주인의 가벼운 발걸음 소리가 들려오는 듯하다.

나에게 다가온 잠시 뒤 나의 밑동이 동강 잘려나가고 없었다. 그것은 별안간이었다.

원숭이 말뚝이든 누각이든 전방자의 관이든 어느 것 하나 나그네의 마음에 차는 것이 없다. 모든 것이 부적절하고 불구적이었다.

장자는 전국시대에 어떻게 세상을 바꾸겠다고 이런 생각을 혼자서 평생 펼쳤던 것일까. 그의 꿈이 아름답고 허무하다. 장자의 대저(大抵)엔 아무도 건들 수 없는 허무가 자리 잡고 있다.

그의 글은 수많은 시간의 줄기 하나하나를 모든 무용에게 선물하고 싶어 한다.

한 가지 특이한 것은 이 글에 화자가 없다는 점이다.

사실 장자가 슬쩍 이곳에 나온 것이지만 그는 자신의 이름을 자기 글에 드러내지 않았다.

20. 「인간세」의 주인공 지리소

지리소(支離疏)란 자는, 턱이 배꼽에 숨고, 어깨는 정수리보다
높으며, 몇 올 상투는 하늘을 가리키고, 오장(五臟)이 꼭대기에
있으며, 두 넓적다리는 겨드랑이가 되었다. 침을 놓아주거나, 옷
을 빨아주면, 입에 풀칠하기에 넉넉했고, 점대로 점을 쳐서 받은
대낀쌀로, 열 식구 먹기에 넉넉했다. 높은 데서 무사들을 모집할
경우에, 지리는 팔을 걷어붙이고, 그들 사이에서 즐겁게 지냈다.
높은 데서 큰 부역이 있을 경우에, 지리는 지병이 있으므로, 일
이 주어지지 않았다. 높은 데서 아픈 사람에게 곡식을 내릴 경우
에, 삼종(三鍾, 벼 24가마)의 벼를 받고, 열 묶음의 땔나무가 주
어졌다. 대저, 그 모양이 불구인 자도, 그 몸을 보양하고, 그 천수
를 다하거늘, 하물며 그 덕이 불구인 자야, 말해 무엇 하겠는가.

❏ 원문(原文)

　支離疏者 頤隱於臍 肩高於頂 會撮指天 五管在上 兩髀爲脅
挫鍼治繲 足以餬口 鼓筴播精 足以食十人 上徵武士 則支離攘

臂而遊於其間 上有大役 則支離以有常疾不受功 上與病者粟 則
受三鍾 與十束薪 夫支離其形者 猶足以養其身 終其天年 又況
支離其德者乎

▌ 초목의 가지 지支, 흩어질 리離. | 지리소支離疏 소는 이름. 형체가 완전하
지 못한 신체 불구자. 멀리 소외된 하찮은 존재란 뜻. 곱사등이이며 백정의
이름이기도 함. 지리는 별명인 듯. | 상악골, 턱 이頤. | 꼭지, 배꼽 제臍 제(齊).
| 어깨 견肩. | (손가락 끝으로) 집을, 모을 **촬撮** 상투, 계자[髻子, 이 자는
조 자(助字)]로 봄(『남화경직해』), 고대엔 상투가 목덜미 중간에 있었음. 등골뼈
[척골(尺骨)]로 보는 경우도 있음. | 오관五管 오장(五臟). | 꼭대기, 높은데
상上 천자, 조정(朝廷), 나라. | 넓적다리 비髀 비(脾)와 통용, 대퇴(大腿). |
겨드랑이 협脅. | 일정한 형태가 이루어질 위爲. | 꺾을 좌挫. | 바늘 침鍼.
| 좌침挫鍼 침을 놓는 것, 마침(磨針, 『남화경직해』). | 헌옷 해繲 완의(浣衣,
옷을 빨다, 『남화경직해』) 치해治繲 헌옷을 깁다(자전). | (입에) 풀칠할, 죽
호餬. | 북, 두드릴 고鼓. | (점을 치는) 점대 책筴 고책(鼓筴)은 점을 치다.
| 베풀, 까불 파播. | (곱게 찧은) 대낀쌀(정미) 정精. | 높은 데, 군주, 조정(朝廷)
상上. | 모을 징徵. | 걷을 양攘. | 팔 비臂. | 즐겁게 지낼 유遊. | 역사,
부역 역役. | ~ 때에는, ~ 할 경우엔 즉則. | 병 질疾. | 주어질 수受. |
직무 공功. | 술, (용량의 단위) 되 이름 종鍾. | 곡식, 껍질을 벗기지 않은
벼 속粟. | 땔나무, 섶나무 신薪. | 우황又況 하물며.

천형의 전생(全生)

「인간세」가 위행을 꿈꾸는 안회에서 시작해서 살기가 있는 태자와

무용의 대목을 거쳐 한 인간에 도착했다.

장자가 창조한 이 괴이한 남자의 육체 불구의 숙명은 감히 그 누구도 추종할 수 없는 인간형이다.

모든 면에서 이 남자의 기구한 삶에 비견할 사람은 이 세상에 없을 듯싶다. 이 지리소를 알게 된 사십여 년 전부터 나그네는 늘 그를 기억하고 있었던 것 같다.

장자 철학은 결국 숙명적 인간을 찾아가는 길 위에 있다. 「인간세」는 지리소를 묘사하면서 세상에서 불가한 것과 무용한 것을 보여주는 것으로 끝이 난다.

가장 아름다운 인간을 향한 여행이자 탐구이다.

「인간세」를 포함한 저 칠 편의 글 한가운데 우뚝 솟아 있는 인물은 안회도 중니도 섭공자고도 안합도 거백옥도 아닌 지리소이다.

결혼한 뒤 자신의 몸을 비관하고 자살한 소아마비 친구가 있었다. 그네 집에 가서 겨울밤을 함께 지내던 어린 시절의 기억이 있는데 지리소를 읽을 때마다 그 해남 친구의 얼굴이 떠오른다.

친구는 몸을 아주 심하게 상하로 흔들며 걸었다. 멀리서 나를 보면 온몸의 사지가 따로따로 마구 흔들렸다.

비가 오나 눈이 오나 밤이나 낮이나 아침이나 저녁이나 한낮이나 그를 기억하는 사람은 한 사람도 없었다. 그에게 우리 모두는 존재하지 않았다. 그의 죽음은 모든 눈을 가리고 지운 어둠 같았다.

자살한 친구처럼 나 자신도 사실은 나의 몸과 마음을 잊고 살아간다. 아무 시비와 편애, 그리움과 욕망 없이 생각해보면 무용의 상아와 망신이 되지 않고서는 하루도 살 수가 없는 것이 사람일지도 모른다.

모두가 하나도 빠짐없이 소통하고 연결되어 있는 것 같지만 모두 단절되어 있다. 어느 쪽도 과도한 신념은 위험하고 거짓이기 쉽다.

지리소도 어느 눈 내리던 날 혼자 방 안에 누워서 생각의 단서와 언어를 잡아보려고 애를 썼던 적이 있었을 것이다.

또 양식이 떨어져가는 겨울날 냉골 방에서 혼자 겨울 해를 보내게 되는 미래의 북쪽 해안가의 어느 노인이었는지도 모른다.

하지만 그를 아는 사람 모두가 죽었기 때문에 아무도 기억하지 못한다. 그 시퍼런 물결만 철썩이고 남쪽으로 흘러간다. 말하자면 그런 곳에 나그네 '나'는 방기되어 있는 것 같았다.

엄격하게 말하면 인간은 기억할 수 없는 망각의 존재이다. 몇 사람들에게 기억되고 감각될 수 있겠지만 사실은 살아 있다고 할 것이 없는 그림자의 생이다.

살아 있다고 할 수 있는 증거물과 언어가 없다. 살아 있는 동안만 살아 있다면 그것은 불구적 생일 수밖에 없다. 장자의 문자 앞에서는 어떤 논증도 묘사도 불완전해진다.

인간은 해석해낼 수 없는 비밀로부터 완전하게 숨겨져 있고 죽음으로부터도 철저하게 위장되어 있는 존재이다. 지구의 시공간이 앞뒤의 지면(紙面)같이 느껴진다.

이것을 벗겨내고 극복하고 탈주한 인간을 만나기란 불가할 것이다. 또 그가 남기고 간 죽은 육신을 이해하는 데는 언어와 사유 자체에 더 커다란 난관이 있는 것 같다.

지리소를 상상할 때마다 그 주변에 살아 있던 수많은 사람들을 기억하게 된다. 그들 중 살아 있는 내가 적어도 아는 자는 한 사람도 없다. 그들은 죽음 속에서 기억되지 않는 엄연한 존재들이다.

지리소를 떠올리면 생각은 다른 곳으로 건너간다.

살아 있음에 대한 인식만이 나를 다그칠 뿐이지만 완전해지기엔 너무나 많은 것들이 끊어져 있다. 불가한 절망감을 느낀다. 늙고 아픈 몸에 침을 놓는 것[좌침(挫鍼)] 같고 헌옷을 빨아주는 것[치해(治繲)] 같다.

죽어서 좌침이 무엇이며 치해가 무엇일까.

완전한 삶이란 존재할 수가 없다. 삶과 말은 점점 상처만 더해가는 죽음 속의 꿈이다. 뿌리를 내리지만 왠지 부질없는 삶이고 시간이다.

하루하루 살아가는, 지연하는, 연명하는 지리소가 이유 없이 부럽기만 하다. 지리소가 아닌 것도 숙명이다.

불안하고 형편없는 조그만 그의 삶과 가계만이 진정 같다. 그 외 거의 모든 삶이 부끄러운 생존을 이어가고 있다고 해도 무방할 것 같은 생각이 든다.

건강하고 다복하고 무병하고 덕망 있는 것이 그에게 무슨 소용이 될까.

그래서 지리소가 없는 「인간세」는 인간 세상이 아닌 것 같다. 지리소가 있는 「인간세」만이 장자의 책 같다. 모든 행복과 부귀 권력을 한바탕에 물리치는 저 지리소는 누구일까.

장자가 쓴 일곱 편의 글 가운데 이 독보적인 존재 하나에 의해 「인간세」는 족하다. 지리소는 장자도 이길 수가 없는 부득이한 삶의 인간형이다.

그는 장자의 가장 가까운 친구이다. 지리소 없이 장자는 존재할 수 없을 것 같다.

이 지리소의 몰골 묘사를 가만히 들여다보면 웃음이 터져 나온다. 그래서 그가 나그네인 것 같다. 그나마 그런 생각도 다행일지 모른다. 그 생각도 그럴 뿐이며 그는 자신이 아닌 다른 나그네가 될 수 없다.

참으로 어지간한 몸이다.

지리소의 날카로운 턱, 살가죽의 배꼽, 앙상한 뼈가 드러난 어깨,

한 줌의 머리카락[이제견촬(頤臍肩撮)]과 넓적다리, 겨드랑이, 팔[비협비(髀脅臂)]을 손바닥으로 만져본다.

오싹 온몸이 전율을 한다. 그는 지남철같이 반응하는 것 같다가도 무심하고 무감각해진다. 서럽다는 말이 사치스럽고 어떤 언사도 구차하다.

보는 것과 만져보는 것은 다르다. 기이하게 굽었고 미끄럽다. 또 거칠고 물컹하고 딱딱하다. 어둡고 밝고 또 비루하다. 만사의 장애물 같다.

눈을 감는 순간 그 안에 지리소의 그 무엇이 움직이는 것 같았다. 그것이 무엇인지 알 수가 없다.

무정한 삶이고 육체고 뼈고 장기들이다. 희끄무레한 인생 같지만 그처럼 잘 살아내고 깔끔한 사람도 없을 것이란 건 무슨 생각인가.

인물 사전을 뒤져보아도 그의 이름은 없다. '없는 인간'이다. 많은 공을 세우고 책도 많이 쓴 사람보다 그가 더 실존적이다.

군주, 책사, 시인들은 수두룩한데 그 어느 사전에도 명인(名人)이자 진인인 지리소는 나오지 않는다. 그렇다면 대인명사전이 허구일 수 있을 것이다.

"지리소를 생각하고 살아라."

나그네는 자신에게 그렇게 말했다.

자기 생을 불평하지 말자. 어떻게든 존재하고 나만큼만 참여하고 살아가자. 그러나 지나치게 살지 말자. 지나가는 시간 속에서 허무와 무용으로만 남아 있자.

아무도 거들떠보지도 않는 이러한 한 인간을 주시했다는 것은 실로 눈물겹다.

포기하지 않고 불구의 신체를 미워하지 않고 아끼고 남의 빨래를 해주고 침을 놔주고 점을 쳐주면서 고책(鼓筴, 점을 치는 쉰 개의 가느다란 대), 대낀쌀(파정(播精), 도정한 쌀)을 아끼며 한 생을 그는 살았다. 다 살고 지리소도 갔을 것이다.

지리소는 자신에게 온 한 생을 짊어지고 책임져 주었다.

자기 생과 집안의 생계를 꾸려가는 그의 작은 양식과 살림과 몸이 보이는 듯하다.

이는 정상적이라는 사람이 자기 삶을 잘 영위하지 못하는 것에 대해 장자는 문제 삼는 것으로 보인다.

황제와 시인, 학자, 교사 등등 그들에게 없는 다른 생을 그는 가지고 있었다.

장자와 지리소

지리소.

그대의 오장은 괜찮은가. 그 등뼈는 마른 도치의 등뼈 같은가. 그 배는 고프지 않은가. 시력은 괜찮은가. 다리는 아프지 않은가.

당신의 몸은 점점 쇠약해져갔을 것이다. 장자는 당신이 어떻게 죽었는지를 밝히지 않았지만 당신도 그 어느 날 임종했을 것이다.

어찌하여 당신 같은 인간이 이 거리에 존재하는가. 우리로 하여금 자유롭지 못하게 하는가. 아니 오히려 자유롭게 만드는가.

장자는 가끔 장터를 나가지 않았을까. 수많은 사람들 중에 그가 환히 보이는 것은 어쩔 수 없는 일이다.

그대가 없는 이 나라, 그대가 없는 이 시장, 그대가 없는 나그네는 존재의미가 극소화할 것 같다.

하나의 울음덩이 같은 지리소, 자기의 뼈와 장기와 넓적다리와 상투를 가지고 살아가는 사람. 수많은 사람 속에 섞여 살아가는 지리소. 그가 죽는다는 것은 그 어느 군주의 죽음보다 더 슬플 것 같다.

기억에서 지울 수 없는 지리소. 너무나 분명하게 존재하는 지리소. 쌀과 장작을 배급해주어야 하는 지리소. 저 세 가지의 상(上, 천제, 조정, 나라)이 꼼짝 못하고 지켜주는 지리소.

장자의 아내가 죽자 혜자가 조문을 왔다. 재상이던 혜자는 그래도 장자의 친구였다. 혜자가 보니 친구가 "땅바닥에 그대로 다리를 뻗고 움츠려 앉아[장자즉방기거(莊子則方箕踞)] 분을 두드리며 노래를 부르고 있었다[고분이가(鼓盆而歌)]."

그 분은 아내의 물동이일까. 아내가 내주던 술사발일까. 머리에 이고 다니던 물동이라도 남편에게 술을 따르던 술사발이라도 슬프기는 마찬가지이다.

장자는 곡을 하지 않고 노래를 한 까닭을 이렇게 혜자에게 말했다.

"그러나 그가 태어나기 이전을 생각해 보니 본디는 삶이 없었다[찰기시이본무생(察其始而本无生)].

황홀하고 어두운 사이에 섞여 있었으나[잡호망홀지간(雜乎芒芴之間)],

그 사람은 하늘과 땅이라는 거대한 방 속에 편안히 잠자고 있다[인차언연침어거실(人且偃然寢於巨室)]."

한 편의 시이다.

세상 인연 중 부부 인연이 가장 큰 인연일 것이다. 장자도 벗어날 수 없는 부부 이야기이다. 장자도 아내와 함께 살면서[여인거(與人居), 인은 사람, 아내, 남] 자식 낳아 기르며 늙었다[장자노(長子老)].

늙은 아내가 먼저 죽어 홀아비가 되었다. 그 함께 살았던 순간의 삶을 망홀(芒芴, 황홀하고 어두운 시간)로 표현한 것은 산중에는 없는 세속의 최고 깨달음이라 할 만하다.

가버린 죽음과 남아 있는 삶은 정말 꿈이었을 것이다. 그것은 다 죽음 때문이다.

고분(鼓盆)과 고책(鼓筴)은 상통한다. 지리소가 가지고 살았던 그 슬픈 책이 어쩌면 장자 곁에 늘 있던 아내의 분과 같기 때문이다.

지리소의 책(筴)은 무엇일까.

대개는 키질이라고 하지만 실은 지리소가 점을 칠 줄 아는 사람이 아니었을까 싶다. 왜 그라고 한 가지 기술이 없었을까. 남들처럼 노동을 할 수 없으니 앉아서 할 수 있는 책을 배웠을 것이다.

사람은 누구나 벌어먹고 살 수 있는 기술 하나는 가지고 있어야 한다.

지리소도 아버지로부터 점을 치는 쉰 개의 가느다란 대쪽을 물려받았을 것이다.

지리소는 늘 그것을 몸에 달고 다녀서 그가 걸어갈 때는 절그럭절그럭 대쪽이 부딪치는 소리가 났을 것 같다. 그 책이 너무 오래되어서 헐거워진 까닭이다.

이 동네 저 동네 슬픈 사람들을 찾아 돌아다니며 아이들 미래 점도 쳐주고 운수 점도 쳐주고 사업 점도 쳐주고 죽음의 점도 쳐주었을 것이다.

키질을 하는 것이 지리소에게 더 맞을까, 침술(鍼術)을 가진 지리소가 적격일까. 나그네는 왠지 지리소는 대단한 영기와 판단력을 가지고 있었을 것이란 생각을 하곤 했다.

어쩌면 아무도 모르게 장자가 그를 만나 이런저런 이야기를 해주었을 것 같다. 지리소는 어느 나라 어느 시대 사람인지 알려져 있지 않다.

그는 슬픈 사람들을 많이 알고 있었을 것이다. 기막힌 소설가처럼 남들이 모르는 사람에 대한 비밀과 운명에 관한 이야기가 많았을 것 같다.

지리소가 그런 도구와 재능을 가졌다고 해서 그가 그 사회와 골목 혹은 시장에서 정말 무용한 사람에서 일탈하는 것은 아닐 것이다. 그는 아무리 유용하려 해도 무용의 인간이어야 한다.

그가 숨기는, 아무도 밝혀낼 수 없는 숙명과 비밀이 그의 생의 무기인 것 같다. 그것은 오직 그의 것일 뿐인 그의 이은어제(頤隱於臍)가 어떻게 가능했으며 어떻게 견고어정(肩高於頂)이 되었는지를 모르겠기 때문이다.

나그네는 가끔 골목에서 무슨 신빙성과 확신에서인지 책을 펼쳤다 모으며 사람의 얼굴을 바라보는 지리소를 생각해보면 웃음이 나온다. 걱정이 되긴 하지만 그는 책을 정말 믿었을 것 같다.

신체가 기이한 지리소가 치는 점을 사람들은 아주 신뢰하지는 않았겠지만 그래도 그를 찾는 사람들이 꽤 있었을 것 같다.

몸무게가 사십 킬로그램도 되지 않았을 것 같은 지리소의 작은 몸을 상상하면 다시 찾아가고 싶어지는 그 거리 골목 장터는 나의 유년의 어느 도시 같다.

지저분한 도랑을 찌걱거리는 나무다리로 건너면 닭, 돼지, 소, 염소, 오리들 울음소리가 시끄럽게 들려왔을 시장의 기다란 거리가 한눈에 들어올 것만 같다.

그 시장 길은 도시 끝까지 이어져 있었을 것이다. 그 중심에서 지리소가 살았을 것 같다.

오색찬란(五色燦爛)

그의 오대 화상(畵像)을 본다.

이은어제(頤隱於臍) 견고어정(肩高於頂) 회촬지천(會撮指天) 오관재상(五管在上) 양비위협(兩髀爲脅).

사지와 지체 어느 곳 하나 제대로 된 곳이 없는 몸이다. 조물주가 만들어도 이렇게 괴이한 작품을 만들지는 못할 것이다.

웃음이 나오다 다시 보게 되는 기상천외의 몰골이다. 사람이라고 말할 수가 없을 정도이다.

두 눈으로 보면서도 문자로 그릴 수 없는 능견난사의 존재가 지리소이다. 지리소는 자신을 얼마나 오랫동안 보아왔을까.

'나는 어쩌면 이렇게 생겼는가?'

보기 싫다가 언제부턴가 해괴해서 자꾸 쳐다보고 들여다보게 되었다. 안에 있는 자신이 보는 밖의 자신.

마두관음도 이렇게 생기지는 않았다.

오관재상(五管在上)의 오관을 『남화경직해』에선 '오장(五臟)의 수혈(腧穴)'이라고 했다. 이 오관은 오장이다. 오장이 머리 위에 얹혀 있는 것 같다니 정말 이런 형상의 사람이 있었던 것일까.

장자가 그려낸 최악의 인간의 모습일까. 그는 웃음이 뒤섞인 복잡한 절망과 불가함의 감정을 선물한다.

눈의 시각, 귀의 청각, 코의 후각, 입의 미각 그리고 피부의 촉각이 밖으로 드러난 것 같은 그 모습은 전혀 다른 인간 같다.

하지만 그 대신 감각이 무척 빠르고 날카로울 것 같다. 그 감각들이 그의 존재 위에 있는 것처럼 보인다.

그는 대체 어디서 온 것일까. 평범한 듯한 자연과 하늘이 이상하게 바라보이기까지 한다.

회촬지천(會撮指天)은 얼마나 우스꽝스런가. 지리소도 자신도 모르게 당랑처럼 큰 소리를 지를 것 같은 모양이다. 그 회촬이란 손가락 끝으로 집을 만한 분량의 적은 상투이다.

이 회촬(會撮)의 회(會)는 뜻을 알 수 없는 글자였다. 모은다는 뜻이 아니다. 『남화경직해』에선 이 회를 귀(貴)로 읽었다. 이 귀는 값이 비싼, 귀한 사물, 높은 지위의 뜻이 있는데 전(傳)하여 존칭의 접두어가 된 것 같다.

회촬(會撮)을 몇 올 되지 않는 귀한 머리카락을 묶은 상투로 보고 '몇 올 상투'로 이해했다. 마치 물에 빠졌다 나온 앙상한 쥐의 꼬리나 떨어진 붓 같다.

장자는 지리소를 괴이하게 바라보기를 바라며 이렇게 묘사했을 것이다.

지리소는 하늘이 내린 기물(奇物)이다.

그런데 이상한 것은 그가 어찌 보면 친숙해 보이는 것 같기도 하다는 점이다. 문득 지리소가 나 자신 같기도 하다는 생각이 들었다. 그것은 급습처럼 내 안에서 발생했다.

언젠가 그 '나'였을 것 같은 생각이 그 어디선가 안개처럼 모락모락 피어나서 사라지지 않았다. 그 생각을 피할 수가 없었다. 그러다가 확신하게 되는 것 같았다.

지리소는 하루를 어떻게 시작해서 어떻게 어디서 보냈을까. 그를 종일 뒤따라가고 싶었다.

나중엔 아주 같이 지내고 싶은 사람이 되었다.

하지만 그는 내가 생각하는 것처럼 친절할 것 같지가 않다. 지리소는 대단히 날카롭고 단순하며 결코 사교적이지 않아서 때에 따라서는 냉정하고 낯선 얼굴을 하고 있을 것 같았다.

그리 쉽게 다가갈 수 있는 사람이 아니고 다가갈 자신도 나에게는 없었다. 그가 조금 난해해졌다.

아침에는 언제 일어나서 세수는 어디서 하고 식사는 무엇으로 때웠을까. 어떤 옷을 걸쳐 입고 외출을 하며 무엇을 등에 지고 나갔을까.

점심때는 어디서 무엇으로 끼니를 때웠을까.

친구는 있는지. 저녁 언제쯤 귀가하는지. 집은 어디인지. 누구와 약속을 하는지. 언제 잠을 자는지. 아내는 있는지. 자식은 몇인지. 부모를 모시고 사는지.

혹시 지리소는 장자가 여기서 말하고자 하는 무용에 대해 알고 있을까. 아니면 전혀 모를까.

자신의 존재의 비밀과 무용의 신분을 알고도 모르는 척하는 걸까. 지리소는 자신의 몸과 숙명을 사랑하게 된 것일까.

평생을 살아가지만 우리가 자기 자신이 정말 누구인지 안다는 것은 가능하지 않은 것 같다.

그런데 이런 생각은 왜 드는 것일까. 그 도시의 거리에서 지리소만큼 자유롭고 가벼운 사람은 없는 것 같았다.

잘난 자들 모두 징집되어 전장에 나가서 사망하거나 쓸모없는 인간이 되어 돌아오지만 그는 그런 걱정이 없다.

그의 행동과 모양은 기이하고 재빠르기만 하다.

사십 년 동안 상상해도 완전하지 않은 그의 오대상을 떠올려본다. 실로 다시 말하지만 기이하다. 어느 것 하나 상상을 불허한다.

나이도 알 수가 없는 기이한 신체이다.

나그네는 지리소의 명탁(命濁)을 생각했다. 그는 아마 오래 살지는 못했을 것 같다는 생각이 들었다.

그의 천수는 얼마였을까. 하지만 전장에 나가지 않았고 못난 나라라도 있어서 굶어 죽지는 않았다.

그나마 침술과 점술, 세탁 기술이 있어서 가족을 이끌었을 것이다. 그가 한 가족의 가장으로서 충실한 것은 눈물겨운 일 같았다.

지리소뿐만 일까. 생각할수록 모든 사람이 살아간다는 것은 아름답고 눈물겨운 일이고 기막힌 일이다.

혜자의 말을 살펴보면 장자도 몇의 자식이 있었다. 먹고살기가 어려워 곡식을 꾸러 간 적도 있었다.

다시 기억하고 상상하고 싶은 것은 이것이다. 지리소는 침을 놓아주고 옷을 빨아주며 호구지책을 삼았고, 점대로 점을 쳐서 받은 대낀쌀로 열 식구가 먹고살았다.

그래봐야 그게 족했을까만 지리소만 오색찬란하다. 그 어느 삶도 범접할 수 없는 소외와 신성성이 그에게 있다.

존엄한 생의 의지

여기서 한 가지 궁금한 것은 국가이다. 고대에도 병자들에게 곡식을 내려주었던[여병자속(與病者粟)] 모양이다.

전국시대에도 지리소 같은 사람에게 양식과 땔감을 주었다니 그 기록이 기이하다.

그 나라가 어느 나라인지는 모르겠지만 지리소도 백성의 구성원으로 인정했다는 것이 믿어지지 않는다. 지리소로선 감지덕지했을 것이다. 받지 말아야 할 이유가 없었을 것이다.

지리소 같은 불쌍한 사람에게도 양식을 내려주는 은혜를 베푼 정부의 의도는 무엇일까. 그래야 인민들이 나라를 지킬 것이라는 나름의 고육지책이었을지도 모른다.

사람들은 지리소 같은 사람에게도 나라가 양식을 내려주니까 전장에 나가 싸우다가 죽어도 식구들 걱정은 안 해도 된다고 생각하며 국가를 믿었을 것이다.

지리소는 어느 나라 사람이었을까. 앞의 삽화에 있는 형씨 땅에서 이어진 이야기라면 송나라 사람일 것이다. 아니면 남백자기가 들렀던 상구(양(梁)나라로 송나라 근경) 사람일 수도 있다.

지리소 같은 사람에겐 탈곡하지 않은 곡식 삼종(三鍾)을 주었던 모양이다. 이 종은 되 이름으로서 일종은 육곡(六斛), 사두(四斗), 팔곡, 십곡 설이 있다.

일종을 팔곡으로 보았다. 일곡은 열 말이다. 일종은 80말이다. 삼종은 240말이 된다. 24가마인 이 총량은 나락 한 가마(석(石), 열 말)를 40킬로그램으로 보면 모두 960킬로그램이 된다.

여기서 가장 중요한 것은 어떤 일이 일어나도 죽지 말고 살아야 한다는 생에 대한 의지이다. 헛된 죽음의 희생과 제물이 되지 말고 자신의 생명을 스스로 지키라는 것이 장자의 부탁이었을 것이다.

이런 면에서 장자는 허무적 숙명론자가 아니다. 달랑 내 목숨 하나 보존하는 삶[전생보신(全生保身)]이 가장 중요하다.

자기 목숨과 몸을 중히 여기지 않는 것은 장자로서는 상상도 할 수 없는 일이었을 것이다. 자기 자신과 자신의 목숨을 믿고 사랑하지 않는 생명체는 없을 것이다.

알 길 없는 인연과 천명으로 태어난 생명 한 줄기 한 줄기가 저 수많은 사람들 각각의 삶을 영위하는 인생들이다. 한 사람에게 두

개의 생명과 두 번의 생은 없다.

어느 시대나 보양과 장수가 지리소 같은 사람에겐 생의 최고 목적이었을 것이다. 천하 같은 말은 그에게 필요 없는 말이 된다. 내 한 목숨 거느리고 다스리기도 쉬운 일이 아니다.

특히 장자는 그 모양이 불구인 자라도 얼마든지 양신(養身)과 천년(天年)의 생을 누릴 수 있다고 말한다[지리기덕자(支離其德者)]. 지리소는 모든 인생 앞에 걸려 있는 거울이다.

지리소는 군주를 만나고 다녔던 공자 같은 사람의 글에서는 찾아볼 수 없는 인간형이다. 장자는 해괴한 인물들을 주인공으로 삼은 점에서 그들과 커다란 차이가 있다.

장자는 그들에게서 신성을 발견하고 동일한 만물(이 속엔 인간이 있음) 속에서 공동 소요할 것을 권고한다.

지리소는 바람이 불어오면 연을 꺼내 하늘로 날리지 않았을까. 저 창공을 날아간 대붕(大鵬)을 상상하는 것처럼. 비록 종이연이지만 그렇게라도 꿈을 지키지 않았을까.

그가 말한 것은 없지만 그의 생 자체는 비루한 권력과 지배 체제를 비판하고, 정상적이고 반듯한 것들을 소외시키고 있다.

이렇게 읽지 않는다면 지리소는 목수일 뿐인 장석과 다를 것이 없다. 아니 그보다 더 못났을지도 모른다.

장자는 비루하고 엉뚱한 인물과 영물을 찾아 그들 속에서 사유하고 함께 살았다. 젊은 날 옻나무를 관리했던 사람답게 허망한 꿈을 가지고 떠돌지 않았다.

나무처럼 한 곳에 있고 싶었지만 그곳에 찾아가면 장자는 없었다. 어디로 갔는지 향방을 알 수 없다.

구체적인 인간과 결코 쓸 수 없는 무용을 찾았지만 남을 훈계하고 가르치지 않았다. 사람의 마음을 사려고 애쓰지도 않았다.

동시에 장자는 자기 불만 속에 갇혀 있지 않았다. 적극적으로 자기 숙명을 극복했다. 지리소 역시 자기 몸을 잊고 살았다.

그 몸은 그 누구의 것인가. 나의 것인가, 너의 것인가, 아니면 저 하늘의 것인가. 알 수 없는 일이지만 죽은 그가 누구인지는 정말 알 길이 없다.

스스로 자신의 몸을 잊은 자의 이름, 찾을 수 없을 정도로 멀리 있으면서[지리(支離)] 까맣게 소외된 존재[소(疏)]의 지리소. 망형(亡 形)조차 잊은 사람이 그였다.

이제 그는 자신이 있었는지조차 모를 것이다. 나그네는 그를 만나고 싶었지만 문자 속에서 그는 뒤도 돌아보지 않고 자기 길을 가버렸다.

지리소는 할 일 없이 남의 가게 한쪽 그늘 밑에 앉아 우두커니 한낮을 느끼다가 자신의 양비(兩髀)를 만져보면서, 무엇을 생각했을까.

정말 거칠기 짝이 없는, 마치 죽은 것 같은 검은 손등을 다른 손이 어루만지면 조금 슬퍼했을 것 같다. 그리고 한낮이 기우는 서쪽 길을 내다보지 않았을까.

그 오후를 지나가지 않은 사람은 없을 것이다. 멀리 시간의 그물이 성기고 있는 시간 속에서 우리는 모두 있었다.

귀가하는 저녁, 불이 들어오는 거리. 광막지야 같은 현실을 절뚝이 며 걸어가는 지리소 그의 몇 올 상투가 하늘을 찌를 듯하고 그 등골뼈 가 땅에 닿을 듯 기울었다.

땅바닥에 기어가는 커다란 벌레 같다.

『남화경직해』에선 지리소가 비록 불구자이지만 팔은 튼튼해서 유 독 팔심이 강하고 날랜 사람[비건이역신(臂健而力迅)]으로 보았다. 부실한 신체의 그 작은 지체들의 힘이 모두 팔로 간 것일까.

문득 눈물겹다. 그는 내가 살 수 없는 삶을 살았다.

양기신(養其身)하고 종기천년(終其天年)한 지리소를 생각하면 모든 생은 과분한 것 같다. 한 인간의 숙명이 이토록 그 어떤 권력과 재화, 지혜, 안락보다 커다란 매력을 지니고 있다.

세상 사람들 중에서 가장 매력적인 사람이다. 나그네는 비로소 지리소가 부럽다. 그로부터 인간적 부족감을 느낀다. 정상적인 것 같은 사지가 갑자기 부끄러워진다.

여기서 장자는 자기 인생을 아무리 즐겁게 해주어도 누가 뭐라고 할 사람이 이 세상에 없다는 것, 어떤 삶도 부족한 것이 있을 수 없다는 존재 자체의 고귀함을 일깨워준다.

아무도 범접할 수 없는, 관여할 수 없는, 찾아올 수 없는 생명의 경지이다.

생은 아껴야 한다. 장자는 그 생조차 사용할 수 없는 것이라고, 그곳은 누구도 도달할 수는 없을 곳이라고 말하는 것 같다.

따라서 무용의 사용이란 불가한 영역이다. 그곳을 남겨두고 나그네는 길을 재촉한다.

해는 떨어지고 시간이 많지 않다.

이제 「인간세」의 장자와 헤어질 때가 되었다. 사실 만난 적도 없지만 헤어지게 되었다.

지리소는 그 기이한 땅에서 살았다.

"물고기를 잡고 나면 통발은 버리듯[득어이망전(得魚而忘筌)]" 우리가 힘겹게 살고 나면 그 육신 따윈 깜빡 잊을 것이다. 안타까운 육신이다.

장자는 「외물」에서 말했다.

"말을 잊은 사람을 만나[오안득부망언지인(吾安得夫忘言之人)] 그와 이야기하고 싶다[이여지언재(而與之言哉)]."

그 망언지인(忘言之人)이 지리소가 아닐까. 지금 그 말들은 어디 있는 것일까.

21. 광접여의 노래

　　공자가 초나라에 갔을 때, 초나라 광접여가 여행을 하다가, 그 집 앞에서 말했다. "봉새여, 봉새여 어찌하여, 너의 덕이, 쇠잔했느냐. 오는 세상은 기다리지 말고, 가는 세상은 쫓지 마라. 천하에 도가 있으면, 성인이 평정을 하지만, 천하에 도가 없으면, 성인은 생계를 꾸린다. 지금의 이 시절은, 겨우 형벌이나 면한다. 행복은 깃털보다 가벼운데, 그것을 받을 줄 모른다. 재앙은 땅보다 무거운데, 그것을 피할 줄 모른다. 그만둬라, 그만둬라, 덕으로써, 사람을 대하는 것을. 위태로워라, 위태로워라, 땅에 금을 긋고, 종종걸음 치는 것은. 가시덤불이여, 가시덤불이여, 내가 가는 길을, 해치지 마라. 비좁고 꾸불꾸불함이여, 비좁고 꾸불꾸불함이여, 나의 근본을, 해치지 마라. 산의 나무는, 스스로 원수가 되며, 호롱불은, 스스로 몸을 태운다. 계수나무는, 먹을 수 있다. 그러므로 그것을 벤다. 옻나무는, 쓰임이 있다. 그러므로 그것을 쪼갠다. 사람들은 모두가, 쓸모 있는 것의 쓰임은 알지만, 쓸모없는 것의 쓰임은, 알지 못한다."

孔子適楚 楚狂接輿 遊其門曰 鳳兮鳳兮 何如德之衰也 來世
不可待 往世不可追也 天下有道 聖人成焉 天下無道 聖人生焉
方今之時 僅免刑焉 福輕乎羽 莫之知載 禍重乎地 莫之知避 已
乎已乎 臨人以德 殆乎殆乎 畫地而趨 迷陽迷陽 無傷吾行 卻曲
卻曲 無傷吾足 山木自寇也 膏火自煎也 桂可食 故伐之 漆可用
故割之 人皆知有用之用 而莫知無用之用也

▎ 공자孔子(기원전 561-479) 노나라 추읍 사람. │ 접여接輿 춘추시대 초(超)
의 나그네 은사인 육통(陸通)의 자(字). │ 집 앞 문門. │ (누굴 부르는) 어조사
~여 혜兮. │ 다스릴, 평정할, 이룰 성成. │ 생존, 생업 생生. │ 근근이, 겨우
근僅. │ 면할, 벗어날 면免. │ 모자랄, 가벼울 경輕. │ 실을 재載 취하다, 얻다의
뜻. │ 가를 획畫. │ 회피할 피避. │ 그칠 이已. │ 이호已乎 그만두어라. │ 임할,
대할 임臨. │ 위태할 태殆. │ 종종걸음 칠 추趨. │ 정신이 혼란할 미迷 미양(迷陽)
은 자초(刺草) 날카로운 풀 즉 가시덤불. │ 떠날, 길 행行. │ 틈 각卻 극(郤),
간극(間隙). │ 발, 근본 족足. │ 도둑, 원수, 해칠 구寇. │ 기름, 고약 고膏.
│ 고화膏火 호롱불. │ 지질 전煎. │ 계수나무, 계피 계桂. │ 벨 벌伐. │ 옻나무
칠漆. │ 나눌, 쪼갤 할割.

바람과 풀

『서경』의 본래 이름은 『서(書)』 혹은 『상서(尙書)』였으며 기원전
600여 년경에 만들어졌다.

그 <제4편 주서(周書)> 제23장 「군진(君陳, 죽은 주공이 다스리던 성주(成周)의 동교(東郊)를 다스린 사람)」에 군진의 영덕(令德, 아름다운 덕)을 기리면서 그대가 맡은 일에 조심하고[신(愼)] 부지런하고[자(孜)] 감히 편히 놀지 말 것[일예(逸豫)]을 당부한다.

이어 그 유명한 말이 나온다.

범인은 성인을 보지 못했을 때는[범인미견성(凡人未見聖)] 능히 만나볼 수 없는 것처럼 여기고[약불극견(若不克見)] 성인을 본 뒤에는[기견성(既見聖)] 또한 성인을 능히 따를 수 없다고 여긴다[역불극유성(亦不克由聖)].

그대는 그것을 경계하시오[이기계재(爾其戒哉)]. 그대가 바람이면 [이유풍(爾惟風)] 백성은 풀이다[하민유초(下民惟草)].

바람은 객이다. 그가 성인이라도 곧 사라진다. 풀은 다른 희망을 기다린다. 풀만이 그 자리에 영원히 있다. 그 땅의 주인은 바람이 아니라 풀이다. 바람은 왔다가 떠난다.

이 바람과 풀의 비유는 오래되었지만 신선하다. 불쾌하지도 않고 미래적이다. 인간 세상이 있는 한 언제나 바람은 불어오고 풀은 파랗게 돋아나 자랄 것이다.

바람은 늘 불어오게 마련이고 풀은 늘 흔들리게 마련이다. 지나가지 않는 바람이 없고 흔들리지 않는 풀도 없다. 바람과 풀은 인간세의 불가피이다.

민초(民草) 등의 아주 오래된 말을 들여다보면 공자의 말들은 그것들의 모방 같고 패러디인 것 같아 더 새롭지는 않다.

직업적인 현대 정치인들은 지나치게 근시안적이고 임시방편적이고 실용적이고 표피적이다. 그들의 정치는 인위적이고 파당적이다. 항상 변명할 수밖에 없는 자들이다.

그들에게 철학은 없다. 사용할 수 없는 무용이 없다. 자본과 노동 소비의 순환만 가속화한다. 실용만 무성한 세상이다. 다급한 현재뿐이고 먼 시간들은 없다.

그래서 그들은 불안하고 오래가지 못한다. 몇 년마다 한 번씩 정치·경제·사회 등을 책임지는 그들을 선출하는 사람들도 그들을 닮았다.

무용적인 것을 허용해야 하는 것처럼 정치적이어서 그 주공(周公)의 말을 팔아먹고 간교하게 이용할 뿐이다. 그런 군주와 나라는 백성들이 빨리 망해버리기를 바랐다.

위정자란 말의 '위(僞)' 자는 '하는 척한다'는 뜻이다. 그들은 하는 척하면서 다른 일을 꾸민다. 정객은 정치의 나그네이지 참된 일을 하는 주인은 아니다.

대부분의 정치는 경계와 본분을 잃고 고통과 절망을 주조한다. 권력에 중독된 자들은 참된 정치와는 거리가 멀다. 참된 정치가를 만나기는 정말 어려운 것 같다.

광접여의 노래는 「인간세」의 절창이다. 불길하고 해괴한 꿈과 세상에 대한 통한과 희원이 교차한다. 한 인간을 비판하며 어지러운 세상을 등지는 이 노래는 마음을 편하게 한다.

그 시대는 도가 백척간두에서 땅바닥에 떨어져버린 시대였다. 인의와 인민을 이용해서 권력을 창출하려는 위정의 인물들로 넘쳐났다. 모두가 군주 같았다.

군주들은 그들과 손을 잡고 전쟁을 일으켰다.

장자의 인물들은 현실에 뛰어들고자 하지 않았다. 세상과 사람을 구하겠다고 뛰어든 사람들이 세상을 수렁에 빠뜨리고 세상을 더 어지럽혀놓았다. 정신적 은신처는 아예 없었다.

그러고 보면 이 노래는 결별의 선언이다. 앞뒤 문장 속의 정황을 볼 때 이 노래를 부르고 난 광접여는 어떤 결행을 한 것이 아닌가 하는 생각을 하게 한다.

도가 없는 시대에 멀리 떠날 것 같은 노래이다.

그에 앞서 광접여가 지목하고 있는 것이 미양인데 이것은 무엇일까.

사실 미양(迷陽)의 정확한 뜻을 알 수 없다.

『남화경직해』에선 미양을 날초(剌草)라 했는데 이는 자초(刺草)의 오자이다. 자초는 찌르는 가시 풀, 즉 가시덤불이다. 자초지신(刺草之臣)이란 말이 있는데 이는 풀을 깎는 천한 신하 즉 평민이 군주에게 자신을 이르는 말이다.

공자를 가리키는 것 같은 이 자초는 의외의 난해한 표현이다.

그 다음에 특이한 말이 각곡(卻曲)이다. 여러 책에는 무상오행(無傷吾行, 내가 가는 길을, 해치지 마라) 다음에 오행각곡(吾行卻曲)이 나온다. 『남화경직해』에는 오행각곡(吾行卻曲) 대신 각곡각곡(卻曲卻曲)이 나온다.

이를 나그네는 광접여가 부른 이호이호(已乎已乎), 태호태호(殆乎殆乎), 미양미양(迷陽迷陽)에 이은 각곡각곡(卻曲卻曲)을 네 번째 영탄 반복으로 보고 싶었다.

『남화경직해』에서는 이 각곡을 '곧바로 갈 수가 없는 길[불능직행(不能直行)]'이라 하였다. 접여에게 각곡은 직선으로 갈 수 없는 자연이고 생략할 수 없는 생이다.

역사수의 가지와 지리소의 몸에서 생략하거나 지울 수 있는 것은 없다.

각곡은 곧바로 가기 어려운, 비좁고 꾸불꾸불한 길을 뜻한다. 비좁고 꾸불꾸불한 길을 돌아가더라도 상처 주지 말기를 바란다. 자신에게 관여하지 말라는 말일 것이다.

신계의 마음은 말할 것도 없지만 자연이 만든 비좁고 꾸불꾸불한 길을 군이 곧게 펴서 가지 않겠다는 뜻도 있는 것 같다.

그 길은 인간과 세상을 지배하려는 출세의 길이 아닐 것이다. 세속의 길은 더더욱 아니다. 그 뒤에 나오는 오족(吾足, 나의 근본), 고화(膏火), 각곡(卻曲), 산목(山木) 등을 보아 광접여가 입산을 하는 길이 아니었을까 하고 생각해볼 뿐이다.

전설상 최초의 입산 거주자는 허유인데 접여도 산인(山人)이 되고자 한 걸까. 산인이란 산목처럼 저 인간 세상에선 소용없는 존재이다.

광접여가 가는 그 바깥 길은 처세의 길이 아닌 속세가 알 바 없는 다른 생의 시간일 것이다.

싸우고 죽이는 것이 사회와 사람의 길은 아닐 것이다.

구체적 비판

사실 광접여(狂接輿)는 초나라 사람으로서 성이 접(接)이고 이름이 여(輿)이다. 또 성이 육(陸)이고 이름이 통(通)이라고도 한다. 사람들은 그를 초광(楚狂)이라 불렀다.

광접여는 공자가 36살 때 즉위해서 공자가 노나라로 돌아가 죽을 때까지 재위한 초소왕 시대의 사람이다. 즉 공자와 동시대 인물이다.

한때 소왕(昭王)이 그를 기용하려 했지만 이름을 바꾸어 다른 곳으로 숨어버렸다. 공자와 반대의 길을 간 사람이다.

그는 벼슬을 하지 않았다. 사람들이 그가 미쳤다고 했지만 사실은 미친 사람이 아니었을 것이다. 미친 척하고 돌아다녔을 뿐이리라. 세상과 민심을 가장 잘 읽고 있었던 사람이 아닐까.

독특한 방식으로 권력에 저항한 그는 세상과 인연을 끊었다. 광접여의 이 외침은 권력과 손을 잡고 인의를 부르짖는 자들의 위험한 사상에 대한 부정이었다.

나그네는 접여의 노래가 인간을 기제 속에 넣으려는 권력으로부터 저항한 청산 같은 정신이라고 말하고 싶었다. 그래서 광접여가 어디선가 들려오는 전멸붕궐의 소리를 들었을 법하다.

그 예언은 이런 것이 아닐까. 이천 년 넘게 인간의 신성을 찾고 강국을 만든다는 불가능한 가정과 대의의 실패. 인간을 차별하고 경쟁시키고 이용한 반인간의 길을 부정한 것.

인간을 마구 사용해버리는 부패한 정치지배의 확장과 그 장구한 미래 속으로 지속되고 파급될 지나친 권력 유용성 중심 사회와 체제에 대한 결별로 보인다.

한마디로 국가의 미래 설계와 통제에 동의하지 않음일 것이다.

여기서 봉(鳳)이 주목된다. 이 수컷의 봉은 공자를 지목한다.

기린, 거북, 용과 함께 사령(四靈)의 하나인 봉황에게는 기러기, 기린, 뱀, 물고기, 황새, 원앙새, 용의 무늬, 호랑이, 제비, 닭 등의 모습이 있다고 한다.

천자를 상징하는 새로 공자를 보았다는 것은 일종의 신랄한 야유가 아니었을까. 정치적 목적과 의도, 재화적 유용의 뜻을 가지지 않은 수많은 사람들이 공자를 비하했다.

기이하게도 나그네에게 이 늙고 힘없는 봉새는 상갓집의 강아지를 연상시킨다. 쇠락을 탓하고 있지만 광접여는 공자의 무리들이 세상을 이간질할 것을 알았던 것 같다.

곧 죽게 될 한 마리 봉의 상징이 저 먼 미래의 세상을 어지럽힌다고 본 것일까. 「인간세」 서두와 종막에 중니를 등장시킨 것은 어떤 예언이 아니었을까.

그렇지 않다면 아무런 의미가 없는 것일까.

권력에 민감하고 간교한 지혜는 자기 목숨까지 내놓기를 주저하지 않는 거대한 보수 세력이 들어선 것으로 볼 수 있을 것이다.

사람도 아닌 이 봉이 모든 나라와 체제, 사상과 기획과 음모의 지배적 거두이자 시조라고 한다면 접여에게는 오지 않은 미래였지만 우리에게는 과거인 지난날의 역사가 욕되고 끔찍스러울 뿐이다.

자랑스러운 것은 아무것도 없는 것 같다.

광접여는 무용이 사라진 세상, 유용이 지배하는 세상에 대한 불행을 노래했다.

무용한 것들조차 살아남기가 어려운 미래가 다가올 것이니 이 「인간세」 밖의 세상이 재앙의 무덤이 아니고 무엇일까. 그러니 공자가 공자가 아니고 봉새가 봉새가 아니다.

계급과 분경(分境) 의식을 장자는 인간의 가장 큰 어리석음으로 본 것 같다. 그러나 공자는 그것을 기어이 만들어서 그 사상과 제도를 군주에게 바치려 한 사람이었다.

장공(莊孔)의 거리가 얼마나 멀다고 말해야 할까. 너무나 먼 나라와 꿈과 사상이 아닌가.

춘추전국시대의 세상은 그렇게 흘러갔다. 또 미래의 춘추전국시대가 열릴지 모른다. 장자는 모든 사람이 그 흐름을 따라간다고 해도 그들을 인정하지 않으려 했다.

장자는 그 나라의 시간 밖에 있고자 한다. 인간의 고귀한 시간은 국가의 시간 속에 예속되어 있지 않다고 외치는 광접여의 노래는 지금 들어도 당당하고 새롭다.

깃털처럼 가벼운 행복을 위해

장자는 덕을 부정한다. 덕으로 산다는 것은 부질없고 불편하다. 그것은 인위적인 권력과 체제의 조작이다. 덕이란 노자가 죽자 사람들이 찾아와 울었던 그 가짜 곡(哭)과 같다.

자연의 여름의 바람과 밤, 산, 바다에게 무슨 덕이 있는가. 덕은 인간이 만든 허구이다.

진정한 덕이란 쓸모없음의 그것이다. 그러니 인간에게 덕이란 사실 없다. 장자는 인간관계 속에서 형성된 덕을 믿지 않았다. 그것은 대부분 거래이고 아첨이고 편애이다.

인위적인 덕으로 형성된 도를 장자는 부정했다. 장자는 그것을 극복하고 초월적 언어를 구사했지만 그 도덕을 권력보다 무서운 것으로 인식한 것 같다.

또 권력은 사람의 영혼까지 망가뜨리는 것으로 보았을 것이다.

그 압박으로부터 장자는 자유로워졌고 그래서 그의 언어는 모두가 정치적이며 대항적이다. 다른 의미의 사회성 즉 현재의 사회성이 아닌 다른 사회성을 꿈꾸었던 것 같다.

장자에게 도덕이란 허위가 폭발하지 않고서는 견딜 수가 없는 억압이었던 것 같다. 그는 항상 도덕의 허위보다 자연의 무위를 따랐다.

쓰이지 않는 것들 즉 나중까지 남는 것들을 믿고 그 주변을 노닐며 장담한 사람이 장자였다. 유용한 것들이 다 사라진 것 같지만 장자는 무용한 것들 속에서 유유자적했다.

유용은 그 자체의 유용에 의해 자해되고 자멸해갈 것이다.

그래서 장자는 여분의 삶을 살고자 했고 광접여는 다른 삶의 형식을 찾아 이동했다. 정착에서 벗어나 소요의 떠돌이 삶을 선택한 것 같다.

그들은 그 어디서 만나든 떨어져 있든 한 물줄기의 물을 붙잡고 살 것이다. 그 모습에서만 그들이 존재한다.

이제 광접여는 인간의 도시 한가운데 있지 않으려 한다. 이는 인간을 억압하는 도를 부정하는 길이다. 비좁고 꾸불꾸불한 길을 따라 가겠다는 것은 산과 하늘, 물과 나무를 향하는 아름다운 마음의 발화이다.

꽃을 피울 줄 모르는 검은 얼굴의 사람들이 백 년 전의 동상처럼 불가사의한 표정들로 떠돌고 있다.

중심의 기억은 지워지고 없다. 바람은 그 꽃들을 어디론가 다 몰고 가서 다시 돌아오지 않을 모양이다.

쓸데없는 중심?

장자의 중심은 성(城)이 아니고 군주가 아니다. 장자에게 중심은 없다. 오히려 저 바깥이 중심이고 바람의 무용이 중심이다.

중심을 만든 자들의 그 중심이 사실 중심이 아니라는 것을 알면서도 사람들은 그것을 믿어주면서 동시에 그 중심을 드나들며 이용한다. 인간 사회는 그러므로 허구적이다.

따라서 사람들은 쓸모 있는 것의 쓸모는 알면서 쓸모없는 것의 쓸모 있음을 모른다는 것이 장자가 도달한 최고의 경지이다.

어떻게 무용의 가지를 볼 수 있었을까. 그러나 그 무용은 천지에 대지처럼 나무처럼 널려 있다. 그것들은 대부분 한 번도 쓰지 않은 무용의 존재들이다.

자연은 아무 일도 일어나지 않은 듯 날을 밝히고 하루를 보내주고 저녁에 당도한다. 나그네는 수도 없이 그 아침과 저녁을 보아왔다.

길을 떠나지 않고도 산목들은 그 저녁에 이미 당도해 있다.

그 저녁과 아침이 그들의 삶 자체이다. 살아 있는 동안 늘 그곳으로 돌아오곤 했다. 매일 아침 또다시 그 어느 현실 속에 그 무엇으로 있더라도 그 나무들의 저녁은 귀휴의 거처였다.

들에서는 여치가 여전히 울고 해는 아무 일 없이 들판 끝에 진다. 그 여치가 여름을 끌고 간다고는 아무도 생각하지 못했을 것이다. 본래 중심이란 그런 것이었다.

광접여의 공자를 향한 마지막 일갈(一喝)은 한편 인간적 비애를 느끼게 한다. 그토록 가지고 싶은 군력을 어찌 막을 수 있을 것인가.

그 수많은 후예들이 권력을 탐했고 누렸을 것이다.

장자가 커다란 분심(忿心) 없이 이 글을 썼을 리가 없다. 인간의 자유를 중심에 둔 고도한 전략의 글일 것이다.

무도(無道)의 시대에 장자의 무용은 어떤 이용이 되고자 하는 처세술이 아니었다. 그의 무용은 존재와 덕을 망각하는 위대한 숨기였다.

만물을 내장한 우주는 텅 비어 있다. 만물은 그 빈틈없는 자연으로의 회귀 과정에 있지만 저 밖의 사람들은 끝없이 자아를 발견하여 존재하게 하고 자연을 착취하고 훼손하고 파괴한다.

인간은 그야말로 알 수 없는 시원으로부터 온 사람들이다.

그 이용과 누림이 지나치게 담대하고 무책임하고 과도한 것이 지난날의 모든 인생이고 문명사였다. 결국 인간의 손이 피로 물들었다 해도 과언이 아닐 것이다.

장자가 이곳에서 처음 쓴 뜻밖의 문자 하나가 있다. 복(福) 자이다.

이것은 진정한 행운을 말한다. 인간의 복은 자연의 순리와 무관할 수 없다.

자연의 변화에 조화하는 몸과 마음, 기의 회통은 곧 무용을 경험하는 일이다. 내 몸을 최선으로 쓰는 것이 사람이 누릴 수 있는 최고의 기쁨에 속한다. 그 이상으로 소유할 수 있는 길은 없다.

감각은 소유해서 저장할 수 있는 것이 아니다. 항상 채우고 내보내야 한다. 그리고 지나가버리고 만다. 모든 작은 구멍을 열고 소요하는 것이 생복(生福, 만들어지지 않은 복)을 누리는 것이다.

복은 깃털처럼 가볍다. 재앙은 땅보다 무겁다. 느끼고 잡을 수 없고 무거워 치울 수가 없다. 땅덩어리처럼 커다란 불행을 피하기 위해서 작은 것을 소중히 여기면 그것이 친구이자 우주이다.

나그네가 얻은 것은 하잘것없는 것조차 아니었으나 그 쓸모없는 것을 발견하는 것으로 마음은 족하다. 나그네가 소유할 수 있는 것은 아무것도 없다.

공자는 성인이 아니다

광접여는 공자를 미양 즉 가시 같은 존재로 보았다. 가시는 남을 찌르는 존재인데 왜 이런 표현을 썼을까. 이 미양의 나무는 존재하지 않는 나무이다.

고통스러운 가시밭길 혹은 가시덩굴이 공자라면 놀라운 일이다.

공자가 63세 되던 해, 초나라로 가는 도중 진나라와 채나라 사이에서 칠 일 동안 식량이 떨어져 고생을 했다. 함께했던 제자들이 굶고 병들기까지 했다. 그때의 일을 기억하는 것일까.

당시 오나라가 진나라를 공격하자 초나라가 진나라를 돕기 위해 출병한 다국 전쟁이 일어났다.

그해 공자는 초나라에서 위나라로 돌아왔고, 도중에 초나라의 은자인 미치광이 접여(接輿)를 만났던 걸로 기록되어 있다. 아니면 69세 무렵, 위나라에서 노나라로 귀향했던 만년의 행단(杏亶) 시절이었을까.

다스릴 수 없는 천하에 대한 헛된 꿈은 물거품이 되고 숲속의 작은 행단에 그쳤다. 죽지 않고 살아 돌아온 것에 자족하지 못했다.

결국 모든 것이 좌절된 만년에 작은 숲속으로 돌아갔다. 그의 귀휴는 작은 행단으로 만족해야 했다. 그곳에서 거문고를 치며 노래했다.

그곳은 숲이 우거지고 햇살이 가려 아주 음침했다. 늘어진 나뭇잎이 마치 유막(帷幕, 사방을 둘러치는 것을 유라 하고 위를 가리는 것을 막이라 함) 같았다고 한다. 장자는 이곳을 치유지림(緇帷之林, 검은 옷으로 친 휘장의 숲)이라 했다.

공자에게 있는 의외의 죽음의 음울한 면이 엿보인다. 반면 이 치유란 말이 풍기는 기괴한 이미지는 자기반성의 숲으로 비춰진다.

혹시 장자가 말한 골의지요(滑疑之耀) 속으로 들어온 것일까.

하지만 그런 것 같지는 않다. 광막지야의 초입에도 오지 못한 것 같다. 그는 그때도 자신에게 재상 자리를 준다고 하면 당장 뛰쳐나갈 사람이었다.

공자가 있던 그 집은 누구의 집인지는 알 수 없다. 공자는 늘 여(輿, 수레)를 타고 다녔다.

그의 제자들도 수레를 타고 다녔다. 원헌[原憲, 자사(子思), 『논어』의 「원헌 편」은 원헌이 직접 집필했다는 설도 있음]은 공자가 죽자 궁벽한 땅에 들어가 사방 한 칸[환도지실(環堵之室) 즉 방장지실(方丈之室)] 집에서 살았다.

자공이 대마(大馬)가 이끄는 수레를 타고 좁은 골목으로 들어가려니 좁아서 수레가 들어갈 수 없었다. 환심도 샀겠지만 그는 사람들에게 거만해 보였을 것이다.

『논어』는 공자가 타고 가는 수레 옆을 한 미친 자가 접근한 적이 있었다고 기록하고 있다. 그래서 접여(接輿, 수레 옆에 다가오다)라 했다는 설도 있다.

접여는 공자가 초나라에 머물고 있다는 소문을 듣고 그 집을 찾아가 이 노래를 부른 것으로 되어 있지만 공자는 남방 오랑캐인 초나라에 대해 별 관심을 가지지 않았을 뿐만 아니라 방문한 사실들도 별로 알려져 있지 않다.

이 노래는 나그네에게 한 시대 속에 있던 제국(諸國)의 멸망의 역사를 노래한 광무가(狂舞歌)처럼 들렸다. 그러나 접여는 덧없음의 위로조차 하지 않는다.

그에게는 초인의 풍모가 있다.

그 전란의 시대의 노고를 거론하지 않고 기다리고 찾아가는 어리석음을 적시했다. 아무 소용없는 제국과 인물, 꿈에 대한 장송곡처럼 들린다.

논어에선 이것을 노래[가(歌)]라고 하였다.

고대의 도인들은 공자처럼 정치적 야망을 가지고 유세하며 돌아다니지 않았다. 공자는 도인은 아니었던 것 같고 윤리 선생이나 교육자거나 정객류의 사람이었던 것 같다.

어찌 보면 가당치 않게 남의 나라의 인민과 군주를 구한답시고 마차의 수레바퀴가 닳도록 돌아다닌 사람에 불과했다. 그 딴엔 공자가 왜 또 초나라에 왔는가 싶었을 것이다.

그래서 이 문장들은 광접여가 초나라를 방문에 공자에 대해 항의 시위를 벌이는 것 같은 진풍경이기도 하다.

자신도 모르는 사이에 정보, 문서, 학식을 이웃나라에 넘기는 일을 하는 공자를 접여는 탐탁지 않게 보았던 것이 아닐까.

그러나 공자가 가지고 있는 정도의 정보와 지혜를 군주들은 별로 가치를 두지 않았을 가능성이 많다. 일국의 군주라면 적어도 얼마나 많은 정보를 가지고 있을 것인가.

공자는 군주들을 너무 과소평가한 것이 아니었을까. 정보를 모든 나라의 군주와 공유하지는 않았겠지만 가장 신임하는 군주에게 타국의 정보를 주었다면 그 정보가 이용됐을 가능성도 배제할 수 없다.

그러니 어느 군주도 공자를 등용하지 않았을 것 같다. 그는 그런 것을 전혀 의식하지 못하고 있었던 것으로 보인다. 그러니까 공자는 자신도 모르게 무용이 되었다. 공자는 근본적으로 장자와 다른 사람이었다.

저 자연을 내다보면 절망이란 없다.

지리소와 광접여는 「인간세」의 마지막 인물이다. 장자가 가장 애정을 가졌던 두 인물인 것 같다.

나그네 역시 이 두 사람이 그립다.

지리소는 좌침(挫鍼)과 치해(治繲)로 살다 갔고 광접여는 인의와 권력을 등지고 떠났다. 그 둘의 삶에 모두 비사회적이고 비인간적인 것은 없다. 어쩌면 인간적이고 사회적인 것 자체가 없을지 모른다.

이 「인간세」의 끝은 권력 탐욕과 무용의 자연으로 갈라지는 길의 종막과 시작을 알리는 은약(隱約)을 남겼다.

이곳에서 암시한 무용 너머의 미래 시간 속에는 과연 무엇이 있을까. 유용의 막을 찢고 과연 무용의 막 속으로 들어가는 길이 있을까.

역사는 별반 변한 것이 없다. 끝없는 탐욕과 저항은 앞으로도 변함 없을 것이다. 인간의 권력에의 탐욕과 의지는 이 지구상에서 없어지지 않을 것이다.

인류는 치유되지 않을 것이며 지금보다 더 많은 상해를 입을 것이다. 어떤 나그네도 인류에게 한 조각 희망을 줄 수 있는 존재가 되지 못할 것 같다는 생각에서 벗어나지 못한다.

우리 모두는 이 비극적인 전망의 맨 꼭대기에 서 있는 것인지도 모를 일이다. 그것이 인류 문명의 마지막 묘비명일까.

조금씩 동쪽으로 이동해가는 모든 그림자의 모습이 마치 어떤 무향(無鄕)의 흔적 같고 그 반대쪽으로 저물어가는 그림자도 내가 보고 있던 그 한 평 남짓의 석양과 함께 사라져간다.

무용과 나그네는 그런 곳에만 남아 있는 것 같다. 만물의 그림자는 그들과 함께 지나간다. 스스로 통제하고 착취하지 않는다. 그것은 그 어떤 무장과 권력, 지혜보다 아름답고 소중하다.

다들 어디로 간 것일까. 가버린 것들은 이런 질문조차 할 수 없다. 또다시 무용 그 너머엔 무엇이 또 기다리고 있는 것일까. 절대 무용의 공간에서 이곳을 상상할 수 있을까.

지구의 밤낮으로 펼쳐진 그 연극 대사 같은 역사 속에서 그들의 일상세계의 삶에 집중하면서 소요하며 저항해갈 것이다.

지금은 사라져간 그 실존들이 저지른 망언만 다시 듣고 있는 것 같다.

시간과 날개

「인간세」는 도가 없는 세상의 유용을 비판하고 사용할 수 없는 무용의 노래로 끝을 맺는다.

장자는 까마득한 과거와 미래를 믿지 않는다. 오늘의 생은 오늘밖에 없다. 오직 오늘이란 커다란 하루가 있을 뿐이다. 인류의 모든 역사는 오늘 하루의 역사이다.

장자는 현재 속에 있다. 마음의 허실(虛室)에 가득 찬 빛처럼. 저 텅 빈 우주도 저 골똘한 인간도 텅 비어 있는 대상이고 존재들이다.

그것들은 사용할 수가 없다. 다른 말로 그들을 이름 붙여줄 수가 없다.

그 허무가 무용인 것을 어떻게 해야 할까. 존재하는 것들의 숙명이다. 텅 빈 곳에서 음악이 흘러나온다[악출허(樂出虛)]. 그곳은 정작 아무것도 없는가, 그 무엇이 있는가.

오늘이라는 시간 속에 포함된 나그네는 내가 받은 유애(有涯)한 시간 속에만 있다. 그 어떤 곳에도 없다.

어두워져오는 시골의 동서남북으로 둥글게 그려진 산의 능선을 돌아보면서 나그네는 그 안에 있음을 느낀다.

불가사의하다. 너무나 고요하다.

그 인식은 아주 커졌다가 아주 작아지는 라이트 같았다.

결국 내가 나를 쓰는 것도 아니었다. 나의 일부조차 제대로 느끼지 못한 채 쓰지 못하고 놓아두고 있다. 오히려 자연과 하늘과 시간이 나를 쓰고 있는 것 같다. 그것도 조금만.

떠돌 대로 떠돌았지만 광접여는 역사수 아래에서 쉬고 있는 지친 짐승 같다. 미양도 각곡도 잊어야 한다. 그러나 인간이므로 잊을 수가 없다.

「인간세」가 집필된 지 2,400여 년 후의 어느 하루인 오늘 나그네의 집에 해가 지고 있다.

아침에 밝아왔던 빛들이 사라지고 있었다. 수많은 사람들이 정오에 있어도 어떤 사람은 일몰 앞에 서 있는 안도감이나 행복감에 젖어 있을 수도 있다.

그것은 모든 사람의 것이 아니므로 꼭 공유되는 행복이 아니지만 어쩔 수가 없다.

능선에서 시간의 숲속에 떨어지는 소리가 들린다. 그 소리는 하늘로 사라져간다. 소리끼리 부딪치고 아득하다. 사람들의 영혼 소리 같다. 그 어둠 속을 쳐다볼 수가 없다. 그곳에 나그네는 없다.

아름다운 문양의 음악. 시간의 존재들.

「인간세」는 어느덧 한 편의 아름다운, 잊을 수 없는 노래가 되었고 언젠가 다시 펼쳐보아야 할 이 지상의 다른 길 같다. 아무도 가지 않는 길 같다.

그러나 나그네에게 그 길이 제일 탐이 났고 가고 싶은 아름다운 길이 되었다.

저 앞에 또 다른 수많은 존재와 대상, 풍경들이 기다리고 있고 나도 그들과 뒤섞여 사라진 존재가 되었을 것이다.

그 미래 속에 없는 나그네는 이 시간의 자연 속에 와 있는 과거의 존재들 같다.

장자.

그는 혼란스러운 수제조적(獸蹄鳥跡)의 시대를 혼자 책 한 권으로 탈주했다. 탈주한 고대의 한 사람만이 살아남아 한 나그네의 마음속으로 돌아오고 있다.

그 모습은 아침 바다의 물결 같고 산으로 저무는 하루 해 같다.

난세 속에서 남들처럼 평범하게 몽에서 살았지만 그는 생을 벗어놓고 가장 무용한 어떤 결(闋) 속으로 가버렸다.

그가 어디서 어떻게 언제 죽었는지는 알려져 있지 않다. 스스로 행방불명되었다. 장자가 사라짐으로써 그의 죽음도 없다.

죽음에 대해서조차 유용을 거절한 사람이 되었다. 죽음을 없애버린 사람이었다.

생의 짝은 죽음인데 그 짝이 없는 사람이다. 무용은 세상 만물 중 그 어느 것도 사용하지 않는 것이고 자신의 본질과 지체 그 어느 것도 전혀 쓰지 않는 것의 이름이다.

도망가는 시간 속에서

저 역사수도 대목도 지리소도 모두 홀이었다. 산거(山居)야 말할 것이 없겠지만 어디서나 사람은 혼자 있다.

그 혼자 있을 때에만 자신에게 돌아온 자신을 만날 수 있다. 이것이 어쩔 수 없는 숙명을 지닌 생의 부득이이고 슬픔이다.

깃털이 행복을 가져다준다는 말은 희망적이다. 그 무용이 해마다 그 가을에 자신 아래 수많은 상실(橡實)을 떨어뜨려 놓고 갈 것이다.

나그네는 흔적도 없이 왔다 갈 것[무행지(無行地)]이란 문장 속으로 가끔 찾아갔던 기억을 쓸데없이 되찾거나 잃어버리곤 할 것이다.

죽음 속에서 파괴된 그 기억은 어디 있는 것일까.

이 지상에서 사라진 사람들은 모두 아름다운 사람들이었다. 다만 살아 있을 때 아름답지 못한 사람들도 많았다. 모든 삶은 불완전하다. 아니 극히 불완전하다.

나그네는 그 불완전에 매료되어 자신에게 남은 길을 조금 더 갈 것이다.

모든 임덕(臨德, 가식적인 덕)과 획지(畫地)를 멀리한 채 장자는 사람을 언어와 제도, 권력으로 구속하는 어떤 체제도 거부하고 인간에게 소요의 언어와 길을 선물했다.

장자는 우리에게 정신의 부역을 준 적이 없다. 그래서 「인간세」속에 우리가 가지 못한 어떤 무용의 길 하나가 멀리 밖으로 나가 있는 것을 느끼게 한다.

그보다 더 큰 선물은 없을 것이다. 선물은 저 길 자체이다.

장자는 중니, 안회, 섭공자고, 숙산무지, 인기지리소 등을 이 책에 남겨두고 떠나갔다. 나그네 역시 그들을 읽고 떠난다.

「인간세」에서 찰나처럼 빠르게 2,400여 년 후의 오늘로 빠져나오는 자신을 보면서 문득 그가 죽은 다음에 아무도 기억해주지 않는 완전한 무가 지나가는 것을 느끼며 사위에서 도망가는 낯선 검은 시간들을 본다.

이제부터 저 미래에까지 인류는 지구를 따라갈 수 없게 된 것 같다.

나그네는 그 시간을 쫓아가기는커녕 그 시간으로부터 추방되고 있는 것 같다. 지구가 아무리 빨리 달려가도 그 시간으로부터 미끄러지는 것 같다.

지구가 감당할 수 없는 시간이 누수(漏水)되고 있는 것 같다. 그 누수를 막지 말기를 바라면서 마지막으로 상수리나무의 「인간세」끝에 나그네는 이 말을 남기고 싶다.

삶이 무슨 소용이 있는 것일까. 죽음에게 이 세상의 모든 것은 쓸모없는 것들일까.

그 길의 그 상수리나무

초판 1쇄 발행 2017년 11월 3일

지은이   고형렬
펴낸이   조기조
인 쇄   주)상지사P&B
펴낸곳   도서출판 b | 등록 2003년 2월 24일 제316-12-348호
주 소   08772 서울특별시 관악구 난곡로288 남진빌딩 401호
전 화   02-6293-7070(대) | 팩시밀리 02-6293-8080 | 홈페이지 b-book.co.kr
이메일   bbooks@naver.com

ISBN 979-11-87036-27-2   03150
값   16,000원